LES AUTOGRAPHES

ET LE GOUT DES AUTOGRAPHES

EN FRANCE ET A L'ÉTRANGER

PORTRAITS — CARACTÈRES — ANECDOTES
CURIOSITÉS

Paris. — Typ. PILLET fils aîné, 5, rue des G ands-Aug

LES AUTOGRAPHES

ET LE GOUT DES AUTOGRAPHES

EN FRANCE ET A L'ÉTRANGER

PORTRAITS — CARACTÈRES — ANECDOTES — CURIOSITÉS

PAR

M. DE LESCURE

ouvrage contenant

LA

BIBLIOGRAPHIE ANALYTIQUE ET CRITIQUE DES TRAITÉS SUR LES AUTOGRAPHES,

DES CATALOGUES DE VENTE ET DES RECUEILS DE FAC-SIMILÉ

Français & Étrangers

ET SUIVI D'UN

CHOIX DE LETTRES INÉDITES

DE LA CALPRENÈDE, CHAMILLART, LAGRANGE-CHANCEL, VOLTAIRE, PIRON,
LE MARÉCHAL DE RICHELIEU,
Mme DE LA POPELINIÈRE (LETTRES D'AMOUR), MIRABEAU, LA DUCHESSE D'ANGOULÊME,
LOUVET, BERNARDIN DE SAINT-PIERRE, LUCILE DESMOULINS,
LA MÈRE D'ANDRÉ CHÉNIER, LA REINE HORTENSE,
ETC., ETC.

PARIS

J. GAY, ÉDITEUR

41, QUAI DES AUGUSTINS, 41

1865

A

MONSIEUR LE BARON FEUILLET DE CONCHES

Cher Monsieur,

Vous avez bien voulu me permettre de vous dédier cet ouvrage qui doit tant à nos conversations et aux recherches que vous avez guidées vous-même. C'est à vous, qui avez fait de la curiosité une science et un art, et avez su rendre si féconde pour l'historien, si utile pour le moraliste, si attrayante pour tout le monde, une manie qui, avant vous, ne dépassait pas le niveau de la frivolité; c'est à vous qui avez donné au goût des autographes, sorti enfin du nombre de ces plaisirs innocents qui, comme le parfilage, ont amusé nos grand'mères, et comme les collections de timbres-poste, occupent aujourd'hui nos enfants, — un but, une critique, une philosophie, qu'était dû l'hommage reconnaissant de ce modeste manuel, écrit presque entièrement en vous écoutant, dans votre cabinet.

Malgré le juste et spirituel dédain que vous a donné la lecture, dans vos paperasses révélatrices, de tant de Dédicaces serviles ou de tant d'ennuyeuses Préfaces, vous avez souri avec indulgence à mon projet de traiter sans façon une matière qu'il est surtout agréable de parler au coin du feu, les pieds sur les chenets, dans les aises physiques et avec les libertés morales de la conversation, et à mon désir de mettre votre nom, d'heureux augure, en tête de ma première page.

C'est que vous connaissez la sincérité de mon dévouement pour votre personne, et l'honnêteté de mon culte pour ces vieux papiers si instructifs, dont, n'en déplaise à M. de Talleyrand et à son ombre narquoise, je regarde, dans la vieillesse, et même dans la jeunesse, l'étude comme autrement profitable que celle du Wist.

Un goût qui nous a donné les Causeries d'un Curieux *et la* Correspondance de Louis XVI, de Marie Antoinette et de Mme Élisabeth, *deux monuments de ce genre nouveau dont vous pouvez être considéré comme le créateur en France, mérite des disciples, puisque nous lui devons des maîtres.*

A tous ces titres, mon cher Monsieur, daignez agréer, sans y voir autre chose qu'un témoignage, que la vérité m'eût imposé s'il ne m'eût été dicté par l'affection, l'hommage de ce Traité non pédantesque sur les Autographes, que nous aimons trop tous deux pour prétendre en réglementer et en tyranniser le goût. Je n'ai voulu que le propager et le diriger, et j'ai essayé de rendre aux autres, sans me flatter d'y mettre votre érudition, votre esprit et votre bonne grâce, les leçons familières et amicales que vous m'avez données si libéralement dans ce sanctuaire où l'ennui n'entre pas, et dont vous êtes le pontife en robe de chambre.

Je trouve à propos, dans une Préface de Saint-Evremont, en une plaquette rarissime, sortie de chez Barbin, une phrase qui s'accommode si bien à ma situation et à mes sentiments que je la lui emprunte sans façon et que j'en orne ma péroraison.

« Je vous offre ce qui n'est pas à moy, parce que je ne le croy
« pas indigne d'estre à vous, et que je suis persuadé, avec les plus
« honnestes gens du monde, que les biens du bel esprit, du bon
« sens, et de la droite raison, vous appartiennent préférablement

« à tout autre. » On ne saurait mieux dire, et je m'esquive, cher Monsieur, en écolier honteux d'un compliment trop bien tourné pour lui. Mais ce ne sera pas sans vous serrer la main, et sans me dire,

Votre tout dévoué,

M. DE LESCURE.

Paris, 10 janvier 1865.

PRÉFACE

Notre *Préface* sera courte parce que notre but n'a pas besoin de grands éclaircissements ni d'amples justifications. Notre titre, sous sa forme humouristique, précise la pensée de modeste et spéciale utilité, de critique désintéressée, de conciliation féconde qui a été notre inspiration.

Mettre les excellents travaux de nos devanciers, Gabriel Peignot et M. Fontaine, au courant de la science des autographes, dont les progrès, depuis 1835, ne sont pas contestables, et qui, abandonnée par eux en enfance et ayant grand besoin de leurs lisières, est aujourd'hui parvenue à la virilité, à la maturité, à la moralité ;

Réunir en un corps d'ouvrage, sans formules pédantesques, sans prétentions dogmatiques, avec le laisser-aller de la conversation et la liberté de la flânerie, les renseignements qui font le livre utile, les curiosités et les anecdotes qui font le livre amusant et intéressant ;

Encourager, dans leurs efforts et dans leurs progrès, les honnêtes gens qui ont entrepris et élèvent tous les jours un commerce profitable à l'histoire et aux lettres ; provoquer, en multipliant le nombre des adeptes de ce culte intelligent de la pièce *autographe*, des partisans de ce goût consolateur, de cette manie intelligente ; et, en les dénonçant les uns aux autres, amener ces communications, ces échanges qui doublent le plaisir et le profit d'une découverte ;

Constituer à cette franc-maçonnerie de la curiosité, des signes de ralliement, une sorte de terrain commun, une espèce de Code implicite ; fixer, à propos des apocryphes et des contrefaçons, ces deux plaies secrètes de la religion des autographes, ces deux vers rongeurs du dilettantisme des manuscrits, les principes d'une critique préservatrice ou d'une jurisprudence exemplaire ; seconder, en guidant l'amateur novice dans ses choix et dans ses acquisitions, le développement d'un goût qui est, pour la jeunesse, le plus utile, et pour la vieillesse, le plus doux des plaisirs, et faire ainsi profiter les contemporains de l'expérience de tous leurs aînés ;

Inspirer et favoriser la création d'une association internationale des curieux d'autographes, avec des réunions et des organes dont l'extension de la *Société* actuelle des *Amateurs d'Autographes* et les progrès, encouragés par le succès, de *L'Amateur d'Autographes* et de *L'Autographe*, réaliseraient la perfection ;

Enfin, pousser nos confrères à l'organisation de ces manifestations solennelles, de ces fêtes de la curiosité, de ces expositions, déjà inaugurées par l'initiative de MM. de la Sicotière, à Alençon, Costa de Beauregard, à Chambéry, et J. Young, à

Londres, qui attestent l'existence d'une science, sa dignité, son activité, son utilité, et lui font une histoire et une gloire :

Tel a été notre but.

Nous ne nous dissimulons ni les imperfections, ni les lacunes d'une tâche hérissée de difficultés, et que, plus d'une fois, perdu dans les sables mouvants des conjectures, des doutes, des contradictions, nous aurions abandonnée, sans les encouragements de quelques amateurs qui sont des maîtres, et dont l'avis a souvent fait toute notre science.

Nous comptons, pour réparer nos fautes, pour suppléer à nos oublis, sur le concours bienveillant de tous nos confrères, dont nous sollicitons publiquement les critiques. Ce sera la meilleure manière de nous persuader d'une sympathie que nous croirons d'autant plus sincère qu'elle sera plus franche et plus efficace. Leurs reproches seront nos éloges ; leur collaboration sera notre honneur et notre récompense.

C'est à eux que nous dédions, en finissant, cette petite *Chrestomathie*, ce modeste *Trésor de pièces inédites*, que nous offrons au public à la fin de ce volume, et où il pourra apprécier les surprises, les plaisirs et les ressources que donne au curieux, digne de ce nom, la formation d'une collection. C'est aux confrères qui n'ont pas encore répondu à notre appel, à orner de leur *ex-voto* cette sorte de galerie d'honneur, de collection de types, à en renforcer la richesse, à en compléter l'harmonie, à en aiguiser et amorcer, dans l'intérêt d'un succès qui profite à la science, l'innocent et déjà séduisant hameçon [1].

1. On peut le dire de Lettres inédites de *La Calprenède*, de *Chamillart*, de *Voltaire*, de *Lagrange Chancel*, de *Piron*, de *Richelieu*, de *Mirabeau*, de *Louvet*, de *Lucile Desmoulins*, de la mère d'*André Chénier*, de la *Reine Hortense*, etc. (Voir l'*Appendice*.)

Et maintenant, lecteur, ouvre cet honnête et modeste *Vade-mecum* de flânerie, enrichis-le de tes observations, souris aux bons endroits (car il y a des endroits ou tu pourras sourire), et puisses-tu, au retour, n'avoir pas trop de rancune contre ton compagnon de promenade !

M. DE LESCURE.

Curieux d'Autographes.

Paris, le 10 janvier 1865.

LES AUTOGRAPHES

PORTRAITS — CARACTÈRES — ANECDOTES — CURIOSITÉS

CHAPITRE PREMIER

REVUE RÉTROSPECTIVE DES AUTOGRAPHES

La Mode des autographes. — Le Journal l'*Autographe*. — De l'antiquité de la manie des autographes. — Autographes divins. — Autographes du Diable. — Autographes chinois. — Autographes de Jules César, de Cicéron, de Virgile, d'Auguste, de Néron. — Le premier collectionneur d'autographes. — La Reine Atossa. — Bassula. — Le premier volume d'autographes. — La Collection du consul Mucianus. — Les autographes de Pline l'Ancien. — 84,000 francs de notre monnaie. — La Collection de Montaigne. — Les Armoires de la Croix du Maine. — Les *Albums*. — Les *Albums* de famille. — Les *Alba amicorum*. — L'Album de famille de Montaigne, de Segrais, de Bossuet, de Carnot. — Les Albums célèbres depuis le xvie siècle jusqu'à nos jours. — L'Album de Barclay. — De Daniel de Behr. — L'Album de Philippe Hainhœfer. — L'Album de Marie Campane. — L'Album des enfants de Henri IV. — L'Album de madame Des Loges. — L'Album de la Puce des dames des Roches. — L'Album de Sébastien Bourdon. — La *Guirlande de Julie*. — L'Album du baron de Burkana.

I

Certes, voilà un sujet qu'on n'accusera point de manquer d'actualité en ce moment où, grâce à la publication du journal *l'Autographe*, la manie des autographes succède, dans les honneurs de la vogue, à celle des potiches et des timbres-poste.

C'est *l'Autographe* qui a donné le branle. Ce n'a pas été une émeute, ç'a été une révolution.

Mettre, par la modicité du prix, à la portée des plus humbles

bourses, et par le choix, la variété, la perfection de la reproduction à la hauteur des goûts les plus raffinés et des curiosités
les plus savantes, un Recueil *fac-simile* de lettres émanées de
toutes les célébrités d'hier et d'aujourd'hui, c'est là une idée qui
devait faire son chemin en France, pays curieux et indiscret, et
un problème qui devait tenter M. de Villemessant, un chercheur
aussi hardi qu'heureux.

C'était impossible, cela a été fait. *L'Autographe* a paru. On s'y
est abonné, on s'y abonne, on s'y abonnera par reconnaissance,
par goût, par mode. La foule se précipite à ce régal, jusqu'ici
réservé à quelques initiés. Le culte secret de l'autographe est
ouvert à tout le monde ; MM. de Villemessant et Bourdin ont dé-
mocratisé la curiosité.

Le dernier numéro de *l'Autographe*, tel est, à la cour et à la
ville, le thème de toutes les conversations. La grande dame et la
bourgeoise en raffolent également. On le trouve au salon, au
boudoir, même dans l'arrière-boutique. Les Anglais se le pro-
curent, et étudient, dans ses *fac-simile* révélateurs, l'art de dissimuler sa pensée par l'écriture.

Bref, rien ne manque à la gloire du nouveau Recueil. Pour
nous, il manquait à la notre une sorte de *Physiologie* de l'autographe depuis les temps les plus reculés jusqu'à nos jours, sans
trop s'attarder à l'époque antédiluvienne. C'est ce travail, intéressant à plus d'un titre, que nous osons entreprendre sur des
renseignements pris aux meilleures sources, qui amuseront, nous
l'espérons, nos lecteurs et qui ne paraîtront pas trop indiscrets
(car toute science a sa coulisse) à nos chers et savants confrères
de la *Société des Amateurs d'autographes*.

II

Nous n'insisterons ni sur l'antiquité, ni sur l'utilité du goût
des autographes :

« Agréable matière à mettre en vers latins. »

Nous renverrons, sur ces deux points, les lecteurs exigeants
aux *Recherches sur les Autographes*, par Peignot (Dijon 1836) et

aux nombreux détails semés dans les trois volumes parus des *Causeries d'un Curieux*, par M. Feuillet de Conches, vaste et spirituel répertoire de toutes les matières de curiosité.

Nous passerons donc rapidement sur les autographes divins, déposés dans l'Arche-d'Alliance ; sur les écrits sacrés, conservés soigneusement dans des pots de terre, au dire de Jérémie ; sur les autographes sur pierre dont le *Recueil d'Inscriptions grecques*, de Boeckh, contient de si curieux spécimens ; sur les nombreux autographes cités par les auteurs anciens : les autographes de Jules César, de Cicéron, de Virgile, d'Auguste, de Néron, et même les autographes du Diable, dont le *Dictionnaire infernal*, de Collin de Plancy, contient une lettre *fac-simile*.

Nous ne parlerons pas non plus des autographes chinois, sur lesquels les *Causeries d'un Curieux* abondent en piquants détails. Qui ne sut se borner ne sut jamais écrire, et cette nécessité de sobriété, de mesure, de choix, est surtout impérieuse à propos d'une manie qui comporte toutes les variétés, tous les caprices. C'est l'histoire abrégée de cette manie que nous voulons écrire, et nous arrivons immédiatement au xix⁰ siècle.

C'est au milieu du siècle dernier seulement que M. Peignot fait remonter l'origine du goût des autographes. « Il est vrai de « dire, ajoute M. Feuillet de Conches, que le goût des collec- « tions d'autographes et de documents historiques, qui remonte « à l'antiquité, et n'a jamais cessé d'être cultivé, n'a guère com- « mencé à devenir un peu général, dans la société nouvelle, « qu'à partir des premières années du siècle ou nous vivons. »

Mais si le goût des autographes n'est devenu une *industrie* qu'aux premières années de ce siècle, il n'en est pas qui, comme *manie*, soit plus vénérable et possède de plus antiques parchemins. Saint Clément d'Alexandrie rapporte, dans ses *Stromates*, d'après l'historien Hellanicus de Mitylène, antérieur de douze ans à Hérodote, que la reine Atossa, non la mère de Xerxès, mais probablement une princesse plus ancienne, fut la première personne qui fît un recueil d'autographes. Vérifier l'assertion est assez difficile, et il est permis de la considérer comme douteuse. Mais, ce qui n'est pas douteux, c'est le témoignage que Sulpice-Sévère, le pieux et savant abréviateur de l'*Histoire sacrée*, rend à Bassula, sa belle-mère, qu'elle lui fait soustraire tout ce qu'il écrit, tout ce qu'il dicte à son secrétaire, jusqu'à ses plus futiles brouillons, ses rognures : *nostræ ineptiæ.* C'est bien cela.

Il nous plaît de voir ce goût si féminin des autographes mis à la mode par une femme, et protégé, dès la plus haute antiquité, par cette curiosité ardente qui est, disent les hommes, le privilége du plus beau sexe.

Si, dès Sulpice-Sévère, on trouve des curieux d'autographes, on trouve, dès Strabon, un voleur d'autographes célèbre, un certain Apellicon de Téos, péripatéticien et bibliomane enragé au point de dérober, dans un temple d'Athènes, les exemplaires originaux de plusieurs décrets ; fait pour lequel il dut fuir une cité où l'on prodiguait la ciguë aux téméraires en tous genre.

La plus grande collection particulière de pièces autographes dont la trace se trouve dans l'antiquité est celle du consul Mucianus. On voit, dans le *Dialogue des Orateurs célèbres,* de Tacite, que ce Mucianus publia quatorze volumes dont trois de *Lettres* et onze d'*Acta.* Ces *Acta,* qui auraient pu s'intituler : *Recueil de Causes anciennes ou curieuses,* se composaient de *Discours* ou d'anciens plaidoyers, extraits du *Journal de Rome* et de documents empruntés soit aux bibliothèques, soit aux propres collections de ce curieux même. Ce sont là les *Causeries d'un curieux* d'un Feuillet de Conches romain, moins, sans doute, la verve, l'esprit et la grâce du nôtre.

Je me hâte de clore cette indispensable parenthèse d'érudition en signalant, dès l'antiquité, une trace unique du commerce des autographes. Pline le jeune, dans une de ses lettres, raconte que son oncle aurait pu *vendre* quatre-cent-mille sesterces (84,000 fr. de notre monnaie) à Largius Licinius, ses nombreux registres *autographes* composés de morceaux de choix.

Quatre-vingt-quatre mille francs ! c'est encore, pour une vente d'autographes, un assez beau chiffre, et nous ne croyons pas qu'il ait jamais été atteint.

III

Ce n'est, avons-nous dit, que de nos jours, après une révolution qui a jeté au vent les débris et les reliques de toute une société, et qui a développé jusqu'à l'excès l'esprit de curiosité et de recherche, qu'est apparu, dans toutes ses espèces et variétés, le genre *collectionneur*. Avant 1800, il y avait déjà des curieux illustres, mais isolés, dont les trésors ont formé le fond de nos archives et de notre dépôt de manuscrits. Mais cette manie, quoique déjà honorée d'adeptes de premier rang, n'était encore qu'à l'état d'excentricité, même de ridicule. Scaliger et Daurat se moquent des armoires encombrées et des *nids de papier* du bonhomme La Croix du Maine. Pour La Bruyère, qui nous a conservé la galerie complète des originaux de son siècle, il ne daigne pas y faire place au *Curieux d'autographes*, lui qui a peint si soigneusement le fou d'estampes, le fou de médailles, le fou de tulipes.

Montaigne, plus indulgent, avoue son faible et se montre à nous entouré de tout ce qui lui rappelle ses amis : «J'en con-« serve l'escriture, le seing, des Heures et une espèce péculière « qui leur a servi..... Je les conserve pour l'amour d'eux. »

Voilà le côté pieux, tendre, touchant, qui suffirait à réhabiliter une manie dont l'excuse peut se trouver dans le respect des aïeux et l'admiration des grands hommes, et c'est par ces circonstances atténuantes qu'il faut s'empresser de pallier ce que le goût des albums et des collections va nous offrir bientôt de formes bizarres, puériles, insensées. Parlons donc des albums, type abrégé, portatif, familier, de la collection d'autographes, pour passer ensuite à la nomenclature et à l'étude des collections les plus complètes et des collectionneurs les plus célèbres.

IV

« *Album*, dit le *Dictionnaire de Trévoux*, est le nom que l'on « a donné à un petit registre ou livret que les savants portent « avec eux. Lorsqu'ils se trouvent dans quelque ville, en voyage « ou autrement, ils vont visiter les savants du pays et ils leur

« présentent leur *Album amicorum*, et les prient d'y écrire
« quelque chose, afin d'avoir de l'écriture de leur main. Ce qu'on
« écrit sur l'*Album* est ordinairement une devise, ou quelque
« sentence, ou quelque chose d'obligeant pour celui qui pré-
« sente l'*Album*. »

Mais c'était déjà la corruption, ou plutôt, la transformation de
l'Album qui, au XVIe siècle, meuble nécessaire, *vade-mecum* indispensable, finit bientôt par n'être qu'une précieuse inutilité,
un recueil de luxe et d'amour-propre. On vit donc des albums
aux riches reliures, couverts de signatures, de devises, d'em-
blèmes, d'armoiries, de caricatures, de rébus, car le genre
Album comprend toutes ces variétés. On pourrait citer des modèles ou des types célèbres de chacune de ces espèces, depuis
l'album primitif, naïf, patriarcal, composé le plus souvent d'un
exemplaire de la Bible, à grandes marges ou interfolié, sur lequel le père de famille inscrivait les naissances, les mariages, les
morts, jusqu'à l'album imprimé exprès pour cet usage, avec accompagnement de cartouches gravés sur bois ou sur cuivre.

Dans le premier genre, on peut citer l'exemplaire des *Éphémérides* de Beuther (livre prédestiné à cet usage, car il est typographiquement disposé de telle sorte que la moitié de chaque
page reste blanche), édition de 1551, sur lequel le docteur Payen
a retrouvées, tracées par la main de Montaigne ou de sa fille
Éléonore, leurs éphémérides de famille.

Mentionnons encore les *Heures gothiques*, en vélin, sur lesquelles Segrais trouva la date de sa naissance (22 août 1624)
écrite de la main de son père, et surtout le livre de famille du
grand Bossuet, où sa venue au monde est marquée par ces paroles prophétiques tirées du *Deuteronome :*

« Le Seigneur a daigné lui servir de guide, et il l'a conduit par
« de longs détours ; il l'a instruit de sa voix et il l'a conservé
« comme la prunelle de son œil. »

Cette habitude des *livres de famille* ou *de vie* s'est perpétuée
jusqu'à nos jours, avec l'austérité des mœurs et la foi naïve et
profonde, dans plus d'une vieille famille bourgeoise et parlementaire. En voici un exemple caractéristique et touchant, em-
prunté aux *Mémoires de Carnot* (1753-1823), publiés par son fils :

« Claude Carnot tenait un livre de vie comme ceux dont j'ai
« parlé. Les dernières feuilles blanches d'un volume manuscrit
« contenant les *Institutes* de Justinien, commentées d'après les
« leçons qu'il avait suivies pendant ses études de licence, lui ser-
« vaient à cet usage. Dans les familles protestantes de l'Angle-
« terre et de l'Amérique, c'est ordinairement une Bible qui re-
« çoit ce dépôt et qui lui donne un caractère religieux en même
« temps qu'une valeur presque officielle.

« La note de mon père (le célèbre Carnot) dans le *Livre de*
« *vie* est ainsi conçue :

« Le dimanche, 13 mai 1753, à l'issue des vespres, sur les
« quatre heures, ma femme a mis au monde un fils qui a été
« baptisé le même jour par M. Boussey, prêtre vicaire à Nolay.
« Il a eu pour parrain sieur Nicolas Clément, fils de Marie
« Carnot, ma sœur, et pour marraine, demoiselle Marguerite
« Pothier, fille de M. Pothier, demeurant à Nolay, oncle de ma
« femme. Il est appelé Lazare-Nicolas-Marguerite. Cet enfant est
« né dans un temps de calamité, par les morts promptes et fré-
« quentes qui affligent ce pays, ainsi que tous ceux de la pro-
« vince. Que Dieu lui présente ainsi sa colère dans tout le cours
« de sa vie, afin qu'il s'y conduise avec crainte et mérite sa mi-
« séricorde ! »

« Quarante-trois ans plus tard, quand déjà ce fils avait éprouvé
« une partie des vicissitudes qui marquèrent sa carrière pu-
« blique, la même main paternelle, près de se glacer, écrivit ce
« quatrain à côté de son nom :

> « Je l'ai vu, dès l'enfance, au bien s'étudier :
> « Fils, frère, époux et père, orateur et guerrier,
> « Calomnié, proscrit, ou bien au rang suprême,
> « Sans fiel et sans orgueil, toujours il fut le même. »

« De tous les témoignages d'approbation dont la conduite de
« Carnot fut l'objet, aucun ne dut être plus sensible à son cœur
« que cette touchante devise tracée pendant qu'il errait dans
« l'exil, et dont il n'eut connaissance qu'après la mort de son
« père. »

Le livre des *Déduitz de la chasse des bestes sauvaiges et des*
oyseaux de proye de 1507, sur vélin, avait servi de même à un

seigneur bohémien, Nemrod du temps, à rappeler ses plus beaux exploits cynégétiques et ceux de ses amis. Un autre, secrétaire du Conseil Aulique, à Vienne, avait choisi les *Insignia* de l'empire germanique, gravés par Joest Amman, en 1579, et les écus historiés, qui sont nus et vides, à la fin du livre, servirent à recevoir des signatures.

Notre Bibliothèque Impériale tient du célèbre bibliographe Barbier un traité *De Constantia*, de Juste-Lipse, interfolié par Guillaume Barclay, et sur lequel ce jurisconsulte a recueilli les annotations de la main des illustres de son temps.

Parmi les albums plus dignes de ce nom, et qui commencent la chaîne que finissent ceux de nos jours, il faut citer, comme ancêtres de l'Album *Nadar*, de l'Album *Millaud*, de l'Album *Arnault*, l'album de Daniel de Behr, gentilhomme poméranien, en 1586; l'album de l'Électeur Jean-Sigismond, mélangé de blasons, d'autographes et de dessins (Stammbuch); celui d'un patricien d'Augsbourg, Philippe Hainhofer, recueils d'autographes de souverain, de grands seigneurs et de chefs-d'œuvre des maîtres, etc.

Pour nous borner à la France, signalons l'album, rempli de huitains doucereux, que Mellin de Saint-Gelais écrivit, en 1550, pour mademoiselle Marie Campane, depuis femme de Nicolas de Herberay, seigneur des Essars. Ronsard, et après lui tous les poëtes de la pléiade, illustrèrent de vers à sa louange, l'album de Magdeleine de L'Aubespine, dame de Villeroy.

« J'ai tenu dans mes mains, dit M. Feuillet de Conches, l'al-
« bum de la jeune famille de Henri IV. La reliure, en maroquin
« bleu, était chargée, sur le dos et sur les plats, d'un semis de
« fleurs de lys. Les pages étaient couvertes d'abord des premiers
« essais de calligraphie d'Élisabeth, qui devint reine d'Espagne,
« du Dauphin, qui fut Louis XIII, d'Henriette-Marie, qui fut la
« femme de Charles Ier. C'étaient ici des griffonages, des bouts-
« rimés et des compliments à *Maman-Ga*, c'est-à-dire madame
« de Monglat, gouvernante des Enfants de France. C'étaient,
« ailleurs, des conseils du Roi ou de la Reine, des compliments
« madrigalesques des courtisans, et des croquis ou plutôt des
« grotesques. »

Citons encore, parmi nos albums célèbres, *La Guirlande de Julie*, le fameux et *précieux* cadeau de M. de Montausier à Julie d'Angennes, qui avait été un album d'autographes avant de devenir un chef-d'œuvre de calligraphie de la main de Jarry, avec peinture de Robert et reliure de Gascon ; et l'album de madame Des Loges, une *précieuse* avant l'heure, vilipendée par Tallemant des Réaux, et chantée par Malherbe, qui ouvre le défilé des thuriféraires par cette dédicace impérieuse :

> Ce livre est un sacré temple
> Où chacun doit, à mon exemple,
> Offrir quelque chose de prix.
> Cette offrande est due à la gloire
> D'une dame que l'on doit croire
> L'ornement des plus beaux esprits.

N'oublions pas, parmi les albums célèbres, l'*Album de la Puce de Mademoiselle Des Roches*, chef-d'œuvre unique de la galanterie bourgeoise, pédantesque et parlementaire, comme *La Guirlande de Julie* est le monument de la galanterie aristocratique et raffinée. On connaît d'ailleurs l'histoire de cette puce indiscrète, surprise sur le sein de mademoiselle Des Roches, par l'œil vigilant d'Étienne Pasquier, et devenant le prétexte d'un assaut d'avocats-poëtes et de galantins à mortier.

Nous voudrions parler en détail de l'album de Sébastien Bourdon, rempli de notes et de croquis pris sur le vif à la cour de cette originale Christine de Suède. Ce très-piquant album, véritable chronique, au crayon et au pinceau, de l'entourage de la Reine de Suède, et par moments, chef-d'œuvre de verve comique, était, çà et là, incomplet et en assez mauvais état. Un brocanteur italien, qui en était possesseur, le céda, à un prix excessif, à l'ancien ministre de Suède, le comte Gustave de Lœvenhielm, de la succession duquel il a dû faire partie.

Parmi les albums à cartouches gravés, il faut citer (ils appartiennent presque tous à des imprimeurs et sont de véritables chefs-d'œuvre typographiques) ceux de l'imprimeur David Néker, celui du fameux éditeur des *Grands et Petits Voyages*, Thomas de Bry le père, et celui de Théodore de Bry.

Un travail qui serait curieux et fructueux, digne enfin de

tenter les loisirs d'un bibliophile, ce serait une *Anthologie* chronologique et méthodique extraite de ces albums célèbres dont le cabinet de la Reine douairière Marie de Saxe, celui du docteur Wellesley, à Londres, et surtout la riche et complète collection de M. Frédéric Campe, négociant à Nuremberg, lui fourniraient la matière.

Le seul album que nous voulons décrire en détail, parce que M. Feuillet de Conches ne l'a pas fait avant nous, et parce qu'il est le type de ceux de nos jours et leur modèle, difficile à dépasser, c'est celui du baron de Burkana.

Ce personnage étrange, qui, après avoir parcouru l'Europe, mourut à Vienne, en 1766, était né à Alep et avait été élevé à la cour de l'Empereur d'Allemagne. Son album contenait *trois mille cinq cent trente-deux* témoignages d'estime et d'amitié, en prose et en vers, des compliments, des louanges, des maximes, des épigrammes, des plaisanteries, des anecdotes, etc..... Il portait le titre suivant, écrit en français et en latin :

« *Temple de la piété, de la vertu, de l'honneur, de l'amitié et de*
« *la foi, consacré au souvenir durable et éternel; vous donc tous*
« *qui êtes pieux comme Énée, forts comme Hercule, amis comme*
« *Pylade, et fidèles comme Achate, entrez-y, honorez-le de votre*
« *présence; vous êtes invités par*
                    « Le baron DE BURKANA, *Aleppo-Syrien.* »

Voici quelques extraits de ces nombreux témoignages en faveur du propriétaire de l'Album :

MONTESQUIEU dit de lui : « Que, comme le soleil, il a vu toutes « les parties du monde. »

LE PRINCE DE LIGNE l'appelle : « L'illustre galopeur éternel de « toutes les parties du monde, » et le prie « de saluer, de sa part, « le Grand Mogol et le roi du Monomotapa, quand il traversera « leurs pays. »

VOLTAIRE se proclame très-heureux de s'inscrire dans l'Album « De l'homme de tous les pays, qui parle toutes les langues, véri- « table cosmopolite, qui est Français en Gaule, Espagnol en « Ibérie, Germain en Allemagne, Anglais en Bretagne. »

Le chevalier ou *la chevalière d'Éon,* alors capitaine de dragons

et secrétaire de l'ambassade française en Russie, écrit « *qu'il* ou
« *qu'elle* est *charmé* ou *charmée* d'avoir rencontré M. le baron de
« Burkana pour la troisième fois dans ses voyages; *il* ou *elle*
« espère le voir encore à Constantinople ou à Pékin. »

Une chanoinesse de Paderborn, en Westphalie, dit «qu'elle
« chercha longtemps en vain le Phénix des anciens, et qu'elle l'a
« enfin trouvé dans la personne du baron de Burkana, à Paris,
« 1749. » Une autre dame le qualifie « d'abeille industrieuse qui
« compose un miel précieux. » Une troisième : «de Mentor de
« l'Orient. » Une marquise espagnole le déclare «*caballero cele-
« bre y gustoso.* » Et la comtesse de Lhôpital «est très-charmée
« de la conversation et de la grandeur d'âme de ce seigneur.»

On rencontre, parmi les noms des personnages inscrits dans
cet album, ceux de Lenglet-Dufresnoy, Crébillon, Ladvocat, Arnaud, Tronchin, Bonnet, Muratori, Molina, Zaccaria, Metastase,
le maréchal de Contades, van Swieten, Haller, Gessner, etc...

Le livre précieux, ainsi composé par ce grand seigneur marron,
cet aristocratique charlatan, cet émule de Bonneval, ce précur-
seur des Saint-Germain et des Cagliostro, finit par appartenir à
Gœthe. On ne sait ce qu'il est devenu après la mort de ce dernier. L'espiègle Bettina (si elle vit encore) le saurait-elle mieux
que nous?

CHAPITRE DEUXIÈME

LIVRE D'OR DE LA CURIOSITÉ

Coup d'œil rétrospectif sur les cabinets célèbres. — Quelques figures de curieux illustres. — La Galerie des Ancêtres. — De l'Estoile au comte de La Bédoyère. — Les Maniaques de la Curiosité. — Dépravations du goût. — Collections bizarres et grotesques. — Les Curieux contemporains. — La Société des Amateurs d'autographes. — Pourquoi cette société est muette. — M. Betbeder. — M. Pilinski. — Caveant consules. — La Contrefaçon des autographes.

I

Ce serait une originale et intéressante galerie de portraits à tracer que celle des curieux célèbres depuis le xvie siècle. Ce sujet, que nous ne pouvons qu'ici effleurer, nous tentera peut-être ailleurs. Alors nous peindrons à loisir ces physionomies si variées des glorieux ancêtres de la manie autographique, dont nous n'avons aujourd'hui que le droit de prononcer le nom : *L'Estoile*, le magistrat sceptique et goguenard, grappillant infatigablement pour son *journal* les matériaux de la borne, de la chaire, du cabaret, de l'imprimerie clandestine, et se faisant, dans l'intérêt de sa collection, *politique* à Paris, ligueur dans le camp du roi.

> Le sage dit, selon les temps,
> Vive le Roi ! Vive la Ligue !

Guy Patin, « le bourgeois franc, énergique et salé, emporte-pièce et fort en gueule, » l'ennemi acharné de ce pauvre Théophraste Renaudot, le fondateur persécuté du journalisme, de l'annonce et du mont-de-piété. (Singulier accouplement, mystérieuses analogies!) Et *Salins*, autre médecin rabelaisien et curieux? Et *La Croix du Maine*, le fureteur bibliographe; et les frères Du Puy, créateurs de ce cabinet si célèbre et si hospitalier qui a apporté à la Bibliothèque royale, en 1734, *neuf cent cinquante-huit volumes* de pièces et de documents d'une richesse à peine effleurée?

Nous aurions aussi à peindre cette héroïque et savante fille, Marie *de Jars*, demoiselle *de Gournay*, fille adoptive de Montaigne, laquelle laissa quantité de papiers et de lettres autographes, émanés de tous les hommes illustres de son temps, qui passèrent aux mains de La Mothe Le Vayer, historiographe du roi.

La collection de Béthune, à la Bibliothèque impériale, résume et rappelle aussi un cabinet célèbre, demeuré intact, grâce à la jalouse surveillance et à l'inflexible égoïsme de ses nobles possesseurs. Le chartrier de la maison de Sully, vendu en 1811, avec le château de Villebon, par un héritier peu soucieux des gloires de sa famille, nous fournirait l'occasion de montrer, dans son intérieur, l'auteur des *Œconomies royales*. Tour à tour nous esquisserions, tantôt de face, tantôt de profil, tantôt en buste, tantôt en pied, l'image des ancêtres de la curiosité, depuis les plus illustres jusques au moins connus, depuis les vénérables jusques aux bizarres, depuis les plus anciens jusques aux morts d'hier. Feuilletons ce *Livre d'Or* de la curiosité et nommons tout haut avec un salut :

Fabri de Peiresc, — *Rasse des Nœuds*, — *François Colletet*, « le poëte crotté, » une des victimes injustes de Boileau; l'auteur de ces *Vies des Poëtes français*, encore inédites (à la Bibliothèque du Louvre), vaste et précieux recueil de *quatre cents biographies littéraires*, pleines de détails curieux et de révélations, dont la publication devrait tenter enfin le gouvernement, ou la *Société de l'Histoire de France*, ou quelque éditeur digne de ce nom; — *Baluze*, — *Huet*, — *Vallant*, — *Conrart*, — *Chapelain*, — *de Clérembault*, — *de Mesme*, — *De la Mare*. — *Bouhier* et son ami et correspondant, le savant et malin avocat Mathieu Marais, le vrai chroniqueur de la Régence, dont nous publions, en ce moment, chez Didot, les *Mémoires* naïfs et salés; — le président *de Harlay*,

— *Lancelot,* — *Jamet,* — l'abbé *de Louvois,* — l'abbé *Bignon,* — l'abbé *de Dangeau,* — *D'Hozier,* — *La Monnoye,* — *Grosley,* — *Sainte-Palaye,* — le président *Hénault,* — le duc *de Saint-Simon,* — le duc *de Luynes,* — le marquis *de Paulmy,* — le duc *de Choiseul,* — *Mariette,* — *Bachaumont,* — le maréchal *de Richelieu,* le duc *de La Vallière,* — le prince *de Ligne,* — *Horace Walpole,* — l'abbé *de Tersan.* Que de figures austères ou gracieuses, sublimes ou grotesques, de bénédictins de la frivolité ou d'apôtres de la chinoiserie !

II

De nos jours, parmi les cabinets dispersés, depuis quarante ans, au vent des enchères publiques, il faut signaler la collection *Upcott,* de Londres, qui était un de ces trésors uniques à mettre en parallèle avec les grands cabinets des siècles passés. — Les portefeuilles de lord *Egerton,* comte de Bridge-Water, amassés, pour la plus grande partie, en France, où, sous le premier Empire, il avait été autorisé à séjourner, sont entrés en bloc au Musée britannique, riche aujourd'hui de tant de dépouilles françaises.

Singulière figure que celle de ce lord *Egerton,* riche de plus de *dix-sept cent cinquante mille livres de rentes,* locataire ennuyé de l'hôtel Langeron, de l'hôtel Richelieu, puis du grand hôtel de Noailles, rue Saint-Honoré, avec ses chiens habillés à la française, qu'il faisait promener dans de grandes voitures armoriées, escortées de laquais en grande livrée. C'est lui qui, pour ne pas être dévalisé par ses valets (comme récemment le duc de Brunswick), avait pris une mesure fort sage, celle d'intéresser à demeurer chez lui ces voleurs domestiques. « N'attendez de moi « aucun legs, leur disait-il; mais si je suis satisfait de vos ser- « vices, j'ajouterai chaque année à vos gages. »

Le vicomte *de Santarem,* ancien ministre des affaires étrangères de Portugal, qui a fait, dit M. Feuillet de Conches, avec une modestie incomparable, tant de travaux excellents pour l'avancement des sciences géographiques, possédait un des plus beaux cartulaires de l'Europe, demeuré dans sa famille. Il en a été de même du marquis *de Villeneuve-Trans*, si riche en lettres de tous genres, et du baron *de Verstolk de Zoelen*, ancien préfet en France, quand la Hollande était une de ses provinces, puis ministre des affaires étrangères des Pays-Bas, curieux universel du plus grand goût, et qui a laissé en même temps une galerie de tableaux de prix, et une collection d'eaux-fortes qui le disputait en richesse aux célèbres portefeuilles de l'archiduc Charles d'Autriche.

Parmi les autres grands curieux, disparus depuis peu de temps, et dont il faut encore emprunter, en la complétant, la nomenclature au livre du curieux par excellence, il faut citer :

Le marquis *Germain Garnier*, pair de France, dont une partie de la collection, achetée par Louis XVIII, est entrée à la Bibliothèque du Louvre ;

Le vicomte *Morel de Vindé ;*

Le *Corneille du boulevard, Guilbert de Pixérécourt*, un vrai et ardent bibliophile ;

Le général *de Grimoard*, éditeur de la *Correspondance de Bolingbrocke* et des *Mémoires de Louis XIV ;*

L'ancien grand maître des eaux et forêts, *Desjobert ;*

Delort, l'auteur des *Voyages aux environs de Paris* et de l'*Histoire de la Détention des philosophes à la Bastille ;*

Le marquis *de Chateaugiron*, ancien consul général et pair de France, traducteur de l'*Histoire du soulèvement des Pays-Bas*, de Schiller, et éditeur des *Historiettes* de Tallemant des Réaux ;

Le comte *Bigot de Préameneu ;* les académiciens *Picard, Auger* et *Campenon ;*

Peuchet, l'archiviste, auteur des *Mémoires tirés des Archives de la police ; Auguis*, « l'homme de lettres, dit malicieusement « M. Feuillet de Conches, qui s'adjugeait et vendait, *par inad-* « *vertance*, les autographes qu'on lui prêtait ; »

Cochard, l'académicien de Lyon ; l'indianiste *de Chésy ;* le généalogiste *de Courcelles ;* l'antiquaire Alexandre *Le Noir ;* le professeur de philosophie Charles *Millon ;* le célèbre imprimeur *Crapelet ;* le général fabuliste *Naudet ;* Jérôme *Bignon ;*

Théophile *Tarbé*, de Sens, membre correspondant de l'Institut, « un sanglier entouré de collections bibliographiques, autogra-

« phiques et d'art, et qui, tout hérissé, en défendait les appro-
« ches ; »

La comtesse *Boni de Castellane;* la vicomtesse *de Noailles;*

Le chevalier *Pétré,* ancien officier supérieur de marine, amas-
sant des collections de toutes sortes; le baron *de Schonen,* procureur général près la Cour des comptes; le président *Agier;*
Aimé *Martin;* le bibliophile *Motteley;* le Saxon *Falkenstein;* le
Viennois *Aloysius Fuchs,* possesseur de la plus belle collection
musicale qui ait jamais existé; le général prussien *de Radowitz;*
enfin, le financier *La Jarriette,* qui avait amassé à grands frais,
à Nantes, une collection vraiment remarquable d'autographes et
d'estampes de tous les temps et de tous les peuples, spéciale
surtout pour l'histoire de Bretagne; le duc Jacques *de Fitz-
James,* «mort si jeune d'âge et si vert d'esprit. »

Il faut citer encore, parmi les adjudications plus récentes,
celles du baron *de Trémont;* du bibliophile et philanthrope
de Belivard-Rey, de Londres; de *Strawberry-Hill* (succession
d'Horace Walpole); *de Dawson-Turner,* d'Yarmouth, et celle de
Lucas de Montigny, fils adoptif de Mirabeau, dont la collection
était toute une révélation du grand orateur.

«M. Alexandre Martin, homme instruit, et de ces connaisseurs
« aussi rares que les meilleures plumes, s'est, de son vivant, sé-
« paré de ses amis, en se séparant de ses autographes, ainsi que
« la marquise de Dolomieu, et le baron de La Carelle, et La
« Lande, et le bibliophile Jacob, si habile en toutes choses de
« philologie et de bibliographie; et Alcide Donnadieu, Français
« établi à Londres (collection très-riche et catalogue très-bien
« fait); et M. Audinet, et M. de Chabrol, et le bon Fontaine, le
« plus digne des hommes, auteur du premier *Manuel de l'Ama-
« teur d'autographes;* et M. Louis Paris, un homme de bonnes
« lettres, ancien archiviste de la ville de Reims; et le baron de
« Chassiron, qui possédait en autographes un Siècle de Louis XV
« à faire venir l'eau à la bouche aux plus délicats. De ce nombre,.
« enfin, a été notre vieil ami et confrère, M. de Montmerqué, à
« qui ses grandes entrées chez la marquise de Sévigné avaient
« fourni de si précieux manuscrits, et les éléments de si bonnes
« publications. »

A cette liste, exclusivement consacrée aux maréchaux de la curiosité, il faut ajouter :

Lemontey, l'ingénieux et subtil auteur de l'*Histoire de la Régence*, un livre magistral, quoique un peu froid, si supérieur aux déclamations érotiques de M. Michelet et aux fades coloriages de M. Capefigue ; Lemontey, le premier et unique explorateur de ces jalouses arcanes du ministère des affaires étrangères ; Lemontey, enfin, le maître de M. Feuillet de Conches, son très-digne élève ;

Monteil, l'historiographe domestique de la vieille France, l'auteur de l'*Histoire des Français aux divers États,* un chef-d'œuvre de la littérature bourgeoise ;

Charles Nodier, dont nous ne dirons rien, parce qu'il faudrait trop dire ;

Bazin, l'auteur misanthrope de l'*Histoire de Louis XIII et des Notes sur Molière ;*

Renouard, l'historien des Alde et des Manuce ;

La Serna-Santander, le bibliographe des Elzévir ;

Beffara, qui a été pour Molière ce que le docteur Payen est pour Montaigne ;

Deschiens, le grand fureteur du journalisme révolutionnaire ;

MM. *Villenave, Le Ber, Parison, de Cayrol ;* l'aimable et spirituel *Després*, l'ancien lecteur de la reine Hortense ; le comte *d'Estourmel*, le comte *de la Bédoyère*, le marquis *d'Argenson, Tenant de La Tour*, le baron *de Stassart*, etc...

Mais c'est le moment de fermer ce *Nécrologe* et d'arriver aux collectionneurs contemporains, et aux diverses variétés de la manie autographique, la plus panachée de toutes.

III

O Muse du grotesque ! toi que la connaissance du cœur humain accoutume à ne t'étonner de rien ; toi qui peux parcourir impunément les mille cours du Bedlam universel, et descendre sans vertige la spirale progressive de la folie ; toi qui causes, grave avec les insensés, et souriante avec les sages, toi seule peux me guider dans cet *enfer* de la curiosité aux innombrables cercles et aux infinis supplices !

Et la Muse du grotesque, fidèle à mon appel, a ainsi philosophiquement parlé :

« Tel n'introduit dans ses albums que des lettres de person-
« nages de sa ville natale ou de sa province; tel autre, de sa
« caste et de sa profession. Les uns sont dirigés par les analo-
« gies, les autres par les contrastes, quelques-uns par de purs
« caprices. Celui-ci n'admet d'épîtres que de personnages por-
« tant le nom de *Louis*. Cet autre, un Italien, ne recherche que
« des lettres de criminels constatés. Il en prise davantage l'écri-
« ture, s'ils ont été marqués. Sa pièce la plus curieuse est une
« épître signée, pense-t-il, de la croix du galérien vertueux dont
« saint Vincent de Paule prit les fers.

« Un autre curieux possède un immense recueil de pétitions
« ridicules. Il en est un autre encore qui, fureteur de papiers
« secrets et de linges sales, l'oreille aux propos de l'antichambre
« et aux soupirs frelatés des boudoirs subalternes, fait collection
« de lettres d'amour de l'office, de billets doux fanés du bas
« empire, de la Courtille et de la rue, des chevaliers Jonquille,
« des marquises Rose-Pompon et autres breloques et fanfrelu-
« ches, prose et vers ! et quels vers ! de la Vénus peu pudique :
« histoire poudrée à l'iris, carnets d'amour en commandite,
« immondices du plus profond enseignement moral.

« Celui-là, qui, apparemment, a mangé du miel de ce *rhodo-
« dendron ponticum*, qui, au rapport de Xénophon et de Pline
« l'Ancien, donnait la folie, ne recherche que des lettres d'habi-
« tants de Bedlam et de Charenton.

« Un autre maniaque, plus étrange encore, s'inspirant du
« fameux chapitre de Gargantua, et de l'épigramme de *haulte
« graisse* lancée par Piron contre les Beaunois, s'est fait des
« albums parfumés de lavande. Il a moissonné en plein vent,
« dans ces solitudes où nul ne glanera, les plus singuliers auto-
« graphes *dorés*, et son nez fin a su faire les choix les plus pi-
« quants. Ce sont, à côté de mazarinades, de billets de la banque
« de Law, d'assignats, de mandats, de pamphlets et d'une mul-
« titude de factures non acquittées, des demandes de places, de

« fausses confidences, des promesses de legs, des secrets éven-
« tés, des vers sans mesure, des projets de finance et des my-
« riades de lettres d'amour. Ce curieux singulier, à l'existence
« duquel je n'aurais pas cru, si je n'eusse vu de mes yeux ses al-
« bums [1] dont la collection se composait de cinq volumes reliés
« en maroquin couleur La Vallière, y a mis pour épigraphe le
« vers connu de Martial [2], le mot non moins célèbre que Catulle,
« oubliant un instant sa délicatesse de style, s'est permis sur les
« *Annales de Volsius* [3] et je ne sais plus quel vers de Gros-René
« à Marinette dans le *Dépit amoureux*, de Molière.

« Il eût pu se borner à y mettre pour épigraphe le mot de
« Cambronne, récemment réhabilité par V. Hugo. »

Ainsi a parlé la Muse du grotesque, et je n'ai pas tout répété
de ce qu'elle m'a dit et enfin chuchoté.

Mais à côté de ces curieux monomanes, de ces « crocheteurs
des hommes doctes » qui amassent sans trier, il y a les habiles,
les heureux, les raffinés, les dénicheurs de merles blancs, les
enjôleurs d'Harpagon, ceux qui ont le flair, ceux qui ne revien-
nent jamais *bredouille* de leurs choses quotidiennes, ceux qui
emploient leurs loisirs et leur fortune à établir des cabinets en-
viés de l'État, ceux qui convient le public à leurs bonnes fortunes et font sortir un beau livre d'un amas de papiers jaunis.

« Ceux-là, dit d'eux celui qui peut passer pour le type et
« l'exemple du curieux, ceux-là savent à merveille l'utilité qu'on
« peut retirer de tels trésors. Ils savent écouter, pour ainsi dire,
« à travers ces épaisses murailles de papier et de parchemin, le
« bruit des siècles écoulés, et comprendre l'éloquence de ces vieux
« témoins, muets pour tant d'autres. La beauté extérieure d'une
« lettre n'est, à leurs yeux, qu'un mérite secondaire. Ils lisent
« ce qu'ils amassent; ils n'amassent que ce qui est une preuve
« ou un ornement de la vérité, que ce qui peint quelque coin de
« l'âme humaine, que ce qui se présente comme la science rendue
« sensible. »

A ce Livre d'or de la haute curiosité, où sont inscrits les noms

1. M. Sudreau de la R.
2. *Epigr.* XII, p. 61, v. 10.
3. Catulle. *Carm.* XXXVI.

des bienfaiteurs de l'histoire, de ceux qui ont consacré, ennobli, fécondé la manie contemporaine par excellence, et ont élevé un ridicule à la hauteur de l'admiration, dans ce sénat, enfin, des maîtres en autographes, il faut placer les prince de Metternich, les Guizot, les Cousin, les Sainte-Beuve, les Mignet, les Feuillet de Conches, les ducs de Luynes, de Noailles, de La Rochefoucauld; le baron de Manderstroëm, ancien ministre des affaires étrangères de Suède et de Norwége; le comte Adam Levenhaupt, à Stockholm; le vénérable Fossé d'Arcosse [1], patriarche des chercheurs; le comte de Lignerolles, le marquis de Fiers, le comte d'Espagnac, le marquis de Biencourt, d'une si exquise bienveillance; le comte d'Hunolstein, M. Dubois, M. Giraud de Savines, M. Dubrunfaut, qui, depuis quelques années, a pris le haut du pavé de la curiosité, et se distingue par le choix, le prix et le nombre de ses acquisitions; M. Bixio, intelligent et heureux brûleur d'enchères; M. F. Barrière, du *Journal des Débats,* homme d'un esprit aimable et d'un goût délicat; le savant M. Niel, le docteur Payen, M. E. Dentu, M. le baron Pichon, président de la *Société des Bibliophiles français,* MM. Edmond et Jules de Goncourt; M. Charles Vatel, l'historien de Charlotte Corday; MM. Édouard Fournier, Eudore Soulié; M. le baron de Girardot et M. E. Gautier, à Nantes; M. Anatole de Gallier, à Grenoble; M. Renard, M. Travers, à Caen; M. Benjamin Fillon, à Fontenay (Vendée); M. le comte Le Couteulx de Canteleu, au château de Saint-Martin (Eure); M. Léon de la Sicotière, à Alençon; M. Sohier, à Mantes; sir Thomas Philips, à Middle-Hill; M. John Young; lord Londesborough (autrefois M. Albert Conyngham); M. le commandeur Heath, à Londres; le comte de Gosford, en Irlande; le comte Strogonoff, à Saint-Pétersbourg; le docteur Sprague, à Albany, aux États-Unis d'Amérique, et tous ceux dont on trouvera, pour l'Allemagne et l'Italie, les noms à notre tableau de l'armée des curieux.

Il faut enfin, et ce n'est que justice, ajouter, en bloc, à cette liste d'honneur, les noms de nos chers et savants confrères de la *Société des Amateurs d'autographes,* dont nous allons dire quelques mots.

1. Mort pendant que ces lignes étaient à l'impression.

IV

L'origine de la *Société des Amateurs d'autographes*, réunion
d'un caractère tout intime, tout privé, sans initiation mystérieuse
ni solennelles séances, dont tous les membres se connaissent,
s'estiment et ne s'encensent pas, — ne se perd pas dans la nuit
des temps.

C'est vers 1860 que l'idée d'une réunion périodique de quelques amateurs et curieux a pris, non naissance (car elle est plus
ancienne et a été le traditionnel *desideratum* de la famille des
chercheurs), mais consistance, et s'est enfin réalisée dans cette
société modeste, pacifique, qui élit tour à tour domicile chez l'un
de ses membres, et dont les discussions familières ne vont pas
plus loin que la causerie. Là, on se communique mutuellement,
et avec une entière confiance, ses trésors, ses désirs, ses espérances, ses regrets ; on y admire les autographes rarissimes, on
y étudie les douteux, on y établit officieusement le cours de la
Bourse des documents, on y enregistre les victoires et les défaites des ventes récentes ; on y fait, enfin, entre deux tasses de
thé, les pieds sur les chenets, à la lueur des lampes domestiques, tout ce que peuvent faire d'honnêtes gens de bonne compagnie qui ne s'occupent pas du public et dont le public ne
s'occupe pas.

A plusieurs reprises, certains membres plus ardents, peut-être
plus téméraires que les autres, ont essayé d'entr'ouvrir, par une
discrète publicité, les portes du sanctuaire. On a parlé d'élargir
les cadres, de formuler les lois de cette institution naissante.
Mais les sages, les Nestors de l'assemblée, ont toujours prudem-
ment résisté à ces impatiences, à ces ambitions. Ils ont dit que
les sociétés les plus heureuses sont celles qui ne font pas parler
d'elles ; que la publicité est importune souvent, quelquefois dan-
gereuse, qu'elle appelle la critique et ses inconvénients, qu'elle
attire l'attention jalouse des établissements publics aux curiosités
si indiscrètes, aux implacables réclamations. Ils ont montré le
spectre de la *Revendication* s'installant dans l'antichambre
effrayée, frappant de son doigt décharné à la porte de l'assemblée

interdite, compulsant le *Dictionnaire des pièces volées* de MM. Ludovic Lalanne et Henri Bordier, et troublant de son ricanement ironique les douces quiétudes, les possessions tranquilles des collectionneurs.

Il faut expliquer ce mystère, et dire que le hasard des ventes publiques a, en effet, jeté plus d'une fois, dans la circulation, des pièces dérobées aux grands dépôts littéraires, et que, sur ces pièces, nonobstant l'entière et évidente bonne foi de l'acheteur, l'État place volontiers, à l'occasion, son inexorable *embargo ;* que l'appétit vient en mangeant, comme disait Amyot, et que tout en apportant dans leur mission la modération la plus éclairée et les plus courtois ménagements, MM. les commissaires des bibliothèques, armés du redoutable privilége d'inquisition et de main-mise, manifestent, à reprendre, le même empressement que les possesseurs à garder. De là, d'inévitables conflits, des chocs judiciaires dont quelques-uns sont célèbres dans l'histoire des querelles savantes. De là, cette prudence, je ne veux pas dire méfiance, d'une société qui a adopté pour uniforme la robe de chambre et les pantoufles, et qui, s'abritant sous l'inviolabilité du domicile privé, a mis sur sa porte capitonnée la devise du bourgeois romain : *Cave canem.*

Voilà pourquoi, Messieurs, notre fille est muette. Voilà pourquoi nous n'avons pas d'*Annuaire*, pas de *Bulletin.* Voilà pourquoi une société qui pouvait rendre des services signalés à l'érudition, et marcher à l'avant-garde des découvertes de la curiosité, n'est qu'une réunion d'aimables épicuriens de l'autographe, de molinistes de la curiosité, savourant à huis-clos des voluptés aussi stériles qu'honnêtes.

Mais pourquoi nous acharner après ce respectable égoïsme, fruit d'une philosophique expérience? Pourquoi narguer ce scepticisme, si aimable d'ailleurs et si hospitalier pour tout homme qui n'appartient pas à la redoutable *Saint-Hermandad* des bibliothécaires militants? Quel mérite, après tout, et quel profit y a-t-il à violer les honnêtes mystères de ce culte inoffensif du *chirographe?* N'y a-t-il pas, au contraire, autant d'esprit que de bon sens dans cette abstention modeste, si contraire aux traditions académiques? Hé quoi ! ne sera-t-il pas permis de se livrer décemment, tranquillement, domestiquement aux consolantes délices de la plus intelligente des curiosités, de celle qui exige, pour être goûtée, de la science, de l'expérience, de la fortune, et se réserve ainsi à des adeptes choisis? Quel avantage peut-il y avoir, pour l'amélioration des hommes, à noircir d'encre ces doigts irréprochables, habitués aux précautions et aux puretés d'un contact sacré? N'y a-t-il pas déjà assez de *Mémoires*, et de *Bulletins* et d'*Annuaires*, et faut-il annuellement verser son urne de solennelles fredaines dans cette inondation périodique de l'inutile érudition ?

Un déluge de mots sur un désert d'idées.

Ainsi parlent tour à tour les vieux et les jeunes, les Mentors et les Télémaques.

. Et, dans ce débat, après avoir fidèlement traduit *le pour* et *le contre*, le plus sage est peut-être aussi de s'abstenir.

La *Société des Amateurs d'autographes* se compose actuellement de dix-sept membres, qui sont :

MM. Boutron-Charlard, de l'Académie de médecine ;

Boilly, fils du célèbre peintre ;

Miller, de l'Institut, bibliothécaire au Corps législatif ;

Chambry ;

Rathery, conservateur sous-directeur de la Bibliothèque impériale, éditeur de l'excellent *d'Argenson*, de la *Société de l'Histoire de France* ;

Gauthier La Chapelle, avocat ;

Moullin, avocat ;

Andrieux, de la Bibliothèque du Sénat ;

Potiquet, architecte ;

Chauveau ;

Prince de la Trémoille ;

Honoré Bonhomme, l'aimable et spirituel éditeur du *Piron* inédit, auteur de *Madame de Maintenon et sa famille*, exhumateur de la *Correspondance inédite* de Collé ;

Gilbert, l'heureux et éloquent auteur des *Éloges* de Vauvenargues et de Regnard, couronnés par l'Académie française ;

MM. Ch. Read, le savant rédacteur du *Bulletin de la Société de l'Histoire du protestantisme français*, l'ingénieux et hospitalier rédacteur en chef de l'*Intermédiaire*[1] ;

Ch. de Croze ;

Gerbe, préparateur de M. Coste au Muséum ;

et de votre très-humble serviteur.

Les plus belles collections de la Société, qui pourrait se diviser, sous ce rapport, en membres qui possèdent et en membres qui ne possèdent pas, en membres qui montrent et en membres qui regardent, sont celles de MM. Chambry et Boutron, dont la seconde est libéralement ouverte, d'ailleurs, à l'homme de lettres en quête de documents, et d'où il ne sort jamais *bredouille*. Nous connaissons peu les autres. MM. Rathery, Bonhomme, Gilbert ont de très-intéressants recueils, d'un ensemble moins harmonieux et moins complet que les collections de MM. Chambry et Boutron, qui défient le désir et répondent (la seconde) à l'appel des curiosités les plus raffinées et les plus difficiles. Heureux les philosophes assez riches pour avoir amassé des preuves aussi précieuses de la vanité de la gloire, de l'ingratitude des hommes, de l'incertitude des événements et des erreurs de l'histoire ! Feuilleter un recueil d'autographes est une des choses les plus instructives et les plus salutaires qui soient. C'est une leçon amusante, une comédie variée. C'est une dose d'expérience. C'est un bain d'admiration et de mépris. On sort plus fort et plus dispos, mais plus triste, de ce mélange de surprises et de confirmations, de révélations et de déceptions, de cette honte et de cette gloire, de ce miel et de cette absinthe. L'homme y apparaît tour à tour meilleur et plus mauvais qu'il n'est réellement, parce qu'il est dans sa nature de tout exagérer, et parfois de se cacher dans le bien pour s'afficher dans le mal. Ne vous fiez pas trop ni à ces pudeurs, ni à ces cynismes, et prononcez, en sortant, après l'avoir vérifié, cet axiome d'un moraliste aussi juste qu'amer : « *L'homme n'est ni ange ni bête.* »

---

1. Excellent et et utile recueil de questions et de réponses que nous ne saurions trop recommander aux chercheurs et aux curieux. Deux numéros par mois.—Benjamin Duprat, éditeur.

V

La Société, qu'on pousse inutilement à sortir de l'état contemplatif, a bien, d'ailleurs, d'autres chiens à fouetter. Vous voudriez qu'elle écrive, qu'elle imprime, et Catilina est à ses portes. Catilina, c'est la *fraude*, implacable ennemie de la curiosité, toujours rôdant autour des collections et des collectionneurs, cherchant quelque pièce à dévorer, c'est-à-dire quelque dupe à faire. La photographie, pour laquelle il n'est pas de mystère, et qui ne connaît pas d'obstacles, comme pour Gusman, emploie les journées à traduire et à trahir les visages, et consacre les veilles studieuses de ses nuits à tous les problèmes de l'imitation. Ses contrefaçons ont déjà produit des miracles que le collectionneur admire en tremblant, et des tours de force qu'il qualifie, sans hésiter, de mauvais tours. Quel curieux, digne de ce nom, pourrait dormir tranquillement, quand il songe aux cyniques conquêtes et aux malignes entreprises de la science moderne? Ces sorciers nouveaux, qu'on nomme les chimistes, n'ont-ils pas retrouvé le secret des pâtes les plus compliquées, des encres les plus indélébiles? Encore une religion qui s'en va : celle de l'encre de la Petite-Vertu! La science a trouvé les moyens de tout imiter, de tout confondre, l'authentique et le faux, — et la liste des mystifications célèbres et des triomphantes supercheries menace de s'augmenter de nouvelles victimes. Le collectionneur, le front en sueur, la main crispée, essuie fiévreusement le verre troublé de ses lunettes, qui ne lui sont plus d'un secours infaillible. J'ai vu de ces habiles, de ces admirables, de ces effrayantes reproductions. C'est à s'y méprendre. C'est à jeter sa langue aux chiens. C'est à douter de la vérité elle-même. Il n'est plus de collection qui puisse affirmer impunément aujourd'hui sa virginité. Le perfide *fac-simile*, serpent caché sous les fleurs, se glisse partout, et souille les albums de ses économiques promiscuités. Laissez faire, disent les croyants, un véritable amateur reconnaît toujours les bons autographes parmi les mauvais, et le blé parmi l'ivraie. Les sceptiques hochent la tête; les farceurs se frottent les mains. Mais il n'est plus aujourd'hui de bonheur parfait, d'enthousiasme sans restriction, dans le monde effarouché de la curiosité. La crainte de l'erreur enfante des erreurs. La méfiance empoisonne toutes les joies; la déception mêle son amertume à tous les triomphes. Le collectionneur n'ose plus se vanter de ses victoires. Il garde pour lui le secret de ses acquisitions, et, le soir, quand il considère, à la lueur de sa lampe, les trophées mystérieux de ses coûteuses et honnêtes débauches de la rue des Bons-Enfants, il dresse parfois la tête en sursaut. Il lui semble qu'un ricanement ironique a protesté dans l'ombre contre son adoration, et que le fantôme railleur du ridicule a agité ses grelots.

Cette guerre sourde de la sophistication a armé d'épines l'abord autrefois si ouvert et si souriant du collectionneur. Sa figure épanouie a pris des teintes sombres, et des lignes rébarbatives en altèrent la sérénité; de même, au lait patriarcal qui coulait dans ses veines s'est mêlée je ne sais quelle inquiète amertume, et un fiel sardonique a remplacé le miel sur ses lèvres. Le collectionneur aujourd'hui est inquiet, aigri, sceptique. Le mal du siècle, l'ennui, l'a touché. Il ne croit plus entièrement aux dieux. Sa religion est ébranlée. Il lui manque ce charme naïf de l'illusion. Comme certains maris ombrageux et jaloux, il porte sur le front, où il met involontairement la main, surtout en présence de ses confrères, le deuil de la primitive illusion. Il a gardé sa femme, c'est-à-dire sa collection, mais le ménage n'est plus heureux. Il doute de la fidélité qu'il eût jadis affirmée, la main sur le brasier, avec la pose d'un Scévola de David. Et parfois il regarde le marchand qui la lui a fournie de cet œil terne où passent, comme des nuages sur l'eau, de mauvaises pensées.

Ne rions pas, il y a quelque chose de triste à toutes les décadences. Et les progrès de la science menacent la curiosité d'une décadence.

Il existe un certain M. Betbeder (ce n'est pas un mythe) qui a soumis au conseil du Cercle de la Librairie des *fac-simile* effrayants de perfection «et dont ce conseil s'est déclaré entière-
« ment satisfait [1]. »

---

1. *Journal général de la Librairie* du 9 avril 1864 (p. 58).

Si le conseil du Cercle de la Librairie est *satisfait*, le cénacle des amateurs d'autographes l'est beaucoup moins. Et j'ai vu bien des sourcils se froncer en lisant ces lignes d'une sollicitude quelque peu ironique. «Les *fac-simile* d'autographes surtout, « nous en donnons avis aux collectionneurs, défient l'œil le plus « exercé, et ces messieurs ont vainement cherché à établir une « différence entre les pièces de ce genre qui leur ont été pré- « sentées. » Je donne, après avoir fait un signe de croix, l'adresse de M. Betbeder, artiste peintre, 221, rue Saint-Antoine.

M. Betbeder n'est pas le seul de son métier, qui devient peu à peu un art, une magie. Un artiste polonais, M. Pilinski, rue des Noyers, 31, fait, depuis plusieurs années, des reproductions étonnantes de gravures, d'imprimés, de manuscrits. Et voici un autre artiste en train de nous épouvanter par ses admirables *fac-simile*, M. Bellot, de l'*Autographe*.

> Contre tant d'ennemis que nous reste-t-il?
>
> L'œil.

Oui, l'œil, au moyen duquel on peut, après analyse, recon-naître dans le papier les traces du chlore (qui ne fut introduit par Berthollet dans la papeterie qu'en 1814). Le chlore dénonce une contre-façon, quelque parfaite qu'elle soit, puisque les an-ciens papiers n'en contiennent pas. L'examen des filigranes de la pâte du papier peut souvent, quand ils sont étudiés avec soin, faire connaître la date des manuscrits, lettres autographes, et le pays d'où ils proviennent, etc. Mais, pour tout cela, il faut un œil perçant, un œil savant, celui d'un docteur Payen ou d'un Feuillet de Conches. Jamais ceux-là ne seront trompés. Mais M. de Roth-schild, qui a, plus d'une fois sans doute, reçu dans ses caisses, à son insu, de faux billets de la Banque de France (les plus habiles employés de la Banque s'y trompaient eux-mêmes), pourrait bien donner à de faux autographes l'hospitalité de son album. Mais ce sont là des dangers dont le grand banquier, homme d'es-prit, prendra bien vite son parti et se bornera à sourire.

CHAPITRE TROISIÈME

LA CHASSE AUX AUTOGRAPHES

Comment se forme-t-on une collection d'autographes? — Quatre manières d'acquérir des autographes : 1º en chercher; 2º les trouver; 3º les acheter; 4º les voler. — Supplément au *Dictionnaire de l'Académie française*. — L'Abeille et le frelon. — Signalement de quelques insectes nuisibles ou parasites de la classe des amateurs d'autographes. — Où trouve-t-on les autographes? — Les Notaires, greffiers, huissiers, épiciers, marchands de tabac, marchands de bric-à-brac, considérés au point de vue de la recherche des autographes. — Digression sur le culte et le commerce des reliques illustres dans l'antiquité et de nos jours. — La lampe d'Épictète. — Le Bâton de Pérégrinns. — La Canne de Voltaire. — L'Habit de Louis XVI. — Le Chapeau de Napoléon. — L'Éperon d'Henri IV. — Deux recueils d'autographes de Napoléon Iᵉʳ. — Histoire révolutionnaire des autographes. — Les Gargousses faites avec l'histoire de France. — Les Brûlements patriotiques. — Ameilhon. — Grégoire. — Les Premiers chasseurs d'autographes. — MM. Villenave, Montmerqué, le colonel Maurin, M. Berthier, Alexandre Martin. — Anecdotes sur quelques trouvailles singulières. — Lucas de Montigny. — Tastu.

I

Comment se forme-t-on une collection d'autographes? Autrement dit, d'où proviennent les autographes? Sous quel ciel enfumé poussent tristement ces feuilles jaunies, et de quel nom appelle-t-on le vent qui les fait tomber aux pieds du curieux, qui les ramasse et les met soigneusement dans son portefeuille? A nous le devoir d'introduire maintenant le lecteur sous ces mystérieuses latitudes, dans ces sombres climats, où l'on récolte à prix d'argent le précieux autographe.

Formulons un axiome de *sûreté*. J'appelle ainsi les définitions qui éclairent le discours comme un phare, et empêchent de s'égarer aux digressions chères à tout *cicerone*.

Axiome. Il existe quatre manières de se procurer des autographes :

       1° En hériter,

       2° Les trouver,

       3° Les acheter,

       4° Les voler.

Que le lecteur ne s'effraye pas trop de ce mot. Dans la langue des amateurs d'autographes, il est dépouillé de ses acceptions injurieuses et judiciaires. Il y a des *façons* de se procurer une pièce longtemps convoitée, inutilement disputée, si élégantes, si gracieuses, si spirituelles, que si l'on ne peut pas dire que la pièce n'a pas été prise, on ne peut pas affirmer non plus qu'elle a été volée.

O collectionneurs, mes confrères, je glisse légèrement sur cette partie de ma tâche hérissée de difficultés. Vous comprendrez cette réserve. A vous seul il appartiendrait de diviser, forts de votre expérience et de vos déboires, ce mot *voler* en ses cent mille nuances. A vous seuls, victimes des piéges de la curiosité parasite, des mensonges de la réclame, des perfidies de la communication, des surprises et des trahisons de l'échange; à vous seuls il serait permis de raconter sans danger, mais non sans malice, les déceptions des ventes, les vicissitudes de la découverte, les audaces de la demande, les indiscrétions de la publicité ; d'expliquer enfin par quels mille détours, par quelles subtilités prestigieuses de *la mendicité ou de la filouterie autographiques* un collectionneur naïf peut être à la fois désabusé et dépossédé,

Jurant, mais un peu tard, qu'on ne l'y prendra plus.

Il n'est pas que les bibliothèques publiques qui aient leurs frelons industrieux, leurs Libri (en admettant l'accusation) et leurs Chavin de Malan.

Il est peu de manies aussi exposées que celles des autographes, aux pertes, aux déceptions, aux méchants tours enfin du dieu des voleurs et du dieu des marchands. Et quels voleurs ! des voleurs émérites, polis, savants, charmants, vénérables ; des voleurs du meilleur monde et de l'école de Sparte, qui ne sont jamais surpris, jamais condamnés, jamais flétris ; des voleurs inviolables, imperturbables, impunissables ; des voleurs qu'on reconduit jusqu'à la porte, avec un grand salut, et qui vous souriraient le plus galamment du monde, quand bien même l'autographe ravi se changerait sur leur poitrine en un renard dévorant !

L'homme qui dénoncerait, qui poursuivrait un de ces communistes, qui sont tous un peu des confrères (la confraternité n'a point de bornes) serait déshonoré, c'est-à-dire bien pis, il serait *ridicule.*

Hé quoi ! la police, la justice dans nos pacifiques sanctuaires ! Hé quoi ! de mauvais partis, des voies de fait, des brutalités publiques, un châtiment solennel pour ce crime si naturel, presque si légitime, *d'aimer trop les autographes?* Passe encore si c'étaient des autographes de M. Garat. Et les proverbes d'aller leur train : *Pas de fumée sans feu. — Beaucoup de bruit pour rien. — Il faut laver son linge sale en famille. — Le remède est pire que le mal. — Le jeu n'en vaut pas la chandelle,* etc., et autres apophtegmes du sac de Sancho Pança.

Voyez-vous d'ici cette comédie du volé battu pour n'être pas content ?

De là les collectionneurs grincheux, méfiants, jaloux, inflexibles, à cadenas et à serrures à secret, qui gardent leur collection vierge des baisers du soleil et des caresses du passant, qui l'enferment comme Bartholo enfermait sa pupille, et qui ont mis à leur armoire, de peur qu'elle ne soit violée, une bonne ceinture de chasteté, signée : *Fichet.*

Jamais le dragon des Hespérides, jamais Cerbère dans sa loge, n'ont regardé d'un œil plus flamboyant l'intrus qui s'offre à eux, que le curieux échaudé ne regarde, ne fixe, ne pétrifie l'imprudent, plein de désirs et d'espérances, qui se disait triomphale-

ment sur la porte : « Quel beau livre je vais faire avec la collec-
« tion de M. X..... »

Non, Monsieur, on ne fait plus de beaux livres avec les cabinets des curieux. Les belles collections n'ont plus d'amant de
cœur. Il ne naît plus d'enfants de ces rapides entrevues, de ces
regards surveillés, de ces baisers furtifs. Le hasard n'est plus le
serviteur, le complice de la jeunesse féconde, de la pauvreté et
de l'amour. C'est le collectionneur qui fait lui-même son livre
aujourd'hui et qui se trouve auteur, avec cet air qu'ont ceux qui
se croient pères..... L'œuvre laborieusement née de ces caresses
séniles ne vit que juste assez de temps pour qu'on accuse la critique de l'avoir tuée. Mais je m'entends : il y a collectionneur et
collectionneur, comme il y a auteur et auteur. La famille des
curieux en pourrait citer jusqu'à un, jusqu'à deux, dont les
loisirs heureux sont plus féconds que bien des studieuses jeu-
nesses, et qui ont, à l'heure de la retraite, triomphalement dé-
buté dans les lettres par une de ces œuvres solides et brillantes,
savantes et spirituelles, qui offrent comme la moelle savoureuse
de toute une vie de travaux cachés. Mais pour cette surprise d'un
livre unique, sorte de monument de la curiosité, œuvre d'un
vrai savant, bénédictin doublé d'un homme du monde et de la
cour, que de médiocrités suantes et haletantes, que d'ânes
chargés de reliques, gravissant et embarrassant les petits sentiers de la célébrité !

— Mais enfin, d'où viennent les autographes, me répétera le
lecteur, avec l'insistance du bambin qui ne veut pas croire que
ses pareils naissent sous des feuilles de chou?

— On trouve les autographes :

> Chez les notaires,
>> Les greffiers,
>> Les épiciers,
>> Les marchands de tabac,
>> Et les marchands de bric-à-brac.

On les trouve partout, surtout là où on ne les cherche pas,
même, Dieu me pardonne, à ce fameux cabinet dont parle Al-
ceste, ce meuble autrefois en honneur chez nos bons aïeux, ce symbole jadis triomphant de la vie *de derrière*, comme dit Pascal, et

qui aujourd'hui, humilié, relégué dans les coulisses de l'appartement, regrette le beau temps de la splendeur monarchique, sous ce Louis XIV qui ne dédaignait pas d'y trôner devant les ambassadeurs, et maudit la Révolution qui l'a mis dédaigneusement au rebut, avec tant d'autres institutions.

On trouve les autographes à la cave, au grenier, dans les vieux châteaux, les vieux secrétaires, les cassettes à double fond, les fauteuils en velours d'Utrecht où l'on trouve aussi parfois des billets de banque, aumône involontaire de l'avare, qui leur sont généralement préférés. On trouve les autographes, en les cherchant quelquefois, presque toujours en ne les cherchant pas.

II

Si l'on recherchait l'origine et la provenance de la plupart des pièces qui ont été des révélations, on trouverait, comme auteurs involontaires de la découverte, un épicier, un débitant de tabac, ou un chiffonnier. Car j'allais oublier le chiffonnier, comme Buffon oubliait le chien de l'aveugle.

L'épicier, le débitant de tabac, le chiffonnier, voilà la triple et vulgaire providence du chercheur d'autographes.

Et, disons-le tout de suite, une providence à bon marché, parce quelle ignore le plus souvent la valeur de ses bienfaits.

Il y a peu de folies à citer en matière d'autographes. Même quand la pièce est devenue célèbre et que les plus riches collectionneurs la poursuivent de vente en vente, elle n'est pas insaisissable, et, sans être millionnaire, on peut se donner le plaisir de clouer dans son *chosier* ce papillon aux ailes de vélin, noircies par une plume illustre, qu'attire la lampe des enchères. La lettre la plus chère, ou plutôt qui se soit vendue le plus cher, est une lettre de Napoléon à Marie-Louise, qui a été payée 1,200 francs.

Mais on peut hardiment soutenir que de toutes les manies qui contribuent au bonheur de l'homme, celle des autographes est à coup sûr la moins coûteuse. Il n'en faut pas dire autant de celle qui consiste à collectionner les objets ayant appartenu à un homme célèbre. Chose étrange ! de tout ce qui touche à un grand homme et est consacré par son souvenir, c'est encore une lettre, c'est-à-dire la meilleure part de lui-même, son âme écrite, qui coûtera le moins cher. Mais s'il s'agit de la plume avec laquelle cette lettre a été écrite, de l'encrier dans lequel elle a noirci son bec, du fauteuil sur lequel s'appuyait une mappemonde illustre, alors plus de limites à l'ardeur de la convoitise, à l'acharnement des enchères et au chiffre obtenu par cette concurrence.

Déjà chez les anciens, au dire de Lucien, la lampe en terre qui éclairait les veilles d'Épictète a été payée, par un amateur du temps, 3,000 drachmes (2,700 francs), et le bâton de Pérégrinus Protée, philosophe cynique, a été payé un talent (4,800 francs).

Et que ne donnerait-on pas de l'écuelle de Diogène, au risque de voir intervenir quelque académicien gouailleur, apportant la preuve que Diogène n'avait pas d'écuelle et buvait dans le creux de sa main?

Mais, messieurs les modernes, ne rions pas trop de ces puérils et coûteux engouements des ancêtres.

Le fauteuil en ivoire que Gustave Wasa reçut de la ville de Lubeck a été, dit-on, adjugé en 1825 dans une vente publique au prix de 58,000 florins (environ 120,000 francs) au chambellan suédois M. Schinckel.

Le livre de prières que lisait Charles Ier étant sur l'échafaud a été porté en 1825, dans une vente à Londres, à 100 guinées (2,500 francs).

En France, on a eu l'inconvenance, comme le dit justement Peignot, d'annoncer dans le catalogue de la vente des livres de feu M. Méon, en 1829, sous le numéro 729, « un morceau de « l'habit que portait Louis XVI, lorsque ce malheureux prince « fut mis à mort. » Il n'y eut sans doute point d'enchères, car dans ce *catalogue* avec les prix, cet article n'en a aucun.

Naguère, dans la vente Solar, nous avons vu reparaître une relique du même genre, relique suspecte d'ailleurs (un livre de piété avec un médaillon de cheveux des royaux martyrs) et que cette seule profanation de la mise aux enchères suffirait à déshonorer.

L'habit complet que Charles XII portait à la bataille de Pultawa, et conservé par les soins du colonel Rosen, qui le suivit à Bender, s'est, dit-on, vendu, en 1825, à Édimbourg, 22,000 liv. sterling (561,000 fr.).

L'abbé Campion de Tersan, un des premiers collectionneurs d'autographes [1], dans le sens moderne du mot, c'es-à-dire dans un but de curiosité plus ou moins frivole, avait payé fort cher des souliers de Louis XIV, en satin blanc.

Une dent de Newton a été achetée, en 1816, par lord Schwaterbury, pour la somme de 730 liv. sterling (16,595 fr.). Ce seigneur l'avait fait monter dans le chaton d'une bague qu'il portait habituellement.

C'est sans doute au même usage qu'un autre Anglais destinait la dent d'Héloïse, dont il offrait, selon M. Alex. Le Noir, lors du transport des restes d'Héloïse et Abeilard au Musée des Petits-Augustins, jusqu'à 100,000 fr.

Le crâne de Descartes a été porté (lors de la vente de la bibliothèque du docteur Sparman, à Stockholm, vers 1829) à la somme de 100 fr. seulement.

La curiosité a de ces ironiques vicissitudes. Le crâne qui a contenu tout un monde métaphysique, le crâne d'où est sortie toute armée la Minerve du cartésianisme, s'est vendu moins cher que ne se serait vendue, par exemple, la tabatière remplie de poudre sternutatoire destinée à chatouiller les muqueuses de cet illustre cerveau. Quel beau monologue on pourrait faire à cette occasion pour un nouvel *Hamlet !* Nous éludons la tentation, de peur de ne pas surpasser celui de Shakespeare.

Et la canne de Voltaire? Parlons un peu de *la* ou *des* cannes de Voltaire. Car M. le docteur D..., qui, au dire de Peignot, avait déjà acheté 500 fr. (en 1836) le bâton de la sarcastique vieillesse du patriarche de Ferney, ne saurait se flatter d'avoir payé si cher un jonc stérile et unique. Pour notre part, nous connaissons une nombreuse postérité à ce rotin célèbre, dont la fécondité proverbiale ne laisse jamais partir de Ferney un Anglais mécontent.

Une veste de J. J. Rousseau a été payée 960 fr. (quelle *veste !*), et sa montre en cuivre 500 fr.

1. Il est mort en 1819, à 83 ans.

La perruque de Sterne, dans une vente publique à Londres, en 1822, est allée à 200 guinées (5,000 fr.).

Une vieille perruque de Kant s'est vendue, après sa mort, arrivée en 1804, 96 fr. selon les uns, et 200 fr. selon les autres.

Sir Burnlett, gendre de Walter-Scott, a payé, en 1825, les deux plumes qui ont servi à signer le fameux traité d'Amiens, du 27 mars 1801, la somme de 500 liv. sterling (12,000 fr.).

Une boucle de cheveux de Napoléon n'a été vendue à Nottingham que 17 schellings (21 fr.) en 18 1.

Sa canne en écaille de tortue, garnie au pommeau d'une petite mécanique à musique, avait été vendue, en juillet 1823, 38 liv. sterling 17 schellings (961 fr.) chez M. Sotheley, libraire à Londres, chargé de la vente de sa bibliothèque, qui a fort peu rapporté.

Enfin, le chapeau qu'il portait à la bataille d'Eylau a été adjugé, à Paris, le 1er décembre 183*, à la vente du cabinet de feu le baron Gros, peintre, moyennant 1,920 fr. à M. de la Croix, médecin. La mise à prix était de 500 fr., et trente-deux compétiteurs se sont disputé la précieuse relique.

Plus récemment, à la vente de madame de Failly, l'éperon d'honneur en argent ciselé que portait Henri IV à son entrée dans Paris, a été adjugé pour 14,000 fr.

III

Puisque nous en sommes à Napoléon, parlons un peu de deux recueils de sa correspondance, faits par ses ordres, et dont la destinée a été bien différente. Le premier de ces recueils, comprenant soit des lettres écrites par lui, soit des lettres à lui adressées, avait été copié sous sa direction avec beaucoup de soin et relié avec luxe en 30 *vol. in-fol. et in-4*. Cette collection fut remise, dit-on, au prince Eugène. Mais le général Bauvais en a publié une partie sous le titre suivant : « *Correspondance iné-* « *dite et confidentielle de N. Buonaparte avec les cours étrangères,* « *les princes, les ministres et les généraux étrangers, en Italie, en* « *Allemagne, en Égypte.* Paris, Panckoucke, 1819-1820, 7 v. in-8.»

Cette publication a dû former la base, singulièrement élargie, de la *Correspondance de Napoléon*, actuellement publiée par ordre de l'Empereur, et qui sera un des monuments historiques et littéraires du règne.

L'autre recueil a eu de bien autres aventures. Son odyssée est des plus aventureuses et des plus curieuses. Il n'y a pas lieu d'ailleurs d'en espérer jamais la publication. Il a été dépecé et partagé entre les intéressés, non sans rançon. Ce recueil renfermait toutes les lettres autographes et confidentielles écrites à Napoléon Ier par divers souverains de l'Europe. Ni hommes, ni femmes, tous souverains. Telle est la facétieuse épigraphe qu'on eût pu mettre en tête de cette collection unique, dont la vente a été certainement la plus belle affaire qu'ait inspiré la spéculation autographique.

Napoléon avait recommandé d'une façon particulière à son frère Joseph ce recueil, qui pouvait être au besoin un arsenal d'armes offensives ou défensives pour sa politique.

Selon M. O'Meara, à qui nous devons cette curieuse histoire (dans son *Complément du Mémorial de Sainte-Hélène*), Napoléon, dans la dernière entrevue qu'il eut avec son médecin, que la méfiance inquisitoriale de l'Angleterre forçait de quitter Sainte-Hélène, lui recommanda de réclamer à son frère Joseph, à qui ce dépôt avait été confié à Rochefort, le recueil des lettres de souverains et de les publier.

O'Meara, à son retour en Europe, fit des efforts inutiles pour les recouvrer. Le comte de Survilliers (Joseph Bonaparte) quittant Rochefort pour passer en Amérique, et craignant d'être arrêté, avait déposé le paquet entre les mains d'une personne qu'il croyait sûre. Sans doute, sa confiance fut trahie, car, en 1818, ces lettres furent portées à Londres par une personne qui en négocia la vente sur la mise à prix fort raisonnable de 30,000 liv. sterling (750,0ʊ0 fr.). La nouvelle fit bientôt le tour du monde diplomatique et politique, et le hardi pêcheur à la ligne ne tarda pas à voir ministres et ambassadeurs s'empresser autour de son hameçon. Il paraît que le ministre d'une grande puissance jugea bon d'acquérir en bloc les précieuses lettres, sauf à en opérer ensuite à ses risques et périls (peu inquiétants) la distribution. Selon M. O'Meara, la seule part de l'ambassadeur de Russie fut taxée à 10,000 liv. sterling (250,000 fr.), qu'il paya fort galamment.

> Un envoyé doit souffrir et se taire
> Sans murmurer.

Nous laissons au docteur O'Meara et à Peignot la responsabilité de cette curieuse histoire, qui n'a rien d'invraisemblable.

IV

La manie des autographes et le commerce qui en est contemporain datent de la révolution. Il fallait ce grand orage pour jeter aux vents, *ludibria ventis*, toute l'histoire publique ou secrète de l'antique société et de l'antique monarchie. La corporation des amateurs d'autographes est donc, on peut le dire, une de celles qui ont le plus ressenti les bienfaits de la révolution. Et les principes de 1789 doivent être chers à quiconque possède une collection. Les premiers collectionneurs et les premiers marchands d'autographes, pareils à ces goujats qui suivent les armées en campagne, ont largement glané derrière la bande noire, acharnée à la curée lucrative des biens nationaux. Mais pour une feuille sauvée de la destruction, achetée, classée, cataloguée, conservée, que de milliers de dossiers précieux livrés au feu sordide des acquéreurs aveugles, ou au feu héroïque du fusil et du canon, et servant, du moins, à envelopper la mort envoyée aux ennemis de la France !

Depuis le commencement de la révolution, soit lors du pillage des châteaux en 1790, soit lors du transport des bibliothèques des couvents supprimés dans les chefs-lieux de département, soit lors de la destruction autorisée, en 1794, de plusieurs châteaux forts rappelant les temps de la féodalité, que de gaspillages, que de pertes, que d'auto-da-fé dont gémit l'histoire, et presque aussi blâmables que ceux de l'Inquisition !

Les archives du château de Joinville, par exemple, si remarquable par sa position, par son ancienneté et par la signature de la Ligue sous le protectorat des Guise, alors propriétaires du château, furent vendues à la livre aux épiciers de la ville et des environs, et ont servi à envelopper la chandelle, le savon, le poivre et la cannelle.

Le savant Villenave, un des chefs de la bande noire des collectionneurs, raconte que, lorsque la préfecture de la Seine fit vendre, toujours en exécution des décrets de proscription des titres de noblesse et de déblayement des archives, « tous les pa- « piers de la maison de Bouillon, il passa quinze jours entiers à « trier les pièces, et en forma des liasses qui, mises séparément « en vente, lui furent adjugées à l'enchère. Il n'avait que des « épiciers pour lui disputer les écrits du maréchal et du cardinal « de Bouillon, de Turenne, de Baluze, etc. Lorsque le ministère « des finances a été transféré à la rue de Rivoli, plus de soixante « milliers pesant de papiers du Trésor ont été vendus à la livre, « et les amateurs d'autographes ont fait alors d'abondantes mois- « sons. »

Mais c'est de 1790 à 1800 surtout qu'il faut placer l'âge d'or, le bon temps des amateurs d'autographes. Ils recueillaient impunément et à bon marché les épaves innombrables accumulées par le fanatisme draconien de ces décrets qui cherchaient à effacer toutes les traces du passé et qui eussent voulu en étouffer jusqu'à la mémoire [1]. Mais la mémoire est immortelle.

J'ai dit que 1793 fut un bon temps pour les amateurs d'autographes. Distinguons, cependant : à la condition de s'effacer, de se métamorphoser en sans-culottes, et de jeter sournoisement leurs filets. La manie des autographes étant suspecte, il importait de ne pas s'en parer, et une qualité de ce genre, prise sur une carte civique, eût exposé à plus d'un désagrément. Les visites domiciliaires étaient fréquentes, et il n'eût pas fait bon pour le malheureux curieux, si inoffensif d'ailleurs qu'il eût été,

---

1. Nous n'avons pas cru devoir allonger et alourdir notre travail de la liste complète de ces décrets proscripteurs et destructeurs. Nous effleurons l'histoire et ne l'approfondissons pas. On les trouvera chronologiquement classés et environnés de tous les détails qui en peuvent faire ressortir le brutal délire dans une série d'articles intitulés: Les Archives : *Précis chronologique* (*Amateur d'Autographes,* numéros 11, 12, 16, 18).

dans la bibliothèque duquel on eût trouvé des reliures armoriées ou des lettres signées *Louis*, contre-signées *Phelipeaux*.

Dans une visite qui fut faite chez Duplanil, le traducteur de la *Médecine domestique* de Busching, l'un des commissaires aperçoit dans un rayon de bibliothèque des cartons et des liasses de papiers; il secoue la poussière et laisse tomber quelques lettres de Louis XIV, de Turenne et d'écrivains célèbres. Il apostrophe alors en ces termes le tremblant Duplanil : «Tu dis que tu n'es « pas aristocrate et tu entretiens des correspondances avec ce « tyran, avec ces suspects.» Duplanil s'évertue à lui prouver que les signataires de ces lettres sont morts depuis longtemps. Le commissaire, furieux, ne tient pas compte de cette observation. « C'est égal, dit-il, puisque tu as osé recevoir leurs lettres et plus « encore les conserver, tu y passeras.» Duplanil, croyons-nous, en fut quitte pour la peur. Mais ses trésors allèrent, avec ceux de mille autres collections privées et de mille bibliothèques publiques, se rendre utiles aux arsenaux, où on voulut bien les employer à faire des gargousses d'artillerie.

Oui, des gargousses d'artillerie; voilà ce qu'est devenue, entre les mains de héros illettrés, une partie à jamais mystérieuse, à jamais perdue de nos annales. Il n'y a pas encore longtemps que l'on s'est aperçu de cet abus, et que pour sauver les derniers parchemins de cette France prodigue, on a nommé une commission de savants chargée de ravir sa proie au canon brutal, et que l'on s'est mis en devoir d'ôter leur pâture sacrilége à ces bouches de bronze qui, durant vingt ans, ont vomi chaque jour, avec la mort, à la face des ennemis de la patrie, des lambeaux de notre histoire. Ce que l'on a ainsi retrouvé et sauvé fait regretter plus vivement ce que l'on a perdu. Ah! c'est en ce sens seulement qu'on peut dire que nos victoires ont été d'irréparables désastres[1]. «Pourquoi, monsieur, me disait l'autre jour un collection-

1. De 1792 à 1838, en vertu de la loi *autographoclaste* du 3 octobre 1792, la France a tiré, sous tous les gouvernements, sur ses ennemis, avec des gargousses faites de documents précieux. Ce n'est qu'en 1838 qu'on a fait cesser cette insoucieuse profanation, et que l'on songea à faire aux arsenaux le triage des parchemins dans lesquels notre artillerie pliait sa poudre, et à opérer aux Archives des restitutions dont on peut avoir l'idée par le *Rapport au Roi* de M. Duchâtel, du 8 mai 1841; les *Mémoires de l'Académie de Metz*, 1849, et le Rapport de MM. Eug.

« neur navré, n'a-t-on pas eu l'idée de charger les canons avec du
« papier blanc. *C'eût été beaucoup plus convenable.* »

C'est vrai, mais on n'y a pas songé.

Il faut lire les décrets du temps pour se faire une idée de cette
dédaigneuse et insoucieuse fièvre de destruction, de ce cynique et héroïque mépris du passé. Des circulaires furent envoyées
dans tous les départements pour ordonner la saisie des papiers
et parchemins. Voici l'extrait d'une de ces pièces :

> « *Aux citoyens administrateurs du directoire du district*
> « *de Langres,* 21 JANVIER 1793.

> « Par un décret du 5 de ce mois, citoyens, la Convention na-
> « tionale ordonne que tous les parchemins existant dans les ci-
> « devant chambres des comptes et autres dépôts publics, biblio-
> « thèques particulières, etc....., qui se trouvent propres à faire
> « des gargousses pour le service de l'artillerie des ports de la
> « République, soient mis à la disposition du ministre de la ma-
> « rine, etc..... »

Ce qui ne fut pas mis en gargousses fut mis en cendres. On
procéda de toutes parts, sur toutes les places, à de solennels
brûlements acclamés par une populace ivre qui dansait la carmagnole autour de ces feux de joie, faits de reliques historiques
amoncelées.

Un décret de la Convention du 4 juillet 1793 nomma une commission pour procéder méthodiquement à ces fêtes du vanda-
lisme. Ameilhon fut un de ces commissaires, et ne s'acquitta
que trop bien de son mandat.

Il écrivait déjà, le 24 janvier 1793, au procureur général-syndic
du département de Paris :

> « Je suis chargé de vous prévenir que les commissaires
> « nommés pour l'examen des titres du cabinet des ordres du
> « ci-devant roi, déposés à la Bibliothèque nationale, sont prêts
> « à remettre aux commissaires du département environ *deux*

de Stadler et Francis Wey, tardivement chargés, en 1853, de procéder au sauve-
tage des titres encore survivants de notre histoire (*Moniteur* du 2 novembre 1853).
Voir aussi dans la *Revue de Paris*, 17 février 1854, un curieux article de M. le
comte Léon de La Borde.

« *cent soixante-dix volumes et cartons qui restent encore à dé-*
« *truire.* C'est au Directoire à fixer le jour qu'il lui conviendra
« de choisir pour *le brûlement*, dont le public doit être averti par
« des affiches..... *Signé :* AMEILHON. »

Le 14 février, il écrivait au même procureur général : «Ci-
« toyen, je vous envoie l'état ci-joint des divers articles qui se
« trouvent encore dans le dépôt des ci-devant ordres du ci-de-
« vant roi, et qui doivent faire la matière d'un dernier *brûle-*
« *ment.....* Je suis, avec les sentiments de la fraternité républi-
« caine, etc..... *Signé :* AMEILHON. »

Suit la note des divers articles qui *restent à brûler.*

« Cent vingt-huit volumes reliés et trente-quatre boîtes con-
« tenant *des pièces et titres pour le ci-devant ordre du Saint-*
« *Esprit* et autres du ci-devant roi; deux volumes de blasons
« pour lesdits ordres; trente-quatre volumes de papiers et titres
« généraux qui ont servi à composer l'*Armorial général de*
·« *France;* cent soixante-six volumes de la collection dite : *Collec-*
« *tion de Le Laboureur ;* deux volumes de *lettres de noblesse et de*
« *grâce ;* quinze volumes contenant des *preuves pour l'ordre de*
« *Saint-Lazare*, et pour entrer à l'École militaire, plus une boîte
« remplie de *preuves pour être admis dans le ci-devant chapitre*
« *noble.* »

Il résulte de ces pièces originales, citées par Fontaine,
qu'Ameilhon concourut et présida au *brûlement* de *six cent cin-
quante-deux* volumes, boîtes ou cartons.

Et Ameilhon se prétendait historien. Il appartenait sans doute
à cette école de fantaisie dont l'abbé de Vertot est le maître,
qui n'a pas besoin de documents, qui les chasse comme parasites de la table de travail, et qui pourrait prendre pour devise
le mot fameux : Mon siége est fait.

Si une réaction opportune et courageuse ne se fût manifestée
contre cette fièvre iconoclaste, l'histoire de France toute entière
allait être mise en cendres et en fumée. Grégoire conserve l'honneur d'avoir poussé le premier cri d'indignation et d'alarme.

Le 14 frimaire an II (3 décembre 1793) il s'écriait avec une
douleur de bibliophile et de philosophe :

« Tandis que la flamme dévore une des belles bibliothèques

« de la République, tandis que des dépôts de matières combus-
« tibles semblent menacer encore d'autres bibliothèques, le van-
« dalisme redouble ses efforts. Il n'est pas de jour où le récit de
« quelques destructions nouvelles ne vienne nous affliger.....
« Observons aux brûleurs de livres, *titres*, *papiers*, et aux nou-
« veaux iconoclastes, plus fougueux que les anciens, que certains
« ouvrages ont une grande valeur par leurs accessoires; que *cer-*
« *tains titres et papiers sont d'un grand secours pour l'histoire des*
« *peuples et des individus;* le Missel de la chapelle de Capet, à
« Versailles, allait être livré pour faire des gargousses, lorsque
« la Bibliothèque nationale s'empara de ce livre, dont la matière,
« le travail des vignettes et les lettres historiées, sont des chefs-
« d'œuvre. » Sur la motion de Grégoire, la Convention ordonna,
séance tenante, de faire cesser les brûlements et les dilapida-
tions.

V

Tout ce qui n'avait pas été brûlé ou n'avait pas servi à envelopper les poudres républicaines, fut enterré dans les dépôts
publics, redevenus inviolables. Mais dans tous ces voyages, bien
des épaves étaient tombées aux mains des épiciers, qui cherchaient, eux aussi, de quoi confectionner économiquement leurs
gargousses alimentaires. Ajoutez-y les détritus des ventes après
décès, si nombreuses sous la République. Bref, dit Fontaine,
« c'est chez les épiciers que des hommes pleins d'amour pour
« les matériaux historiques ne dédaignèrent pas de venir s'as-
« seoir pour trier ces papiers nombreux échappés au pilon ou au
« bûcher, et orner leurs cabinets des pages échappées à l'inves-
« tigation maladroite de quelque employé illettré. C'est ainsi
« que nous avons souvent rencontré, livrés à ces pénibles re-
« cherches, MM. Villenave, Montmerqué, Alexandre Martin, le
« colonel Morin, Bertherin, etc.
« Plus tard, l'arrivée à Paris des archives du Vatican et celles
« des villes conquises par nos armées triomphantes servit à
« souhait les collecteurs. Nous avons vu, à cette époque, des

« charretées de diplômes, bulles et lettres des papes, lettres des
« rois, enfouies chez l'épicier et encombrer sa boutique. C'était
« le bon temps pour les chercheurs d'autographes, et ce fut de
« cette époque que le goût des collections devint moins rare. »

Si l'on recherchait, disions-nous tout à l'heure, l'origine de
la plupart des pièces qui ont été des révélations, on trouverait
comme auteurs ignorants de la découverte un épicier, un marchand de tabac ou un chiffonnier. C'est de l'officine de ces
commerçants peu lettrés que sort au XIXe siècle la vérité sur les
siècles précédents.

L'épicier, le débitant de tabac, le chiffonnier, voilà la triple
et vulgaire providence, un peu déchue aujourd'hui, du chercheur
d'autographes.

Que de cigares intéressés certain, que je pourrais nommer,
n'a-t-il pas fumé en regardant la demoiselle de comptoir tourner
autour de son doigt des cornets d'un papier qui pouvait être,
pour l'œil divinateur, aussi précieux que celui d'un billet de banque ! Je connais un collectionneur qui, malgré les nausées, s'est
condamné à fumer pour jouir des petites entrées d'un bureau de
tabac où affluent des détritus d'archives ou de bibliothèques.
Il y achète toutes les semaines, avec l'exactitude d'un client
qui veut être gâté, une caisse de cigares qu'il fait fumer par ses
domestiques.

Tant d'héroïsme devait être récompensé. Le jour du triomphe
a lui pour ce martyr de la curiosité. L'autre jour la demoiselle
de comptoir lui a gracieusement offert pour allumer son cigare
une allumette de papier jauni sur lequel la flamme glissait
comme avec hésitation. Soudain l'amateur a pâli, puis rougi,
puis, étouffant convulsivement la flamme entre ses doigts, il s'est
échappé sans songer à prendre son chapeau. Homme heureux !
il s'est brûlé affreusement la main, mais il n'a pas allumé son
cigare avec une lettre charmante de Ninon de l'Enclos, poulet
célèbre qui parade maintenant à la place d'honneur de sa collection et y étale son aile légèrement roussie. *Ah! le bon billet qu'a
La Châtre !*

Je connais un autre collectionneur qui fait lui-même ses pro-
visions d'épicerie pour pouvoir surveiller de plus près les papiers

dans lesquels on plie le sucre et la cannelle. Un autre, enfin, fait une petite pension à un patriarche du quartier Mouffetard qui lui a déjà rapporté d'assez belles trouvailles.

Un jour d'hiver, trois Nemrod parisiens, le chien entre les jambes, se chauffaient au manteau d'une vaste cheminée de la vieille maison qui ne leur sert plus que de rendez-vous et d'abri de chasse. Le fermier, gardien de cet archaïque logis, descend du grenier un faix de vieux papier jauni qui provoque, à peine jeté au feu, une fumée tellement épaisse que l'on pousse au milieu de la salle, à coups de pincette, un de ces malencontreux paquets. Soudain, une signature flamboie, une écriture de roi est apparue sous la purification du feu. On lit, au milieu des éclairs : Louis, et plus bas : Phélipeaux. On examine; un vieux scel aux armes de France pend tristement à demi fondu au bout d'un lac merveilleusement préservé. On éteint aussitôt le feu. On monte au grenier, on fouille, on cherche avec des cris de douleur et de surprise, car chaque découverte nouvelle provoque un regret nouveau. On finit par reprocher au frère (car c'étaient trois frères) chargé de surveiller l'immeuble indivis son manque de prévoyance. On blâme énergiquement l'incurie de son administration. On gesticule, on crie, on se menace. Nos trois chasseurs ne chassèrent pas ce jour-là. Ils faillirent se battre ; et, de retour à Paris, ils ont couru chez leur avoué, chacun disputant aux autres la possession de ces lettres royales, si curieusement retrouvées. On dit que l'État interviendra au procès en vertu de ce principe : que les lettres du Roi font partie du domaine de la couronne.

Nos trois frères ennemis, qui n'ont pas voulu se résigner à un partage amiable, sont en train de relire, mais trop tard, la fable de *L'Huître et les Plaideurs.* Vous savez ce qui demeura au gagnant.

VI

Si l'épicier, le débitant de tabac et le chiffonnier ont rendu à la curiosité bien des truffes autographiques, restitué à l'histoire

bien des vérités imprévues, combien d'autres pièces justificatives ou rectificatives à jamais perdues ! Que de mystères, que
de secrets ont été remis à la pratique avec les deux sous de
tabac, la portion de gruyère ou la sardine fraîche !

Mais ne songeons plus à ce qui a été perdu et consolons-nous
plutôt par la pensée de ce qui a été trouvé et sauvé grâce à une
patience et à une curiosité parfois héroïques. Que d'exemples je
pourrais citer de cette pieuse et parfois comique abnégation qui
donna, au bon temps, pour clients à l'épicier étonné, des hommes portant les plus beaux noms de la science ou de la société !

De 1796 à 1830, c'était là le bon temps dont je parle, on trouvait des autographes en ne les cherchant pas, mais on en trouvait aussi en les cherchant, à la différence d'aujourd'hui, où on
n'en trouve guère qu'en les payant fort cher. Que de belles trouvailles, que d'heureuses découvertes, à ces premières chasses du
furetage, d'où l'on ne revenait jamais bredouille, quand au ciel,
encore troublé par les orages et les deuils révolutionnaires,
rayonna pour la première fois cette étoile consolatrice de la curiosité, quand à l'arbre des manies du siècle, subitement renouvelé, poussa ce fécond rameau ! Oui, c'était le bon temps alors.
On était obligé de s'expliquer le sens du mot *autographe*, sens
mystérieux, compris seulement de quelques rares adeptes de
cet argot naissant. On se montrait du doigt les curieux connus,
trahis par leur nez sans cesse en quête, leurs yeux distraits, leurs
habits poudreux et le balancement de leurs poches gonflées de
palimpsestes. On les regardait, ces gens suspects qui ne s'en
souciaient guère, d'un assez mauvais œil. On assimilait involontairement aux acquéreurs de biens nationaux, en 1815, ces tra-
fiqueurs des reliques de la pensée.

Mais aujourd'hui, il y a concurrence, il y a foule. La manie est
à la mode. Les belles ventes ressemblent à des batailles. On s'y
prépare longtemps d'avance; on les raconte longtemps après. Il
y a là d'inénarrables épisodes, des drames ou des comédies dans
un regard, dans un mot, et dans ce combat à l'enchère, qui
semble si pacifique, des duels implacables, de sourdes ven-
geances, des poursuites désespérées, des déceptions mortelles,
des bonheurs foudroyants. Il y a dans cette salle tranquille, sous

ces quinquets fumeux, pour l'observateur expérimenté, du sang, de la boue, de la flamme, de la fumée, des blessés, des morts, tout l'appareil et tout le résultat des luttes ordinaires. Des blessés? qui n'est pas blessé de la victoire d'un confrère? Des morts? on a vu des collectionneurs mourir d'une pièce rentrée... dans la collection rivale.

Depuis quelque temps surtout, il y a un vrai marché, une véritable Bourse des autographes ,avec ses vicissitudes, ses hausses, ses baisses, ses fortunes rapides, ses banqueroutes effrontées, ses exécutions. On convoite, on recherche, on acquiert à prix d'or ou de finesse ces feuilles de papier dont un personnage quelconque a couvert le blanc de noir, sur lequel il a épanché, en encre plus ou moins belle, en caractères plus ou moins fins, ses idées, ses opinions, ses sentiments, ses passions, ses affections, ses ambitions, ses colères, ses haines, ses flatteries, ses craintes, ses espérances, ses peines, ses joies enfin aux bonnes ou aux mauvaises heures, à ces moments divers de la vie où il tombe du cœur du fiel ou du miel.

Ces incontestables, ces irrécusables témoignages dans lesquels, à son insu, l'auteur a en quelque sorte déposé contre lui-même ou en sa faveur pour le jugement de la postérité, ne pouvaient qu'être très-recherchés à une époque comme la nôtre, époque critique, analytique, passionnée pour les détails intimes, curieuse à l'excès du dessous des cartes et des cœurs, qui se méfie de la grande histoire et de ses solennels mensonges, qui veut avoir entrée dans la coulisse de tous les théâtres du passé, qui adore les *Mémoires*, qui raffole des *Confidences*, qui flaire, dans la poudre de toutes les archives, l'odeur attrayante de quelque scandale tout frais ; qui veut posséder une collection de petites annales particulières qui narguent les annales officielles, un recueil de cancans inédits ou de gaudrioles inconnues à l'usage des *historiogriffes;* qui veut avoir enfin sous enveloppe de quoi flétrir ou réhabiliter toutes les grandes mémoires, toutes les réputations contestées ou usurpées.

Autrefois, au commencement de ce siècle, le curieux chassait à l'écart sans trop de compagnie, et les bons coins étaient encore nombreux autant qu'inexplorés.

M. Lucas de Montigny, par exemple, le fils adoptif de Mirabeau, achetait peu ou point, mais à force de bonne grâce et de
savoir-vivre, avait assez bien tiré parti de ses relations nombreuses pour accumuler des documents où l'on aurait pu étudier
quelques coins de la grande histoire de France au xvie, au xvii^e
et au xviiie siècle.

« Un peu disciple de Monteil, le fureteur de rogatons de
« l'histoire domestique, il prisait à merveille ces papiers notariés
« du Châtelet de Paris, qui, à une certaine époque de notre
« grande révolution, livrèrent à flot aux dédains de l'épicier,
« aux yeux des regrattiers d'autographes, les secrets des fa-
« milles et furent sauvés, par Joseph Tastu et par Fontaine, d'une
« inévitable destruction.

« Rien d'amusant à cette époque comme la course au clo-
« cher des curieux. C'était une fièvre, et l'œil ouvert avant le
« jour allait fouiller les broussailles de ces espèces d'antiquaires
« qu'on nomme les marchands de bric-à-brac et les caves de la
« beurrière et de l'épicier. Un des plus éveillés était un chef de
« bureau au ministère de l'Intérieur nommé Danquin, qui, de-
« puis 1807, avait ouvert la voie aux fouilles autographiques.
« C'était aussi, mais plus tard, Lefèvre, le bouquiniste qui étale
« sous l'arcade Colbert, un homme ardent de zèle, fureteur in-
« fatigable, le rival et le désespoir de Fontaine, autre fureteur
« sans sommeil. C'était surtout encore Joseph Tastu, le célèbre
« imprimeur, un homme rare par le cœur et par l'esprit, grand
« linguiste, savant en toutes choses, comme on ne l'est pas, mo-
« deste comme on ne l'est plus, qui avait amassé des notes éru-
« dites sans nombre, notes précieuses dont il ne tirait parti que
« pour servir les autres.

« Plein de tact en matière de documents écrits, il était le pre-
« mier partout, partout il avait le premier choix. Montigny gla-
« nait, mais toutes les glanes de la moisson, tous les fragments
« de l'indiscrète épave du Châtelet avaient leur valeur. C'étaient
« les cartons des actes originaux notariés des archives de la cour
« de Louis XIV, l'histoire intime des grands ; acte de vente ou
« d'emprunt ; contrats de tout genre, dans lesquels comparais-
« sait le siècle. Un jour, chez un charcutier d'Auteuil, on décou-

« vrit les contrats et les testaments des Colbert, les plans, devis,
« mémoires du palais de Versailles, des châteaux de Marly et de
« Saint-Germain ; les titres des terrains de l'Esplanade des Inva-
« lides, des Champs-Élysées, de la place Louis XV, du Roule, du
« Jeu de Paume, depuis écuries du Comte d'Artois ; enfin, le
« grand partage de la duchesse de Montpensier avec le duc
« d'Orléans, frère de Louis XIV. Ces dépouilles opimes furent la
« conquête de Fontaine, à qui l'étrange garde-notes vendit le
« tout à la livre, c'est-à-dire pour quelques sous.

    « C'est dans une autre série, mais provenant de la même
« source, que s'est trouvée une obligation notariée souscrite par
« Poquelin-Molière à Rolet le *fripon*, et qui a passé aux porte-
« feuilles du vénérable Fossé-d'Arcosse.

    « Il faisait beau voir le bon Montigny un jour de bonne for-
« tune autographique : avisé d'un repaire secret de documents
« et d'autographes, il se levait discrètement avant le soleil, il
« accourait haletant et radieux, il franchissait le seuil, la Toison-
« d'Or était à lui : « Ah ! s'écriait-il, se voyant devancé, les
« papiers remuent, Tastu est là ! » Et Tastu s'épanouissait avec
« une de ces joies d'enfant qui sont les bonnes. Et Montigny
« serrait amicalement la main du vainqueur [1] ! »

    1. *Causeries d'un curieux*, t. II, p. 485-486.

CHAPITRE QUATRIÈME

LE COMMERCE DES AUTOGRAPHES

Les Marchands d'Autographes. — Honnêtes négociants. — Courtiers de scandale. — MM. Charon, Charavay, Laverdet. — Le Bulletin Charavay. — Le Bulletin Laverdet. — L'Amateur d'Autographes. — La Chanson du curieux d'Autographes en belle humeur.

I

Il y a deux catégories de marchands d'autographes : les marchands sérieux, patentés, honorés, honorables, et les marchands d'occasion, courtiers marrons de la frivolité et du scandale, colportant sous le manteau et semant, à prix d'or, la profanation des souvenirs et le déshonneur des familles. Nous ne parlerons que des premiers, de ceux qui ont élevé une industrie de fantaisie à la hauteur d'une science et d'un état, de ceux qui sont les collaborateurs savants et modestes et les fournisseurs loyaux, depuis vingt ans, des collections célèbres ; de ceux qui étalent leur boutique au grand jour et ajoutent à leurs profits l'estime des curieux honnêtes. Les autres relèvent moins de la critique que de la police. Ce sont les goujats de l'armée révolutionnaire, glanant parmi les reliques jetées par les fenêtres et picorant au milieu des décombres des monarchies violées. De ceux-là, le curieux digne de ce nom ne parle que pour les flétrir, et il ne les nomme même pas, de peur de leur faire involontairement une réclame.

« A propos, nous écrivait dernièrement un des hommes qui
« honorent la curiosité, puisque vous parlez des marchands d'au-
« tographes, louez donc ceux qui ne se servent pas de leur in-
« dustrie pour faire du scandale. Croiriez-vous qu'il en a existé
« un, parmi ceux qui usurpent le titre de marchands, qui, un
« jour, négocia la vente des pièces d'un procès à garder dans
« l'ombre, et qui était de nature à compromettre une jeune et
« charmante dame, empoisonnée au lit par son mari? Étonnée
« d'abord des ravages d'un mal inconnu, que, par pudeur, elle
« n'osait même avouer à sa mère, épouvantée ensuite du mal et
« de son nom, elle poursuivit une séparation. Le courtier inter-
« lope, aujourd'hui disparu, qui s'était procuré, je ne sais com-
« ment, les pièces, en a fait marchandise, en a fait ressortir
« l'intérêt de scandale pour les vendre plus cher. Si l'autorité
« judiciaire eût été avertie, elle eût recherché la personne qui
« avait livré les pièces et fait justice de l'audacieux *négociant*.
« Aussitôt qu'une lettre pouvait compromettre un caractère, le
« même homme, âpre au gain, était à l'affût, et il était friand de
« lettres de personnages vivants. Il serait digne de vous de flé-
« trir, de crainte qu'elle ne se renouvelle, une semblable industrie. »

Et nous n'y avons point manqué. Le commerce des autographes a ses réserves et ses pudeurs qu'il importe de rendre inviolables. Les trafiquants cyniques font du tort à l'industrie en général, aussi honorable qu'une autre. Et dans l'intérêt même de la profession, qui ne doit pas être soupçonnée, nous avons dû commencer par une leçon, que le remords conduira à son adresse, notre esquisse de ce commerce curieux et intéressant des autographes.

Les affaires de ce genre, celles du moins que ne sauraient effleurer nos précédents reproches, sont aujourd'hui heureusement concentrées entre les mains de MM. Laverdet et Charavay aîné.

MM. Laverdet et Charavay publient mensuellement, à peu près, un *Bulletin* indicatif de leurs découvertes, avec les prix.

Ces *Bulletins* abondent en renseignements curieux, fort utiles souvent aux auteurs en quête d'indications.

Ils prêtent volontiers, de la façon la plus obligeante et la plus désintéressée, l'intermédiaire de ces *Bulletins* spéciaux aux offres, aux demandes et aux questions qui sont de leur ressort.

Par une heureuse et féconde initiative, M. Charavay cadet, digne et savant auxiliaire de son frère, a fondé un recueil mensuel, intitulé : l'*Amateur d'autographes*, dont nous nous honorons d'être le collaborateur, rédigé sur un plan excellent, et destiné à devenir le *Moniteur* de cette branche de la curiosité.

Cet excellent recueil, dont l'existence est assurée, et qui poursuit déjà sa troisième année [1], comprend à l'adresse, à la fois des amateurs et des lettres, entres autres séries précieuses :

1° Une liste complète, chronologique et analytique des catalogues de vente d'autographes publiés jusqu'à ce jour (plus de 260) ;

2° Un *Manuel de l'Amateur d'autographes* ou *Liste alphabétique*, par noms de personnages, des autographes qui ont passé dans les ventes, avec leurs transmissions successives et les prix ;

3° Des *Pièces inédites*, publiées quelquefois, selon la très-heureuse idée réalisée en grand par l'*Autographe*, en *fac-simile* ;

4° Une *Liste chronologique et analytique* des catalogues de ventes de livres depuis le commencement du XVIIe siècle ;

5° Une *Notice* sur les collections publiques ou particulières de la France et de l'étranger ;

6° Une *Nécrologie* spéciale des amateurs ou collectionneurs illustres ;

7° Enfin la chronique universelle de la curiosité.

L'*Amateur d'autographes*, qui paraît régulièrement, depuis le 1er janvier 1862, a déjà tenu la plupart des promesses de cet attrayant programme, et tend, de jour en jour, à la perfection du genre.

C'est le moment d'esquisser ici modestement, sans prétentions académiques, la physionomie et la courte et simple biographie

1. Bureaux : rue des Grands-Augustins, 26. Abonnements (pour Paris et les départements), six mois, 6 fr.; un an, 12 fr. — Pour l'étranger, le port en sus. Nous ne saurions assez recommander cet excellent Recueil, *vade-mecum* indispensable des curieux.

des deux hommes spéciaux auxquels la curiosité reconnaissante
doit ce témoignage d'estime et cette récompense de leurs longs
services.

Voici ce que nous écrit sur M. Charavay aîné une personne
très à même de l'apprécier, et qui le connaît à merveille :

« Il est né à Lyon en 1811. L'aîné de quatre frères, il a été de
« bonne heure le soutien d'une famille autrefois dans l'aisance,
« et qui se relève honorablement de revers immérités. Je ne con-
« nais pas un homme meilleur, plus honnête, plus infatigable au
« travail.

« Tout jeune, il avait le goût des objets d'art et des livres. En
« 1832, à Lyon, il a acheté un fonds de librairie ancienne. Il
« conservait néanmoins une fort belle bibliothèque particulière,
« comme il la conserve encore. Le goût des autographes lui est
« venu de bonne heure, ce qui s'explique par une circonstance
« particulière : c'est que la vente *Cochard* (voyez l'*Amateur d'au-*
« *tographes*, n° 6, p. 84), où il y avait des pièces assez curieuses,
« telles que le fameux interrogatoire de Charlotte Corday, s'est
« faite, en 1834, dans sa maison même, où était le domicile de
« M. Cochard. M. Charavay était, dès cette époque, lié avec di-
« vers amateurs d'autographes très-connus, M. La Roche de Laca-
« relle, entre autres. A chaque voyage qu'il faisait à Paris, il
« rapportait des livres et des autographes curieux, et il me sou-
« vient d'être allé maintes fois avec lui chez M. Berthevin, où il
« fit d'assez importantes acquisitions. La position qu'il occupait
« lui permettait ces sortes de dépenses. Il était huissier à Lyon.
« Peu fait pour une besogne qui demande un cœur cuirassé de
« l'*œs triplex*, il vendit sa charge en 1843, laissa à deux de ses
« frères, à Lyon, son fonds de librairie, et vint se fixer à Paris,
« où il s'occupa de livres et d'autographes plutôt en amateur
« qu'autrement. Déjà, il avait fait, à Lyon, plusieurs ventes de
« livres où se trouvaient des autographes. En cette année 1843,
« il fit sa première vente à Paris : celle des autographes de
« M. Alexandre Martin, sous le nom *d'E. de Zurich*. Vous dire
« combien il en a dirigé depuis, serait impossible sans certaines
« recherches qu'il vous est facile de faire vous-même dans l'*Ama-*
« *teur d'autographes*, à l'article : *Bibliographie.* »

Nous remettons à des jours de loisir l'addition gigantesque du produit total de ces deux cent soixante ventes d'autographes faites de 1803 à 1864. Nous estimons, à vol d'oiseau, que ce total ne serait pas inférieur à *deux millions de francs*, dans lesquels l'œuvre de propagation et de circulation, dont le mérite revient à l'exercice de M. Charavay, n'est pas de moins d'un million.

Et nous n'estimons pas à moins de *six millions* la valeur vénale des collections privées, en France et à l'étranger.

Une industrie qui se résume en de tels chiffres a conquis sa place au soleil de la statistique. Place donc au plus noble des commerces, à celui qui rapproche le plus le marchand de la source productrice, à celui qui lui met entre les mains, sortant toutes fraîches des profondeurs de l'âme, les pages où s'épanouit, fixée en caractères sensibles, la pensée dans toute sa virginité et dans toute sa nudité !

Le Bulletin de M. Charavay, où sont enregistrés plus de *vingt mille* autographes, a commencé en 1845.

Le dernier numéro paru (*juin* 1864) est le n° 136.

Ces résultats et ces chiffres honorent une carrière.

M. Charavay aîné demeure rue des Grands-Augustins, 26.

A un autre correspondant ami, de nous esquisser la biographie *autographique* de M. A. Laverdet [1].

« M. Laverdet n'a commencé à s'occuper d'autographes (et en « amateur) qu'en 1838. Il était fort lié avec M. Charon (libraire-« relieur), qui en faisait, depuis plusieurs années, le commerce. « Se trouvant à une vente de livres où il y avait aussi des auto-« graphes précieux de rois et de reines de France et de quelques « personnages célèbres, il s'était laissé aller à en acheter pour « une somme assez importante, qu'il avait revendus presque « aussitôt avantageusement. Ce premier résultat l'enhardit, et sa « maison devint bientôt l'un des centres de ce commerce, qu'il « quitta en 1847. Il a publié treize catalogues de vente, le pre-« mier en 1839, et le dernier le 10 mai 1847. M. Laverdet a co-« opéré à la plupart de ces catalogues, à partir du 15 mai 1843 (le « second de la collection), et, lorsqu'au mois de juin 1847 il se

1. Rue Meslay, 54.

« retira à la campagne, pour raison de santé, M. Charon lui
« laissa son cabinet d'autographes, et la suite de ses affaires.

« M. Charon avait acquis une certaine autorité comme expert
« en autographes, et jouissait d'une considération méritée. Des
« pièces bien précieuses, et en abondance, lui ont passé par les
« mains, et ses catalogues en renferment un grand nombre, et
« du plus haut intérêt.

« La première vente de M. Laverdet a eu lieu le 23 novembre
« 1848. Elle avait été remise trois fois. Le 23 février, à deux
« heures, on achevait le tirage du catalogue, à l'imprimerie Cra-
« pelet, et, à quatre heures, les presses étaient brisées. La vente
« était indiquée pour le 16 mars; elle dut être, à cause des évé-
« nements, remise au 23, puis au 16 novembre, puis enfin au 23,
« et ce jour-là avaient lieu, à l'Assemblée constituante, des dis-
« cussions très-irritantes, qui pouvaient être encore une cause
« d'ajournement. Quoique cette vente fût la première, depuis le
« 24 février, elle eut un succès inespéré. Les amateurs compri-
« rent que, pour conserver à leur collection la même valeur, il
« ne fallait pas laisser avilir les prix, et ce qui fut vendu obtint
« ceux des meilleurs temps. Au mois de mai 1863, M. Laverdet a
« fait sa trente-troisième vente. Son dernier catalogue avec prix
« porte le n° 39, et la date du mois de juin 1864. »

Nous ne quitterons pas ce sujet sans rendre un public tribut
d'éloges à deux hommes dont l'un, par ses recherches infatiga-
bles, commencées à l'aurore de la science autographique, l'autre
par d'excellents ouvrages spéciaux, et la première idée d'un
Manuel de l'amateur d'autographes, d'un *Journal* et d'une *Société*
des amateurs d'autographes, ont bien mérité de la curiosité. Le
premier est M. Lefèvre (10, Arcades Colbert); le second M. J. Fontaine, que connaissent et estiment tous les collectionneurs.

II

Il en est des collectionneurs d'autographes comme des augu-
res, qui ne pouvaient se regarder sans rire. Gens d'esprit pour
la plupart, ils se dédommagent, à huis-clos, entre confrères, des

déceptions de la curiosité. Ils raillent les bonnes fortunes triomphantes de certains ignorants qui échangent de vrais billets de banque contre de faux billets de Ninon. Ah! le bon billet qu'a la Châtre! Ils se vengent des bévues du Turcaret vainqueur, des perfidies de l'enchère, des roueries de la piété des familles, des trahisons de l'agiotage du vieux papier, des malices de la supercherie, des friponneries de la contrefaçon. Ils rient enfin de tout ce qui les ferait pleurer, s'ils n'en riaient pas. Il faut les entendre dévoiler sans pitié tous les mystères du culte, se gausser des fraudes et des mystifications dont il est pavé, et déposant toute contrainte, entre la poire et le fromage, *decincti*, se prendre par la main et danser autour de l'idole, autour du fétiche autographique, en lui faisant la nique, une ironique sarabande.

C'est d'une de ces réunions de curieux en belle humeur, d'une des Frondes de ces grands écoliers révoltés, d'un de ces piquenique de scepticisme salé, d'une de ces débauches d'esprit qu'est sortie la chanson suivante, guêpe maligne, comme celle du conte, qui, depuis, voltige et bourdonne dans le temple, frappant de l'aile aux carreaux et rappelant, par mainte piqûre indiscrète, aux pontifes et au public de la curiosité, qu'il n'est pas de culte sans artifices et de commerce sans fraude. Écoutez donc notre petite mouche épigrammatique, ô curieux naïfs, ô collectionneurs novices, et puisse à chaque couplet, à chaque *cave* de cet avertissement rimé, tomber une de ces illusions dangereuses, dont la chute complète fait le collectionneur émérite, comme celle des cheveux fait, selon Béranger, le sage accompli :

> Moi de qui la sagesse
> A fait tomber tous les cheveux.

Nous nous garderons bien de citer l'auteur ou les auteurs. C'est en matière de chanson surtout que la recherche de la paternité est interdite.

D'ailleurs, l'enfant n'étant pas mal venu (quoique les rimes soient fort irrégulières), nous connaissons plus d'un amateur qui ne serait pas fâché de passer pour le père. Dans le doute, nous nous abstiendrons de toute indiscrétion, et ne nous exposerons à aucun désaveu. Mais voici notre *chanson,* une vraie chanson, ma foi! qu'on pourrait encore entendre chanter, de temps à autre, chez quelqu'un de nos confrères.

LE MARCHAND D'AUTOGRAPHES

CIRCULAIRE AUX AMATEURS

(Air : Vive la lithographie!)

Messieurs, j'ai des autographes
De tous temps, de tous pays;
Signatures et paraphes
Que je vends non garantis.

J'ai lettres et parchemins,
Manuscrits de toutes mains,
Je vous satisferai tous :
Demandez selon vos goûts.

Savant, prince ou saltimbanque,
Courtisanes ou valets,
J'ai, hors des billets de banque,
Toutes sortes de billets.

Vous verrez dans mes cartons
Des Molière, des Newtons;
Vous verrez le Balafré,
Bobèche et Galimafré.

Car l'autographomanie
Sur tous jetant son grappin
Place l'homme de génie
Prêt du sot ou du coquin.

Aussi je sais bien à qui
Je réserve ce Fieschi;
Cet auteur plat et bouffon
Se paiera plus qu'un Buffon.

J'attends des bords germaniques
Par le roulage un ballot
Plein de pièces magnifiques
Que je vous vendrai par lot.

Je fais venir d'Astrakan
Les papiers de Gengiskhan,
Et du couvent du Thabor
Un Nabuchodonosor.

Enfin je suis à la piste
D'un antique papyrus
Prouvé par un helléniste
Autographe de Cadmus.

Je vous offre, en attendant,
Messieurs, ce Pierre le Grand ;
Il peut braver l'examen
Bien qu'il soit sur du Weinen.

Reconnaissez l'âme ardente
Du vainqueur de Marengo
Dans cette page éloquente :
On n'en peut pas lire un mot.

Cet ordre est de Charles Neuf,
Malgré son air un peu neuf.
Mais de ce qui fait son prix
Combien vous serez surpris.

C'est que depuis une année
(Ici la date en fait foi)
Une fièvre cutanée
Avait emporté ce roi.

Ce billet de Pompadour
N'est pas un billet d'amour.
Fi ! ce serait trop commun,
Vous n'en voudriez pas un.

Mais celui-ci vous présente
Un intérêt des plus grands :
Elle y parle de la rente
Et dit qu'elle a mal aux dents.

Cet autographe si beau
Est du fameux Mirabeau,
Il est écrit tout entier
De la main... de son portier.

Entre la Perse et la Chine
Voilà le traité de paix;
Quoi qu'on dise, j'imagine
Qu'il n'en exista jamais.

Mais moi, je n'ai point douté
De son authenticité;
Des archives dont il sort
On y voit le timbre encor.

Car, soit dit sans vous déplaire,
On n'est point franc amateur
A moins d'être un peu faussaire
Ou légèrement voleur.

Ce que j'approuve surtout
C'est qu'on fasse argent de tout,
Qu'on vende aujourd'hui bien cher
Les cadeaux reçus d'hier.

Foin de la délicatesse!
Ma foi! j'ai bien des regrets
Qu'une certaine maîtresse
M'ait fait brûler ses secrets.

Grâce à son nom très-connu
Quel gain m'en fût revenu!
Notez que plusieurs amis
S'y trouvalent fort compromis.

Si mon honorable père
Avait joui du carcan,
J'aurais mis, ô sort prospère!
Tous ses écrits à l'encan.

A cent francs le Frédéric,
A deux cents francs le Garrick,
A cinq cent francs Cotillon,
A mille écus Trestaillon.

Dans l'ardeur qui vous transporte
Dépensez comme des fous,
Mais au pauvre, à votre porte,
Ne refusez pas deux sous.

Achetez aveuglément
Et profitez du moment;
Cette noble passion
Se nourrit d'illusion.

Si le dégoût allait suivre
Et ralentir cet essor,
On vendrait au poids du cuivre
Ce qu'on paye au poids de l'or.

Messieurs, j'ai des autographes
De tous temps, de tous pays,
Signatures et paraphes
Que je vends non garantis.

CHAPITRE CINQUIÈME

HISTOIRE DE LA SALLE SILVESTRE

Bulletin de la Grande Armée de la curiosité. — Liste des ventes célèbres de 1803 à 1864. — Ventes Després de Boissy, Courtois, Germain Garnier, Peuchet, de Bruyères Chalabre, de Castellane. Impromptu sur Mme du Châtelet.— Ventes La Jarriette, Cannazar. — Les Faux nez de M. Libri. — Ventes La Roche Lacarelle, de Soleinne, Renouard, Amand, Parison, Esthérazy, Amédée Renée, Lucas de Montigny. — Fossé d'Arcosse. — Les Ventes contemporaines. — Statistiques morales et judiciaires. — Types. — Curiosités. — Anecdotes. — La Vente du comte d'H.....

I

C'est le moment de dire quelques mots de quelques ventes célèbres de la première moitié du siècle, de celles qui ont fait époque, soit par le nom des possesseurs, soit par le choix, la rareté des pièces, et leurs prix.

Nous empruntons ces renseignements à nos devanciers, MM. Peignot et Fontaine, et aux notes de l'analyse, minutieusement faite par nous, des catalogues des ventes avec prix, depuis 1803 jusqu'à nos jours.

La Bourse des autographes, comme celle des livres, se tient rue Neuve-des-Bons-Enfants, à cette fameuse salle Silvestre, théâtre des émotions de la curiosité, champ traditionnel des

Victoires et conquêtes de l'armée indisciplinée des collectionneurs.

Il y aurait à faire une piquante histoire de la salle Silvestre,
de ses luttes fameuses, de ses habitués illustres, des mille originaux qu'attire la lueur fascinatrice de la lampe des enchères, et
que la voix du crieur fait tressaillir comme un cheval de bataille
à l'appel du clairon.

La première vente dont il soit conservé mention, c'est la vente
Després de Boissy (18 avril 1803).

On y remarquait, pour la première fois, 3 vol. in-folio de *Lettres originales de Henri IV, Sully, Villeroy, la marquise de Verneuil, Louis XIII, Marie de Médicis*, etc.. de 1603 à 1617.

Citons ensuite la vente de *Courtois*, le conventionnel, l'auteur
du *Rapport sur le 9 thermidor* et *sur les papiers trouvés chez Robespierre*.

Chose étrange ! on n'y trouve pas un seul autographe révolutionnaire. Courtois, cependant, avait été bien placé pour en recueillir. Le procès du 9 thermidor est un procès instruit presque
exclusivement sur des autographes. Quand la loi sur les régi-
cides vint le frapper, et le forcer à se retirer en Belgique, le domicile de Courtois fut violemment envahi, ses papiers saisis, ou
soustraits et dispersés. Revendiqués après sa mort par son fils,
sa demande fut écartée par une fin de non-recevoir. Il résulte
du procès intenté par lui qu'il se trouvait, parmi les papiers de
Courtois, les manuscrits suivants :

Rapport sur les papiers de Robespierre, revu et augmenté. *Histoire de la révolution du 9 thermidor.*

*Notes historiques et matériaux de Mémoires avec des pièces jus-
tificatives de la plus haute importance pour la famille royale.*

Louis XVIII pendant la Révolution, etc...

Enfin une foule de documents, authentiques et autographes,
relatifs aux personnages les plus importants de l'époque. Ces
précieux renseignements sont-ils perdus pour l'histoire ?

On a publié, en 1829, 3 volumes intitulés : *Papiers inédits
trouvés chez Robespierre, Payan, Saint-Just*, etc., *supprimés ou
omis par Courtois*. Quel rapport y a-t-il entre cette publication et le fonds des papiers de Courtois, dont nous avons signalé

la disparition? Peut-être aucun. Et en attendant que la lumière se fasse sur ce point d'histoire politique et littéraire, disons que la vente d'autographes ne contenait qu'un lot d'autographes, mais un lot de perles.

Quarante lettres inédites de Voltaire, dont deux à M. d'Argental, et trente-huit à *Mlle Quinault*. Les *Lettres à Mlle Quinault* ont été publiées dans l'édition Renouard, et non ailleurs.

La vente Courtois est de janvier 1820. Les quarante lettres de Voltaire furent vendues ensemble 460 fr.

Elles vaudraient aujourd'hui dix fois plus.

A la vente *Pluquet* (24-27 mai 1822) nous remarquons, sous l'indication de *Supplément*, *cent quarante-trois numéros* de lettres et pièces autographes, classées systématiquement, par siècles et par règnes. L'auteur de ce classement était le propriétaire lui-même de ces précieux autographes, qui n'étaient cependant que des doubles de sa riche collection, M. Villenave.

Le n° 1er était une charte de Robert, duc de Normandie, datée de 1088. Elle fut vendue 51 fr.

Une lettre autographe, signée de saint Vincent de Paule, en cet heureux temps, se vendait 33 fr. Une lettre de Louis XIV atteignait à peine 44 fr. 95.

Le roi d'Angleterre, Georges III,

> Honneur
> A tout seigneur
> Collectionneur.

représenté à cette vente par M. Warée, y achetait un *cardinal Mazarin* (64 fr.), un *Louis, duc de Vendôme* (10 fr. 50), un *Turenne* (61 fr. 05), un *Louis XVI*, lettre autographe, signée, à M. de Malesherbes, relative à la chevalière d'Eon et à Beaumarchais (125 fr.), une *Marie-Antoinette*, lettre autographe, signée, à M. de la Luzerne, relative aux ambassadeurs de Tippoo-Saïb (120 fr. 05), et un brevet, signé *Bonaparte* (20 fr. 05).

A la vente du marquis *Germain Garnier*, pair de France (4 mars 1822), signalons les n°s 1180 et 1181, contenant des lettres et documents précieux, dont 100 lettres signées ou autographes signés, la plupart adressées à Henri II, au roi de Navarre, à

Catherine de Médicis, à Henri de Guise, une longue lettre de
10 pages, adressée par Louis XIV à Mme de Maintenon; 15 lettres du Dauphin, 23 lettres du duc de Bourgogne, une lettre de
Boileau, une de Racine et des fragments autographes de ce dernier, notamment un mémoire (*inédit* selon une note de M. G.
Garnier) au cardinal de Noailles, en faveur des religieuses de
Port-Royal [1].

Ces deux volumes furent achetés 14,000 fr. pour le compte de
Louis XVIII, et déposés à la Bibliothèque du Louvre, où ils sont
encore.

De la même collection faisaient partie *neuf* lettres de Mme de
Sévigné à M. d'Hacqueville, et *huit* à sa fille, plusieurs de douze
pages, une lettre de Mme de Maintenon au duc de Richelieu;
40 lettres ou billets de Voltaire à de Vaines, dont une seule entièrement autographe. Trois lettres de Buffon, deux de Washington, etc. Le lot fut adjugé à 1,400 fr.

Et pour 440 fr. on donna un Recueil de 41 lettres, dont deux
de Saint-Simon au duc de Noailles (1716-1717), huit lettres de
Mme de Châteauroux, au même (1743 et années suivantes); vingt-
trois lettres de Voltaire à la duchesse du Maine.

Mentionnons aussi des lettres de *saint Vincent de Paule, Fénelon, Gustave III, Crébillon, Piron*, etc.

En 1823, signalons la vente *Bigot de Préameneu*, où le n° 1595
indiquait un manuscrit original, en grande partie autographe,
des *Mémoires* de Mlle de Montpensier, vendu 200 fr.

Bientôt les ventes se pressent, les occasions se multiplient, les
cabinets se dispersent ou se forment.

Le 22 octobre et jours suivants [2], défilent les richesses, quelque
peu dépouillées, du trésor opime de M. *Auguis*, homme de lettres.
Parmi les lots principaux, on trouve un nid de lettres adressées
à Duplessis-Mornay, parmi lesquelles *huit* [3] lettres de Henri IV,

---

1. On trouvera l'inventaire complet de ces deux volumes, pages 74, 75, 76 du
Manuel de Fontaine. M. Peignot parle de 28 lettres (non inédites) de Mme de Maintenon. Nous ne voyons pas figurer ces lettres dans l'analyse minutieuse de M. Fontaine.

2. M. Fontaine dit le 8 octobre.

3. Et non *trois* comme dit l'*Amateur d'Autographes*.

de 1596-1598, vendues 1,359 fr., ce qui met la lettre, en moyenne, à 160 fr. A la bonne heure! le Béarnais devait être le premier roi de France qui montât à son prix et qui parvînt à la popularité de la salle Silvestre, écho de toutes les autres.

Si Henri IV monte, Voltaire baisse. Une lettre de lui, *inédite*, adressée à l'abbé de Voisenon, ne vaut que 6 fr.

Les 25 février-15 mars 1828. Vente *Barbier*. Livres et autographes. Signalons en passant un n° 191, *Procès de Galilée*, Recueil manuscrit de pièces curieuses sur cette affaire, relié en 1 vol. in-fol., acquis pour 21 fr. par M. Villenave, qui l'a cédé plus tard à M. Libri, pour une valeur en autographes de plus de 1,000 fr., et un n° 1014. *Journal historique de Collé*, manuscrit autograp., 9 vol. in-8, rel. m. r., vendu 200 fr. — D'Hémery, inspecteur de police, n° 293. Vingt cahiers sur les affaires de la librairie, de 1754 à 1770. Vendu 62 fr.

A la vente de feu *Hoffmann*, auteur dramatique (21 juillet 1828), nous voyons des lettres de Bossuet, de 4 pages et de 16 pages, se vendre 20 et 36 fr. seulement. Bossuet n'a pas encore pris son rang. Il a cela de commun avec les grands hommes de la Révolution, qui se vendent pour rien.

A la vente du 8-13 juin 1829, toujours panachée, par M. Villenave, de ces autographes qu'il fourrait partout, une lettre de Le Bas à Robespierre ne vaut que 2 fr. 70. Le projet de décret du même Robespierre, organisant le tribunal révolutionnaire, est cédé pour 15 fr. à Guilbert de Pixérécourt, que ses instincts d'auteur dramatique devaient lancer sur cette proie de terreur et d'horreur. Des *Notes* autographes de Saint-Just, 4 fr. Mais Henri IV est toujours à 100 fr., *minimum*, dominant la mêlée de son panache blanc, et saint François de Sales s'élève aux plus hauts cieux des enchères (126 fr., vente *Chabrol*, 1829) [1].

---

1. Donnons un mot à la vente de M. le C. J. (Jacob), 1829. Nous remarquons (n° 342) une lettre a. s. de Mme *de Sévigné* et une de M^mo *de Coulanges*, vendues 699 fr. 95, avec un exempl. non rogné de l'édition des *Lettres* (*Blaise*). Un *Bossuet* a. s., 17 pages, à 29 fr. 50, et au n° 466, un mss. aut. de Verdier, membre de la commune de Paris, sur le séjour de la famille de Louis XVI au Temple. (Mss. curieux.)

II

De 1803 à 1830, il n'y a que vingt-huit ventes. Il y en aura deux cents de 1830 à 1860. Vous voyez d'ici le *crescendo*.

Mais il faut se hâter et procéder, dorénavant, par la méthode homérique, en accentuant seulement d'une épithète ou d'une circonstance caractéristique, chaque vente défilant à notre appel.

L'année 1830 est peu favorable aux collections auxquelles il faut, pour croître, l'absolue sécurité et l'absolue sérénité, invitant aux habitudes heureuses, aux épicuréismes de l'esprit, aux légers travaux chers aux gens de luxe et de loisir. Nous ne trouvons donc, en 1830, que trois ventes peu importantes, dont l'une de l'éternel Villenave, qui compilait, compilait, compilait, et revendait, revendait, revendait, par tous les temps et sous tous les règnes. Il y eut aussi, cette année malade, une vente de médecins célèbres, celle-là de circonstance.

La vente *Peuchet* aurait dû avoir plus de succès. Mais elle se fit au milieu des préoccupations et des désordres du procès des ministres de Charles X. Les bruits de la rue effrayèrent les collectionneurs, amis de la solitude ou de l'intimité. La réalité fit tort à l'histoire. Les autographes révolutionnaires couraient les boulevards et les places, dans la sinistre personne de ces plagiaires avinés qui sortent, à certaines heures, du fond des caves et de dessous les pavés. On dut retirer, faute d'enchères, les autographes de la collection Peuchet. Il y avait là cependant des héros et héroïnes en vogue. *Fouché, Mme de La Mothe, Sophie Ruffey* (Mme de Monnier); quatre lettres à Mirabeau, *Raynal*, le marquis de Sade (*Mon opinion sur la noblesse*).

A la vente du 31 janvier-5 février 1831 (*Techener*, lib.), où M. de Bruyères-Chalabre commença cette collection célèbre qui sauve son nom de l'oubli, au moins pour les curieux, — on peut signaler une lettre de *Turenne*, 1695, 4 pages, 26 fr. 05. — *Mme de Sévigné*, 1687, lettre autographe signée (8 pages), 36 fr. 50. — *Coligny à Charles IX* (1572), 61 fr. — *Marie Stuart*, 27

juillet 1568, à Catherine de Médicis, 300 fr. — *Richelieu*, 45 fr.
— Grégoire VII à Charles IX, lettre autographe (1572), 100 fr. —
J. J. Rousseau, 52 fr.. etc...

A la vente de M. J. B. (16-27 décembre 1832), nous remarquons deux lettres de *La Grange-Chancel*, dont nous avons écrit
l'histoire, vendues seulement 21 fr. 50. Elles montèrent jusqu'à
100 fr. pièce. Une lettre de Marie de Médicis au cardinal de Richelieu, 15 fr. Une lettre de Richelieu à Louis XIII, 7 fr. 95. Une
lettre d'amour de Mme de Tencin au maréchal de Richelieu, ,
11 fr. La galanterie historique n'était pas encore de mode.
M. Arsène Houssaye n'avait pas encore créé ce genre mixte, qui
côtoie à la fois l'histoire et le roman, dont il a fait une spécialité
agréable, et M. Capefigue une spécialité ridicule.

La première grande collection qui ait été mise en vente est
celle de *M. de Bruyères Chalabre* (6-25 mai 1833) [1], formée en
trois années, à force d'or, par un amateur qui n'aimait pas à
attendre.

Il serait difficile de citer de nos jours, en dehors du cabinet
exceptionnel Feuillet de Conches, de plus belles, de plus complètes et de plus affriolantes séries d'écritures royales, de toutes
les royautés, celle du rang, de l'esprit, de la beauté, etc. Cette
galerie avait été entreprise sous l'influence d'une pensée de
scepticisme et d'ironie. Le possesseur y voulait goûter cette
dernière consolation des vieillards moroses, le spectacle des
fautes, des scandales, des ridicules du passé, s'y promener dans
la coulisse de l'histoire, y voir les rois en bonne fortune et les
déesses en déshabillé, y sourire enfin de l'homme toujours le même
et y trouver la confirmation de cette philosophique formule :
« *Ni ange, ni bête.* » Le goût particulier et les intentions du
tardif collectionneur sont révélés par la naïve indiscrétion du
rédacteur du catalogue. « Galerie curieuse, dit-il, où nous
» voyons peints à nu et par eux-mêmes, des personnages que le
» prestige de leur naissance ou de leur célébrité ne nous laisse
» apercevoir ailleurs que sous l'appareil du grand costume. »

1. Il y a un *Supplément* à ce Catalogue, sous le titre de Notice. Vente 31 mai,
1er juin. — Ce Supplément, comme le Catalogue principal, a été rédigé par
Merlin. 1233, in-8.

La collection Bruyères-Chalabre était surtout riche à partir de Louis XIII et dans la série des rois et maîtresses, chronique d'alcôve et de cour.

La physionomie de la vente *Bruyères- Chalabre* n'est pas moins caractéristique que celle de son catalogue. Déjà la lutte devenant ardente et mêlée, on y remarque ces bizarreries, ces contrastes, ces variations de prix qui font du commerce des autographes, jusqu'à un certain point, le thermomètre du goût et de la moralité publics. On y sent une prédilection naissante pour les rebelles et criminels illustres, les femmes galantes. Mais voici quelques chiffres qui en diront plus que toutes les paroles.

N° 16. — Lettre autographe signée d'*Anne de Bretagne*, à sa fille Claude, femme de François I⁣er, 60 fr.

N° 20. — Lettre de cachet signée de *François I⁣er*, et contre-signée, dans laquelle il manifeste son mécontentement de la conduite de son Parlement de Paris, déclare qu'il a donné l'ordre de fermer le Parlement, et qu'il suspend les conseillers de leurs fonctions. 7 juillet 1543, 23 fr.

N° 32. — Lettre autographe signée d'Henri III à Nicolas de Neufville, seigneur de Villeroy, 32 fr.

N° 33. — Lettre d'Henri III, autographe signé, à Catherine de Médecis, sa mère, 50 fr.

N° 37. — Lettre autographe signée de Catherine de Médicis au duc de Montpensier (Louis, prince de la Roche-sur-Yon), 13 avril 1580, 31 fr. 50.

N° 38. Lettre autographe signée de la même, au roi son fils, 31 fr. 50.

N° 39. Lettre a. s. d'Elisabeth, sa fille, femme de Philippe II, roi d'Espagne, à François II, son frère, 25 fr.

N° 54 *bis*. — Lettre a. s. de Jeanne d'Albret, mère de Henri IV, au roi de Navarre, son mari (*sans date*), 66 fr.

N° 63. Lettre a. s. de Henri IV à la marquise de Verneuil (*sans date*). C'est la fameuse et charmante lettre commençant par ces mots :

« Un lyèvre m'a mené jusques aux rochers, devant Malserbes, etc... »

Elle provenait de M. Villenave, et fut acquise par M. Guilbert de Pixérécourt, au prix de 205 fr.

N° 69. — Henriette-Marie, fille de Henri IV, femme de Charles Ier, roi d'Angleterre, décapité. L. a. s. au card. de Richelieu, 76 fr.

N° 80. Louis XIII. L. a. s. à M. de la Ville-aux-Clers, 13 avril 1626, 54 fr. 95.

N° 82. — Anne d'Autriche. L. a. s. au duc de Luynes, 61 fr.

N° 84. — Louis XIV. Trois lettres a. s. à Mlle de La Moignon (des 22 mars 1676, 22 mars, 27 avril 1677), 15 fr. — 21 fr. — 21 fr.

Nᵒˢ 85-86-87. — Trois autres lettres du même, a. s. (29 avril 1691, 28 juin 1693. La troisième à Mme de Maintenon, 8 juin 1693), 20 fr. 50. — 22 fr. — 30 fr. 05.

N° 93. — L. a. s. de Louis XV au comte d'Evreux, 23 avril 1745, 22 fr.

N° 104. — Marie-Antoinette. Billet a. à M. de la Luzerne, 51 fr.

N° 109. — Philippe d'Orléans, régent, 29 mars 1719. L. a. s. 8 fr. 50.

Nᵒˢ 125-126. — Deux lettres a. s. du grand Condé au maréchal de Brézé, son beau-père (16 octobre 1644-16 juillet 1646), 29 et 30 fr.

N° 150. — Frédéric II, l. a. s., en vers et en prose, à Voltaire (26 juin 1742), 41 fr. 50 c.

N° 155. — Marie Stuart à Catherine de Médicis, 27 juillet 1568, l. a. s. 235 fr.

N° 169⁴. — Henri de Lorraine (le Balafré), l. a. s., 16 novembre 1587, 80 fr.

N° 170. — Mᵐᵉ de Sévigné à Mᵐᵉ de Grignan, 5 octobre 1684, l. a. de *quatre pages*, 45 fr. 05 c.

— La même à la même, 14 février 1685, lettres de *huit pages*, a. s., 45 fr.

Et cependant il y avait dans ces deux lettres plusieurs passages inédits.

N° 170⁵ — Mᵐᵉ de Grignan, 5 janvier 1688, à son mari, l. a. s., *de dix pages inédites*, 33 fr. 50 c.

N° 170⁶ — La même, sans date, l. a. s., *inédite*. 25 fr. 55 c.

N° 170⁸. — Charles de Sévigné, frère de Mme de Grignan, 6 janvier 1690, l. a. s., 13 fr. 50 c.

N° 179. — Le même, l. a. s. et l'état de ses affaires, 27 septembre 1696, douze pages, 45 fr. 50 c.

Nous aimons à croire que ce précieux lot a été utilisé pour la nouvelle édition de Mme de Sévigné, dans les *Classiques* Hachette, dont la critique n'a pas encore pesé la valeur.

N° 171. — Quatre lettres du cardinal de Richelieu, dont trois a. s., 22.05-12.95-17 fr. ¹.

N° 188. — Le duc de Saint-Simon, 2 décembre 1720, l. a. s., 25 fr. 50 c.

N° 196. — La duchesse de Chevreuse à Anne d'Autriche, l. a. s., du 21 août 1620, 14 fr. 60 c.

M. Cousin n'avait pas encore élevé cette spirituelle, coquette et illustre intrigante au rang de personnage historique.

N° 199. — Hortense Mancini, duchesse de Mazarin, l. a. s., 25 novembre et 11 février 1711 (celle-ci à l'abbé d'Hautefeuille), 21 fr. 50 c.

N° 180. — Mme de Maintenon, fort montée aujourd'hui en valeur et en vertu, était encore accessible à toutes les bourses.

Trois lettres d'elle (à Bossuet, 3 avril 1698, l. a., au contrôleur général Desmarets, 8 mars 1711, a. s. — Au même, 1er septembre), se vendaient 16 fr. 50 c., 24 fr., 21 fr. 50 c.

N° 207. — Deux lettres a. de Mme de Tencin (12 avril-1er juin 1744), 10 et 10 fr. 50 c.

N° 210. — Ni MM. de Goncourt, ni moi-même, n'avions en ce temps-là fait un sort à ces maîtresses de roi, dont M. A. Houssaye, dans ses stériles audaces, caresse de l'œil les agréables superficies, et dont M. Capefigue baise dévotement les pieds, dans l'attitude essoufflée de Gibbon aux pieds de Mme de Montolieu.

On avait alors Mme de Mailly et Mme de Pompadour... dans son

---

1. Il y a lieu de noter aussi les numéros 165-168, qui sous le titre de *Documents historiques,* comprennent environ 50 minutes de Lettres relatives à Marie de Médicis et à Anne d'Atriche, la plupart écrites de la main du grand cardinal, et 62 Lettres à lui adressées par divers personnages, hommes d'État, hommes de guerre, etc......

tiroir, et même Mme de Chateauroux, par-dessus le marché, pour 17 fr. et 19 fr. 50. On avait trois pages *de copie* de Mme de Pompadour pour 11 fr.

Et pour 200 fr. on avait quatre-vingt-quatre lettres ou billets d'amour de Mme la marquise du Châtelet, dont l'esprit a fait oublier le cœur, et qui pourtant avait un cœur qu'amusa Voltaire, et que le vigoureux Saint-Lambert prit d'assaut et occupa militairement. Singulière destinée que celle de cette femme positive et romanesque, à poulets et à théorèmes, que la grossière galanterie du dragon versificateur écrasa sous son poids, et que feront vivre éternellement quelques vers et quelques lettres d'un amant trop platonique à son gré. Mais des réflexions de cette nature appellent la lyre :

> Pauvre Du Châtelet, combien elle diffère
> La part que tes amants ont prise dans ton sort :
> Si tu dois la gloire à Voltaire,
> A Saint-Lambert tu dois la mort......
> — Arrête..... dit l'ombre légère,
> De me plaindre je suis bien loin ;
> Sache qu'une femme préfère
> A l'amour qu'on écrit celui qu'on n'écrit point.
> Le poëte à nos pieds, s'appelât-il Voltaire,
> A de certains moments, je te le dis tout bas,
> Le cède au Saint-Lambert... qu'on serre entre ses bras.

C'est à merveille, et nous passons aux lettres d'un autre grand preneur de villes et de femmes, qui avait sur Saint-Lambert l'avantage de ne pas savoir l'ortographe, et par conséquent de ne pas faire de vers.

N° 258. — Maréchal de Saxe, minute d'une lettre, 1er novembre 1747, six pages autog. 11 fr. 50 c.

N° 274. — Favras, l. a. s. du 26 décembre 1789, écrite des prisons de l'Abbaye au président du Comité des recherches, 19 fr.

N°s 292 à 311. — Les ministres sont encore plus au rabais que les femmes galantes. Qui veut du cardinal Mazarin à 23 fr. 05 c., du Colbert à 36 fr., du cardinal Dubois à 13 fr. 50 c.?

Fénelon, hélas ! et Bossuet ne sont pas encore estimés à leur valeur. Fénelon s'arrête à 17 fr. et Bossuet à 27 fr. Massillon, plus rare, vaut (lettre de quatre pages aut. sig. n° 388) 84 fr.

La duchesse de Longueville (n°401) coûte 40 fr.

On peut avoir pour moins de 225 fr. cinq lettres autographes signées de Saint Vincent de Paule, qui aujourd'hui coûteraient cinq fois plus.

Et que dites-vous de ce numéro 409? Trente-deux lettres de la main de Bossuet, écrites à l'abbé Bossuet, son neveu à Rome, dans le cours de 1697 et 1698, au sujet du livre de Fénelon. *(Explication des Maximes des Saints.)* Ensemble : 79 fr. *Buffon,* (29 novembre 1755—16 mai 1776), se donne, pour 10 et 21 fr., moins que Sophie Arnoult, *plus naturelle*, il est vrai, dont deux lettres (au lieutenant de police Le Noir), 1778, et à Quétant, 7 vendémiaire an IX, se cotent victorieusement 11 fr. 50 c. et 30 fr. 50 c.

On n'est pas encore très-aguerri aux caractères célèbres dans cette vente Bruyères-Chalabre. Nous voyons qu'une lettre du Tasse à Sperone Speroni, à Padoue, datée de Venise, 3 octobre 1559, a. s. est écartée des enchères par cette réflexion tardive qu'elle peut être authentique, mais qu'elle est impossible, car le Tasse n'avait alors que quinze ans. Malgré cette objection, un amateur plus confiant ou plus têtu que les autres l'acheta à la vente supplémentaire, mais ne fit pas une ruineuse folie, puisqu'il l'obtint au prix doux de 10 fr. 50 c. De même pour une lettre de Paul Scarron, du 12 octobre 1635, dont l'écriture parut avoir un air de famille trop prononcé avec celle d'un Scarron conseiller à la Cour des aides. Le même amateur à contradiction, qui, à travers la distance, nous semble avoir encore une figure de compère, acheta 10 fr. 50 c. cet autographe controversé.

Heureux temps, d'ailleurs, où l'offensive n'était pas supérieure à la défensive et où les contrefacteurs semblent aussi maladroits que les connaisseurs sont inexpérimentés !

Le numéro 470 était une lettre de Pellisson à Mme ***, 19 décembre 1679, qualifiée a. s.

Elle fut adjugée au prix *honteux* de 2 fr. 10 c. Ce prix s'explique par le fait que cette lettre n'était autre chose qu'un calque assez adroitement fait; malheureusement pour le faussaire, il s'était servi de papier vélin !...., ce qui ne fut reconnu qu'au moment de la vente. On ne peut pas songer à tout.....

Mais allons jusqu'au bout de cette intéressante et instructive revue :

Que coûtaient, en 1833 : un *Boileau Despréaux* ? 27 fr. 50 c.

Un *Leibnitz* ? 20 fr. 50 c.

Un *Bayle* ? 20 fr. 10 c.

Un *Fontenelle* ? (et à Mme de Lambert encore !) 28 fr.

Un *Piron* ? 15 fr.

Un *Voltaire* ? (inédit), 14 fr. 50 c. et 22 fr.

Un *J.-J. Rousseau* ? 25 fr.

Un *Diderot* ? 29 fr.

Un *D'Alembert* ? 10 fr.

Et une *Sophie Monnier* ? maîtresse de Mirabeau, 10 fr. 05 c.

Un peu moins que cette Mme du Châtelet, dont le catalogue écorne un peu la réputation vraiment, et qui écrivait à Saint-Lambert, *le matin*, des lettres de *quinze pages* qui ne valaient pas la nuit, quoiqu'il n'y soit point question de *Newton* ni de *Principes*.

A la vente *Ledru* (Paris, Chinot, 1833, in-8), signalons un recueil de plus de cinq cents lettres autographes et inédites, adressées au sieur Mersenne, par tous les érudits et savants illustres du xviie siècle. 3 vol. in-fol. achetés pour 301 fr. par M. Libri.

Le 23-30 avril 1834. Vente de *Castellane* (la comtesse Boni de). Quelques beaux prix : un *Montaigne*, d'abord rendu comme apocryphe, puis reconnu authentique, 699 fr. *Gabrielle d'Estrée*, 400 fr. *La Fontaine*, 400 fr. *Corneille*, 400 fr. rendu comme n'étant qu'un *fac-simile*.

A propos du *Montaigne* rendu, par Guilbert de Pixérécourt, comme faux, à cause du mot de *passe-port* (qui était déjà employé, *cent vingt ans* avant, par Louis XI, dans ses *Institutions de poste*), disons qu'il a été acheté depuis, pour le prix de 30 fr. par le docteur Payen, le spirituel et savant *Montaignophile*, qui, lorsqu'il est seul, ne peut sans doute s'empêcher de rire, comme un augure, du mal qu'il a dit de cette pièce, qu'il a acquise. Mais, ô puissance de la calomnie! ô terribles sentiers qu'on ne remonte pas ! peut-être qu'aujourd'hui la lettre de Montaigne aurait grand'peine à triompher des nuages amassés sur sa naissance. Achetée à vil prix, elle sera peut-être revendue de même, afin qu'en ce monde toute chose ait son revers, et tout bonheur sa leçon.

Nous croyons devoir renouveler, à propos de cette collection de Castellane, une des sources des plus beaux cabinets actuels, la petite promenade à travers les chiffres que nous avons faite pour la vente Bruyères-Chalabre.

Louis XI. L. a. s., 51 fr.

Bourdaloue. Lettre s. de 9 p. in-8, très-curieuse. Il est question de l'ambassade de M. de Nointel à Constantinople, et elle contient une foule de détails intéressants sur la réception que lui fit le grand visir, 51 fr.

Du Deffand (Mme). Lettre de 3 p. à Horace Walpole, 13 fr.

Maintenon (Mme de). Copie d'une instruction de Bourdaloue à Mme de Maintenon, mss. aut. (les 46 premières pages sur 87), in-18, m. n. t. d., dem.-rel. du temps, 60 fr.

Belzunce, évêque de Marseille. Deux lettres signées, datées de 1720, l'année de cette peste qui le rendit immortel, 27 fr.

L'Espinasse (Mlle de). Chapitre dans la manière du *Voyage sentimental* de Sterne, par Mlle de l'Espinasse, et corrigé par d'Alembert, 27 fr.

Fénelon. L. a. s. de 1713, 50 fr.

Frédéric II. Eloge de la Mettrie (1752), 90 fr.

Louis XV. Un billet de sa main au chancelier pour la formation d'un lit de justice (1743), et une lettre aussi de sa main, au maréchal de Richelieu, 10 fr. 10.

Massillon. L. a. s., datée de 1735, 47 fr.

Mirabeau. L. a. s., à M. le baron de Maltézan. Il y parle de Chamfort, de M. de Vaudreuil, etc., 12 fr.

Montesquieu. L. a. s. de 1755, à la duchesse d'Aiguillon. *Trois lettres d'amour* de sa main et non signées, avec un portrait et cinq lettres présumées de lui, 28 fr.

La Chaussée. 24 lettres aut. sign. et *inédites.* Correspondance littéraire de 1718 à 1754, 38 fr.

Orléans (*Philippe-Égalité*). L. a. s., écrite du fort Saint-Jean (1793), 19 fr. 80.

Robespierre aîné. Deux l. a. s. de 1790, l'une adressée à Lalande, 30 fr., 29 fr. 50.

Turgot. OEuvres inédites. 1° Avis sur les impositions de la généralité de Limoges, depuis 1762, jusques et y compris 1774, 227 p. in-4°; 2° Eloge de M. de Gournay, 68 p. in-4°; 3° Correspondance avec Mme la duchesse d'Anville, 211 lettres, de 1762 à 1780. La plus grande partie de ces lettres sont de sa main; il n'a mis sa signature qu'au bas du petit nombre de celles écrites par un secrétaire. Ces lettres sont très-curieuses. Le tout adjugé à 20 fr.

Santerre (le général). L. a. s. de 1802, adressée au citoyen Chateauneuf, dans laquelle il justifie le général Westermann, et rend compte de l'affaire de Saumur. Très-curieuse pour l'histoire de ce temps. Il y a au dos une note de Chateauneuf, dans laquelle il prouve que ce n'est pas Santerre qui ordonna le roulement de tambours qui coupa sur l'échafaud la parole à Louis XVI, mais que ce fut un ancien page de Louis XVI, général républicain. 25 fr. 50.

Donnons une rapide mention à la vente *Cochard*, à Lyon (1834). Nous y remarquons quatre lettres *inédites* de Voltaire, de 1744 et 1746, au cardinal de La Tour d'Auvergne et à M. Vallant, son médecin. Ces lettres, relatives à l'inscription à placer sur le tombeau de M. de Montmorin, archevêque de Vannes, que l'on voit dans l'église de Saint-Maurice, ont été vendues ensemble 107 fr.

Huit lettres inédites de Rousseau, dont deux de 1769, écrites de Monquin, près de Bourgoin (en Dauphiné), adressées à l'abbé Boivin, et signées de son misanthropique pseudonyme *Renou*, ont été adjugées à 90 fr.

Enfin notons l'*interrogatoire* de Marie-Anne-Charlotte Corday, ci-devant d'Armans, du 13 juillet 1793, à sept heures trois quarts de relevée, pièce originale de six feuillets, commençant par le rapport de Pelletan, chirurgien en chef des armées de la république, et membre du conseil de santé, suivi du procès-verbal signé à chaque page par Charlotte Corday, et à la fin par

Legendre, F. Chabot, Drouet, Louvet, Marino et Mouze aîné. Passeport qui fut saisi sur Charlotte Corday, et autres pièces relatives à l'assassinat de Marat. Ce dossier précieux fut vendu 200 fr.

III

Le 9 juin 1834 eut lieu la vente *La Jarriette* (Paris, Merlin, 1834, in-8), la troisième qui mérite une analyse un peu détaillée. Les prix y sont encore très-modestes et s'appliquent à des lots souvent considérables qu'on n'a pas encore appris à diviser. Ces énormes liasses, ces cartons ventrus ont fait ou commencé le fonds de plus d'un cabinet célèbre. Ce n'est pas sans avoir, sous le nom d'un nouveau propriétaire, subi plus d'une fois le feu des enchères, qui a fini par désagréger ces opulents faisceaux de pièces. La gerbe a été rompue, et mainte lettre qui s'en est échappée s'est vendue, depuis, fort cher isolément. Il en est du morcellement des lots d'autographes comme du morcellement des terres. Cela rapporte. De là ces éparpillements si cruels pour le chercheur amoureux d'une ombre et poursuivant en vain les reliques dispersées aux quatre points cardinaux.

Disjecti membra poetæ.

Au bon temps de la vente La Jarriette, on ne disséquait pas encore les cadavres autographiques. On ne séparait pas ce que le cœur avait uni. On respectait pieusement, comme des tombes, ces correspondances de famille ou d'amour, où de célèbres mémoires semblaient dormir ensemble.

Signalons le n° 1800, *Epître à Louis XVI*, par Colardeau, 13 p. in-4, autog. vendu 3 fr. 95.

1803. — Fragments, de la main de Mirabeau, d'un *Essai sur la littérature des anciens et des modernes,* appelé par lui : *Compte-rendu d'une étude et d'une lecture à mon amie et à ma fille,* 1779, 17 p. in-4. Ce manuscrit était accompagné d'une lettre d'envoi à Sophie, avec prière de ne le communiquer à personne. Le tout vendu 36 fr.

1804. — Notes et extraits d'auteurs latins, italiens, et anecdotes relatives aux arts. Pet. vol. in-8, dem.-rel., contenant 39 feuillets de la main de Girodet Trioson, 4 fr. 95.

1806. — Un carton contenant 17 pièces en vers (fables, contes, épîtres) de la main de Grécourt; la première signée et datée du 17 juillet 1729, 14 fr.

1807. — Vol. in-4, v. éc. fil, tr. dor., composé de 500 pag. mss., dont 166 de la main de d'Alembert et contenant, entre autres, les *Epoux sans le savoir*, comédie en un acte et en prose de.......... Portraits de Mmes de Luynes et de Mirepoix, par le président Hénault. Galimatias Pindarique de Voltaire, discours de d'Alembert à l'Académie des sciences, du 3 décembre 1768, en présence du roi de Danemark, etc., 51 fr. 50.

1808. — 50 feuillets de la main de Regnard, contenant, entre autres choses, des anecdotes historiques et littéraires, petit vol. in-folio. Cart. à la Bradel, 22 fr. 50.

1809. — 36 lettres de la main de Destouches, écrites à Mme de Graffigny, de 1751 à 1754, dont une signée, 5 fr. 60.

1810. — Un carton contenant 24 lettres de la main de Mlle Quinault, à Mme de Graffigny, 13 fr. 50.

1811. — 31 lettres du comte de Tressan, écrites à M. Devaux, de la Société royale de Nancy, à la marquise de Boufflers et au chevalier du Vallier, dont quelques-unes signées, et toutes de la main du comte, celle du 14 juin exceptée, 33 fr. 50.

1812. — Un carton renfermant 105 lettres de la main de Caron de Beaumarchais à Mme de Godeville, de 1775 à 1779, une d'elles signée, 50 fr.

1813. — Un carton contenant 1° 258 lettres autog. de Saint-Lambert à M. Devaux et à sa famille, dont deux signées, vingt à Mme d'Houdetot, deux à Mme de Graffigny, et une à Mme de Boufflers, et six lettres écrites à Saint-Lambert, 100 fr.

Le 9-26 décembre 1835, a lieu la vente de *Canazar* (premier pseudonyme, si l'on en croit MM. L. Lalanne et Bordier, auteurs du *Dictionnaire des pièces volées...*, de M. Libri). Cette vente inaugure ces exhibitions de raretés hors ligne que nous verrons se succéder sous toutes sortes de noms d'emprunt.

Les 27-29 avril 1837, le même collectionneur mystérieux se présente au public sous le faux nez de sir Thomas W....., baronnet. C'est un écrin de diamants autographiques. Si la justice ne s'est pas trompée, et un contumace doit toujours profiter du bénéfice du doute, on n'excuse rien, mais on comprend tout, en présence de ces trésors tentateurs.

IV

Ici nous perdons l'appui de M. Fontaine, dont le *Manuel*, publié en 1836, s'arrête à la vente Canazar, dans ses utiles et minutieuses analyses de catalogues. Le livre de Gab. Peignot, publié à la même époque, est très-incomplet sur ce point. Nous allons donc, aidé comme d'un bâton par les sommaires forcément superficiels de M. Gab. Charavay, continuer notre route d'observation, flairant les cartons étalés, palpant les pièces, discutant les prix, flânant enfin autour des enchères célèbres jusqu'à nos jours.

La première vente *Montmerqué* est de 1837 (2-9 mai). Collection honnête, celle-là, quoique fort riche, surtout en *Siècles de Louis XIV*. Signalons en passant, comme une épingle sur un tapis de Smyrne, une lettre galante de *Vauban* à Mme de Ferriol, sœur de Mme de Tencin, belle-sœur de cet ambassadeur à Constantinople qui, au lieu de collectionner des lettres, collectionnait des Circassiennes, témoin Aïssé. 1701. Notons aussi ces autres épingles brillantes : *La Fontaine* à Jannart, oncle de sa femme, 16 mars 1658 ; *Adrienne Lecouvreur* à M. Hérault, 1er août 1729 ; *Le Tasse* à Alde Manuce, Mantoue, 11 octobre 1586, etc.....

La vente *Ed. Baillot* (25 octobre-4 novembre 1837), commence à mettre en circulation un certain nombre d'autographes révolutionnaires. Nous y trouvons un billet de *Marat* (29 fr. 50 c.), deux billets aut. de Mme Du Barry à lord Seymour, son amant (40 fr. 50 c.), un *Fouquier-Tinville* (26 juin an II) à Prosper Séjas, 9 fr. 95 c., et quatre-vingts lettres du *P. Lenfant*, confesseur de Louis XVI, massacré en 1792 (du 3 septembre 1791 au 18 juillet 1792), heureusement publiées depuis.

En novembre 1837 apparaît une troisième fois, incognito, selon ses accusateurs, M. Libri. Il s'appelle à ce moment *feu*

M. Riffet. C'est un feu d'artifice, en effet, de raretés éblouissantes. En février 1838, ce sera en costume d'*ancien officier général*, toujours défunt, bien entendu, que M. Libri se présentera au public intrigué. Tout à l'heure, en 1838, il sera *M. de Saint-Julien !* En 1839 enfin, il réapparaîtra déguisé en *Gottlieb W...* Quel Protée !

Le 21-22 décembre 1838 (*Galliot* lib., *Legrand* commiss. pris.), on vend un recueil de lettres de Voltaire ayant appartenu à Condorcet, relié en 9 vol. in-4, et composé de *mil sept cent deux* lettres, en partie *inédites*, dit le catalogue. Voilà qui fait venir l'eau à la bouche. Et que sont devenues ces mil sept cent deux lettres, en *partie inédites*, d'un homme dont on en connaît environ dix mille? Je soupçonne qu'elles ont passé à M. de Cayrol, qui les a en partie publiées.

A la vente *A. Le Noir* (17-18 avril 1840), il faut signaler un volume in-fol. de pièces fugitives de Voltaire, ayant appartenu à Mme du Chatelet, dont il porte les armes, avec corrections autographes. Huit lettres de Mme de *Maintenon;* une correspondance de *Bayle;* de nombreuses lettres de divers membres de la famille de *Saint-Simon.*

Remarquons encore, en hâtant le pas, sans cesse embarrassé dans ces nids de curiosités, souples et tenaces comme des algues, et qui s'attachent au pied, la vente *P. Lacroix (Bibliophile Jacob)*, 25 mai 1840 et jours suivants, belle collection de pièces précieuses, vendues, on ne sait pourquoi, à des prix médiocres. La vente *Guilbert de Pixérécourt*, 4-14 novembre 1840, mérite aussi une mention. On y trouve de tout, même des *Malfilâtre*, des *Arouet*, père de Voltaire, des *Latude*, une lettre d'amour de Mme Du Barry à lord Seymour; de tout enfin, excepté les rares *Sévigné*, les impossibles *Molière*, ni les *Corneille*, ni les *Racine*, ni les *Rabelais*, tous ces dahlias bleus du collectionneur, qui ne fleurissent guère que dans ses rêves.

A la vente des livres et autographes de feu A. G..... ancien magistrat (25-30 octobre 1841, Merlin lib.), notons une curieuse correspondance de Catherine II avec Voltaire, comprenant cent soixante et une lettres, dont soixante et onze aut. sign. de l'Impératrice et quatre-vingt-neuf copies de lettres de Voltaire; sept lettres aut. du prince *Ferdinand de Prusse*, 1789-1790;

soixante-six lettres d'une correspondance du prince *Henri de Prusse*, etc.

Marquons encore d'une pierre blanche les jours fameux de la vente *A. Martin*, 21-24 novembre 1842, (*Merlin*, lib., in-8, 52 p., 320 nᵒˢ).

« Ce catalogue, dit M. Gabr. Charavay avec justesse, offre des « analyses substantielles et faites avec beaucoup d'art. On peut « le regarder comme un des premiers bons modèles du genre. » On y trouve un *Charles IX* (78 fr.), un *François de Sales* (137 fr.), un *Paul Veronèse* (80 fr.), un *Calvin* (101 fr.), un *Luther* (260 fr.), une quittance aut. sign. de *La Fontaine* (70 fr.); mais rien de *Molière*, de *Corneille*, de *Racine*, éternels et inexplicables *desiderata*. En revanche, un joli buisson de lettres galantes la plupart à l'adresse du maréchal de Richelieu. *M*ᵐᵉ *de Chateauroux* (30 et 100 fr.); *M*ᵐᵉ *de la Popelinière* (100 fr.); *M*ᵐᵉ *de Parabère* (48 fr.), et même *M*ᵐᵉ *Cottin* (41 fr.), presque aussi cher qne *Ninon de Lenclos* (45 fr.).

La vente *La Roche-Lacarelle*, *Alexandre Martin et autres* (le premier *Catalogue* rédigé par M. Charavay), 11-16 mars 1843, comprend un manuscrit autographe de *Camille Desmoulins* (38 p., 109 fr.) et un manuscrit autographe inédit de *Marat*, intitulé : *Les Aventures du jeune comte Potowski*, 400 p. in-4. Il s'est vendu 109 fr. C'est une sorte de roman matérialiste et sen-t'mental de la première manière de *L'Ami du Peuple*. De jolies choses un peu sauvages, une farouche afféterie, un mauvais goût superbe. On trouve l'analyse et des extraits de ce curieux essai dans les *Curiosités de l'Histoire de France*, par le bibliophile Jacob. Il y a aussi *un Robespierre*, 47 fr. 50 c. Rien de *Danton*, qui n'écrivait que peu ou point; habile homme, qui savait par sa pratique d'avocat que les paroles volent et que les écrits restent.

On trouve un autre *Marat* (99 fr.) à la belle vente *Dolomieu* et *Libri* (selon le *Dictionnaire des Pièces volées*), du 15-20 mai 1843. Les plus belles lettres de cette collection sont un *Machiavel* (299 fr.), un *Galilée* (399 fr.), un *Sobieski* (201 fr.), une *Sévigné* (222 fr.), un *Tasse* (251 fr.), un *La Fontaine* (555 fr.).

Signalons encore la vente de *Soleinne* (23 janvier 1844); la vente du 5-9 février, où nous trouvons un *Boileau* (310 fr), un *Calvin*, (353 fr.) un *La Fontaine* (350 fr.), un *Galilée* (550 fr.), un *Racine* (285 fr.), une *La Vallière* (400 fr.), une *Marie-Antoinette* (200 fr.).

La vente *Lalande* (8-13 avril 1844), où une *Marie-Antoinette* monte à 330 fr.

La vente *Gallois* (11-15 juin 1844), où une *Marie-Stuart* coûte 290 fr.

La vente *Lalande* (2me, 3-9 février 1845), avec un *Bacon* à 307 fr.

La vente des 14-17 mai 1845 avec un *Cardinal de Richelieu* à 267 fr., un *Racine* à 202 fr. et une *Pompadour* à 206 fr.

La vente du 8-11 décembre 1845, où un *Corneille (rara avis!)* coûte 230 fr., et une lettre d'amour *à Henri IV* (de la marquise de Verneuil), 201 fr.

La vente G..... (2-14 février 1846), où un *Napoléon* est coté 410 fr.

La vente du 16-21 avril 1846 *(Libri)* où un *l'Arioste* est retiré à 1,000 fr.

La vente *La Roche-Lacarelle* (4-10 février 1847), où un *Molière* se vend 235 fr. (Lettre signée seulement.)

Donnons un salut du drapeau à la vente *Trémont* (9-22 décembre 1852), remarquable par un *Bayart* (311 fr.).

Un *Jacques-Cœur* (201 fr.).

Une *Agnès Sorel* (201 fr.).

Un *Rabelais* (210 fr.).

Un *Michel-Ange* (309 fr.).

Une signature de *Molière* (430 fr.).

Cette vente produisit 43,993 fr. 75 c.

Rappelons encore sommairement (à mesure que nous nous rapprochons du présent les détails sont superflus) :

La vente *Renouard*, où le *Recueil des Lettres de Boileau à Brossette*, publié depuis par M. A. Laverdet, s'est vendu 4,000 fr.

La vente *Lamoureux* (25-31 janvier 1855), où, la concurrence aidant, un *Gilbert* coûte 400 fr., qu'il ne vaut certes pas.

La vente *Amant* (l'acteur bibliophile), où un *Racine* atteint le même prix.

La vente *Renouard* (21-26 juin 1855), où deux *Pascal*, dont un douteux, vont à 285 fr.

La vente *Duplessis* (10-18 décembre 1855), où *Rabelais* monte à 350 fr., et *Marie-Antoinette* à 355 fr.

La vente *Parison* (25-29 mars 1855), où *Sainte-Chantal* se vend 302 fr. *La Rochefoucauld*, 340 fr. *Ignace de Loyola*, 200 fr., et *Corneille*, 1,000 fr.

La vente *Esthérazy* (26 mars-2 avril 1857), où on remarque un *Gonzalve de Cordoue* à 305 fr., une *Marie-Stuart* à 500 fr., et un *Napoléon* à 1,000 fr.

C'est la troisième fois qu'est atteint ce chiffre glorieux, que l'empressement et le nombre toujours croissant des amateurs rendront de moins en moins étonnant.

A la vente *Amédée Renée* (6-8 février 1860), une lettre fameuse de *Joséphine de Beauharnais* à *Vadier*, en faveur de son mari emprisonné, est poussée jusqu'à 450 fr.

Par la vente *Lucas de Montigny*, qui produit 26,314 fr. (30 avril-18 mai 1860), nous arrivons à l'époque actuelle et nous nous arrêtons en rappelant la mise aux enchères des cabinets *Lajarriette*, où il faut signaler un *Napoléon* (sa dernière lettre à Marie-Louise), 1200 fr., une *Marie-Antoinette* à 700 fr., une signature de *Molière* à 950 fr., et un *La Rochejacquelein* à 400 fr. *Solar*, *Fossé d'Arcosse*, etc.

Nous ne finirons pas ce travail d'apparence aride et frivole, mais dont se dégage, selon nous, plus d'une observation intéressante, sans jeter un coup d'œil sur les ventes les plus importantes de ces trois dernières années. Ce sont elles surtout dont la physionomie est caractéristique pour l'avenir et peut servir de base à d'utiles inductions.

VI

M. Laverdet a fait, du 23 au 27 novembre 1861, la vente d'une collection plus spécialement théâtrale.

Nous y remarquons un l'*Arioste*, 360 fr.

Beethoven (manusc. autog.), 41 fr.

Bussy-Rabutin, 100 fr.

Le Sage, 550 fr.

L'abbé Prévost, 200 fr.

Rameau, 50 fr.

Châteaubriand, 23 fr.

Duplessis (Marie), la *Dame aux Camélias*, 20 fr.

Proudhon, 42 fr.

. M. Charavay aîné a dirigé une vente de trois vacations, du 28 au 30 novembre.

Nous y signalerons une lettre humouristique de *Balzac* (Honoré de), importante pour sa biographie, 62 fr.

Des *Souvenirs* autographes et *inédits* de *Boissy-d'Anglas* sur la Révolution française jusqu'à la fin de la Convention. Manuscrit curieux vendu 62 fr.

Une lettre de *Madame Elisabeth*, de 1791, 76 fr.

Une épître révolutionnaire du conventionnel *Fréron*, d'un cynisme incroyable, 51 fr.

Une lettre de *Gœthe*, par laquelle il remercie Louis XVIII de la décoration d'officier de la Légion-d'Honneur, 57 fr.

L'*Interrogatoire* de *Bussy-Rabutin* à la Bastille, pendant la détention que lui valut l'*Histoire amoureuse des Gaules*, 80 fr.

Mentionnons encore *Catherine de Navarre*, 60 fr., *Henri IV*, 30 fr., *Mme Denis*, 32 fr., le *prince de Joinville*, 52 fr., *La Bruyère*, *signature*, 60 fr., *Linnée*, 38 fr., *Piron*, 52 fr., *Prudhon* (le peintre), 81 fr. Ces différences en disent plus que tous commentaires.

VII

La vente *Fossé-d'Arcosse* (18-27 janvier 1862) nous fournit une sorte de *criterium* de la valeur comparative de la plupart des autographes recherchés des amateurs. Nous y remarquons que ces prix ont en général doublé depuis vingt ans. Le tableau suivant, donnant face à face les prix d'acquisition et les prix de 1862, et que nous empruntons à cette mine de renseignements précieux appelés l'*Amateur d'autographes*, justifie notre assertion, et cette assertion a sa valeur, puisqu'elle établit un *crescendo* qui témoigne de l'augmentation du nombre des collectionneurs (hier une élite, aujourd'hui une armée), et de l'âpreté également croissante de la curiosité.

Voici les prix de quelques pièces de la vente Fossé-d'Arcosse, avec ses prix d'acquisiton en regard :

VENDU.	Fr.	C.	Par ACQUIS.	Fr.	C.
Adam (Jacques)............	42	»	M.F. d'Arcosse (1851) Charavay	3	»
Chapelain...............	48	»	Acquis...................	29	50
Cromwell...............	60	»	Charon (1846)...........	40	»
Dacier (Madame)........	105	»	Charon (1846)........	20	»
Ducange...............	20	»	La Roche-Lacarelle (1846).	8	»
Edgeworth (l'abbé).......	29	»	Même Catalogue.........	27	»
François de Sales (Saint)..	71	»	Tilliard (1847)..........	18	»
Gerle (Dom).............	39	»	Alexandre Martin (1847) .	24	50
Holbach (d').............	69	»	Laverdet (1854)..........	25	»
Henri VII...............	29	»	Charon (1845)..........	25	»
Marat.................	61	»	La Roche-Lacarelle (1846).	27	»
Massillon............. .	79	»	Charon (1846)........ .	73	»
Montesquieu.............	120	»	Charon (1845)...........	42	»
Rollin.................	51	»	Charon (1847)..........	25	50
Vertot	105	»	Villenaud (1850).........	60	»

Parmi les autographes qui n'avaient pas encore passé dans le commerce, nous signalerons *Marivaux*, 55 fr., et *Gomberville*, 47 fr.

Parmi les pièces rares et chères de la vente, il faut noter une lettre aut. sig. de Mlle de la *Vallière*. Il en avait passé douze autres au feu des enchères, dont une a été adjugée à 400 fr. (*Charon, 1844*).

La pièce signée de *Molière* s'est élevée à 500 fr. Celle qui a figuré dans la vente *Lajarriette* avait atteint le prix de 950 fr. Mais elle était signée *J. B. Poquelin-Molière*.

On le voit, un petit recueil de ces lettres capitales, à 500 livres pièce, pourrait former le pendant de ce volume de billets de banque intercalés entre chaque feuillet, imprimé et offert, dit-on, à Mme du Cayla, par la galanterie de Louis XVIII, plus pratique qu'effective.

Il est bon de piquer à l'épingle, sur la cote des prix de la vente *Fossé-d'Arcosse*, quelques chiffres caractéristiques.

Bayart, l. s., 100 fr. — *Biron* (le décapité), 120 fr. — *Bourda-*

loue, 71 fr. — *Comynes*, 52 fr. — *Enghien* (le duc d'), pièce rare vendue bien au-dessous de sa valeur, 30 fr. *Diane de Poitiers*, 89 fr. — *Diderot*, 33 fr. — *M*^me *Elisabeth*, 102 fr. — *Estrées* (Gabrielle d'), 74 fr. — *Fabre d'Eglantine*, 60 fr. — *François I*^er, 100 fr. — *Henri II*, lettre sig. relative à Marie Stuart, 75 fr. — *Lamballe* (la princese de), 40 fr. — *Marguerite de Valois*, 63 fr. *Mascaron*, 50 fr. — *Mesmer*, 28 fr. — *Montespan* (Mme de). 112 fr. — *Newton*, pièce sign.. 55 fr. — *Orléans-Égalité* (Philippe d') (pièce que M. Fossé-d'Arcosse estimait 3,000 fr., 100 fr. — *Racine* (Jean), 218 fr. — *Sévigné* (Mme de), fragm. autog. en mauvais état, 151 fr. — *Sixte-Quint*, 62 fr. — *Vincent de Paule* (saint), 275 fr. — *Warens* (Mme de), 70 fr. — *Napoléon III*, 107 fr. — *Marie-Antoinette*, 215 fr. — *Léon X*, 84 fr.

Le 8 mars 1862, M. Charavay a fait une vente où nous remarquons les noms et les prix suivants, qui attestent une passagère défaillance.

Baluze, 18 fr. — *Bossuet*, 34. — *Buffon*, 36. — *Cinq-Mars* (pièce seulement signée), 18 fr. — *Etampes* (la duchesse d'), l. sig.. 52 fr. — *Florian*, 16 fr. — *Graffigny* (Mme de), l. aut., 26 fr. — *La Charce* (Philis de la Tour du Pin, héroïne nationale), 52 fr. C'est la seconde lettre d'elle qui figure dans les ventes. — *Laffitte* (Jacques), 57 fr. — *Le Franc de Pompignon*, l. a., 21 fr. — *Sophie Monnier*, maîtresse de Mirabeau, 2 lett., 41 et 45 fr. — *Orléans-Égalité* (duc d'), l. aut., 18 fr. — *Rachel* (Mlle), 11 fr. 50. — Le *cardinal de Retz*, 26 fr. — *Staël* (Mme de), 15 fr. — *Voltaire* let. aut. inéd., 21 fr.

Le 15-18 avril 1862, M. Charavay a dirigé la vente de M. Ch. R... de Milan, dite la *vente italienne*, qui a fait entrer dans les collections françaises, peu hardies jusqu'ici au passage des Alpes, des célébrités ultramontaines qui leur manquaient depuis longtemps.

Voici, à titre d'utile point de départ, pour les appréciations futures, les prix de ces tulipes autographiques admises pour la première fois à orner les cabinets de Paris.

Alciat, 88 fr. — *Alde l'ancien*, 90 fr. — *Alde* (Paul), 70 fr. — *Alde le jeune*, 45 fr. — *Alfiéri*, 50 fr. — *Arétin*, 100 fr. — *Arioste*, 330 fr. — *Beccaria*, 25 fr. 50. — *Bembo*, 48 fr. — *Bojardo*, 168 fr.

— *Borromée* (Saint-Charles), 123. — *Buonarotti*, (Michel-Ange), 970 fr. — *Caro* (Annibal), 99 fr. — *Castiglione*, 60 fr. — *Cavour*, 29 fr. — *Davila*, 60 fr. — *Ficin* (Marsile), 70 fr. — *Filangieri*, 36 fr. — *Galilée*, 550 fr. — *Salroni*, 42 fr. — *Garibaldi*, 42 fr. — *Guichardin*, 46 fr. — *Jove* (Paul), 140 fr. — *Liguori* (saint), 80 fr. — *Machiarel*, 160 et 200 fr. — *Marini*, 80 fr. — *Médicis* (Laurent), 150 et 155 fr. — *Ménage*, 63 fr. — *Mengs* (Raphaël). *Pie IX*, 27 fr. — *Politien* (Ange), 50 fr. — *Rosa* (Salvator), 90 fr. — *Sarpi* (Fra Paolo), 190. — *Savonarole*, 900 fr. — *Le Tasse*, 520 fr. — *Tasso* (Bernard), 50 et 60 fr. — *Tassoni*, 46 et 100 fr. — *Torricelli*, 250 fr. — *Le Trissin*, 115 fr. — *Varchi* (Benedetto), 180 fr. — *Vasari*, 62 fr. — *Vico* (pièce unique, vendue bien au-dessous de sa valeur), 53 fr. — *Vida*, 150 fr. — *Voltaire*, 33 et 50 fr.

Cette riche et complète collection italienne comprenait non-seulement des lettres, mais des livres annotés par des mains illustres.

Citons un *Campanella*. 60 fr. — *Galilée*, 72 fr. — *Politien*, 50 fr. — *Scamozzi*, 250 fr. — *Le Tasse, Histoire de Sienne*, avec sa signature, 80 fr. — *Le Tasse, Rime* avec annotations autographes inédites, 102 fr. — *Vico*, 41 fr. — *Viviani*, 75 fr.

Le 24 avril-1er mai 1862, c'était au tour de M. Laverdet à faire au public lettré et payant les honneurs d'une collection dont la vente a produit 10,000 fr.

Voici quelques noms et quelques prix remarquables.

Angennes (Jules d'), 74 fr. — *Arnauld* (Antoine), 34 fr. — *Arnauld* (Angélique), 58 fr. — *Boileau*, 78 fr. — *Bossuet*. 161 fr. — *Byron*, (lord), 29 fr. — *Médicis* (Catherine de), 63 fr. — *Chapelain* (Jean), 3 l. aut. s., deux à 24 et une à 30 fr. — *Dacier* (Mme), 50 fr. — *Delille*, 37 fr. 50. — *De Thou*, l'historien, 90 fr. — *Edouard VI*, roi d'Angleterre, une magnifique pièce signée les Français, 200 fr. — *Fénelon*, 48 fr. — *Fitz-James*, maréchal de France, 100 fr. — *Fitz-James*, évêque de Soissons, aumônier de France, très-curieux dossier de lettres adressées à Louis XV et au Pape contre Mme de Pompadour, 300 fr. — *Fléchier*. 25 fr. — *Garrick*, 30 fr. — *Gassendi*, 50 fr. — *Gresset*, 55 fr. — *Klopstock*. 26 fr. — *La Fontaine*, 130 fr. — *La Roche-Jacquelein* (H.), non pas le sénateur, une simple signature, 64 fr. — *Laubardemont*, deux lettres, l'une de 50 fr., l'autre 61 fr. — *M*ᶫˡᵉ *de la Vallière* (13ᵉ lettre passant en vente), 200 fr. — *Leibnitz*, 52 fr. — *Le Kain*, 50 fr. — *L'Homond* (rien ne manque désormais à sa gloire : il a une statue et ses lettres dépassent la cinquantaine) 55 fr. — *Louis XIII*, 60 fr. — *Louis XVI*. 50 fr. — *Luynes* (le connétable de), 100 fr. — *Malebranche*, 82 fr. — *Marat*, 40 fr. — *Marceau*, 26 fr. — *Marmontel*, 31 fr. — *Mars* (Mᶫˡᵉ), 27 fr. — *Mélanchton*, 81 fr. — *Métastase*, 30 fr. — *Montmorency-Bouteville*, 41 fr. — *Montpensier* (Mᵐᵉ de), 27 fr. — *Proudhon*, 24 fr. — *Racine* (Louis), 35 fr. — *Rantzau* (maréchal de France), 51 fr. — *Robert* (Léopold), 41 fr. — *Rollin*, 58 fr. — *Rousseau* (J. J.), 40 fr. — *Saumaise*, 61 fr. — *Schiller*, 34 fr. — *Turenne*, 50 fr. — *Vaucanson*, 41 fr. — *Verrue* (la comtesse de), son testament, 45 fr. — *Washington*, 36 fr.

Il s'est vendu, le 2 mai 1862, à l'hôtel Drouot, par les soins de M. Manheim, un volume in-4 renfermant 70 lettres autographes, adressées la plupart à la maréchale de Vitry par des personnages de la cour de Louis XIII. On y voyait un exemple d'écriture de ce prince lui-même, encore enfant, signé de sa main. 29 lettres d'*Henriette-Marie de France*, reine d'Angleterre; 19 lettres de *Chrestienne de France*; 4 lettres de *Marie de Gonzague*, reine de Pologne. 2 lettres de *M*ᵐᵉ *de Longueville*, etc. Toutes ces lettres, la plupart intimes, n'étaient que d'un médiocre intérêt pour l'histoire. Ce volume, superbement relié en maroq. rouge, parsemé de fleurs de lis, a été acquis au prix de 1,000 fr. pour le compte, dit-on, de M. le duc d'Aumale [1].

Le 27-29 novembre 1862, M. Charavay aîné a fait une vente qui a fort bien inauguré la saison. Les amateurs s'y sont disputé les belles pièces avec beaucoup d'entrain. En définitive, cette

1. Nous empruntons sans scrupule ces excellents renseignements à la Chronique de l'*Amateur d'Autographes*, que nous parcourons pas à pas, y glanant ces faits spéciaux dont la série successive forme pour l'amateur une sorte de mémorial chronologique et anecdotique, dont le bénéfice se trouverait perdu pour lui dans la collection d'un journal rempli de tant d'autres choses excellentes. C'est dans ce but d'utilité pratique et de commodité que nous plaçons ici, sous ses yeux, cette suite de petits résumés qui permettent d'embrasser d'un coup d'œil l'histoire de la curiosité depuis 1820.

petite vente de trois vacations a produit près de 6,000 fr. Voici quelques-uns des articles qui ont atteint les prix les plus élevés.

LETTRES AUTOG. SIGNÉES. — *Alexandre VII*, 42 fr. — *Alphonse II*, roi de Naples, 28 fr. — *Cadoudal* (Georges), 51 fr. — *Castiglione* (Balthasar), 47 fr. — *Dancourt*, 22 fr. — *Sove* (Paul), 65 fr. — *Leibnitz*, 40 fr. — *Machiavel*, 218 fr. — *Malatesta*, 60. — *Médicis* (Cosme dit l'*Ancien*), 99 fr. — *Médicis* (Laurent), 91 fr. — *Mélanchton*, 60 fr. — *Piron*, 34 fr. — *Rousseau* (J. J.), 40 fr. — *Sixte IV*, 80 fr. — *Le Tasse*, 325 fr. — *Vida*, 65 fr. — *Voltaire*, 34 fr.

LETTRES SEULEMENT SIGNÉES. — *Alciat*, 38 fr. — *Borromée* (saint Charles), 113 fr. — *Caietan* (le cardinal), 20 fr. — *Charles le Téméraire*, 71 fr. — *Doria* (André), 48 fr. — *Eugénie*, impératrice des Français, 14 fr. — *Ferdinand le Catholique*, 42 fr. — *Guerchin* (le). Lettre avec un P. S. de 4 lignes autogr. sign., 67 fr. — *Henri VII*, roi d'Angleterre, 27 fr. 50. — *Louis XI*, 22 fr. 50. — *Médicis* (Cosme Ier), 36 fr. — *Politien*, 3 l. aut. sign., 59 fr. — *Trissin* (le), 35 fr. — *Yolande de France*, 71 fr.

Le 5 décembre 1862, a eu lieu la vente des autographes de la collection La Bédoyère, vendue par les soins de M. Potier. Voici quelques-uns des prix, assez modérés.

Buffon, l. a. et lettre sign., 26 fr. — *Crébillon* fils, l. aut. sig., 21 fr. — *Gœthe*, l. a. s., 18 fr. — *Grimm.*, lett. aut. s., 13 fr. 50. — *Le Kain*, l. aut. s., 35 fr. — *Piron*, 2 l. a. s. chacune, 10 fr. 50. — *Rétif de la Bretonne*, 21 fr. — *Rousseau* (J. Jacques), l. a. s., 40 fr. — *Sade* (le marquis de), pièce aut. sign., 22 fr. — *Talma*, l. a. s., 26 fr. — *Voisenon*, l. a. s., 14 fr. 50. — *Voltaire*, l. aut. sig., 21 fr.

Dans le *Catalogue des livres rares et curieux composant la bibliothèque de M. J. d'O.*, dont la vente a été également faite par M. Potier (17-20 novembre 1862), nous trouvons les articles ci-après, qui peuvent intéresser les amateurs d'autographes.

N° 4. — *Histoire critique du Nouveau-Testament*, avec la signature de *J. Racine* sur le titre, 28 fr.

N° 82. — *Paroles d'un Croyant*, avec un envoi autographe de *La Mennais*, et le chapitre sur le pape, terminé de sa main, 100 fr.

N° 291. — Le *Méchant*, avec un envoi autographe de *Gresset*, 6 fr. 50.

N° 434. — *Histoire de la conjuration de Portugal*, avec la signature de *Regnard*, 6 fr.

N° 677. — *Introduction à la connaissance de l'esprit humain*, 1746, in-12, édit. origin. avec la signature de *Vauvenargues*, auteur de l'ouvrage, 36 fr.

VIII

La vente de la collection dispersée, par les soins de M. Charavay, le 9 février 1863, et les quatre jours suivants, a été très-animée. Les trois vacations ont produit 4,600 fr. Ce résultat prouve que le goût des autographes, loin de s'être affaibli, gagne de jour en jour. Les vieux amateurs ont maintenant à compter avec une jeune génération qui leur fait une rude guerre, et leur dispute souvent avec succès les pièces rares sur lesquelles ils avaient jeté leur dévolu. Voici les prix auxquels se sont élevées les principales lettres autographes de cette vente.

Alciat (André), 70 fr. — *Bayle*, l. aut. s., 33 fr., l. aut., 32 fr. — *Bèze* (Théod. de), l. s., 50 fr. — *Billaud-Varenne*, 43 fr. — *Bugeaud*, 28 fr. — *Chamfort*, l. aut., 58 fr. — *Chaumette*, 43 fr. — *Christine* (de Suède), lettre à Saumaise, 60 fr. Lettre à Mme Saumaise, 115 fr. — *Collé* (Charles), 19 fr. — *Naudé*, lettre à Mazarin, 24 fr. — *Erasme*, 235 fr. — *Fabert* (le maréchal), 25 fr. — *Garnier* (J. J.), avec des documents curieux sur la convocation des Etats-Généraux de 1789, 50 fr. — *Gilbert*, lettre de trois p. aut. s., la troisième qui passe dans les ventes, 301 fr. La lettre d'une page, la quatrième qui passe dans les ventes, 295 fr. — *Henri IV*, 40 fr. — *Hérold*, 18 fr. — *Hoche*, 23 fr. — *Huet* (Daniel), 25 fr. — *Le Bon* (Joseph), 18 fr. — *Leibnitz*, 80 fr. — *Louis XIII*, 35 fr. — *Louis XV*, 22 fr. — *Mabillon*, 23 fr. — *Marie-Louise* (l'impératrice), 22 fr. — *Marmontel*, 17 fr. — *Mirabeau*, 21 fr. — *Naigeon*, 15 fr. — *Oxenstiern*, 30 fr. — *Perrault* (Ch.), manusc. aut., 34 fr. — *Philippeaux* (conventionnel), 25 fr. — *Robespierre*, pièce sign., 21 fr. — *Saint-Just*, 56 fr. — *Segrais*, curieuse lettre sur le *Télémaque*, 95 fr. — *Turenne*, 2 l. 10 fr. et 31 fr. — *Voltaire*, lettre de 3 p. inéd., 33 fr. — *Isaac Vossius*, 17 fr., etc.

N'oublions pas l'article le plus piquant de ce catalogue, une *chanson inédite de Béranger*, la seule qui ait jamais été mise en vente, car toutes celles qui ont passé dans le commerce avaient déjà été publiées. Il y a eu des incrédules. On a cru que M. Charavay aîné s'était trompé en indiquant la pièce comme inédite, puisqu'il s'en trouve une sous le même titre, *la Nature*, dans les Œuvres de Béranger. En effet, mais la chanson imprimée et celle du catalogue n'ont de commun que le titre. Celle-ci est bien véritablement inédite, et il faut avouer qu'elle est digne de l'être, car on peut la regarder comme une des productions les plus faibles du poëte. A ce titre déjà c'est une curiosité. Elle a été acquise pour 30 fr. par un bibliophile, M. Fr. G..., qui la voulait à tout prix pour la joindre aux *Œuvres complètes* de Béranger. Cette chanson, composée vers la fin de la Restauration, paraît être dirigée contre les romantiques. Elle a trois couplets. Voici le premier :

> Grâce à nos romans, à nos drames,
> La nature règne chez nous.
> Son nom seul fait pâmer nos dames.
> Nos petits maîtres en sont fous.
> Par elle un philosophe jure
> Nos chansons lui doivent leur sel;
> Mais vanter ainsi la nature
> Ne me paraît pas naturel [1].

La vente de la collection d'autographes de M. le comte d'Auffay a eu lieu, le 28 mars 1863, au milieu d'une affluence inaccoutumée. N'a pas trouvé de la place qui a voulu, les chaises ont manqué, et les derniers venus ont été obligés de se tenir debout. Le ban et l'arrière-ban des amateurs parisiens étaient là, amateurs militants et non simples curieux. La lutte a donc été chaude. Le produit de la vente est de 4,431 fr. Voici les prix de quelques-uns des articles les plus remarquables.

Amboise (le cardinal d'), 79 fr. — *Bensserade*, 34 fr. — *Caillères*.

1. L'*Amateur d'autographes*. 2e année, p. 64.

25 fr. — *Colbert*, 65 fr. — *Corneille (Thomas)* , 27 fr. — *Du-quesne*, 51 fr. — *Fouquet*, 59 fr. — *Galland*, deux lettres chacune 37 fr. — *Géricault*, 38 fr. —*Hébert*, 31 fr. — *La Fayette* (Mme de), 85 fr. — *La Rochefoucauld*, la lettre, 130 fr. — *Les Maximes*, 133 fr. — *Leclerc* (Michel), 20 fr. — *Le Moyne* (le Père), 20 et 22 fr. — *Louis XVI* (la lettre sur le *Mariage de Figaro*), 75 f.. — La lettre sur le Parlement, 90 fr. — *Malherbe*, 175 fr. — *Marie de Médicis*, 47 fr. — *Mézeray*, la lettre , 49 fr. — *Ch. Perrault*, (la lettre), 73 fr. — *Saint-Évremond* , 34 fr. — *Saint-Amand*, 330 fr. — *Sarrazin*, 80 fr. — *Scudéry* (Mlle de), 75 fr. — *Vertot*, 33 fr. — *Vincent de Paule* (Saint), 33 fr. — Les trois volumes de lettres inédites sur la Normandie, 482 fr.

Nous avons réservé pour la fin les quatorze numéros de *Huet*. Ils ont été acquis la plupart par la même personne, à des prix assez modérés. Les deux premiers numéros, 73 et 74 , se sont vendus 46 et 31 fr.; la lettre signée, relative à Segrais, 35 fr.; les deux minutes autographes concernant les démêlés de Huet avec les jésuites, ses avides maîtres d'hôtel, 50 fr.; la lettre signée sur l'origine du village de Vieux ne s'est pas élevée au-dessus de 19 fr. Les Normands ne l'ont pas eue, le croirait-on? non plus que les deux lettres de Galland qui les complètent.

On sait que Huet gardait tout, et que même il redemandait ses propres lettres pour les placer dans sa collection, comme nous en avons eu la preuve dans le dossier. C'est que ce savant homme écrivait toujours pour dire quelque chose, et qu'il était bien aise de retrouver, pour certains points d'érudition, ce qu'il avait tracé au courant de la plume. C'est à Caen, sans doute, que M. d'Auffay avait trouvé toutes ces pièces. La Bibliothèque Im-périale possède trois cents lettres autographes de Huet, en latin, de 1660 à 1714, recueil découvert, en 1796, dans la bibliothèque de l'ex-jésuite Querbeuf. D'un autre côté le journal *La Quoti-dienne*, du 14 novembre 1825, contient un article ainsi conçu :

« On vient de découvrir, à Caen, les manuscrits du célèbre « Huet, évêque d'Avranches, sous-précepteur de M. le Dauphin, « ainsi que la plus vaste correspondance autographe formée de « tout ce que la Cour et l'Europe renfermaient de savants et de « femmes célèbres pendant plus de soixante années du règne de

« Louis XIV. Annoncer qu'en 1709, douze ans avant la mort de
« Huet, ce savant prélat avait écrit près de vingt mille lettres
« sur des questions littéraires, c'est faire entendre que l'on
« compte par centaines celles des Montausier, des Bossuet, des
« Fénelon, des Fléchier, des Bochart, des Lemoyne, etc.; celles
« de mesdames de La Fayette, de Scudéry, Dacier, de Lambert,
« Christine de Suède, La Vallière, Montespan, etc...., etc..., et
« parmi les littérateurs grecs, latins ou italiens, celles des
« Grævius, des Vossius, des Leibnitz, des Morus, des Puffen-
« dorff, des Saumaise, etc., ainsi que celles des papes et des
« cardinaux les plus distingués de France et d'Italie; enfin, outre
« les lettres latines de M. le Dauphin, on a aussi trouvé un ma-
« nuscrit autographe de ce prince, composé par lui en latin et en
« français sous la direction de Bossuet et de Huet.

« Nous espérons que le public ne sera pas privé plus longtemps
« de cette riche correspondance, qui formera le complément du
« Siècle littéraire de Louis XIV, et que M. Lechaudé d'Anisy,
« traducteur des lettres originales du Musée britannique et des
« *Antiquités anglo-normandes*, à qui la famille de Huet a bien
« voulu confier ces manuscrits, en enrichira bientôt la biblio-
« graphie. »

Qu'est devenu ce trésor? Si quelqu'un pouvait nous l'apprendre, nous nous empresserions d'en faire part à nos lecteurs.
Ajoutons, en attendant, que le testament autographe de Huet
était en vente, il y a quelques années seulement, chez un libraire de sa ville natale.

La vente de lettres autographes, sur l'art dramatique, dirigée
par M. Laverdet, a eu lieu les 30 et 31 mars, et a produit 2,835 fr.
Les articles qui ont atteint les prix les plus élevés sont :

Beaumarchais, 27 fr. 50 c. — *Beethoven*, 40 fr. — *Bernis*,
18 fr. — *Collé*, 20 fr. — *Crébillon* père, 155 fr. — *Della-Maria*,
18 fr. — *Denis (Mme)*, 19 fr. — *Destouches*, 33 fr. — *Diderot*, 37 fr.
— *Fabre d'Églantine*, 48 fr. — *Favart*, 20 fr. — *Fléchier*, 40 fr.
— *Gessner*, 23 fr. — *Grandval*, 18 fr. — *Hérold*, 27 fr. — *Jom-
melli*, 30 fr. — *La Chaussée*, lettre aut. non signée, 100 fr. —
Mélanchton, 91 fr. — *Métastase*, 21 fr. — *Moore* (Th.), 22 fr. —
Pasta (Mme), 24 fr. — *Pompadour*, *(Mme de)*, lettre aut., 52 fr.

— Preville, 54 fr. — *Prevost* (l'abbé), 125 fr. — *Solieri*, 18 fr. — *Sahiller*, 22 fr. — *Southey*, 26 fr. — *Tartini*, 33 fr. — *Thompson*, (Jones), 115 fr.

Dans la collection des livres rares et des manuscrits de feu le comte *Archinto*, de Milan, dont la vente a eu lieu à Paris, le 21 mars, par les soins de M. Potier, se trouvaient deux articles qui peuvent intéresser nos lecteurs : 1° un sonnet autographe du *Tasse*, avec son cachet, adressé au poëte Marco Montano, un petit in-fol., vendu 340 fr.; 2° le poëme de la *Fenice*, manuscrit de onze feuilles reliées en maroquin, avec une ligne autographe signée du *Tasse*. 200 fr.

La vente de la superbe collection d'autographes de M. le docteur *Succi*, de Bologne, commencée le 7 avril 1863, s'est terminée le 14. Un certain nombre de pièces sont restées au-dessous de leur valeur, mais d'autres ont atteint des prix fort élevés, ce qui a fait compensation. Ce n'est pas de sitôt, nous le répétons, que l'on trouvera tant de raretés réunies, et nous regardons comme bien avisés les amateurs qui ont pris leur part de ces dépouilles opimes. Que reste-t-il au possesseur de tant de belles choses ? Un catalogue. Du moins, il lui fera honneur, car on le citera parmi les plus précieux. Voici quelques-uns des prix auxquels ont été adjugés les principaux articles :

L'Albane, 130 fr. — *L'Arioste*, 455 fr. — *Boyardo*, 135 fr. — *Bologne*, (Jean de), 95 fr. — *Borgia* (César), 85 fr. — *Borgia* (Lucrèce), 138 fr. — *Borromée* (Saint Charles), 132 fr. — *Bossuet*, 136 fr. — *Brentz* (J.), 80 fr. — *Bucer* (Martin), 221 fr. — *Bullinguer*, (220). — *Byron* (lord), 110 fr. — *Calvin*, 400 fr. — *Caradosse* (le), 75 fr. — *Caro* (Annibal), 72 fr. — *Cimarosa*, 175 fr. — *Cortone* (Pierre de) 100 fr. — *Destouches*, 80 fr. — *Doria* (André), 82 fr. — *Édouard IV*, 176 fr. — *Érasme*, 300 fr. — *Farel* (Guill.), 79 fr. — *Flach-Francowich*, 79 fr. — *François de Sales* (Saint), 160 fr. — *Franco* (Nicolas), 57 fr. — *Galilée*, 450 fr. — *Guarini* (J.-B.), 100 fr. — *Guichardin*, 105 fr. — *Hedio* (Gaspard), 120 fr. — *Henri VIII*, 135 fr. — *Isabelle-la-Catholique*, 96 fr. — *Kepler*, 225 fr. — *Lasco* (J.), 96 fr. — *Leibnitz*, 180 fr. — *Luther*, 500 fr. — *Machiavel*, 121 fr. — *Médicis* (Cosme l'*Ancien*), 280 fr. — *Duplessis-Mornay*, 150 fr. — *Polus* (le cardinal), 401 fr. — *Pulci*

(Louis), 72 fr.—*Robespierre* (Maxim.), 200 fr.—*Sarcer* (Érasme), 100 fr. — *Sarpi* (fra Paolo), 175 fr. —*Savonarole*, 840 fr. — *Scarlati*, 105 fr. — *Scudéri* (Mlle de), 130 fr. — *Tassoni* (Alexandre), 120 fr. — *Torricelli* (Evangelista), 180 fr. — *Le Trihin*, 110 fr. — *Varchi* (Benedetto), 96 fr. — *Vincent de Paule* (Saint), 147 fr. — *Voltaire*, 150 fr.

Le chiffre total de la vente *Succi* a été de 21,560 fr.

La vente de la collection d'autographes de feu *M. Berthevin* a eu lieu les 7, 8 et 9 mai 1863, par les soins de M. Laverdet. Nous nous bornerons à signaler les prix suivants :

Bossuet, Notes autogr. pour le discours sur l'histoire universelle, 39 fr. — *Coligny*, pièce sign., 20 fr. — *Danton*, pièce sign., 20 fr. — *Desaix*, lettre autog., 21 fr. — *Dusseck*, compositeur, sonate aut. signée. —*Flamsteadt*, l. aut. sign. incomplète, 20 fr. — *Galiani* (l'abbé), 15 fr. — *Huyghens*, 9 fr. 50 c. — *La Beaumelle*, l. a. s., 33 fr. — *Luynes* (L. Ch. d'Albert de), 100 fr. — *Marceau*, 27 fr. 50 c. — *Martini* (J.-B.), l. s., 24 fr. — *Ney* (le maréchal), 32 fr. — *Scepeaux*, général vendéen, 18 fr.

Feu M. Tenant de La Tour, ancien bibliothécaire du roi Louis-Philippe, au château de Compiègne, avait réuni lui-même une bibliothèque fort intéressante au point de vue littéraire. Elle était riche surtout en éditions variées des poëtes français et italiens. M. Tenant de La Tour avait donné une notice détaillée sur ces livres dans les *Mémoires d'un Bibliophile*, publiés par lui chez Dentu, en 1864, un vol. in-12. Cette bibliothèque a été vendue salle Silvestre, du 4 au 16 mai, par les soins de M. France, libraire. Le catalogue, rédigé par le propriétaire des livres, est précédé d'une *Préface* de M. Antoine de La Tour, le fécond et ingénieux écrivain auquel la collection Charpentier doit tant de beaux et de bons volumes. Au nombre des articles de ce catalogue, en voici quelques-uns qui peuvent intéresser nos lecteurs.

N° 18. —*De Imitatione Christi*, 1751, in-18, exempl. ayant appartenu à J.J. Rousseau, avec un demi-verset traduit et un autre modifié en latin, le tout de la main de Rousseau, vendu 305 fr.

N° 526. — *Bucoliques* de Virgile, traduction en vers par Millevoye, 1809, in-12, exempl. d'épreuve, chargé de corrections autographes du traducteur pour une nouvelle édition, 130 fr.

N° 635. — *Poésies de Malherbe*. Barbou, 1776, in-8, exempl. d'André Chénier, couvert de notes de sa main, vendu 610 fr.

— *Odes de La Motte*, 1709, in-12, avec un envoi autographe signé de l'auteur à Danchet, 25 fr.

N° 635. — *Poésies de Pinchesne*, Paris, Cramoisy, in-4, avec envoi autog. signé de l'auteur à Perrault, 12 fr.

Les 19-20 novembre 1863, a eu lieu, par les soins de M. Charavay aîné, la vente de la très-belle collection d'autographes de M. le marquis Philippe Raffaelli de Cingoli, dont le résultat, par des causes que nous ignorons, sans doute les mêmes qui font le sort si capricieux des livres et des auteurs, ne semble pas avoir été un succès. Voici les articles qui ont atteint les prix les plu élevés :

La Balue, 50 fr. — *Biron, le décapité*, 69 fr. — *Borromée* (Saint Charles), 86 et 119 fr. — *Bourgogne* (la duchesse de), 49 fr. — *Chapelain*, 47 fr. — *Diderot*, 86 fr. — *Doria* (André), 40 fr. — *François de Sales* (Saint), 40 fr. — *Le Guerchin*, 87 fr. — *Guichardin*, 60 fr. — *Guise* (Henri de), 55 fr. — *Henri IV* (quatre lettres), n° 219, 22 fr.; n° 220, 65 fr.; n° 221, 128 fr; n° 222, 75 fr. — *Henri VIII*, 276 fr. — *Jacques II*, 51 fr. — *Louis XVI*, n° 277, 79 fr.; n° 278, 145 fr. — *Louise de Savoie*, 96 fr. — *Médicis* (Laurent de), 80 fr. — *Muratori, quatre-vingt lettres*, 100 fr. — *Piron*, n° 787, 35 fr.; n° 388, 35 fr. — *Pompadour*, 100 fr. — *Roland* (Mme), n° 398, 32 fr.; n° 399, 50 fr. — *Rousseau* (J.-J.), n° 402, 41 fr.; n° 403, 32 fr.; n° 404, 31 fr. — *Scott* (Walter), 42 fr. — *Sully*, 111 fr. — *Talleyrand*, 32 fr. — *Le Tasse*, 152 fr. — *Ursins* (la princesse des), n° 461, 50 fr.; n° 462, 40 fr.

Le 30 novembre 1863 et trois jours suivants a eu lieu une vraie bataille autographique : M. Charavay aîné juge du camp. Elle a été autrement animée que l'escarmouche précédente. L'importance du catalogue expliquait cet acharnement. Parmi les catalogues d'autographes qui nous ont passé sous les yeux, dit avec raison l'exact et intéressant chroniqueur de l'*Amateur d'Autographes*, nous en avons vu peu qui renferment autant de pièces précieuses soit par leur intérêt, soit par leur rareté. C'est une collection du bon temps, comme on ne peut plus en faire aujourd'hui. Voici en quels termes, encore militants, il rend compte de l'affaire :

« La vente de la collection d'autographes de M. le *Chevalier R....*, y a eu un succès éclatant, ainsi que nous l'avions « prédit. Nous n'avions pas besoin pour cela d'être sorcier, car, « avec de belles choses on est toujours sûr d'éveiller l'attention, « et Dieu sait s'il y en avait dans ce catalogue ! Les vieux ama- « teurs ont eu à soutenir avec leurs jeunes émules une rude lutte, « où ils ont été souvent battus ; mais si les pièces auxquelles ils « tenaient leur ont échappé, du moins il leur reste cette conso- « lation que les autographes précieux qu'ils possèdent sont loin « d'avoir perdu leur prix. Beaucoup d'articles, comme il arrive « toujours, ont été adjugés presque pour rien ; mais tant d'autres « ont dépassé les prévisions ! C'est le résultat qu'il faut voir dans « une vente. Or, celui-ci est le plus brillant qui ait jamais été « obtenu; il est supérieur à celui de la vente *Lajarriette.* Les « quatre vacations ont produit 14,021 fr. et la moyenne de « chaque numéro est de 23 fr. »

Nous nous bornerons à signaler ici les pièces qui ont atteint les prix les plus élevés :

Amyot (Jacques), 112 fr. — *Anson*, le voyageur, 45 fr. — *Bernadotte*, la lettre à Kléber, 75 fr. — *Bèze* (Th. de), 75 fr. — *Byron* (lord), 32 fr. — *Catherine de Bourbon* (n. 94), 53 fr. — *Charles IX*, 43 fr. — *Charles le Téméraire*, la lettre autog. sign., 169 fr., la lettre sig., 51 fr. — *Clément VIII*, 49 fr. — *Coligny* (Gaspard de), 138 fr. — *Condé* (Louis Ier de), 161 fr. — *Condé* (Louis II de), n. 132, 100 fr.; n. 134, 61 fr.— *Debry* (Jean), 55 f. — *Desmoulins* (Camille), 36 fr. — *Dubois* (le cardinal), n. 169, 40 fr. — *Dubois-Crancé*, n. 171, 50 fr. — *Du Chastelet* (la marquise), 50 fr. — *Duquesne* (Abraham), 100 fr. — *Epée* (l'abbé de l'), 43 fr. — *Fénelon*, 115 fr. — *François*, fils aîné de François Ier, 55 fr. — *Frédéric II*, n. 228, 240 fr.; n. 229, 75 fr.; n. 230, 44 fr. — *Gassion* (le maréchal de), 76 fr. — (*Guise le Balafré*), 120 fr. — *Guise* (fils du précédent), 109 fr. — *Guise* (Henri de), le héros de l'échauffourée de Naples, n. 263, 70 fr.; n. 264, 45 fr. — *Henri IV*, n. 277, 141 fr. — *Henriette-Marie de France*, 125 fr. — *Huine* (David), 110 fr. — *Kepler*, 140 fr. — *La Chaise* (le Père de), 56 fr. — *La Fontaine*, 160 fr. — *La Noue* (Bras de fer), 180 fr. — *Le Bon* (Joseph), 40 fr. — *Leibnitz*, 113 fr. — *Malebranche*, 159 fr. — *Malherbe*, 78 fr. — *Marie d'Autriche*, n. 400, 51 fr.— *Marie de Médicis*, 87 fr.— *Marie Stuart*, n. 403, 300 fr.; n. 404, 200 fr. — *Marie-Antoinette*, n. 407, 205 fr. — *Massillon*, 145 fr. — *Maximilien Ier*, 100 fr. —*Médicis* (Cosme Ier de), 175 fr. — *Méhul*, 70 fr. — *Mélanchthon*, 64 fr. — *Mercœur* (Philibert, duc de), 60 fr. — *Mieris* (François van), 50 fr. — *Montespan* (Mme de), 50 fr. — *Morgan* (lady), 41 fr. — *Nassau* (Maurice de), 47 fr. — *Nicolas Ier*, 56 fr.— *Nostradamus* (Michel de), 270 fr. — *Nostradamus* (César de), n. 480, 66 fr.; n. 481, 105 fr. — *Paris* (le diacre), 100 fr. — *Parthenay* (Catherine de), 40 fr. — *Patin* (Guy), 70 fr. — *Pie VII*, 75 fr. — *Pulci* (Louis), 56 fr. — *Rabelais*, 475 fr. — *Saint-André* (le maréchal), 112 fr. — *Strozzi* (Pierre), 200 fr. — *Séguier* (Pierre), 80 fr. — *Tasse* (Bernard), 60 fr. — *Tristan-l'Hermite*, 140 fr. — *Tryboulet*, 170 fr. — *Vendôme* (César de), 61 fr. — *Vendôme* (Louis de), 52 fr. — *Véronèse* (Paul), 155 fr. — *Witt* (Jean de), 45 fr.

Les 11 et 12 décembre 1863, M. Ad. Labitte a fait la vente de M. le chevalier B.... (partie des manuscrits et des lettres autographes). Cette vente, bien que fort peu importante, offre pourtant quelques articles intéressants, que nous croyons devoir indiquer avec les prix : *Canonici*, correspondance bibliographique, 1788-98, environ 150 lettres, 1 vol. in-4, 30 fr.— *Citadella* (Ferrante), environ 2,000 lettres à lui adressées, pendant son ambassade à Florence, 4 vol. in-folio, 50 fr. (acquis pour la Bibliothèque Impériale). — *Prologue de la règle de Saint-Benoît* (en italien), manuscrit du xive siècle, petit in-4, 25 fr. — 150 lettres de littérateurs italiens, dont une de Métastase, 30 fr. (pour la Bibliothèque). *Liber Amicorum,* album du xviie siècle, dans lequel se trouvent entre autres signatures, celles de Leibnitz et de J. Gronovius, 26 fr. — *Magliabecchi* (Ant.), manuscrit in-folio d'environ 1,500 feuillets, contenant une pièce de sa main, de 16 p. Sa correspondance avec B. Bacchini, Burlamachi, Nicolas Heinsius, Baluze, Bayle, Mabillon, Montfaucon, et autres documents relatifs à Magliabecchi, 270 fr. (acheté pour l'Angleterre). *Sannazar,* lett. aut. sign. au cardinal Seripando. Naples, 10 octobre 1517, 1 p. in-folio, 31 fr., 2 lettres du même au même, terminées par ces mots : *Syncerus tuus*, datées aussi de Naples, 1518, vendues 13 et 25 fr.

En novembre 1763 avait lieu à Caen la vente des livres, des médailles, meubles et autographes de feu M. Abel Vautier, amateur normand bien connu.

Parmi les lots remarquables, il faut citer :

Le testament de Huet, superbe pièce entièrement écrite de sa main, avec des bulles, des diplômes, et d'autres documents intéressants pour l'histoire du savant évêque d'Avranches, a été acquis pour 71 fr. par la Bibliothèque de Caen.

Une lettre autographe de Mme de Maintenon, datée de Fontainebleau, du 14 octobre 1705, et signée seulement de son monogramme, a été adjugée à 18 fr. Elle est adressée à Mme de Cambis, et traite des affaires intérieures des deux maisons de Saint-Cyr et de Somer-Fontaine.

Un lot de pièces diverses contenant entre autres, et parmi les modernes, une lettre aut. sign. de Mme d'Houdetot, un certificat autog. signé de Joseph Le Bon, de jolies lettres autog. s. Chenedollé, Berchoux, Meyerbeer.

Mais la perle de cette vente était un billet aut. signé de Charlotte Corday, qui était peut-être de sa sœur, avec laquelle on l'a souvent confondue. Mais le doute est déjà quelque chose, et qu'il soit de sa sœur ou d'elle, le billet de Charlotte Corday a été adjugé pour 90 fr. à M. Julien Travers, le savant doyen de la Faculté des lettres de Caen. C'est meilleur marché que l'autographe de la fameuse *Adresse aux Français amis des lois et de la paix*, payée 770 fr. en 1853, par M. le comte d'Hunolstein, et qui appartient aujourd'hui, *non sine denariis*, à M. Feuillet de Conches.

IX

La vente G. de L..., dirigée par M. France, s'est terminée le 13 février 1864, par un désappointement. Les cinq lettres d'amour de Mme Roland à Buzot et celle de Buzot ont été réservées, puis acquises moyennant 1,200 fr., pour le compte de la Bibliothèque Impériale[1].

La lutte allait être chaude pour ces six lettres. Elles auraient pu, si nous en jugeons par l'ardeur des concurrents, s'élever à des prix fabuleux. C'est qu'en effet on ne trouve pas tous les jours des documents d'une aussi haute curiosité. Les amateurs, en désespoir de cause, se sont rattrapés sur le reste. Voici quelques prix :

La lettre autog. de Mme *Roland* au mari de Sophie Cannet, son amie, 55 fr., bon marché. — *Buzot*, manuscrit de ses *Mémoires*, 80 fr. — *Pétion*, une note autog. signée où il se défend d'avoir donné l'ordre de tirer sur le peuple dans la nuit du 9 au 10 août, 45 fr. — *Salles*, le manuscrit autographe de sa tragédie de *Charlotte Corday*, pièce composée dans un grenier, mais qui ne brille pas par l'originalité de l'invention, 140 fr.; une copie de cette pièce, 46 fr. — *Barbaroux*, lettre autog. à Salles, critique littéraire et très-sensée de la tragédie de *Charlotte Corday*, 151 fr., prix probablement élevé. Donnons enfin le prix du dernier article du catalogue de cet article qui a fait événement, puisque toute la presse s'en est occupée. Nous voulons dire la *Constitution de* 1793, 1 v. in-18, reliée en *peau humaine*. Les opinions de la galerie étaient bien partagées sur cette peau. Toutefois, les croyants l'ont importé, et le volume ne s'est pas vendu moins de 231 fr.

La vente d'autographes que M. Charavay a dirigée les 15 et 16 mars, a marché avec beaucoup d'entrain. Ces deux vacations ont produit au delà de 6,000 fr. Voici les articles qui ont atteint les prix les plus élevés : *Boileau Despréaux*, 60 fr. — *Borromée* (Saint-Charles), 124 fr. — *Clive* (Catherine), 48 fr. — *Le Règlement original de la Comédie-Italienne*, du 2 avril 1690, 161 fr. — *Cooke*, le célèbre acteur anglais, 76 fr. — *Dacier* (André), 45 fr. — *Dumesnil* (Mme), 120 fr. — *Foote* (Samuel), 77 fr. — *Garrick*, 72 fr. — *Gilot* (Jacques), 63 fr. — *Gluck*, 196 fr. — *Haendel*,

Ces lettres viennent d'être publiées à la suite de l'*Étude sur Madame Roland et son temps* (Paris, Plon, 1864), par Ch. Dauban, éditeur de la première édition des *Mémoires* de Madame Roland, conforme au manuscrit original déposé à la Bibliothèque.

200 fr. — *Haydn*, 69 fr. — *Kean* (Edmond), 152 fr. — *L'Enclos* (Ninon de), 60 fr. — *Lecouvreur* (Adrienne), 300 fr. — *Le Kain*, 55 fr. — *Louis XIII*, 43 fr. — *Louis XIV*, 46 fr. — *Lyttleton* (lord). 40 fr. — *Maintenon*, lettre sign., 34 fr. — *Molière*, pièce signée, 530 fr. — *Orléans-Égalité*, 62 fr. — *Piccini*, 40 fr. — *Piron*, n. 210, 53 fr. — *Rouget de l'Isle*, 100 fr. — *Rousseau* (J.-J.), 50 f. — *Sacchini*, 40 fr. — *Saint-Aignan*, 35 fr. — *Scott* (Walter), 40 f. — *Talma*, le n. 247, 60 fr. — *Vadé*, 59 fr. — *Voltaire*, le n. 262, 55 fr. — *Washington*, 62 fr. — On voit par là que les amateurs de belles choses n'ont pas perdu le feu sacré.

La vente des autographes de M. le comte d'H... de M..., faite par les soins de M. Charavay, du 7 au 12 avril 1864, a été l'événement de la saison. C'est la plus belle solennité de ce genre qui ait lieu depuis dix ans. On a vu là de ces combats héroïques et pacifiques à coups d'enchère, pareils à ceux où, sur le théâtre des ventes Lajarriette, Solar, Trémont, se heurtaient les demi-dieux de la manie autographique.

Voici, rédigé par l'historiographe officiel de ces sortes de luttes, le bulletin de cette campagne, digne des anciens temps et de la Grande Armée.

« Cette vente s'est terminée le 12. On peut dire qu'elle a « été suivie avec beaucoup d'intérêt. Tout cela était si beau ! Le « produit total a été de 27,518 fr., somme considérable pour « cinq vacations, composées de 741 numéros seulement. Mais si « le résultat a dépassé les prévisions, en examinant les articles « en détail, on en trouve un certain nombre qui sont restés au- « dessous de leur valeur. Nous les signalerons en passant, non pas « pour en appeler de l'arrêt irrévocable du public, mais simple- « ment pour user du droit imprescriptible d'exprimer notre opi- « nion, justifiée d'ailleurs par l'opinion des amateurs. Voici les « prix auxquels se sont élevés les principaux articles. Si nous en « citons un plus grand nombre qu'à l'ordinaire, c'est pour être « agréable à nos lecteurs des départements et de l'étranger, qui « n'ont pu assister à cette belle vente.

Aguesseau (d'), 26 fr. — *Alamanni* (L.), 33 fr. — *Alençon* (Fr. duc d'), 80 fr. — *Aligre* (Etienne d'), 60 fr. — *Ancre* (le maréchal d'), 43 fr. — *Angoulême* (Marie-Thérèse duchesse d'), 128 fr.

— *Anne d'Autriche*, 80 fr. — *Arétin* (Pierre), 233 fr. — *Argental*
(Le comte d'), 41 fr. — *Arnauld d'Andilly* (Robert), 32 fr. —
Arnould (Sophie), 50 fr.

Bachaumont (Le Coigneux), 46 fr. —*Barbaroux*, 24 fr. — *Barnave*, 23 fr. — *Bayle*, n. 38, 33 fr.; n. 28, 40 fr. — *Beaufort* (le
duc de), 35 fr. — *Bellièvre* (Pomponne de), n. 44, 28 fr.; n. 45,
40 fr. — *Béranger*, la chanson : *Vieux habits ! Vieux galons !*
25 fr. —*Bernadotte* (n. 52), 23 fr. — *Berry* (Jean de France, duc
de), 200 fr. — *Bérulle*, 52 fr. —*Bessières* (n. 66), 40 fr. — *Bèze*
(Théod. de), 102 fr. — *Biron* (Armand de), 41 fr. — *Boileau*
(n. 75), 280 fr. — (n. 77), 100. — (n. 76), 61 fr. — *Bonaparte*
(Lætitia), 50 fr. — *Bonaparte* (Louis), 18 fr. — *Bonaparte* (Caroline), 35 fr. — *Bossuet* (n. 87), 48 fr. — (n. 88), 51 fr. — *Bon-
hours* (le père), 36 fr. — *Bourdon* (de l'Oise), 26 fr. — *Bourgogne* (le duc de), 32 fr. — *Bourgogne* (la duchesse), 40 fr. —*Bour-
mont*, 16 fr. — *Boyer-Fonfrède*, 65 fr. —*Brissot*, 20 fr. — *Brune*
(le maréchal), 16 fr. — *Buffon*, 60 fr.

Calvin (Jean), 460 fr. — *Catherine de Médicis*, 200 fr. — *Catherine de Bourbon* (n. 119), 200 fr. — *Catherine de Partenaye*,
46 fr. — *Caumont La Force* (le maréchal de), 26 fr. — *Chandos*
(Jean), 230 fr.; très-bon marché.—*Chapelain*, 40 fr.—*Charles IX*,
100 fr. —*Charles Ier*, 95 fr. — *Charles II*, 50 fr.— *Charles-Quint*,
145 fr. — *Chénier* (André), n. 143, 155 fr. — (n. 144), 120 fr. —
Chevreuse (la duchesse de), 170 fr. — *Christine de Suède*, 45 fr.
— *Cinq-Mars*, 170 fr. — *Clairon* (mademoiselle), 28 lettres à la
Rive, dossier curieux, 380 fr. (à M. Dubrunfaut). — *Clootz* (Anacharsis), 125 fr. — *Cœur* (Jacques), 182 fr.; le tiers de sa valeur.
— *Colbert* (J.-B.), 52 fr. — *Condé* (Louis 1er de), 175 fr. —
Condé (Henri II de), 118 fr. —*Condé* (le grand), n. 168, 50 fr.;
n. 169, 100 fr. — *Condé* (Charlotte princesse de), 131 fr. —
Condé (la princesse de) femme du grand Condé, 30 fr. — *Con-
dorcet*, 15 fr. — *Corneille* (Thomas), 400 fr. — *Créquy* (François
de), 20 fr.

Dalayrac, 14 fr. — *Danton*, pièce signée, 22 fr. — *Daumesnil*
(la jambe de bois), 42 fr. — *David* (Louis), 22 fr. — *Davoust* (le
maréchal), 15 fr. —*Denis* (Mme), 30 fr. —*Diane de Poitiers*, 201 fr.
— *Dorat* (Jacques), poëte, 32 fr. — *Du Chastelet* (Mme), 50 fr. —

Dugommier (le général), 15 fr. — *Dumesnil* (Mlle), 71 fr. — *Dupaty* (Mercier), 30 fr.—*Duphot*, 25 fr. — *Duplessis-Mornay*, 80 fr. — *Duquesne* (*Abraham*), 42 fr. — *Du Vair* (Guillaume), 67 fr. — *Duvergier de Hauranne*, 57 fr.

Elisabeth, reine d'Angleterre, 380 fr.; bon marché. — *Elisabeth* (de France), 28 fr. — *Elisabeth* (Madame), sœur de Louis XVI, 115 fr. — *Este* (Alphonse II d'), 67 fr. — *Euler* (Léonard), 37 fr.

Fabert (Abraham), 60 fr. — *Faucher* (les frères), 4 fr. — *Fénelon*, n. 241, 60 fr. — *Féraud* (conventionnel), 125 fr. —*Feuchère* (la baronne de), 23 fr. — *Fontanes* (Louis de), 30 fr. — *Fontenelle*, 21 fr. — *Fouquier-Tinville*, 41 fr.; pas cher. — *Fox* (Ch. James), 28 fr. — *Foy* (le général), 28 fr. — *Francastel*, 36 fr. — *François Ier*, roi de France, 131 fr. — *Frédéric II*, roi de Prusse, (n. 264), 125 fr.; (n. 265), 100 fr.; (n. 266), 30 fr.

Galilée, 600 fr.; beau prix, mais qui est au-dessous de la valeur de cette incomparable lettre. — *Garrick*, 39 fr. — *Gassendi* (Pierre), 55 fr. — *Georges IV*, roi d'Angleterre, 40 fr. — *Gœthe*, 40 fr. — *Graffigny* (Mme de), 25 fr.— *Gramont* (le maréchal de), 23 fr. — *Grégoire XIII*, 60 fr.; la moitié de sa valeur. — *Grignan* (la comtesse de), 115 fr. — *Grotius* (Hugo), 40 fr. — *Guebriant* (le maréchal de), 48 fr. — *Guichardin* (François), 46 fr.; bon marché. — *Guise* (François de), 33 fr. — *Guise* (Henri de), 55 fr. — *Guise* (Charles cardinal de), 45 fr. — *Guise* (Honorée, duchesse de), 60 fr. — *Guizot*, 20 fr.

Harcourt, 49 fr. — *Hébert* (*le père Duchesne*) (n. 312), 75 fr.; (n. 313), 36 fr. — *Helvétius*, 32 fr. — *Hénault* (le président), 30 fr. — *Henri II*, roi de France, 51 fr. — *Henri III* (n. 318), 33 fr.; (n. 319), 29 fr. — *Henri IV* (n. 320), 375 fr.; (n. 321), 161 fr. — *Henri de Prusse* (le prince), 25 fr. — *Henriette-Marie*, reine d'Angleterre, 110 fr. — *Hoffes* (Thomas), 137 fr.; la moitié de sa valeur. — *Hoche* (Lazare), (n. 328), 25 fr.; (n. 329), 31 fr. — *Holbach* (d'), 80 fr. — *Hospital* (le chancelier de l'), 61 fr. — *Houdetot* (la comtesse d'), 30 fr. — *Huygens* (Christian), 39 fr.

Jacques II, 33 fr. — *Jean II, dit le Bon*, 24 fr. — *Jeanne d'Albret*, 48 fr.—*Jenner* (Edouard), 36 fr. — *Joséphine* (l'impératrice, 30 fr. — *Joubert* (Barthélemy), 21 fr. — *Jules II*, 62 fr.

Kant, 25 fr. — *Kosciusko* (Thadée), 23 fr.

La Chaise (le P. de), 33 fr. — *La Chalotais*, 20 fr. — *La Fontaine* (Jean de) (n. 364), 201 fr.; la moitié de sa valeur, les lettres du grand fabuliste étant rares ; (n. 365), 87 fr.; (n. 366), 80 fr.; (n. 367), 130 fr.; très-bon marché. — *La Harpe*, 15 fr. — *La Meilleraye* (le maréchal de), 60 fr. — *La Moignon* (le chancelier de), 45 fr. — *Lannes* (le maréchal), 19 fr. — *La Rochefoucauld* (l'auteur des *Maximes*), 250 fr. — *La Tour d'Auvergne-Corret* (n. 386), 27 fr.; (n. 387), 27 fr. — *Laubardemont* (Jacques Martin de), 200 fr. — *La Valette* (le cardinal), 36 fr. — *La Valière* (la duchesse de), 200 fr. — *La Vauguyon* (le duc de), 22 fr. — *La Voisier*, 29 fr. — *Law* (Jean), 27 fr.; pas cher. — *Le Bon* (Joseph), 61 fr. — *Le Couvreur* (Adrienne), 105 fr. — *Le Kain*, 23 fr. — *Léon X*, pape, 60 fr. — *Lesdiguières*, 45 fr. — *Lethière*, 16 fr. — *Lyonne* (Hughes de), 20 fr. — *Longueville* (le duc de), 51 fr. — *Longueville* (la duchesse de), 100 fr. — *Lorraine* (Charles IV de), 30 fr. — *Louis XI* (roi de France), 91 fr.; valait mieux que cela. — *Louis XII*, 25 fr. — *Louis XIII*, 162 fr. — *Louis XIV* (n. 422), 51 fr.; (n. 423), 50 fr.; (n. 424), 23 fr. — *Louis XVI*, 81 fr. — *Luther* (Martin), 365 fr. — *Luynes* (le duc de), 41 fr.

Machiavel (Nic.), 210 fr. — *Maine* (duchesse du), 26 fr. — *Maintenon* (Mme de), 40 fr. — *Malebranche*, 106 fr. — *Malherbe* (n. 352), 125 fr.; pour rien; (n. 453), 76 fr.; très-bon marché. — *Marat* (n. 455), 65 fr. — *Marceau* (n. 457), 40 fr.; (n. 458), 25 fr. — *Marie de Médicis*, 56 fr. — *Marie-Antoinette*, 350 fr. — *Marie Stuart*, 380 fr. — *Marie-Thérèse*, 29 fr. — *Marillac* (le maréchal de), 36 fr. — *Marmontel*, 27 fr. — *Mascaron*, 51 fr. — *Masséna*, 40 fr. — *Massillon*, 37 fr. — *Maupertuis*, 12 fr. — *Maury* (le cardinal), 17 fr. — *Mayenne*, 33 fr. — *Mazarin*, 48 fr. — *Mesmer*, 60 fr.; la moitié de sa valeur. — *Metastase*, 22 fr. — *Mézeray* (Pierre), 66 fr. — *Miaczinski* (le général) (n. 503), 37 fr. — *Mignard* 60 fr. — *Milhaud* (conventionnel), 30 fr.; (n. 504), 27 f. — *Millevoye*, 15 fr. — *Mirabeau* (n. 513), 27 fr. — *Molé* (Mathieu), 61 fr. — *Moncey* (le maréchal), 21 fr. — *Monge* (Gaspard), 24 fr. — *Momier* (Sophie), 51 fr. — *Montausier* (Julie d'Angeny, duchesse de), 215 fr. — *Montbazon* (le duc de), 50 fr. — *Montespan* (Mme de), 58 fr. — *Montesquieu*, 102 fr.

Napoléon Ier, 66 fr. — *Ney* (le maréchal), n. 550, 25 fr., pour rien. — *Orléans* (Philippe duc d'Orléans), 21 fr. — *Orléans* (Philippe) *le Régent*, 61 fr. — *Orléans* (la duchesse d'), (la Palatine sa mère), 25 fr. — *Orléans-Égalité*, 60 fr. — *Payne* (Thomas), conventionnel, 20 fr. — *Paisiello*, 48 fr. — *Paré* (Ambroise), 90 fr.; valait quatre fois plus. — *Paul Ier*, empereur de Russie, 48 fr. — *Pellisson*, 20 fr.; pour rien. — *Perrault* (Charles), 30 fr. —*Philippe II*, 50 fr. — *Pie VII*, 120 fr.—*Pierre Ier, dit le Grand*, 172 fr. — *Pigalle*, 82 fr. — *Piron*, 45 fr. — *Pompadour* (la marquise de) (n. 588), 52 fr.; (n. 589), 160 fr. — *Poniatowski* (le prince) (n. 590), 70 fr.; (n. 591) 61 fr; très-bon marché, parce que cet autographe est très-rare.

Poyet (le chevalier), 45 fr. — *Prudhon* (P. Paul), 95 fr.

Racine (J.) (n. 597), 221 fr.; (n. 598), 116 fr. —*Racine* (Louis), 30 fr. —*Rantzau* (Josias, comte de), 170 fr. — *Rapp* (Jean), 20 fr. — *Rapp*, 20 fr. — *Réaumur*, 18 fr.—*Retz* (le cardinal de), 40 fr. — *Richardon* (Samuel), 60 fr.; valait beaucoup plus que cela. — *Rivarol*, 80 fr. — *Robespierre* (Maximilien), 220 fr. — *Robespierre jeune*, 12 fr. — *Rohan* (Henri de), 31 fr. — *Roland* (Mme) (n. 623), 30 fr.; (n. 624), 31 fr. — *Rollin*, 26 fr. — *Roquelaure* (Gaston duc de), 175 fr. — *Rossini*, 19 fr. — *Rouget de Lisle* (n. 631), 78 fr.; (n. 632), 16 fr. — *Rousseau* (J.-J.), 38 fr.

Sade (le marquis de) (n. 637), 29 fr.; (n. 638), 55 fr. — *Saint-Evremond*, 28 fr. — *Saint-Lambert*, 25 fr. — *Saint-Simon* (le duc de), 35 fr. — *Santeul* (J.-B.), 151 fr. — *Saumaise*, 42 fr. — *Savary* (duc de Rovigo), n. 651, 19 fr. — *Schiller*, 28 fr. —*Schomberg* (Henri de), 61 fr. — *Séguier* (Pierre), sur le procès de Cinq-Mars, 185 fr. —*Servien* (Abel), 26 fr. —*Sévigné* (Mme de), 199 fr. — *Simiane* (la marquise de), 109 fr. — *Souwarow*, 70 fr. — *Stanislas Leczinski*, 16 fr. — *Suffren* (le bailli de), 35 fr. — *Sully*, 40 fr.

Talleyrand (le prince de), 38 fr. — *Talma*, 19 fr. — *Talon* (Omer), 43 fr. — *Tasse* (le), 95 fr. — *Tencin* (Mme de), 50 fr. — *Thomas*, 15 fr. — *Thou* (Christophe de), 68 fr. — *Thou* (J. Aug. de), 36 fr.; à vil prix. — *Thou* (François Auguste de), l'ami de Cinq-Mars, 90 fr. — *Tourville*, 65 fr. — *Turenne*, 50 fr. — *Turgot*, 20 fr.

Ursins (la princesse des) (n. 708), 100 fr.; (n. 709), 50 fr.

Vadé, 41 fr. — *Vendôme* (César de), 36 fr. — *Vendôme* (Philippe de), 19 fr. — *Vergniaud*, 300 fr. — *Villeroy* (le ministre), 19 fr. — *Villeroy* (le maréchal), 23 fr.— *Vincent de Paul* (Saint), 100 fr. — *Voltaire* (n. 731), 30 fr.; (n. 732), les 29 lettres à Helvétius, 398 fr.

Washington, 37 fr.

Zayoncheck (le général), 15 fr.

La vente d'autographes que M. Charavay aîné a dirigée les 27 et 28 mai 1864, est la dernière de la saison. Relativement, elle a mieux marché que la précédente. On en jugera par les quelques prix que nous donnons ci-après : *Achery* (Luc D'), 5 fr. 50. — *Amiot* (M. A.), missionnaire, 9 fr. — *Bach* (Ch.-Ph.-Em.), 12 fr. 50. — *Beauveau-Craon* (le prince de), 7 fr. — *Bembo* (le cardinal), pièce signée, 92 fr.— *Berwick* (le maréchal de), ses *Mémoires* autographes, 200 fr. — *Bonaparte* (Jos.), 15 fr. —*Bossuet* 25 fr. — *Casa* (Jean-Della), pièce signée, 14 fr. — *Charles III* de Savoie, dit *le Bon*, 13 fr. 50. — *Charles le Téméraire*, 35 fr. — *Chérubini*, 16 fr. — *Collé* (Ch.), 15 fr. — *Creytton* (Guil.), 70 fr. — *Danton*, pièce signée, 19 fr. — *Denina* (Ch.), 16 fr, — *Dorat* (Ch.-Jh.), 8 fr. — *Doria* (André), 32 et 35 fr. —*Duplessis-Mornay* (papier de), 44 fr. — *Duquesne* (Abraham), let. sig., 13 fr. — *Egmont* (Lamoral, comte d'), 40 fr. — *Farnèse* (Pierre-Louis), 35 fr. — *Ferriol* (le comte de), 31 fr. — *Filicaja* (Vincent), 19 fr. - *Fortiguerra* (N.), 19 fr. — *Gaubil* (le père), 13 fr. 50. — *Goldoni* (Ch.), 18 fr., 20 et 21 fr. — *Gravina* (l'amiral Fréd.), 15 fr. — *Henri IV*, 75 fr. — *Hortense* (la reine), 30 fr. — *Joanny* (le comédien), ses *Œuvres poétiques*, 24 fr. —*La Condamine*, 11 fr. 50 et 9 fr. 50. — *Lacordaire*, n. 176, 12 fr. — *La Rocheposay*, n. 183, 52 fr. — *Legouvé* (G.), n. 188, 9 fr. — *Leibnitz*, 70 fr. — *Maintenon* (madame de), 40 fr. — *Méhul*, 22 fr. 50. —*Métastase*, 19 fr. — *Monge* (Gaspard), 14 fr. — *Napoléon III*, 33 fr. — *Natoire*, le peintre, 11 fr. — *Orléans* (la duchesse d'), 12 fr. 50. — *Parfaict* (Fr.), 25 fr. — *Peignot* (Gabriel), n. 240, 9 fr. — *Pelletier*, conventionnel, 16 fr. — *Pie V* (Saint), 32 fr. — *Piron* (Alexis), tragédie aut., 50 fr. — *Piron*, n. 252, 15 fr. — *Ponsard* (Fr.), 6 fr. — *Pontanus*, 12 fr. — *Postel* (Guil.), 140 fr. — *Rau-*

court (Mlle), 12 fr. — *Rohan* (Henri de), 21 fr. — *Saint-Aignan* (le duc de), 22 fr. — *Sainte-Aulaire* (le marquis de), 22 fr. — *Soulavie* (l'abbé), 13 fr. — *Talma*, 15 fr. et 10 fr. — *Tasse* (le), 210 fr. — *Terray* (l'abbé), 9 fr. — *Taunay*, le peintre, 12 fr. — *Volta* (Alex.), 18 fr. — *Zeno* (Apostolo), 19 fr.

CHAPITRE SIXIÈME

LES VENTES D'AUTOGRAPHES A L'ÉTRANGER

Lettres de Chritophe Colomb, de Milton, du duc de Marlborough, de lord Byron. ·
— Manuscrits de Walter-Scott, de Napoléon. — Vente du 10-13 mars 1862
à Londres. — MM. Puttick et Simpson. — Ventes à Cologne, à La Haye, à
Leipsick. — La collection Radowitz. — Conclusion. — Double moralité de l'his-
toire des ventes d'autographes. — Lettres connues de Rabelais, Montaigne,
Corneille, Molière. — Signatures connues de Shakespeare. — Le Dalhia bleu du
collectionneur. — Causes de cette rareté des lettres des personnages illustres.
— Les mécontentements de l'artiste. — Les remords du mourant. — Les auto-
da-fé d'héritiers. — Lettres détruites de Mme de Sévigné, de Louis XVI. —
Le portefeuille du fils de La Fontaine. — La peur pendant la Révolution. —
Les comptes de la police secrète du premier Empire. — L'Huître et les Plai-
deurs. — Les faux autographes. — Le Bibliophile Jacob et M. Labouchère. —
M. Anatole de Gallier et saint François de Sales. — M. Meyer et M. Martini. —
Mesures préventives et préservatrices. — De l'amélioration des catalogues.

I

Notre long, minutieux, aride et cependant utile travail sur les
ventes et les prix ne serait pas complet, si nous le bornions
strictement à la France. Nous allons donc faire une rapide ex-
cursion dans les catalogues étrangers et butiner dans les bulletins des ventes qui ont eu lieu à Londres, à La Haye, Bruxelles,
Leipsick, etc. Passons d'abord la Manche et abordons au pays
jadis classique, aujourd'hui fort rangé, de l'excentricité.

Tout d'abord, la légende, fruit des loisirs de quelque malin
compatriote, vient à nous, à la place de l'histoire, et nous som-

mes bien forcés de l'écouter un moment, en raison de cette ressemblance que la fiction garde avec la réalité et qui témoigne d'une commune origine.

On assure (et nous ne le croyons qu'à demi) qu'un Anglais a payé 8,000 fr. un billet en huit lignes, par lequel notre Boileau-Despréaux invitait un ami à déjeuner, et encore, ajoute-t-on, il y avait cinq fautes d'orthographe. « Passe encore, dit Peignot, « pour les fautes d'orthographe, les règles grammaticales ne « sont pas de rigueur quand on invite à la hâte, par écrit, un « ami à déjeuner. Mais pour payer 8,000 fr. une telle pièce, il « faut être né sur les bords de la Tamise, où les goûts passion« nés trouvent dans d'immenses fortunes les moyens de se sa« tisfaire. »

La lettre que *Christophe Colomb* écrivit sur sa découverte du Nouveau Monde, pièce intéressante, longtemps inconnue, a été vendue en 1825, au duc de Buckingham, pour la somme de 33 liv. sterling (825 fr.).

Des lettres de *Napoléon*, mises aux enchères à Londres, lors de la vente de sa bibliothèque, chez M. Sotheby, le 23 juillet 1823, n'ont pas eu un aussi brillant succès d'adjudication; le plus haut prix de l'une d'elles a été de 1 livre sterling 16 shell. (29 fr.). Il est vrai que toutes ces lettres n'avaient que la signature.

La vente des autographes de M. *John Anderson*, faite à Londres en mars 1823, va nous offrir des articles plus intéressants quant aux prix. Une lettre de Luther à Charles-Quint y a été portée à la somme de 20 liv. sterling (500 fr.).

Trois cents lettres du duc de Marlborough, adressées au secrétaire d'Etat, Ch. Hedgef, avec trois notes de la reine Anne, ont été adjugées le 6 août 1816, à Londres, pour la somme de 570 liv. sterling (14,250 fr.).

Une lettre de *Milton* s'est vendue 14 liv. sterl. (350 fr.).

Une lettre accompagnée d'un dessin original de Michel-Ange, n'a pas excédé 19 liv. sterl. (475 fr.).

Une lettre de lord *Byron*, le poëte du siècle pour l'Angleterre, a été donnée pour 10 liv. sterl. (250 fr.).

C'est dans cette lettre que Byron dit de sa jeune fille Adda :

« Tout en elle, excepté sa bouche, ressemble à sa mère, et j'en
« suis bien aise. » M. Murray, à qui cette lettre était adressée
primitivement, l'avait égarée. Elle est redevenue sa propriété à
cette vente, moyennant 10 liv. sterl.

La vente des autographes de M. *Anderson* a produit en totalité
la somme de 1,500 liv. sterl. (37,500 fr.).

Nous mentionnerons encore, toujours d'après Peignot, une
vente assez curieuse de manuscrits autographes qui s'est faite à
Londres, le vendredi 19 août 1831 ; c'est celle des romans de
Walter-Scott, tous écrits de sa main, très-bien conservés et ne
portant que peu de ratures ou de changements. Quoique l'annonce de cette vente eût vivement piqué la curiosité du grand
monde et du monde littéraire à Londres, quoique la foule des
amateurs qui s'y rendit fût considérable, nous ne trouvons pas
que ces reliques précieuses de l'inimitable romancier aient été
portées à des prix bien élevés. Il est vrai qu'il existe tant d'éditions de ses admirables ouvrages. Quoi qu'il en soit, voici ces
prix :

Le manuscrit

	l. s.	sh.	fr.	c.
Du *Monastère*	18	»	(450	»)
De *Guy-Mannering*	27	10	(687	50)
Des *Puritains*	33	»	(825	»)
De *L'Antiquaire*	42	»	(1050	»)
De *Rob-Roy*	50	»	(1250	»)
De *Péveril du Pic*	42	»	(1050	»)
De *Waverley*	18	»	(450	»)
De *L'Abbé*	14	»	(350	»)
D'*Ivanhoe*	12	»	(300	»)
De *Nigel*	16	»	(400	»)
De *Kenilworth*	17	»	(425	»)
De *La Fiancée de Lammermoor*	14	14	(367	50)

On voit que le prix de chacun de ces ouvrages n'est pas toujours proportionné au jugement plus ou moins favorable que le
public m'a porté, car ce n'était pas singulier de voir *Rob-Roy*,
payé 50 liv., et *Ivanhoe* 12 liv. (?) Cela a sans doute dépendu de la
condition du manuscrit ou de la préférence particulière de l'a-
mateur.

II

Le 10-13 mars 1862 a eu lieu à Londres, par les soins de MM. *Puttick* et *Simpson*, une belle vente d'autographes, qui nous permet de juger, à vingt ans de distance, des vicissitudes du goût public et des variations des prix.

Lettres autographes signées. — *Baratier* (J. Philippe), astronome, 53 fr. 75. — *Bellièvre* (Pomponne de), importante dépêche à M. de Villeroy, sur le peu d'espoir qu'il y a de sauver Marie Stuart (Londres, 13 décembre 1586, 3 p. in-folio), 200 fr. — *Byron* (lord), 45 fr. — *Catherine d'Aragon*, première femme de Henri VIII, 650 fr. — *Charles Ier*, billet, 55 fr. — *Charles II*, 28 fr. 65. — *Descartes*, 50 fr. — *Fénelon*, 45 fr. — *Fléchier*, 11 fr. 25. — *François II*, roi de France, 250 fr. — *Francklin*, 42 fr. 50 et 66 fr. 25. — *Garrick*, 36 fr., 37 fr. 50, 42 fr. 30 et 16 fr. 50. — *Gœthe*, 16 fr. 50. — *Haendel*, 347 fr. — *Hastings* (Warren), 17 fr. 50 et 25 fr. — *Henriette-Marie*, femme de Charles Ier, 87 fr. 50 et 86 fr. 25. — *Hume* (David), 53 fr. 75. — *Jacques II*, 63 fr. 75. — *Johnson* (Samuel), 63 fr. 75. — *La Fontaine*, 100 fr. — *La Pérouse*, 30 juillet 1785, la dernière lettre, suppose-t-on, qui serait parvenue en Europe de notre illustre et infortuné navigateur, 48 fr. — *Louis XIV*, 78 fr. 75. — *Louis XV*, 25 f. — *Louis XVIII*, 11 lettres très-intéressantes pour l'histoire de l'émigration, de 20 à 30 fr., la moitié à peine de ce qu'elles valaient. — *Luther*, 200 fr. — Madame de *Maintenon*, 78 fr. 75. — *Marat*, 125 fr. — *Marceau*, 2 lettres, chacune, 8 fr. 75. — *Marie Stuart*, 550 fr. — *Mélanchthon*, 175 fr. — *Nelson* (Horace), lettre écrite avec la main gauche, 55 fr. — *Racine*, 156 fr. 25. — Les deux *Robespierre*, 206 fr. 25. — *Roland* (Mme), belle lettre politique à Lanthenas (Lyon, 30 juin 1790, 4 p. in-4), 125 fr. — *Rousseau* (J.-J.), 42 fr. 50. — *Rubens*, 268 fr. 75. — *Scott* (Walter), 43 fr. 75. — *Talma*, curieuse lettre sur les aérostats, 22 avril 1784, 3 p. in-4, 56 fr. 25. — *Turenne*, 78 fr. 75. — *Voltaire*, lett. aut. sign. V., 18 fr. 75. — 2 lettres sign., 20 fr. et 23 fr. 75. — *Walpole* (Horace), 81 fr. 25. — *Washington*, 83 fr. 75. — *Halley* (Edmond),

28 fr. 75 et 43 fr. 75. — *Prior*, 42 fr. 50. — *Bossuet*, les 60 lettres à Mme de Luynes, 475 fr. — *Vincent de Paule*, 68 fr. 50. —
Lapide (Cornelius à), 13 fr. 10.

Lettres seulement signées. — *Anne de Boleyn*, 287 fr. 50. —
Bacon (Fr.), 125 fr. — *Catherine Parr*, sixième femme de
Henri VIII, 675 fr. — *Catherine de Bragance*, femme de Charles II, 91 fr. 25. — *Cromwell* (Olivier), 65 et 50 fr. — *Cromwell*
(Richard), 7 fr. 50. — *Edouard VI*, 343 fr. 75. — *Elisabeth* (la
reine), 81 fr. 25 et 88 fr. 75. — *Fairfax* (Thomas), 11 fr. 25. —
Gibbon, 17 fr. 50. — *Hogarth*, 100 fr. — *Jacques Ier*, 32 fr. 50 et
112 fr. 50. — *Marie Ire*, 183 fr. 75. — *Molière*, 375 fr. — *Napoléon Ier*, 25 l. ou pièces signées, de 12 à 26 fr. — Une note de 12
pages in-folio sur l'histoire d'Egypte, écrite par Bourienne, avec
des corrections de l'empereur, 75 fr. — *Newton*, 25 fr. — *Richard III*, 287 fr. 50 et 450 fr.

Deux actes notariés concernant Shakspeare, et offrant quelque
intérêt pour sa biographie, se sont vendus, l'un 1,775 fr., l'autre
900 fr., bien qu'ils ne fussent pas revêtus de sa signature.

En décembre 1862, une autre vente d'autographes a eu lieu,
par les soins de MM. Puttick et Simpson. Voici les prix auxquels
ont été adjugés les articles les plus remarquables :

Elisabeth, reine d'Angleterre, l. s., 94 fr. — *Cromwell*, lettre
sign., 69 fr. — *Pope*, lett. aut. sign., 87 fr. 10. — *Roubilliac*,
sculpteur français du XVIIIe siècle, né à Lyon, l. aut. sign., une
page in-folio, 94 fr. — *Burns* (Robert), le poëte écossais, plusieurs lett. aut. sign., de 50 à 155 fr., et son *Memorandum.* —
Book, autog., 1,300 fr. — *Bossuet*, lett. aut. sign., 2 p. in-4, 55 f.
— *Rousseau* (J.-J.), l. aut. s. *Renou*, 1 p. in-4, 26 fr., etc.

III

L'Allemagne suit d'un pas tranquille l'élan de l'Angleterre
dans la voie des excentricités autographiques. Le 2 juin 1862 a
eu lieu à Leipsig, par les soins de M. Weigel, une vente dont les
prix peuvent être qualifiés de lymphatiques.

Lettres autographes signées : Derrient (Louis), 7 fr. 25. — *Fichte*, 5 fr. — *Gellert*, 4 fr. — *Gœthe*, 12 fr. — *Hegel*, 3 fr. — *Henri VIII*, pièce signée, 9 fr. 50. — *Kotzebue*, 3 fr. — *Lind* (Jenny), 12 fr. 50. — *Mendelssohn* (Félix), 2 lettres, 45 fr. 75 et 38 fr. 25. — *Montès* (Lola), 7 fr. 50. — *Paganini*, 7 fr. 50. — *Pasta* (Judith), 8 fr. 70. — *Ramler* (Ch. Guill.), 8 fr. — *Ristori* (Mme), 5 fr. 75. — *Wagner*, l'heureux auteur de l'infortuné *Tanhauser*, 4 fr. 25. — *Weber*, 15 fr. — *Werner*, 5 fr. — *Æieland*, 8 fr.

Il s'est vendu en octobre 1862, à Cologne, une lettre autographe de Rubens, qui a été achetée par la ville, au prix de 1,180 f. On sait que Rubens est né à Cologne. Cette circonstance ne nous paraît pas suffisante pour justifier un prix aussi exorbitant. Il faut que ce soit une pièce très-précieuse, indépendamment de sa valeur comme autographe. Nous n'avons aucun renseignement à cet égard. Tout ce que nous pouvons dire, c'est que les lettres du célèbre peintre se sont vendues jusqu'à présent, en France, environ 60 fr., et qu'il en a passé une quinzaine. Une seule s'est vendue 201 fr. en 1846.

Il a paru à Bruxelles, au commencement de juillet 1862, le n° 1 du *Catalogue d'une collection très-intéressante de lettres autographes*, en vente à la librairie de M. *Van Trigt*. Ce numéro a 16 pages in-8, et contient 113 articles. Voici comment ils sont divisés : *Peintres, statuaires*, etc., *artistes dramatiques, compositeurs et musiciens, diplomates, ecclésiastiques généraux, littérateurs et orateurs.* Le prix de chaque article est marqué. Il y a généralement plusieurs pièces sous le même numéro, ce qui n'est pas toujours commode pour les acheteurs. Les lettres autographes suivantes nous ont paru particulièrement dignes d'attention : *Camuccini* (Vinc.), peintre, et *Madou*, 20 fr. — *Lethière* avec *Lewis, Leys et Madou*, 15 fr. — *Nivare*, peintre de Louis XVI, avec *Æser et Pajou*, 20 fr. — *Larive*, comédien, avec *Talma*, 25 fr. — *Fox*, 30 fr. — *Kossuth, Mazzini et Garibaldi*, 21 fr. — *Pitt* (Will.), 35 fr. — *Vincent de Paule* (saint), 200 fr. — *Carrier* (J.-B.), 30 fr. — *Desaix*, 35 fr. — *Kociusko*, 30 fr. — *Lowe* (Hudson), 30 fr. — *Nelson* (Horace), 60 fr. — *Wellington*, 45 fr. — *Kotzebue*, 20 fr. — *Krudner* (Mme de), l. a. s. *B. Kr.*, 25 fr. — *La*

Mennais, 9 lettres adressées à Mme Z. Clément, et 6 lettres aut.
dont 5 signées *F. L.*, 260 fr.

IV

Les 1er-3 décembre 1862, M. Martinus Nyjhoff, libraire à La
Haye, a fait une vente d'autographes, dont voici les principaux
avec les prix obtenus.

Lettres autographes signées. — *Charles Ier*, roi d'Angleterre,
157 fr. 50. — *Charles II*, 38 fr. 70. — *Erasme*, 157 fr. 50. —
Oldenbarnevelt, 30 fr. 10. — *Reigersberghem* (Marie de), femme
de Grotius, 66 fr. 55. — *Tromp* (Corneille), 2 lettres, 45 fr. 15 et
43 fr. — *Witt* (Cornélis de), 34 fr. 40. — *Descartes*, 81 fr. 70. —
Eugène de Savoie, 47 fr. 80. — *Laud* (Will.), 154 fr. 55. — *Locke*
(J.), 2 lettres, 130 fr. 40.—*Melanchthon* (Phil.), 131 fr. 15.

Lettres ou pièces seulement signées : Guillaume Ier, dit le Taci-
turne, 18 fr. 50. — *Charles-Quint*, 20 fr., 20 fr. 70. — *Elisabeth*,
reine d'Angleterre, 55 fr. 90. —*Jacques V*, roi d'Ecosse, 27 f. 95.
— *Witt* (Jean de), 21 fr. 50. — *Leicester* (A. Dudley, comte de),
2 lettres, 17 fr. 20 chacune, etc.

Il y a, à la fin du catalogue, plusieurs objets de curiosité, parmi
lesquels nous signalerons trois gobelets en verre du xvie siècle,
dont l'un a servi au président Viglius, pour présenter le vin
d'honneur à Charles-Quint, lors de son entrée à Utrecht, vendus
ensemble 193 fr. 50, et le portrait d'Erasme, peint par Hans
Holbein, médaillon de 10 centimètres de diamètre, vendu
1042 fr. 75.

Le 22 février 1864, il a été vendu à Leipsig un lot d'autographes comprenant le groupe des *Réformateurs*, parmi lesquels
quelques-uns fort rares.

Les principaux se sont vendus à des prix assez élevés.

Bullinger, 71 fr. — *Calvin*, 285 fr. — *Cranmer* (Thom.), 255 f.
— *Froben* (Jérôme), imprimeur, 26 fr. — *Alde Manuce*, 131 fr.
— *Opposinus*, imprimeur, 30 fr. — *Torrentinus*, imprimeur,
22 fr. 50.— *Zwingle*, 285.— *Erasme*, 132 fr. —*Hoper* (Joachim),
149 fr. — *Æcolompade*, 376. — *Reuchlin* (Jean), 162 fr.

V

Il s'est fait à Londres (finissons par l'Angleterre, par laquelle nous avons commencé) le 1ᵉʳ juin 1864 et jours suivants, par les soins de MM. Sotheby, Wilkinson et Hodge, une vente splendide, celle de la collection des manuscrits anciens, objets d'art et de curiosité, appartenant à M. Guillaume Libri. Le catalogue, de format in-4, est accompagné de quinze planches, représentant les objets les plus précieux de la collection.

Voici quelques articles précieux faisant partie de ce catalogue :

Commémoration de Madame Anne, deux foyz reine de France, duchesse de Bretagne, par Pierre Choque, roi d'armes de Bretagne, manuscrit sur vélin, en grande partie inédit, orné de 101 miniatures, parmi lesquelles plusieurs portraits de la reine et des personnages qui ont assisté à ses funérailles, 1514, in-folio. — *Article de laz Enquestas de la paz*, article de la paix faite entre les consuls d'Aurillac et l'abbaye du Saint-Géraud (manuscrit sur vélin), en dialecte auvergnat, in-folio, xiiiᵉ siècle.— *Le romanz de Troyes,* par Benoît de Sainte-Maure, poëte champenois du xiiᵉ siècle, manuscrit sur vélin de cette époque, inédit et très-précieux, mais incomplet du commencement et de la fin. *La Bible,* traduite en français, manuscrit sur vélin in-folió, avec lettres capitales enluminées, 1542, livre curieux portant cette note : « Donne-toy garde de retenir ce volume si tu le trouves « hors la maison et le couvent de Nostre-Dame des Carmes de « Monstroeul en Picardie, sur peine d'excommunication, et « d'estre éprouvé larron de nostre Dieu. Ren le et on te donnera « le vin. » *Leibnitz*, 32 lettres autog. inédites adressées au théologien Schmidt, professeur à Helmstadt, de 1697 à 1706, la plupart avec cachet. — *Léon X,* 21 pièces inédites très-intéressantes, relatives aux comptes de recettes et de dépenses de ce Pontife. dont quelques-unes se rapportent aux peintures des *Loges,* par Raphaël, 1517-1518.

Mazarin, copie de ses *lettres*, rangées par ordre chronologique, de 1647 à 1651, et préparées pour l'impression. 4 vol. in-4 [1].

Finissons, pour être complet, par l'annonce de la vente des autographes de feu M. Joseph *Radowitz*, général et homme d'Etat prussien, que fera M. Weigel, libraire à Leipsig, à partir du 20 septembre 1864.

La première partie de ce catalogue vient de paraître. Elle contient les réformateurs, les empereurs, rois, princes, hommes de guerre, hommes d'État et diplomates. Composé de 245 pages, il n'offre pas moins de 3,666 articles. La plupart des pièces ou lettres ne sont que signées. A peine en eût-on admis le quart dans un catalogue français ; mais chacun a sa manière. En Allemagne, on classe les autographes par série, et tout fait nombre dans les catalogues. En France, nous ne cataloguons pas un article s'il ne vaut pas un certain prix, ou n'a pas chance d'y atteindre.

La partie la plus intéressante de cette collection est celle des réformateurs. Elle offre des lettres autographes signées, vraiment précieuses, et nous croyons devoir citer les plus remarquables.

Erasme, 2 lett. — *Peutinguer* (Conrad). — *Trithème* (Jean), une pièce signée, et une pièce autographe signée, très-rare. — *Wympheling* (Jacques), 2 lettres. — *Arminius* (Jacques), pièce autog. signée. — *Brentius* (J.), billet. — *Brentius* (J.), le jeune. *Bucer* (Martin). — *Bugenhogen* (J.), l'ancien et le jeune, 3 lettres. — *Bullinguer* (H.).— *Calvin*, 3 lettres. — *Camerarius* (Joachim), 2 lettres et 7 pièces signées. — *Capito* (Wolfgang), 2 lettres. — *Cruciger* (André). — *Eber* (Paul). — *Flacius* (Math.), pièce aut. signée. — *Gallus* (Nicol.). — *Grinæus* (J.-J.). — *Hedio* (Gasp.).— *Huss* (Jean), fragment signé, très-rare. — *Lasco* (Jean de). — *Luther* (Martin), 2 lettres et un fragment signé. — *Melanchthon* (Phil.), 5 lettres. — *Martyr* (Pierre), 3 lett. rares.— *Pewer* (Gas-

1. Nous nous plaisons à croire que les yeux vigilants que le ministère de l'instruction publique doit avoir toujours fixés sur l'étranger, n'ont pas laissé échapper cette occasion de placer dans la *Collection des Documents inédits,* la *Correspondance de Mazarin* à côté de celle de *Richelieu.*

pard), quittance signée.— *Piscator* (J.), 2 lett.— *Sleidan* (Jean), lett. rare.— *Spalatin* (Georges).— *Viret* (P.).—*Zwingle* (Ulrich), fragment de dix lignes.

Parmi les autres articles, nous signalerons les lettres autographes suivantes : *Cochleus* (J.). — *Sadolet, Frédéric II, Henri de Prusse* (le prince), *Marie-Thérèse, Joseph II, Marie de Médicis, Louis XVIII, Charles X,* le duc et la duchesse d'*Angoulême,* la duchesse de *Berry,* le comte de *Chambord,* le duc d'*Orléans* et sa femme, la princesse *Hélène, Marie-Antoinette, Gaston d'Orléans,* les papes *Pie II, Clément VII* et *Pie IV, Radetzki, Billaud-Varenne, Camille Desmoulins, Fouquier-Tinville, Pitt* (Will), le cardinal Nicolas de *Granvelle,* etc. [1].

VI

Il ne nous reste plus qu'à tirer de ce long travail sa moralité, et comme on dit au Palais, qu'à conclure.

Si nous poussions la minutie jusqu'à donner au lecteur, sous forme de tableau, semblable à celui où la statistique constate et mesure les variations des cours publics, le prix le plus haut, le plus bas et moyen des autographes capitaux, un double enseignement en résulterait pour lui. Le premier, c'est que la mode et sa puissance atteignent tout et ne respectent rien ; le second serait la leçon de la caducité et de la fragilité des témoignages humains de la gloire. Il déplorerait, comme nous, que des hommes les plus justement immortels ou les plus incontestablement fameux, il ne reste que quelques traces épistolaires. Par quel caprice du temps ou de la fortune expliquer la rareté extraordinaire des lettres de Rabelais, Montaigne, Molière, Racine, La Fontaine, Robespierre, Danton, Marat, etc...? Comment ces écrivains qui ont rempli le monde de leur renommée, qui ont entretenu de nombreux et vastes commerces, n'ont-ils pas été exemptés du sort commun, et n'ont-ils pas échappé à l'aveugle et humiliante

1. La vente annoncée n'a pas eu lieu, cette belle collection ayant été acquise en bloc par les ordres et pour le compte du roi de Prusse.

jalousie du hasard, conservant les preuves de toutes les hontes passées, et anéantissant systématiquement ces lettres tracées par des mains illustres, où l'on se plairait tant à étudier le génie et à admirer le cœur des grands hommes? C'est en s'inclinant devant ce mystère des vicissitudes humaines, et devant ce grand exemple du peu que nous sommes, qu'il faut formuler cet axiome, si fait pour encourager l'épicurien et le sceptique :

« *Plus un homme est célèbre, plus ses lettres sont rares. Le nombre des lettres connues d'un personnage est en raison inverse de son illustration.*» Les lettres qui sont des exemples sont rares. Mais qui compterait celles, plus nombreuses que les étoiles du ciel ou les sables de la mer qui font frémir ou rougir l'humanité?

Si, par exemple, nous voulions pour quelques illustrations hors ligne, Rabelais, Montaigne, Corneille, La Fontaine, Molière, compter les lettres connues, nous en trouverions 13 pour Montaigne, un peu plus pour La Fontaine; pour Rabelais, 4, pour Molière, 4 signatures et un devis avec deux lignes autographes, dont l'authenticité fait encore schisme parmi les connaisseurs, et est controversée. Or, il en est de l'authenticité des belles pièces comme de la vertu des femmes, elle ne doit pas être soupçonnée.

Les Anglais ne sont pas plus heureux. Ils ne possèdent que quatre signatures de Shakespeare et en sont réduits à payer des prix insensés les actes où il n'est pas intervenu en personne, mais où il est seulement question de lui.

VII

A quoi faut-il attribuer cette stérilité fatale de toutes les recherches, cette absence désolante de documents autographes quand il s'agit de nos grands hommes les plus incontestables, de ceux qui sont morts en pleine gloire, à qui un caprice subit n'a pas improvisé une renommée posthume, qui ont traité presque d'égal à égal avec les rois, et ont dû écrire, pour suffire seulement à l'indispensable de leurs relations, des milliers de lettres?

Pourquoi, par exemple, n'en trouvons-nous jamais une de Molière, alors qu'il suffit de frapper du pied le moindre sol littéraire, pour en faire aussitôt sortir des légions de lettres de Voltaire?

Quelle longue liste de *desiderata* nous pourrions, à ce propos, faire cheminer tristement, comme un cortége de funérailles; que de manuscrits volés, perdus, détruits par l'ignorance et quelquefois aussi par l'aveugle et indiscrète piété des familles! Tous les héritiers n'ont pas les courageux scrupules de cette fille de Mme Roland, qui a respecté et légué intact à la Bibliothèque Impériale le manuscrit de ces *Mémoires* où sa mère parle d'elle, hors les passages à effet, les morceaux de rôle, avec une sèche et insoucieuse sévérité. Il y aurait un long chapitre, rempli de piloris moqueurs et vengeurs, à dresser, pour la punition et l'exemple de ces vandales domestiques, de ces dévots sacriléges, de ceux qui ont offert à des pudeurs ou à des susceptibilités qui feraient haïr la vertu, si elle était haïssable, le sacrifice à jamais regrettable de tant d'Œuvres inédites ou posthumes jetées aux flammes dans cette virginité innocente qui demandait en vain grâce pour elles. Que de manuscrits ainsi perdus, que de chefs-d'œuvre morts-nés par la main de bourreaux domestiques, que d'héritiers qui devaient être révoqués pour ingratitude !

Hérite-t-on de ceux qu'on assassine?

La mort des hommes célèbres est presque toujours le signal de ces visites inquisitoriales, de ces rapides spoliations, de ces holocaustes, de ces auto-da-fé parfois fort regrettables, et dont l'ordre à souvent été arraché à une conscience inquiète et prononcé d'une voix mourante par un père prodigue et trop repentant.

Nous ne citerons qu'un exemple de ces suppressions d'enfant littéraires, contre lesquelles une loi sévère devrait protéger la vieillesse timorée ou l'agonie désarmée des grands hommes, alors qu'ils croient éviter par les flammesd'un auto-da-fé volontaire les flammes de l'enfer, et qu'ils emploient à versifier les Psaumes de la pénitence, les derniers soupirs de leur muse profane.

« Il existait entre les mains de M. le marquis de C.... (*Cou-*
« *langes?*) deux volumes de lettres de Mme de Sévigné. Lorsqu'il
« se vit près de mourir, il appela auprès de lui son héritier, et il
« le força de brûler, en sa présence, ces manuscrits précieux.
« Toute représentation fut inutile. J'ai donné ma parole d'hon-
« neur, dit le marquis de C..., que cette correspondance péri-
« rait avec moi. Elle contient un grand nombre de faits et anec-
« dotes dont la publication affligerait plusieurs maisons consi-
« dérables de la Provence et du Dauphiné. Il fallut obéir, et le
« feu dévora, dans quelques instants, des lettres qui feraient les
« délices de tous les siècles. Deux de ces lettres seulement échap-
« pèrent à la surveillance du marquis de C..., je les ai eues long-
« temps, et il me serait, je crois, possible de les avoir encore à
« ma disposition. D'après les regrets que m'a souvent manifestés
« M. le comte de C..., d'avoir été obligé de remplir l'ordre de
« son cousin, j'ai lieu de croire que si celui-ci se fût contenté de
« le prescrire par testament, son héritier se serait écrié, comme
« Auguste :

> « Frangatur potius legum veneranda potestas
> Quam tot congestas, noctesque, diesque laboris
> Hauserit una dies. . . . . »

« et que son ingénieuse délicatesse lui aurait suggéré les moyens
« de pouvoir, sans offenser personne, faire pour la mémoire de
« son illustre parente, ce que firent Varius et Tucca pour celle
« de Virgile [1]. »

VIII

A ces scrupules aveugles, tardifs, intéressés, d'une fausse piété
ou d'une fausse pudeur, à ces exécutions des filiaux iconoclastes, il faut ajouter, parmi les causes de destruction qui ont privé
l'histoire politique et littéraire de tant de matériaux précieux,

1. J. Dusaulchoy, *Mosaïque historique, littéraire et politique.* (Paris, Rosa,
1818, 2 vol. in-12.)

les révolutions, leur peur inexorable et leur haine jalouse, l'ignorance et ses stupides profanations.

C'est à l'ignorance d'héritiers déchus ou d'épiciers insouciants que nous devons plus d'un trésor de la curiosité, plus d'une relique sans prix, plus d'un triomphal trophée, des collections. C'est chez un épicier de la rue Montaigne que M. Feuillet de Conches a retrouvé les lettres de Marie-Antoinette à Mme de Polignac, jetées par les fenêtres des écuries du roi, dont un Polignac était gouverneur en 1848, par un peuple ivre de sa facile victoire. Mais pour une de ces conquêtes heureuses, que de désastres secrets à jamais ignorés, que d'assassinats impunis de la pensée manuscrite, déshonorée par les plus honteux usages ou systématiquement étouffée par le feu.

Parmi les papiers célèbres, dont le recueil ne nous est certainement parvenu que mutilé et expurgé, il faut citer les papiers de Molière, de Racine, de La Fontaine [1], de Bayle, de Montesquieu, de Crébillon, de Colardeau, de Voisenon, de Gresset, de la Popelinière, de Sénac de Meilhan, de Rivarol, de Soulavie, de Danton, des Girondins, Buzot, Pétion, Barbaroux, dont il ne reste presque pas de lettres, de Marat, de Saint-Just et de bien d'autres.

Pendant la révolution, ce que la peur a fait détruire de papiers précieux par des dépositaires effrayés, depuis le portefeuille de Louis XVI confié à Mme Campan, jusqu'aux papiers de Robespierre, mutilés par Courtois, et dont les détritus ont été confisqués dans la maison de son fils, par la police de Louis XVIII, sans compter les sacrifices partiels, dont il est demeuré des

---

1. On lit, dans *l'Année littéraire* de 1757 (t. II, p. 19), une lettre de Charles Louis de La Fontaine, petit-fils du fabuliste, écrite par lui à Fréron, vers 1751 ou 1753, du comté de Foix, où l'avait appelé l'administration des biens du marquis de Bonnac, dont il était le secrétaire, et dans cette lettre le passage suivant saute aux yeux de tout curieux :

« Croyez-vous que j'eusse trouvé au pied des Pyrénées des lettres de mon « grand-père? J'en ai sur ma table quelques-unes en vers et en prose. Outre cela, « j'ai environ *cinq-cents lettres* de Racine, quarante de Mme de la Sablière, comparables à celles de Mme de Sévigné, et plus intéressantes pour le cœur; enfin des « lettres de tous les illustres du règne de Louis XIV, depuis 1676 jusqu'en 1716. » Les recherches de M. Rathery n'ont pu lui faire découvrir ce précieux trésor. (V. *l'Amateur d'Autographes* du 15 avril 1862.)

traces dans la tradition des curieux, tout cela est incommensurable et déplorable, et irréparable.

Parfois aussi, la justice, saisie de demandes rivales en revendication, met fin au débat, en adjugeant aux Archives la proie contestée. Un juge spirituel avale l'huître et laisse l'écaille aux plaideurs.

On lit par exemple, dans la *Gazette des Tribunaux* de juin 1863 :

« Des documents politiques de la plus haute importance, pro-
« venant de la succession de M. le général Savary, créé duc de
« Rovigo sous le premier empire, mort il y a plusieurs années,
« avaient été laissés par lui entre les mains de M. Michel Au-
« mont, ancien notaire à Paris, et qui, sous la Restauration, de-
« vint le dépositaire de plusieurs notabilités politiques, finan-
« cières et militaires, telles que MM. d'Argout, duc de Raguse
« et comte de Perregaux, l'ancien banquier.

« La mort récente de M. Aumont a fait découvrir toute l'im-
« portance des papiers qui lui avaient été confiés, et c'est grâce
« au zèle intelligent de M. le juge de paix du canton de Charen-
« ton, que l'État a été informé de l'importance de ces dépôts qui
« pouvaient intéresser les secrets de l'État.

« Il s'agit, en effet, des *comptes* de la police secrète dans les
« premières années du premier empire, pièces n'existant plus
« qu'en *duplicata*, les pièces originales, reçus et quittances ayant
« été détruits aux archives de l'empire, par ordre de l'impéra-
« trice Marie-Louise, en 1814, lors de son départ de Paris pour
« Blois.

« Les héritiers du duc de Rovigo ayant demandé que ces pa-
« piers leur fussent remis, M. le juge de paix du canton de Cha-
« renton, M. Chenain, en a voulu référer à M. le président du
« tribunal, qui après les avoir examinés seul dans son cabinet, en
« a ordonné le dépôt aux Archives de l'empire. »

Ab uno disce omnes.

IX

Comme fiche de consolation, ou plutôt comme nouvelle déception, la spéculation et la malignité ont fait de ces tombes violées le foyer d'occultes fabrications, de mystérieuses contrebandes, et la liste des suppositions d'enfant ou des auteurs apocryphes, n'est pas moins nombreuse que celle des auteurs mutilés et châtrés. De même, la liste des faux autographes introduits frauduleusement dans le commerce et la circulation, et dont plus d'un usurpe encore effrontément les honneurs de l'authenticité et porte sur l'oreille le vol d'une illustre paternité, n'est pas moins fournie que celle des autographes supprimés. Tout n'est pas rose, vraiment, dans le métier de curieux. Il y faut beaucoup de sang-froid et d'habileté, *l'œs triplex* d'Horace. Il marche dans un champ rempli d'ivraie et de pièces parasites, où il ne faut hasarder qu'un pied après l'autre et être sans cesse à l'affût de la fraude. Le critique littéraire a souvent de la peine à défendre sa raison des obsessions des faux *Mémoires* et des fausses *Poésies*, et à résister aux provocantes offres et aux mines perfides de ces compositions anonymes qui s'emparent de lui à l'assaut, comme le portefaix d'une malle, sollicitant et parfois prenant sa clientèle. Beaucoup obtiennent ainsi, par force ou par ruse, une introduction subreptice et un patronage spécieux dans le monde de la publicité, où circulent, à la faveur de complaisances naïves ou intéressées, plus d'un frère et plus d'une sœur des *Mémoires d'Anne de Gonzague*, des *Lettres de Ganganelli*, des *Poésies de Clotilde de Surville* et des *Souvenirs de la marquise de Créqui*.

Mais le critique amateur d'autographes a affaire à de bien autres embûches, à des piéges autrement séduisants. Le jour, ce sont des autographes méconnus ou déchus, sollicitant avec une âpreté importune une fortune et une réhabilitation que ne leur refuse pas toujours un protecteur empressé de s'en défaire. D'autres fois, ce sont de fausses lettres galantes, signées des plus grandes dames d'autrefois, qui tirent le curieux par la manche

dans l'ombre tentatrice du cabinet, ou qui, sur le trottoir de
la publicité, s'accrochent effrontément à des flâneurs qu'elles
intriguent et qui trouvent aussi plaisant ou généreux de leur
faire un sort. Il est si agréable de servir de cornac à une injuste
infortune et de savourer le plaisir d'inventer, uni au mérite de
découvrir. Qui racontera le poëme des aventures de certaines
lettres suspectes, attaquées ou défendues avec un égal acharnement, et auxquelles, à chaque vente célèbre, les incrédules
demandent leur passeport, tandis que les croyants s'indignent
de ces doutes? Ombres de Talbot, de Rabelais, de Triboulet, de
François de Sales, de Molière, de Marat, de Schiller, approchez.
Contez-nous l'odyssée de certaines vagabondes qui courent encore
le monde sous votre nom et mendient comme filles naturelles la
dot qui n'est due qu'aux filles légitimes.

L'*Amateur d'autographes*, la *Correspondance littéraire* et tous
les Recueils spéciaux ont ouvert plus d'une fois leurs colonnes à
des revendications ou à des contradictions passionnées. Et en
ce moment même, ces deux pacifiques journaux ont déployé à
leur frontispice le drapeau menaçant de la guerre.

Ici, c'est M. le bibliophile Jacob qui relève le gant que lui a
jeté M. La Bouchère. Là c'est M. Maurice Meyer, dénonçant
avec une indignation communicative et des preuves fort con-
cluantes, une supercherie italienne qui dépasse ce que les ima-
ginations françaises et les patiences allemandes ont inventé de
plus fort, et, pour nous servir d'un mot vulgaire, qui a cette éloquence que Malherbe trouvait aux tropes du Port-au-Foin et de
la place Maubert, de plus *épatant*.

Arrêtons-nous un moment à ces deux incidents et décrivons
au moins, en attendant l'issue du combat, le champ de discussion ou les champions de la dernière chevalerie vont mesurer
leur plume et entre-choquer des argumentations ou ne manquent
pas les arguments *ad hominem*.

Tant de fiel entre-t-il dans l'âme des savants?

Dans le n° du 1er juin 1864, le savant et ingénieux bibliophile
Jacob, dont quelques erreurs inévitables ne doivent pas faire
oublier les découvertes précieuses et les services sans nombre

rendus à l'érudition et à la curiosité (entre autres celui d'avoir su les plier à la polémique, et de les avoir dégrossies, déniaisées, faites coquettes, attrayantes, piquantes), — le bibliophile Jacob, disons-nous, un de ceux qui ont honoré ce titre, écrivait à M. Gabriel Charavay.

« Monsieur le directeur,

« Votre recueil a pris un véritable intérêt littéraire et histori-
« que, depuis que vous vous êtes décidé à y donner une place
« importante à la publication d'un choix de lettres inédites, que
« vous fournissent abondamment les ventes d'autographes con-
« fiées aux soins intelligents de votre frère. Les amateurs com-
« mencent à comprendre que les originaux de ces lettres ne
« perdent rien à cette publication qui leur donne un certificat
« d'authenticité, pourvu qu'ils soient bien authentiques, car le
« texte d'une pièce fabriquée par un faussaire ne supporte jamais
« un examen sérieux. C'est vous dire que je m'inscris en faux
« contre une douzaine de lettres qui ont figuré dans des ventes
« récentes. »

Grand émoi au camp d'Agramant. A qui sont ces pièces suspectes? Chaque amateur de perdre à l'instant un peu de la quiétude de son triomphe. On relit, on compare, on se gratte le front, on se tire l'oreille. Un des plus compétents et des plus riches collectionneurs de Paris, M. La Bouchère, se lève, et au nom de tous les curieux accusés de serrer ainsi précieusement des navets contre leur cœur, demande des explications à l'auteur de ce malin pétard dont l'explosion a mis tant d'illusions en déroute. Ce n'est que le 1er août que l'agresseur a répondu à cette mise en demeure catégorique du 1er juillet, en répondant qu'il répondra le 15 septembre. Nous l'engageons à faire ses vérifications en compagnie de certaines spirituelles lunettes, qui percent le faux à jour. Avec la collaboration d'une expérience consommée, consultée aujourd'hui en cette matière comme un oracle et dont l'avis fait arrêt [1], nous ne doutons pas que M. P.

1. Et il serait bien à désirer que le juge dont nous parlons nous révélât sa méthode infaillible d'investigation, et nous apprît à reconnaître les gibiers suspects qui tant de fois, mais toujours inutilement, lui ont été offerts.

Lacroix ne satisfasse à la curiosité de la galerie, et que certaines pièces *intruses* ne soient chassées des collections par ceux-là même qui sont encore prêts à les défendre. Nous souhaitons de tout notre cœur une expérience décisive et une leçon exemplaire, au moment où la contrefaçon a l'appui de la photographie et la complicité du soleil. Contre tant d'ennemis conjurés, il est bon qu'une critique exacte et inflexible comme une police procède à l'épuration des collections, et nous garde de certains chefs-d'œuvre d'imitation ou d'invention dont le commerce, encouragé par l'impunité, menace de devenir aussi prolifique que lucratif.

Quant à ce lièvre levé et rudement mené par un jeune chasseur de l'Ecole des Chartes, qui ne recule pas devant les grosses pièces, et dont le premier coup de feu nous paraît mériter un fusil d'honneur, en voici l'histoire en deux mots. Il s'agit de documents en dialecte sarde, découverts par M. le chevalier Pietro Martini, député, et acquis par la bibliothèque de Cagliari, dont *il est directeur.* Il résulterait de ces documents, publiés partiellement par M. Auguste Boullier, dans son ouvrage intitulé : *le Dialecte et les Chants populaires de la Surdaigne* [1], et dont l'apparence a fait en lui une première dupe, « que le dialecte sarde « est celui qui apparaît le premier dans le monde moderne, et « le seul qu'on puisse étudier dans une suite non interrompue « de documents depuis le *huitième siècle jusqu'à nos jours.* » Ceci distancerait, au profit des pièces sardes, et de près d'un siècle, les monuments authentiques du dialecte roman que nos savants étalent avec un pieux orgueil, et dont le plus ancien date seulement de 842.

M. Paul Meyer, dans la *Correspondance littéraire* du 25 juillet 1864 (p. 264 à 268), se livre à l'examen de ces *curiosités,* et conclut nettement « que tous les documents annoncés par M. Mar- « tini sont ceux qu'il a déjà publiés, que ceux dont la liste se « trouve aux pages 357 à 360 du livre de M. Boullier, sont de la « plus entière fausseté. »

Adhuc sub judice lis est.

1. Paris, Dentu, 1864.

Ces débats sans cesse renaissants, car la tête de
immortelle, prouvent à quels dangers a affaire le co
novice, et quel terrain semé de chausse-trapes, es
de la curiosité où nous sommes témoins de tant
amusants, de sauts, de chutes grotesques.

Une mesure préventive dont nous ne saurions trop,
recommander l'usage préservateur, c'est la publicati
dans les catalogues de vente, des principales pièces,
munication aux journaux. M. Charavay a donné l'ex
libérale et loyale initiative, dont il a été récompensé
et l'autorité. Ses catalogues tendent à devenir (
du genre, et l'historien pourra trouver dans ces
destes, qu'illustre le nom de plus d'un écrivain di
qui survivent aux enchères qu'ils ont eu pour but (
de stimuler, des matériaux utiles. Des catalogues d
ont plus d'une fois trahi le dessous des cartes d'un é
d'un homme. Ajoutons que ces divulgations, loin (
vente, lui servent au contraire, en battant le rappel (
et en enfiévrant les curieux, et que l'expérience a p
lettre publiée haussait de prix, au lieu de baisser, q
belle.

1. M. Alexandre Martin, M. Paul Lacroix, M. Leber, etc. Le pr
bien fait et digne de la bibliothèque est celui de M. Paul Lacroix
de M. Alexandre Martin, rédigé par lui et qui fixe le genre, est de

CHAPITRE SEPTIÈME

RÉSUMÉ DE L'HISTOIRE JUDICIAIRE DES AUTOGRAPHES

Le Procès de la correspondance de Benjamin Constant. — Le Procès Libri.
— Le Procès Feuillet de Conches (Lettre de Montaigne).

I

> Cet animal est très-méchant,
> Quand on l'attaque il se défend.

Le lecteur bienveillant qui nous a suivi jusqu'ici ne s'étonnera pas que nous ouvrions un chapitre à part pour la mention des luttes judiciaires dont le goût des autographes a été le motif. La curiosité a eu, elle aussi, ses grandes dates dans les fastes de la chicane. L'ardente et ombrageuse surveillance de l'État, toujours prêt à mettre la main sur ces trésors, gonflés plus d'une fois de ses dépouilles; l'avidité et la rivalité des collectionneurs acharnés après quelque belle proie, les implacables *vendetta* qui naissent quelquefois à la salle des ventes, la susceptibilité des familles, tels sont les ferments qui, chaque année, aigrissent jusqu'à l'explosion, et quelquefois jusqu'au scandale, cette passion des autographes, qui semble si pacifique de sa nature.

Parmi les procès curieux dont les curieux se souviennent, et qui font encore plus d'une fois le sujet de leurs conversations, il faut citer e procès Libri, le procès Feuillet de Conches, le procès pour interdire à Mme L. Colet, intrépide et peut-être téméraire amazone de la curiosité, la publication d'une correspondance entre Benjamin Constant et Mme de Staël.

C'est l'année 1850 qui a vu se dénouer cette triste et étrange affaire Libri, qui a abouti à la condamnation et à la flétrissure, sur un savant de premier ordre, des palmes de l'Institut. Cette longue et dramatique lutte, qui nous réserve peut-être des incidents imprévus, puisque M. Libri, condamné par contumace, peut encore se présenter devant la justice, a passionné et passionne encore par intervalles l'opinion, qui a peine à accepter, tant qu'elle n'est pas évidente, une aussi humiliante déception que celle d'un homme à la fois illustre et infâme, d'un voleur dans un savant de premier ordre. D'un autre côté, M. Libri, qui persiste à affirmer son innocence, à se représenter comme la victime d'une sorte de conspiration de la haine et de l'envie, a conservé des amis fidèles et des défenseurs éminents. Il ne nous est pas permis d'exprimer sur ce débat, qui a agité jusqu'aux graves délibérations du Sénat, un avis motivé. Si M. Libri est innocent, pourquoi, comme Rousseau, qu'il imite à la fois dans sa trop prudente retraite et dans son opiniâtre dénégation de toute culpabilité, ne vient-il pas, maintenant que les passions se sont un peu calmées, demander à la justice française sa réhabilitation? Ce sont là des questions délicates que nous ne faisons qu'indiquer, le double respect de la chose jugée et du malheur nous fermant la bouche. Le *Moniteur* des 5, 11 et 12 juin 1862 a d'ailleurs, il faut en convenir, donné à l'accusation, dans un substantiel rapport de M. le sénateur Bonjean, une autorité presque décisive, en l'absence de toute contradiction probante.

Nous sommes bien plus à l'aise pour raconter cette querelle, digne d'un nouveau Tassoni, qui a armé pendant deux ans l'un contre l'autre M. Naudet, alors administrateur général de la Bibliothèque impériale, et le spirituel et savant M. Feuillet de Conches, le maréchal de la curiosité. Je viens de feuilleter à loisir, avec un indicible intérêt, le recueil énorme de *factums*, de *notes, contre-notes, mémoires, anti-mémoires* échangés par les deux adversaires. Quelle débauche de malignité, quelle orgie d'épigrammes ! C'est le cas de répéter :

Tant de fiel entre-t-il dans l'âme des savants?

Une lettre de Montaigne, que M. Feuillet de Conches tenait de la libéralité de Lemontey, de l'Académie française, et possédait tranquillement et publiquement depuis trente ans, fut la dernière goutte qui précipita cette tempête dans un verre d'eau. M. Jubinal, qui cherchait activement noise à la Bibliothèque et à son administration, souleva avec empressement cette question de revendication, toujours grosse d'orages. La Bibliothèque (elle l'avait affirmé solennellement à plusieurs reprises), ne possédait pas le moindre autographe de « l'immortel auteur des *Essais*. » Et M. Jubinal de rire de cet insoucieux veuvage, en lui montrant dans ses recueils une fort belle lettre de Montaigne. Depuis, M. Macé en a trouvé une autre. Voilà donc la savante administration taxée d'ignorance. M. Jubinal l'accuse encore d'indifférence et redouble ses susceptibilités et ses alarmes, en lui signalant, dans le cabinet célèbre du curieux par excellence, une lettre de Montaigne, lithographiée dans la *Galerie française*, et indiquée par ce recueil comme calquée à la collection Dupuy, à la Bibliothèque. Le zèle des conservateurs, aiguillonné par cette mouche indiscrète, se réveille en sursaut. M. Haureau, placé à la tête du département des manuscrits par un hasard heureux de la révolution de 1848, enflamme M. Naudet de son ressentiment. La Bibliothèque toute entière, suivie du bataillon militant de l'École des Chartes, se met en campagne et fond sur M. Feuillet de Conches. Celui-ci se retranche en vain derrière l'inviolabilité d'une possession paisible et continue de trente années. Il invoque inutilement sa bonne foi, ses démarches réitérées, ses offres répétées de rendre le précieux autographe, si on lui prouve péremptoirement qu'il détient à son insu une dépouille du trésor national. La Bibliothèque n'écoute rien. Elle se porte à la lutte avec l'impérieux acharnement des grands corps, quand une fois ils se sont mis en mouvement. Le débat, d'abord pacifique, se passionne, s'envenime, s'irrite. D'abstrait, il devient personnel. On ne supplie plus, on exige. M. Jubinal, dans la coulisse, attise,

avec un zèle malin, le feu qu'il a allumé. D'escarmouche en escarmouche, on en arrive à la bataille rangée. L'opinion, avide
de ces savants scandales, fait galerie autour de ce tournoi improvisé. Et les champions s'élancent dans l'arène, excités par les
lazzis et les applaudissements. L'affaire est devenue un beau
procès. Pendant que les *notes* et les *factums* pleuvent de part et
d'autre comme grêle, M⁰ Marie et M⁰ Chaix-d'Est-Ange mettent
leur robe. Une instruction secrète est commencée. M. Feuillet
de Conches, poussé à bout, décoche à la Bibliothèque un mémoire rempli de faits et de preuves, bourré de malicieux pétards qui éclatent à travers les perruques effrayées. D'accusé, il
devient accusateur. Il relève et commente les contradictions et
les erreurs de ses adversaires. Il dévoile le secret de l'ardeur inquiète de M. Hauréau, le montre l'auteur d'un livre de jeunesse
intitulé *La Montagne*, apothéose passionnée, glorification para-
doxale de Robespierre, de Danton, de Marat, de Joseph Le Bon,
et de leur instrument favori, s'évertuant à effacer cette tache
sanglante sur la clef qui lui a ouvert les portes du Conservatoire.
Il salue d'un ironique coup de chapeau les bévues historiques et
littéraires de M. Naudet. Il disperse, à coups d'épigrammes, les
ardélions auxiliaires, et refroidit d'eau salée leur zèle indiscret.
Depuis les factums célèbres de Beaumarchais, les rieurs n'avaient
pas été à pareille fête. La Bibliothèque a beau accumuler, sur la
tête de l'ironique violateur de ses mystères, des nuages gros d'ana-
thèmes. La foudre elle-même ne ferait pas concurrence à cette
pétillante mousqueterie, semblable à un feu d'artifice. Impossible
d'avoir plus d'esprit, plus de verve gauloise, plus de variété et de
souplesse que ce curieux d'élite, qui se révèle polémiste de premier
ordre. L'affaire vient au tribunal de première instance, qui donne
gain de cause au hardi lutteur. La Bibliothèque fait appel, et
devant la cour d'appel, M. Feuillet de Conches perd son procès
avec tous les honneurs de la guerre. Les légères égratignures qu'il
a reçues sont depuis longtemps cicatrisées. Mais les blessures de
quelques-uns des champions de la Bibliothèque saignèrent longtemps encore. Ce n'est pas qu'elle n'ait fait sinon une belle défense, du moins une défense désespérée. Les choses sont allées
jusqu'à la demande furtive d'une visite domiciliaire chez l'homme

qui, pour résister à une prétention qu'il croit injuste, a puisé à pleines mains dans le carquois du pamphlet. On a traité de fuite une absence motivée par une mission que le ministre des affaires étrangères lui avait donnée en Allemagne. Déjà on rappelle l'incident Libri. Déjà les amis et les ennemis, moins dangereux certainement, préparent leur provision d'insinuations et de doléances empoisonnée. La vérité luit à temps, et, comme le soleil, dissipe ses obscurs blasphémateurs. M. Feuillet de Conches rend la *lettre*, mais l'*esprit* lui reste, et sa réputation s'accroît d'un triomphe auquel il n'a manqué que la consécration d'un arrêt. Cet arrêt devenu définitif, nous n'avons pas à le discuter. Nous n'avons voulu donner qu'une esquisse de cette guerre de plume où l'on trouve de si curieux et de si comiques épisodes. Aujourd'hui, ni M. Naudet ni M. Hauréau ne sont plus à la Bibliothèque impériale, dont le gouvernement a passé aux mains habiles de M. Taschereau. Celui-ci, profitant d'une expérience que son tact rendait inutile, ne semble pas disposé à continuer la fougueuse croisade entreprise contre les collections privées par ses prédécesseurs, et nous l'en félicitons sincèrement. Encore un procès comme le procès Feuillet de Conches, et la Bibliothèque serait compromise. Il est des victoires funestes. Il est aussi des défaites plus avantageuses que des victoires. Pour nous, nous aimerions mieux avoir été vaincu à la façon de M. Feuillet de Conches, qu'avoir triomphé à la façon de M. Naudet.

CHAPITRE HUITIÈME

LA FRANC-MAÇONNERIE AUTOGRAPHIQUE
LE MONDE DES COLLECTIONNEURS

Liste des principaux collectionneurs ou amateurs actuels d'autographes
en France et à l'étranger.

I

L'utilité de ce tableau ne saurait être contestée. C'est là la
conviction qui nous l'a fait entreprendre, malgré ses difficultés,
son aridité, ses lacunes inévitables, les dégoûts de la recherche
et les inconvénients de l'indiscrétion. La race des curieux est en
effet susceptible, modeste, amie de la solitude et du silence. La
volupté autographique, comme celle de l'opium ou du haschich,
est du genre narcotique. C'est le rêve, c'est la vision du passé,
c'est l'extase de la curiosité, parfois de la malignité satisfaite.
De là, l'antipathie profonde de tout vrai collectionneur pour la
foule, le bruit, la publicité. On ne goûte bien que seul, les pieds
sur les chenets, ou entre quelques amis initiés et choisis, ce plaisir mystérieux dont l'amateur, dans sa jalousie égoïste, aime a
concentrer et à savourer, et non à disperser et à partager les

intimes délices. Beaucoup apportent à leurs achats, à leurs échanges, à leurs ventes, ce goût de l'*incognito* qui est si cher à la fois à l'avare, à l'amoureux et au curieux. Cette passion d'esprit raffole des aventures secrètes, des bonnes fortunes cachées. Je connais des épicuriens raffinés en ce genre, de vrais sybarites du mystère. Vous connaissez le trait de ce Hollandais qui avait acheté un prix fou une tulipe proclamée unique, et qui écrasa dédaigneusement sous son pied un oignon de cent louis, quand son illusion s'évanouit et qu'il se découvrit un rival possesseur de la même espèce. Il y a des amateurs d'autographes capables de ce trait. On comprend donc la difficulté qu'il y a à découvrir et à trahir dans le secret d'une habitude favorite des hommes, parfaitement honorables d'ailleurs, qui dissimulent leur manie comme on cache le mal... ou le bien, et qui couvrent leurs conquêtes autographiques du manteau dont ils couvriraient des triomphes du même genre.

Ce qui a triomphé de tout scrupule, de tout découragement, c'est l'utilité qu'il y a, au point de vue de la perfection du goût des autographes, honorés aujourd'hui de sympathies hautes et illustres, que le respect seul nous fait taire, de l'extension de leur commerce, à compter les collectionneurs et les amateurs, et à les présenter ainsi publiquement les uns aux autres. De cette heureuse indiscrétion, *felix culpa*, peut sortir en effet une sorte de franc-maçonnerie de la curiosité, une sorte d'association internationale de tous les chercheurs, un commerce agréable de communications et d'échanges, et peut-être l'érection en commun de recueils utiles à l'histoire. Qui ne voudrait inscrire son nom, si modeste qu'il soit, sur la pierre d'un monument autographique formé de l'offrande de tous les collectionneurs du monde? Ce sont là des considérations qui agrandissent singulièrement le sujet, et qui nous encouragent définitivement à dresser cette *liste*, que bien des scrupules et bien des modesties, bien des ignorances de ma part, rendront volontairement ou involontairement incomplète, mais qui peut devenir, par suite d'augmentations et de rectifications, que nous sollicitons humblement de nos lecteurs, une sorte de *Livre d'or de la Curiosité*, un répertoire utile au littérateur, au statisticien, au moraliste, au commerçant spécial qui cherche des clients, aux familles qui cherchent un acquéreur, aux amateurs enfin qui cherchent des confrères.

Nous commençons donc ce travail en suppliant tous nos confrères de nous aider de leurs révélations, de concourir avec nous à grossir le nombre de ces honnêtes conspirateurs, de ces honnêtes débauchés de la curiosité, de jeter, par la poste, le nom ou la notice oubliée, à ce dénombrement qui n'est aujourd'hui que celui d'une troupe, et qui sera demain celui d'une armée, l'armée d'avant-garde de l'histoire.

Voici donc le résultat de nos renseignements personnels. Encore une fois, chers lecteurs, soyez indulgents et soyez indiscrets. Toute délation qui grossira notre liste sera bienvenue... et le dénoncé lui-même ne se plaindra pas, car il va se trouver en bonne et spirituelle compagnie.

M. DE L.

II

FRANCE

A

Adam.

André, conseiller à la Cour de Rennes.

Andrieux, à Paris.

Arnault.

Avenel, à Paris.

B

Bachelin de Florenne, libraire.

Barbier (de la bibl. du Louvre).

Barrière (F.), à Paris.

Barthélemy (Éd. de).

Baschet (Armand), à Paris.

Beauchesne (de). Archives, à Paris.

Beauchesne (de) (Conservatoire), à Paris.

Beaucourt (G. Du Fresne de), à Paris.

Bellecotte (de).

Berthoud (Henri), à Paris.

Biencourt (marquis de), Paris.

Bixio, Paris.

Blot.

Boblet (Ach.).

Boilly (Jul.), Paris.

Bonhomme (Honoré), à Paris.

Bordier (H.).

Bourdin (G.), rédacteur en chef de *l'Autographe,* à Paris.

Boutin.

Boutron-Charlard, à Paris.

Breteuil (comte Jos. de), à Paris.

Breton (E).

Brun (Ch.).

Burty (Phil.), à Paris.

C

Campardon (Émile), Archives.
Castellane (comtesse B. de).
Chaix d'Est-Ange.
Champollion-Figeac, à Fontainebleau.
Chambret (de).
Chambry, à Paris.
Charavay aîné (expert en autographes).
Charavay (Gabriel), directeur de l'*Amateur d'Autographes.*
Chasles (de l'Institut).
Chasles (Philarète).
Chassiron (Baron de), à Paris.
Chauveau, à Paris.
Chennevières Pointel (de).
Chenu (Paul).
Chéron de Villiers, à Paris.
Clément (P.), de l'Institut.
Colombey (Émile).
Colucci (G.).
Corby (Alexandre), à Nantes.
Costa de Beauregard (marquis), à Paris.
Cottenet, employé à la Ch. de commerce de Paris.
Cousin (Victor), de l'Académie française.
Croze (baron de), à Paris.
Curnier (Léonce), receveur général des finances à Évreux.

D

Dantan jeune, à Paris.
Danquin, à Paris.
Dantier (Edmond).
Danton, inspecteur général de l'Université, à Paris.
Dauban, de la Bibliothèque impériale.
Dentu (E), lib.-éditeur, à Paris.
Denis (du Var), à Paris.

Desnoiresterres, à Paris.
Didot (Ambroise-Firmin), libraire-éditeur, à Paris.
Donvé (Mme), à Marseille.
Double (Léopold), à Paris.
Drouin (F.), à Paris.
Dubois, à Paris.
Dubrunfaut, à Paris.
Dugast-Matifeux.
Duméril (Dr.).

E

Espagnac (comte d'), à Paris.

F

Faugère (Prosper), à Paris.
Feuillet de Conches (baron), à Paris.
Fillon (Benjamin), à Fontenay (Vendée).
Fitz-James (de).
Flers (marquis de), à Paris.
Fontaine (M. J.).
Fournier (Ed.).

G

Gallien (E.), *Gazette des Tribunaux.*
Gallier (Anatole de), à Grenoble.
Garinet, à Châlon-sur-Saône.
Ganay (marquis de), à Paris.
Gauthier-La-Chapelle, à Paris.
Génie, à Versailles.
Gérard, à Paris.
Gerbe.
Gilbert.
Gindre de Mancy, à Paris.
Girardot (baron de), à Nantes.
Giraud de Savines.
Goncourt (Edmond et Jules de), à Paris.
Grèze (Bascle de la), à Pau.
Guardia (biblioth. de la Faculté de Médecine), à Paris.
Guérin.

Guérin (maison Furne).
Guiffrey (G.), à Paris.
Guillemot, libraire.
Guitaut (comte de), au château
  d'Époisses (Côte d'Or).
Guizot, à Paris.

H

Hamel (Ernest), avocat.
Harmand (Troyes).
Harmand, petit-fils d'Harmand (de
  la Meuse).
Heine.
Herpin (de Metz), docteur à Paris.
Hervey (Ch.), à Paris.
Houssaye (Arsène).
Humbert-Ferrand.
Hunolstein (comte d').

I

Isle (H. de l'), à Maubeuge.
Iadier (Mlle), à Paris.

J

Jadin (Mlle), à Paris.
J. Janin.
Joliet, à Fixin, près Dijon.

L

Laborde (de), directeur général des
  Archives, à Paris.
Labouchère (de), à Paris.
Lacroix (P.), Bibliophile Jacob.
La Ferrière-Percy (comte de), à
  Paris.
Lagrange (Ernest).
La Grange (le marquis de).
Lalanne (Ludovic).
La Roche-Tulon (comte de).
Lassabathie (Mme de), à Paris.
Lasteyrie (de).
Laverdet, expert en autographes.
Le Couteulx de Canteleu (comte), à
  Étrépagny (Eure).

Lefebvre, expert en autographes.
Le Roy, à Versailes.
Lescure (de), à Paris.
Lignerolles (Raoul de).
Loiseleur, bibliothéc., à Orléans.
Lomenie (de).
Lucas (L.).
Luynes (duc de).

M

Malouet (baron).
Manoir (vicomtesse du), à Paris.
Marne, à Tours.
Matifeux (Du Gast).
Menessier.
Mignet.
Millaud.
Miller.
Monnais (E.)
Monselet (Ch.), homme de lettres,
  à Paris.
Montaiglon (de).
Montlosier (de).
Mouchy (duc de), à Paris.
Moulin, avocat.

N

Nadar.
Niel.
Noailles (duc de), de l'Académie
  française.
Noël, à Blois.
Noirmont (baron de), à Paris.

O

Ostrowski (Christian), à Paris.

P

Paris (L.).
Payan.
Payen, docteur.
Pichon (baron), à Paris.
Pointel, directeur du *Monde illustré.*
Ponceau (vicomte du).

Potier, libraire.
Potiquet.
Poulet-Malassis (A.), lib.-éditeur.
Poulizac.
Prat (marquis du), à Versailles.
Prévost (Florent), à Paris.

Q

Quinsonas (comte de), à Paris.

R

Rathery, à Paris.
Ravenel, à Paris.
Read (Ch.).
Rivarol (de), à Paris.
Rochefoucauld (La), duc de Dou-
deauville, à Paris.
Rœderer (baron), à Paris.
Rothschild (baronne de), à Paris.

S

Saffray (comte de), à Paris.
Saint-Albin (Hortensius de), à Paris.
Saint-Aulaire (marquis de), à Paris.
Sainte-Beuve (de l'Académie fran-
çaise), à Paris.
Sardou (Victorien).
Seilhac (comte de), à Seilhac (Cor-
réze).
Servois.

Sicotière (de la), à Alençon (Orne).
Sohier, à Mantes.
Soulié (Eudore), à Versailles.
Soultrait (E. de), à Mâcon.

T

Tarbé.
Tardieu (Alexandre), à Paris.
Taschereau.
Techener, lib.-éditeur, à Paris.
Teulet (Archives), à Paris.
Thiers.
Tourbey (Mme de).
Tournachon (Adrien).
Travers (Julien), à Caen.
Trémoille (prince de la), à Paris.
Tross, libraire.

V

Vatel (Ch.), avocat à Versailles.
Véron (L.).
Viel-Castel (comte de), à Paris.
Villemessant (H. de), directeur de
l'*Autographe.*
Villeneuve-Bargemont (de).
Virot (Mme).

Y

Yriarte (Ch.), rédacteur en chef
du *Monde illustré.*

III

ÉTRANGER .

A

Abeken, professeur au Gymnase
d'Osnabrück.
Abrahams, prof. à Copenhague.
Adolf W. et Ce, libraire d'antiquités, à Berlin.

Adda (le marq. d'), à Milan.
Augustin (Ch. F. Bernh.), à Hal-
berstadt.
Aumale (le duc d'), à Londres.
Antonelli (le chanoine Joseph), bi-
bliothéc. à Ferrare.

B

Back (Doct. Karl), Regierungs u. Consistorialrath, à Altenbourg.

Badeker, libraire à Coblentz.

Baer (Anton), libraire et antiquaire, à Francfort-sur-le-Mein.

Bechstein (Ludwig), bibliothéc. à Meiningen.

Beck (docteur August), archiviste à Gotha.

Beck (W.), libraire à Nordlingen.

Becker (docteur F. Gottl.), Hofrath, à Gotha.

Bendemann, à Stettin.

Bermann (Moritz), rédacteur du journal le *Courrier de Vienne*, à Vienne.

Bethge (Gustave), libraire à Berlin.

Beygang (Jul.), Raths-Actuar, à Leipzig.

Bibliothek (die offentliche) à Eutin.

Birett'sche Antiquar-Handlung (*Fidelis Butsch*), in Augsburg, handelt mit Autographen.

Bockelberg (de), à Munich.

Bork (Oberstlieutenant von), à Glogau.

Brenner-Schæffer (Dr à Regensburg.

Brockaus (Rudolph.), à Leipzig.

Buchner (Dr Wilhelm), à Eisenach, directeur du Gymnase royal.

Bussière (de la), à Namur.

Butsch (Fidelis), s. Birett'sche Antiquar-Handlung.

Borromeo (le comte Gilbert), à Milan.

C

Campe (Mme Élise), à Hambourg.

Campori (le marquis Joseph), à Modène.

Cist (L. J.), à Cincinnati.

Clauss (Gustave Mor.), consul gé-néral de Hanovre et directeur de la Banque, à Leipzig.

Cole (Robert), à Londres. 14, Tockenhouse Yard.

Collischone, à Francfort-sur-le-Mein.

Conradi (Dr Friedrich), à Goettingue.

Crusenstolpe (Baron de), à Stockholm.

Culemann (Fr.), sénateur à Hannovre.

Czernin (le comte Eugène), à Vienne.

Cossiglia (le comte de), à Turin.

D

Diederichs (V. A.), libraire à Amsterdam.

Dietrich (Dr Anto.), à Pirna.

Dielik (Gab. Mar. Théod.), professeur et directeur de l'École royale de Berlin.

Dillon (John), à Londres.

E

Engels (Ph.), Kaufmann in Kœln.

Ernest II, grand duc de Saxe-Cœbourg-Gotha.

Étienne d'Autriche, grand-duc.

F

Feist-Lévy, négociant en vin à Francfort-sur-le-Mein (Weinhændler).

Fischer (K. L.), à Prague.

Flaschar, à Berlin.

Franck-Ritter (de), professeur à l'Acad. milit. de Vienne.

Franck (Alfred de), à Gratz (Neusdadt).

Francke (Hermann), Buchhandlunggehulfe, und Geschaft v. T. O. Weigel, à Leipzig.

Friedlænder (Gottlb.), bibliothécaire à Berlin.

Fuchs (Lehrer), im rauhen Hause,
In Horn bei Hambourg.

G

Gassner, maitre de chapelle à
Carlsruhe.
Gnusé (Charles), libraire à Lüttich.
Gontard (Mme Betty), à Francfort-
sur-le-Mein.
Grans (Holschauspiel), à Weimar
Grebe (Dr August.), Stifsreceptor,
à Hildesheim.
Griepenkerl (R. E.), professeur à
Brunswick.
Grimm (de), Hofrath à Saint-Pé-
tersbourg.
Grohnert, directeur à Berlin.
Gunther (Dr J.), Litter. à Jena.
Gwinner (D^r), sénateur à Franc-
fort-sur-le-Mein.

H

Haast (J. F.), à Francfort-sur-le-
Mein. Zimmerm. n° 5.
Haser (Dr Henri), professeur de
médecine, à Greefswold.
Hagedorn (Mme), à Brême.
Hallwachs (Mme) à Darmstadt.
Hardenberg (baron de), à Vienne.
Harrys, rédacteur à Hanovre.
Hartel (Dr Herm.), à Leipzig.
Heberle (J. M.) (*Henri Lempertz*),
antiquaire et libraire, à Cœln.
Heerdegen (Fried. Schreiber), an-
tiquaire à Nuremberg.
Heine (Mme), à Paris.
Hess (J.), libraire et antiquaire, à
Ellwangen.
Hess (J. E.). Baurath in Zeitz.
Heussner (Ferd.), libraire et anti-
quaire à Bruxelles.
Heyner (C.), Buchhandlungs-Ge-
hülfe, à Leipzig.

Hirsch, conseiller de régence, à
Magdebourg.
Hirzel (Sal.), libraire à Leipzig.
Hofbiblioth. (comte Moritz Die-
trichstein), à Vienne.
Hoflich, archiviste à Fulde.
Hofmeister (E.), libraire à Ronne-
bourg.
Hohenhausen (de), conseiller de ré-
gence à Cassel.
Hollei (Carl. de), Dramat.-Dichter,
à Gratz.
Hübner (Curt.), Buchhandlungs-
Gehulfe, à Leipzig.

I

Illberg (D. H.), Gymnasiallehrer, à
Stettin.

J

Jahns (F. W.), directeur de Musée,
à Berlin.

K

Kahlert (Dr Auguste), professeur,
à Breslau.
Karsten (Mme), geb. Neuburg, à
Brême.
Kaskel (Karl), K. sachs. Kammer-
rath, consul de Suède et ban-
quier, à Dresde.
Kawaczinsky (de), Hofschauspieler,
à Gotha.
Kestner (G.), archiviste, à Hanovre.
Keyser (de), Prof. der Malerei in
Antwerpen.
Keil (D. J. C.), à Leipzig.
Korff (baron de), directeur de la
bibliothèque à St-Pétersbourg.
Kramer (J. G.), Kauffmann à Wurz-
bourg.
Krauter (D^r), secrétaire de la bi-
bliothèque à Weimar.

Krankling (K. C.), direct. du Musée historique, à Dresde.
Kreidel (Chr. Wilh.) libraire, à Wiesbaden.
Kress (baron), à Regensburg.
Kroner (G.), à Berlin.
Kugler (Franz. Théod.), professeur à Berlin.
Kühn (Karl), à Heilbronn.
Küntzel (Karl), à Heilbronn.
Küstner (Raim.), banq., à Leipzig.

L

La Tour (comte Ch. de), à Vienne.
Le Roy, Kaufmann in Coblentz.
Lieber (Mme Louise), professeur à Weimar.
Liebesking (A. H.), libr. à Leipzig.
Lippert (J.-F.), libraire et auteur, à Halle.
Liszt (Frz.), maître de chapelle Weimar.
Lommatzsch (D^r), direct. et prof., à Wittenberg.
Lœwenhaupt (comte Adam de), à Stockholm.

M

Malzen (Frech. de), à Carlsruhe
Manderstroem (Cte de), à Stockholm.
Mertens-Schaffausen (Mme Sibylle).
Metternich (Cl. Wenzesl. Nap. Loth), à Vienne.
Meyer (prince Gerold de *Knonau*), archiviste, à Zurich.
Minden, à Kœnigsberg.
Mühlenbein (D^r-m.), à Brunswick.
Müller (Adolphe), maître de chap. à Vienne.
Marbio (le chev. Ch.), à Milan.
Muoni, à Milan.

N

Nothomb (V.), Gesandter belge à Vienne.

Nijhoff (Martinus), libr. à la Haye.

O

Oertel Wilh (W. O. V. Horn), Prediger in Soberheim bei Kreuznach.
Ossolinski (comte d'), à Vienne.
Ott-Usteri, Stadtrath à Zurich.

P

Paumann (de), directeur de police, à Prague.
Pawel-Ramminghen (baron de), conseiller d'État, à Cobourg.
Petter (Frz. Xav. Gust.), à Vienne.
Pfannenberg (C. F.), Commercienrath, à Dantzig.
Pfeiffer (D^r), à Stuttgard).
Pfeufer (C.), professeur de médecine, à Munich.
Potpeschnigg (Dr Jos.), avocat, à Gratz.
Preusker (Karl), Rentamtmann, à Grossenhain.
Pertz (le D^r), à Berlin.
Pribil (D^r), à Berlin.
Puhlmann (D^r), Regimentsarth, à Postdam.
Puttick et Simpson, march. d'autographes, à Londres.

R

Rahlenbeck (Charles), consul de Saxe, à Bruxelles.
Reichel (de), à Saint-Pétersbourg.
Rossler (Dr F. E.), à Goettingue.
Roth (Fr.), Direct. der Allgem. Zeitung, à Augsbourg.
Rothschild (baron James de), à Londres.
Ruprecht (Louis), Musiklehrer, à Magdebourg.

S

Sarasin, bourgmest. à Bâle (Basel).
Schaffer (Franz Joseph), commissaire des finances, à Krems (Unterœsterreich).
Schebeck (Dr Edmond), à Prague.
Schieck (Mme Ve), à Weimar,
Schiller (Dr), à Brunswick.
Schleinitz Oberprasi. (de), à Breslau.
Schoening (de), Hofmarschall, à Berlin.
Schubert, Commissionsrath, à Dresde.
Schulz (O. A.), libraire à Leipzig.
Schulze (Charles), Kaufmann à Postdam.
Schwarz (Dr J. C. F.), profes. de théologie à Jena.
Schweitzer (Ferd.), à Trieste.
Seeger (Adolf), avocat à Stuttgard.
Serre (Mme la majoresse), à Dresde.
Sina (le baron).
Simson, professeur à Kœgnisberg.
Solger, prof. à Dresde.
Stargardt (J. A.), libraire à Berlin.
Steffens, Esq. Geo., à Copenhague.
Steinmann (C.), à Brunswick.
Strampff (de), président à Berlin.
Strass, cons. de justice, à Berlin.
Stromberg (de), à Coblentz.
Sprague (le Dr), à Albany, Amérique.
Succi (Dr Égide).

T

Timoni (Fr.), à Vienne.

Tosi (Paul Antoine), anc. libraire, à Milan.

U

Udtfert, commissaire de justice, à Berlin.
Unterberger (Fr.), Kunsthandl., à Inspruck.

V

Varnhagen V. Entsc. (Karl. Aug.), conseiller de légation à Berlin.
VICTORIA, Reine d'Angleterre.
Wagener (Th.), à Berlin.
Weigel (Rud.), libraire, à Leipzig.
Weigel (T. O.), libr., à Leipzig.
Weigelt (R.), photogr., à Breslau.
Werder (de), commissaire de régence, à Magdebourg.
Wieser (Joh. de), secrét. de la Ch. d'État, à Inspruck.
Wüstemann (Max), de la maison du grand-duc de Saxe Cobourg-Gotha.
Van Tright, libraire à Bruxelles.

Y

Yung (John), avocat, à Londres.

Z

Zayjotté (Mme), à Venise.
Zeppelin (Fréd. de), à Stuttgard.
Zeune (Richard), libraire à Berlin, Krausenst, 52.
Zirges (Wilh.), libraire à Leipszig.

CHAPITRE NEUVIÈME

LES DESIDERATA

Pétition d'un curieux à S. Exc. le Ministre de l'Instruction publique.

I

MONSIEUR LE MINISTRE,

Qu'il est heureux de pouvoir enfin louer un ministre en face, sans rougir, et qu'il est agréable de lui faire entendre des vérités utiles, avec la certitude d'être écouté et l'espoir de ne lui pas déplaire !

C'est dans ces sentiments de respectueuse sympathie, d'admiration sans remords et de confiance sans réserve que j'adresse, au nom de la grande famille des curieux, des chercheurs, des savants en chambre, au Ministre homme de lettres, à l'historien éminent devenu, sans déchoir, homme d'État, à l'administrateur hardi et conciliant à la fois qui a réuni ces deux qualités si rarement jointes, l'énergie et la patience, l'initiative et la modération, que j'adresse, dis-je, des regrets qu'il daignera, j'en suis sûr, changer en espérances, des désirs, hélas ! traditionnels, dont il fera des remercîments.

Rien n'est impossible à qui veut le bien. Il ne serait donc pas impossible, en dépit des difficultés budgétaires, des lenteurs

10

administratives, des routines bibliographiques, à M. Duruy, s'il le voulait, de porter enfin la lumière dans les ténébreux dédales de la section des manuscrits à la Bibliothèque Impériale. Quelle conquête, quelles révélations, quel cri de joie dans toute la France historique enfin mise en possession de tous ses domaines ! Je crois que le ministre qui poserait la première pierre de ce monument littéraire intitulé : *Catalogue complet des Manuscrits de la Bibliothèque Impériale de Paris, avec un inventaire analytique des fonds dépendant de la Bibliothèque de l'Arsenal, du Louvre, de l'Institut*, etc., serait tout simplement un grand ministre, ayant à jamais bien mérité de la civilisation et de la pensée.

Si l'on veut scinder la besogne, diviser la dépense, qu'on aille d'abord au plus pressé, au plus utile, au plus fécond, je veux dire le *Catalogue des Manuscrits français*.

Les Ministères passent, mais ces beaux volumes, qui attestent une noble et courageuse sollicitude pour les besoins de l'érudition, c'est-à-dire de la justice et de la vérité, ces volumes-là restent, et ils suffisent à faire un piédestal à la future statue.

Un des traits qui caractériseront un jour la figure politique et administrative de M. de Persigny, une des signatures qui lui compteront dans l'avenir, c'est le Rapport qui propose le dépouillement méthodique et l'inventaire des Archives départementales.

Votre haute intelligence, stimulée par le souvenir de vos désirs et de vos regrets de savant, alors que le fil conducteur manquait à vos recherches, et que vous demeuriez égaré dans ce labyrinthe des manuscrits aux mille voies obscures, aux mille Hermès moqueurs, — Votre haute intelligence a dû plus d'une fois s'arrêter à ce beau rêve, si digne d'un grand serviteur de la science et de l'État : « l'ordre et la lumière au département des Manuscrits ! »

Voilà un ordre, voilà une lumière, qui, comme l'ordre et la lumière à Varsovie, ne coûteront ni larmes ni honte à personne.

Oui, l'ignorance vaincue dans ses derniers asiles, le dernier vœu de Gœthe mourant : de la lumière ! de la lumière ! réalisé à jamais dans les sphères encore mystérieuses de l'histoire ; la vérité cachée ouverte à tous ; l'érudition à monopole et à privi-

léges destituée de ces domaines jaloux qu'elle dispute si opiniâ-
trément au chercheur ; le culte de l'histoire débarrassé de ces
initiations progressives, de ces étiquettes, de ces épreuves, de
ces déboires faits pour décourager les plus intrépides ; l'inac-
cessible Isis des bibliothèques débarrassée à jamais des voiles,
des bandelettes et de ses prêtres farouches, quel beau rêve !
Monsieur le Ministre, et quelle heureuse et féconde réalité, si
vous le voulez !

Et vous le voulez, j'en atteste vos ouvrages. Car vous êtes assez
heureux, Monsieur le Ministre, pour que vos ouvrages, si votre
administration leur ressemble, soient son plus bel éloge, et sa
plus sévère critique si elle la diffère. Vous le voulez, j'en atteste
le bruit actif, régulier, plein de zèle, d'espérances, de promesses, que j'entends dans cette ruche laborieuse des Archives,
dans cette Salente de l'érudition où règne un architecte si savant, si ingénieux, si intrépide, M. de La Borde.

Mais pourquoi un peu de ce bruit, de si heureux augure, qui se
fait aux Archives, ne se fait-il pas encore à la Bibliothèque, dans
ce département des manuscrits, si riche en trésors inédits, si
riche en hommes zélés, libéraux, animés de la même généreuse
impatience que le chercheur lui-même qu'ils secourent, en attendant, de leur mieux ? Qui ne connaît les travaux et l'obligeante
urbanité de MM. Paulin Paris, Léopold Delisle, Michelant ? Qui
pourrait douter d'un zèle et d'une science dont ils ont donné
tant de preuves ! Aujourd'hui que ce département n'est plus sous
le sceptre paternel mais endormant de l'excellent et regrettable
M. Hase ; aujourd'hui qu'il a échappé au danger (et même pis)
du pouvoir de M. Renan, un des hommes qui ont le plus faussé
chez nous, par l'arbitraire de la théorie et la témérité des conjectures, la religion de l'histoire et le respect de la tradition, le
moment n'est-il pas propice ?

Faut-il attendre l'achèvement, d'ailleurs prochain, du Catalogue
des imprimés : catalogue honnête, savant, utile, dont il ne faut pas
dire de mal, mais par lequel il eût été plus sage de finir ? On a
commencé par apprendre à tout homme un peu préparé ce qu'il
sait ou doit savoir. Que j'aurais préféré qu'on lui enseignât
d'abord ce qu'il ignore, ce qu'il ne peut savoir ! C'est, selon moi

et selon beaucoup d'autres, une erreur de M. Fortoul que cette inauguration d'un monument bibliographique par le sommet. La base, c'est la connaissance des manuscrits. Le livre est forcément banal. Le manuscrit est le plus souvent vierge. Il contient une part non encore pieusement profanée du génie d'un homme ou de la vérité.

Une autre considération que j'ose respectueusement soumettre à un homme qu'on peut louer, sans crainte, de ses lumières, c'est celle-ci :

Ne serait-il pas plus rationnel, au point de vue positif, pratique, des résultats, de commencer le Catalogue des manuscrits français par ceux qui intéressent le siècle le plus proche de nous, celui dont nous sommes issus, qui contient nos origines morales, nos influences philosophiques, notre expérience politique? La vérité historique est d'autant plus utile, plus efficace, que l'exemple est plus voisin de nous. Qu'on aille donc dans le passé en remontant, au lieu de ne venir à nous qu'en descendant seize siècles.

Qu'on nous donne successivement : l'inventaire des manuscrits intéressant, sous toutes ses formes, l'histoire du XVIIIe siècle, du siècle de Louis XV et du siècle de Voltaire, du siècle de Law et de Buffon, du siècle de l'Encyclopédie et de la Révolution française.

Que nous ayons enfin une histoire authentique, impartiale, définitive de ces générations d'ancêtres dont les unes ont assisté à ce beau déclin du règne de Louis XIV, se couchant dans la gloire comme le soleil dans la lumière, et dont les autres ont vu Louis XVI monter à l'échafaud. C'est par le siècle d'où sont sortis les principes nouveaux qui président aujourd'hui à l'art du gouvernement, d'où sont sortis les nouveaux droits et les nouveaux devoirs des peuples; c'est par le siècle qui contient notre tradition, notre expérience, notre leçon, qu'il y aurait, selon moi, lieu de commencer.

Et puisque je parle du XVIIIe siècle, puisque je parle de commencer, pourquoi ne devrions-nous pas à l'initiative exclusive du Ministère de l'Instruction publique, une édition complète, méthodique, éclairée par une intelligence d'historien, des *Mé-*

moires secrets, connus sous le nom de Bachaumont, et qui sont d'une si incontestable importance pour l'histoire de la littérature, des mœurs et même des institutions dans la seconde moitié du XVIIIe siècle, au moment où se précipitent la décadence monarchique et la décadence sociale?

Pourquoi, tout au moins, ne devrions-nous pas au Ministère de l'Instruction publique l'impression et la mise dans le commerce de cette *Table analytique* indispensable desdits *Mémoires de Bachaumont*, si indispensable que M. Fortoul, votre très-digne prédécesseur, en avait confié la rédaction à M. Eugène Loudun? La mission a-t-elle été remplie? Je n'en doute pas, si elle a été donnée, comme je l'ai lu imprimé. Et si le manuscrit existe, que ne l'imprime-t-on [1]?

Veuillez, Monsieur le Ministre, excuser la liberté que j'ai prise d'appeler humblement votre attention sur les remontrances et doléances des faiseurs de livres, vos administrés, autrefois vos confrères, sur leurs besoins intellectuels, leurs regrets, leurs désirs, leurs espérances. Car ils espèrent déjà, Monsieur le Ministre; ils connaissent votre zèle intrépide, votre travail infatigable, votre sollicitude universelle. Ils savent que le même homme qui a entendu le muet reproche de la pauvreté de l'instituteur rural, de la misère de l'institutrice de campagne, et a enfin fait cesser le supplice de ces fiertés humiliées, de ces mérites méconnus, de ces services souvent héroïques et qui n'atteignaient pas même, avant vous, au salaire de la domesticité; ils savent, dis-je, que ce même homme entendra le murmure des cabinets de travail et la plainte de ces réduits modestes où l'homme inconnu qui prépare peut-être ce chef-d'œuvre, ce monument national, une histoire du XVIIIe siècle, s'étonne de trouver les manuscrits historiques épars dans quatre bibliothèques, au lieu d'être concentrés à la Bibliothèque Impériale; de manquer de la lumière d'un catalogue, de trouver les portes des archives des Affaires étrangères sourdes et infranchissables, de manquer enfin de documents, de ressources et de protection.

1. Nous déchargeons M. le Ministre de cette première demande, de ce premier vœu, réalisés prochainement par l'intelligente initiative de l'éditeur de cet ouvrage, M. Gay.

Voilà des anomalies qui ne peuvent durer sous un gouvernement où le travail littéraire, « ce métier de roi, » disait avec raison Plutarque, est enfin honoré, où le Ministre de l'Instruction
publique a fait des livres qui lui survivront, et où l'Empereur,
neveu de celui qui signait Bonaparte, *de l'Institut*, se délasse, en
écrivant l'histoire d'un grand homme, des fatigues qui illustrent
la sienne.

J'ai l'honneur d'être, avec respect,

Monsieur le Ministre,

de Votre Excellence,

le très-humble, très-obéissant et très-dévoué serviteur.

M. DE LESCURE.

CHAPITRE DIXIÈME

LES DESIDERATA

Curiosités profanes et indiscrètes. — Les Autographes galants. — La collection de
portraits et d'autographes de Bussy Rabutin, de Lauzun et de Richelieu. — La
collection La Popelinière. — Le carnet de M. Hope.

I

Un mot, mais rien qu'un mot, d'un sujet qui égayera un moment ces détails tour à tour arides et amusants. Il est, dans les
déserts parfois arides de la curiosité, une oasis rafraîchissante où
le rêveur aime à se reposer. Parmi les divers genres de correspondance, celui qui jouit du privilége d'attirer toutes les impatiences, de concentrer toutes les ambitions et de faire un véritable combat, habile, ardent, implacable, de la lutte des enchères, c'est celui qui porte ce titre affriolant : *Correspondance
galante.* Il y a peu de ces billets doux qui ne soient échangés
contre des billets de banque. Nous avons vu passer successivement des billets doux d'Henri IV, des billets doux de Malherbe,
de Saint-Lambert (Vente Chalabre), de Voltaire et de Mme du
Chatelet, de Mme du Barry à lord Seymour, de Mme Roland à
Buzot. Mais il est trois chefs, trois groupes de correspondances
célèbres qui, comme le merle blanc, comme le dahlia bleu, sont
le but secret de toutes les convoitises, et qu'attend un carton

d'honneur, encore vide hélas! dans la plupart des collections célèbres.

Trois hommes, Lauzun, Bussy-Rabutin, le maréchal de Richelieu, dominent, depuis Brantôme et Tallemant des Réaux, l'histoire de la galanterie française. Tous les trois ont beaucoup aimé, beaucoup écrit, beaucoup médit. Tous les trois ont gardé sans vergogne la collection complète de leurs trophées amoureux, mèches de cheveux, portraits, lettres. Ces railleurs, ces blasés, qui considéraient en artistes, en dilettanti, l'art de tromper les femmes sensibles, ont tout classé, tout étiqueté, réservant pour les bonnes fortunes de la conversation, aux après-dîners encore joyeuses de leur automne, le souvenir et le récit de ces bonnes fortunes de ville et de cour, de théâtre et de palais. Tous ces irrésistibles Lovelace étaient doublés d'un curieux, d'un sceptique, d'un raffiné impertinent. La collection ironique des époux minautorisés par Bussy est célèbre. Il y a quelques années, un article de Jules Lecomte fit un moment espérer aux chercheurs que la collection semblable formée par Richelieu du portrait de ses jolies victimes, toutes vêtues d'un costume religieux par une dérision qui sent fort sa Régence, et célébrées dans un quatrain de Voltaire, avait été retrouvée. Là figuraient Mlle de Valois, duchesse de Modène, Mlle de Charolais, Mme d'A-verne, Mme de Parabère et mille autres trop souriantes non-naies, trop décolletées pénitentes. Nous n'avons, sur ces deux collections frivoles et originales, d'autres renseignements que ceux du temps.

La collection satirique de Bussy en son château de Chaseu, a été révélée par un vers de Boileau :

> Me mettre au rang des saints qu'a célébrés Bussy.

C'étaient des espèces d'*Heures galantes*, où figuraient, au lieu du portrait du saint de chaque jour, celui de l'un des seigneurs ou personnages connus de ce temps, atteints d'une infortune conjugale, et au bas une petite invocation en forme de prière. Ce manuscrit, qu'il eut la prudence de ne pas livrer à l'impression, avait passé des mains de l'intendant Foucault dans les mains du duc de la Vallière et fut vendu, dans le siècle dernier, avec la partie rare de son immense bibliothèque. On ignore ce qu'il est devenu.

La cassette aux poulets de Lauzun n'a pas été retrouvée, mais il n'en faut pas désespérer. On a bien retrouvé celle de Fouquet, son compagnon de Pignerol. En attendant, il se faut contenter de cet inventaire superficiel, ironique et très-affriolant de l'immortelle marquise [1].

« On a trouvé, écrit-elle à sa fille, le mercredi 23 décembre
« 1671, mille belles merveilles dans la cassette de M. de Lauzun ;
« des portraits sans compte et sans nombre ; des nudités, une
« sans tête, une autre les yeux crevés (c'est votre voisine [2]), des
« cheveux grands et petits, des étiquettes pour éviter la confu-
« fusion : à l'un, *grison* d'une telle ; à l'autre, *mousson* de la
« mère ; à l'autre, *blondin près un bon lieu*, ainsi mille gentil-
« lesses ; mais je n'en voudrais pas jurer, car vous savez comme
« on invente dans ces occasions. »

Nous sommes plus heureux pour Richelieu. Sa correspondance galante est un peu partout : A Rouen, dans la bibliothèque Leber, dans la collection de M. Feuillet de Conches, dans les papiers de Sénac de Meillan, qui devait écrire son histoire, etc. Beaucoup ont déjà été publiés à la suite de sa *Vie privée*, beaucoup de celles qu'on lui recommandait si naïvement de brûler. Les billets de Mlle de Valois et de Mlle de Charolais que, selon une *Note* manuscrite de M. Monmerqué, le dernier duc de Richelieu avait ordonné de brûler, ont échappé, au moins en partie, à cet *auto-da-fé*. Nous avons vu, entre les mains du curieux par excellence, la trop complète collection de ces lettres galantes, parfois obscènes, étrange et cynique recueil, composé à loisir par le maréchal pour l'esbattement de sa goguenarde vieillesse, où ce patriarche de la rouerie a authentiqué chaque billet *d'une mèche de cheveux scellée de ses armes !*

O ironie du hasard. Les institutions s'écroulent, les révolutions passent et, miraculeusement épargnées, ces folles feuilles pourries, ces frivoles reliques de la fragilité humaine sont épargnées et survivent à leur vent de feu.

1. Voir aussi *les Mémoires de Mademoiselle,* t. IV, p. 323 et suiv.
2. Madame de Monaco.

Mais qu'est devenue cette galerie ironique révélée par *Madame* à la date du 31 mars 1719?

« Le duc de Richelieu a fait peindre toutes ses maitresses re-
« vêtues des costumes de divers ordres religieux. Mlle de Charo-
« lais est peinte en récollette et on l'a dit parfaitement ressem-
« blante; les maréchales de Villars et d'Estrées ont l'habit de
« capucines... »

Voltaire avait vu le portrait de Mlle de Charolais. Nous avons de lui un quatrain des plus galants à cette occasion.

Comme consolation de ces *desiderata*, voilà que les indiscré-tions de la chronique et des enchères nous ont révélé les Lettres de Mme du Barry à lord Seymour (un amour platonique fleurissant en pleine corruption), et, ô leçon! ô châtiment des belles inhu-maines et des Cornéliennes superbes! les Lettres d'amour de Mme Roland à Buzot. Tout passe, a-t-on dit, et tout reste. Tout reste, même le carnet où M. Hope enregistrait minutieusement, avec le sang-froid d'un banquier et d'un médecin, les découvertes et les déceptions physiologiques de ses nuits galantes.

CHAPITRE ONZIÈME

LES DADA

I

Il nous est aussi impossible d'éluder cette question que de l'épuiser. Nous répugnons, dans un goût dont la liberté fait la force et la fantaisie le charme, à toute réglementation systématique, à toute discipline, à toute entrave, à toute tyrannie enfin de méthode et de système. Ce n'est pas que la question n'ait son importance et la solution son utilité. Mais comme celle des bibliothèques, elle n'intéresse pas à la fois le bibliothécaire et le public. Les collections privées, quoique en général hospitalières, n'ont rien de public. Le collectionneur est le maître de sa collection comme le pacha l'est de ses femmes, et s'il daigne la montrer, c'est qu'il le veut bien et qu'il consent à jouir, dans son amour-propre de possesseur, de ces coquetteries innocentes d'une maîtresse à qui l'infidélité est impossible, et qui peut avoir impunément des admirateurs. Donc, c'est au goût, à la passion, à la fantaisie de chacun à classer sa collection, à arranger son cabinet comme il l'entend. Il n'y a rien de forcé en effet comme ces arrangements qui vont, parmi les amateurs de la plus complète incurie et du désordre le plus effronté, jusqu'à la plus minutieuse, la plus commode, la plus rationnelle disposition et depuis la simplicité de l'installation flamande jusqu'aux magnificences les plus anglaises.

Cependant, dans l'intérêt même des amateurs aux prises avec les difficultés et les problèmes d'un système de classement, il n'est pas mauvais d'esquisser rapidement le tableau des systèmes divers qui, jusqu'à ce jour, se sont disputé le choix des collectionneurs. Mais nous exposerons, sans les discuter, ces méthodes diverses et nous ne ferons pas à un arrangement favori, à une distribution préférée, les honneurs de notre prédilection, en la faisant triompher sur les ruines des doctrines rivales.

Il est bon que le collectionneur connaisse les divers moyens de classer rationnellement et commodément une collection dont il doit désirer pouvoir facilement jouir et faire jouir les autres. Mais il est inutile de s'évertuer à lui démontrer que le meilleur système, par exemple, est celui qu'il ne préfère pas. Le meilleur système, en fait de classification d'autographes, est celui que l'on a choisi, parce que c'est celui où l'on trouve ou bien où l'on croit trouver la plus grande somme de jouissances intellectuelles, morales et même matérielles. Car la volupté du curieux a des côtés palpables, matériels et physiques, comme toutes les joies du cerveau qui ont, dans tout l'organisme, le reflet du rayon, l'écho frémissant de la sonnette agitée.

Ceci étant posé, voici, exposés sans artifices, au choix d'un maître qui saura bien reconnaître, comme le planteur au marché aux esclaves, le domestique qu'il lui faut; celui qui est robuste, fécond, complaisant, celui qui le servira le mieux lui et les autres. — Voici donc exposés les différents systèmes qu'on peut employer :

« Otez le souvenir de la main qui a tracé l'écriture, dit Pei« gnot, que restera-t-il? un bout de papier parfois insignifiant.
« Il ne faut donc pas songer à classer les autographes d'après
« leur contenu. Mais quel ordre adoptera-t-on? les rangera-t-on
« par époque ou par ordre alphabétique, ou d'après la dignité,
« l'état et la condition des personnages, ainsi qu'on a déjà essayé

« de le faire pour quelques collections qui ont paru dans des
« Catalogues de vente? Il n'est pas facile de résoudre ces ques-
« tions, d'autant plus qu'on en est encore au début dans cette
« nouvelle carrière ; malgré cela, nous allons essayer d'indiquer le
« mode qui nous paraîtra préférable et nous motiverons notre
« opinion.

« Dabord, quel est en général le but d'une classification? C'est
« de faciliter, autant qu'il est possible, les recherches dans une
« réunion plus ou moins nombreuse d'objets du même genre.
« Or, il nous semble qu'en fait d'autographes on ne peut guère
« admettre que deux modes de classification : Ou l'ordre chro-
« nologique par noms d'auteurs, qui paraît au premier coup
« d'œil le plus juste et le plus naturel; ou l'ordre chronologique
« par dates des pièces qui présenterait peut-être plus d'avan-
« tages. Mais pour rendre ces deux classifications aussi com-
« modes qu'utiles, il serait bon et même nécessaire de les accom-
« pagner chacune d'une table, savoir : le mode alphabétique
« d'une table chronologique, et le mode chronologique d'une
« table alphabétique. Par ce moyen, quel que soit celui de ces
« deux modes que l'on adopte, on fera de sa collection une
« espèce de monument historique régulier où l'on trouvera à
« l'instant ce qu'on peut désirer.

« Cependant ceci ne s'applique guère qu'à des collections or-
« dinaires et dont toutes les pièces sont écrites dans la même
« langue. Si l'on possède une collection considérable, composée
« d'un assez grand nombre d'autographes de gens célèbres de
« différentes nations et, par conséquent, écrits en différentes
« langues, il serait alors nécessaire de diviser sa collection gé-
« nérale en autant de collections particulières qu'on aurait de
« recueils d'autographes en langues diverses ; et ensuite chacune
« de ces collections particulières se classerait selon l'un des
« deux modes dont nous avons parlé plus haut..... »

Pour aller en bref, Peignot regarde « comme le *moins admis-
sible* le classement d'après la dignité, l'état, la condition des
personnages, quoiqu'il ait en apparence quelque chose de méthodique. » La raison qu'il en donne est qu'il doit nécessairement résulter de cet ordre, lacune dans la série des événements,

confusion dans les époques et bouleversement dans les dates.

Et Peignot donne formellement et solennellement la préférence à l'ordre chronologique.

Nous avons promis de ne pas discuter, mais nous n'avons pas promis de ne pas apprécier. Nous dirons donc que l'ordre selon la dignité, la condition, l'état du personnage, qu'il proscrit, nous paraît le meilleur, le plus commode, le plus logique et précisément par les raisons contraires à celui que Peignot invoque contre lui ; c'est-à-dire que nous voyons des avantages là où il voit des inconvénients, et des qualités là où il voit des défauts.

Et d'abord, le classement par le rang, la qualité ou la profession des personnages n'est-il pas celui qui seul peut réunir les avantages des deux autres ; le seul auquel on puisse appliquer à la fois l'ordre alphabétique et l'ordre chronologique, au moyen de tables qui nous donnent l'ordre chronologique si nous avons classé alphabétiquement, ou l'ordre alphabétique si nous avons disposé chronologiquement ? Cette faculté de compenser et de réparer, au moyen de tables placées à la fin de chaque volume ou recueil, les irrégularités alphabétiques de l'ordre chronologique ou les lacunes chronologiques de l'ordre alphabétique une fois admises, la vraie utilité, le vrai plaisir, pour le curieux qui a su borner ses désirs et se fixer un horizon, n'est-il pas de passer tour à tour aux *Rois*, aux *Reines*, aux *Ministres*, aux *Maîtresses* et aux *Conspirateurs*, aux *Philosophes*, aux *Criminels*, aux *Maniaques*, de savourer les contrastes piquants et la leçon de ces galeries si différentes, de changer d'air enfin à volonté, selon l'humeur du moment, le temps qu'il fait, les inspirations d'une bonne nuit ou d'une mauvaise garde-robe? Comptez-vous pour rien le plaisir de changer à volonté, comme d'un coup de baguette, la scène offerte à sa méditation, et selon les différents états de la digestion, d'évoquer sur le théâtre de ses souvenirs les spectacles sombres ou les spectacles joyeux de l'histoire ; les médecins ou les ecclésiastiques (quand la digestion est mauvaise), les criminels (quand on a besoin de croire que la vertu a bien ses avantages), les conspirateurs (quand on a un accès d'indépendance et qu'on rêve une Constitution meilleure que toutes les autres), les généraux (quand on est fier d'être garde national et qu'on se sent aussi le bâton de maréchal dans la giberne), les philosophes (quand on doute), les saints (quand on croit), les comédiennes (quand on veut rire et qu'on tourne à l'égrillard), les danseuses (quand on se sent entreprenant)? Pour nous, la supériorité du classement par conditions est donc dans ce privilége qu'il possède, de permettre au collecteur de varier les points de vue et de proportionner à sa situation la somme ou la nature des jouissances.

Qui ne sait d'ailleurs que chaque curieux collectionne dans un sens particulier, suit son sentier de préférence, herborise dans un champ spécial de théorie? Celui-ci collectionne l'Institut, celui-là les assemblées politiques, cet autre les savants, ou les magistrats, ou les médecins, ou les artistes, ou les poëtes. Presque tous se bornent à une période historique, à un siècle. Chaque curieux spécial formera naturellement un recueil de sa spécialité, et l'ordre alphabétique lui paraîtra alors le meilleur.

L'ordre chronologique, selon nous, n'est bon qu'aux collections de documents sur des événements, aux collections *réelles*. Mais les cabinets d'amateurs d'autographes sont presque tous des collections *personnelles*, c'est-à-dire de lettres de personnages. C'est l'homme qui y domine l'événement, parce que l'homme est plus curieux que l'événement, et que d'ailleurs il l'explique. Mais ce que nous ne voyons pas du tout, c'est, pour balancer les avantages que nous venons d'énumérer, les inconvénients qui, selon Peignot, résultent de l'ordre par conditions « lacune dans la série des événements, confusion dans les époques et bouleversement dans les dates. »

Ces inconvénients, selon nous, n'ont rien de nécessaire. C'est justement dans les séries par conditions, c'est-à-dire dans les séries limitées qu'on risque de ne pas avoir de lacunes ; et quand au bouleversement des dates et à la confusion dans les époques, ils n'existent pas si l'on classe chronologiquement. Mais si l'on classe alphabétiquement, une table finale suffit pour rétablir la logique et la suite des dates, contrariées par les exigences de l'alphabet.

Pour nous, le classement chronologique, cher à Peignot, est le classement du bibliothécaire; classement dogmatique, refrigérant, stérile, commode à qui ne veut ou ne peut pas jouir des voluptés autographiques. Le classement par conditions est celui de l'amateur qui veut et qui peut s'amuser. L'un est l'unité, l'autre la variété. L'un est la règle, l'autre la liberté. L'un est l'ordre, l'autre la fantaisie. L'un est la réalité, l'autre le roman. L'un est l'ordre du mari rangé, l'autre celui de l'amant libertin.

Voyons maintenant l'avis de M. Fontaine.

L'ordre alphabétique pur et simple, sans distinctions d'époques, de professions, lui semble, comme à nous, d'une promiscuité révoltante. Il ne convient qu'aux collections qui n'ont pas plus de lettres autographes qu'il n'y a de lettres dans l'alphabet.

La deuxième méthode, par règnes, est recommandée par M. Fontaine, comme plus logique, et comme pouvant offrir à l'imagination l'attrait de vastes systèmes historiques, qu'il peut parcourir comme on feuillette les chapitres d'un livre.

Cette méthode a en effet cet avantage et bien d'autres. Mais elle a ce double inconvénient de n'être possible que pour les grandes collections, les cabinets de premier ordre, qui sont de véritables archives privées, et d'être complétement incompatible avec ces collections moyennes qui représentent pour l'homme de goût peu fortuné, le curieux modeste, un petit monde de *derrière* où il se console, où il oublie les injustices du sort. Ce serait les lui rappeler d'une façon humiliante que de lui imposer un ordre qui dénonce inévitablement toutes les lacunes et qui fait sentir cruellement sa pauvreté à l'amateur découragé, dont la collection ainsi disposée ressemble à un désert de désirs et de regrets stériles, où percent à peine de temps en temps, comme des palmiers dans les sables, quelques belles trouvailles, quelques vœux satisfaits.

A cette seconde méthode, dont le guide sûr est l'*Abrégé chronologique* du président Hénault, continué par Walkenaer ou Michaud, on peut substituer le classement par siècles, qui dissimule un peu plus les déceptions et les vides.

Mais la manière la plus commode, la plus agréable de passer sa revue de papiers célèbres, c'est de les ranger par nature de professions ou de célébrité.

Cette méthode est la plus rationnelle, car elle appuie son classement sur ce qui fait le fond même du goût et de la curiosité des autographes, la célébrité, puisque c'est la célébrité du personnage qui nous rend cher jusqu'aux moindres vestiges de sa main, quel que soit le genre de célébrité qu'il a obtenu, depuis le sublime jusqu'au ridicule, qui lui fixe une place. C'est la Renommée qui sera le maître des cérémonnies de notre collection et qui y distribuera les rangs, que cette collection soit bornée aux ancêtres illustres, aux devanciers glorieux dans toutes les carrières, ou seulement à ceux, et c'est là le cas le plus fréquent, qui ont honoré la profession que nous nous efforçons d'honorer à notre tour.

M. Fontaine, qui semble incliner aussi pour ce mode de classement, cher au véritable amateur, indique en détail sa méthode et donne sa table des divisions. Nous nous bornerons aux chapitres, c'est-à-dire aux clefs de voûte de l'édifice, aux têtes de colonne de l'armée illustre :

Chapitre Ier. Maisons Souveraines.
Chapitre II. Guerriers.
Chapitre III. Magistrats et Législateurs.
Chapitre IV. Femmes célèbres.
Chapitre V. Clergé.
Chapitre VI. République des lettres.
Chapitre VII. Mélanges.

Pour terminer, nous qui préférons les hommes aux livres et la pratique à la théorie, nous donnerons à nos lecteurs le système complet de classement qui a servi au baron de Trémont, un curieux célèbre. Nous ne savons pas si sa méthode est la meilleure, quoiqu'elle nous semble approcher de la perfection, mais ce que nous savons, c'est qu'elle a été essayée et expérimentée par un véritable amateur, par un artiste en curiosité, qu'elle a fait la guerre, qu'elle a *vu le feu*, et qu'elle se présente à nous consacrée par ce long service, par ce fidèle concours, et, pour ainsi dire, honorée des chevrons de la vétérance. Si elle a pu procurer à ce dilettante émérite de douces émotions et lui permettre de goûter, dans toute sa plénitude, la volupté autographique, c'est qu'elle est bonne, ingénieuse, complaisante, commode, ainsi que doit l'être la compagne de la solitude, de la maladie ou de la retraite.

Voici, d'après ses manuscrits, que nous a libéralement communiqués M. A. Laverdet, auquel nous offrons de nouveau, pour ce service, nos plus vifs remercîments, le système du baron de Trémont.

« Avec une collection d'environ cinq mille autographes, *dont* « *je passe journellement quelques-uns en revue*, il m'était essentiel « de trouver un classement qui me donnât le moyen de mettre « immédiatement la main sur celui que je voulais voir. J'y suis « parvenu après plusieurs essais. Le premier a été l'ordre alpha- « bétique général adopté pour les catalogues de ventes pu- « bliques. Mais ces catalogues contenant rarement plus de six « cents numéros, j'ai dû y renoncer, le mien s'élevant à plu- « sieurs milliers. Cela produisait une confusion de noms sem- « blables et nécessitait de joindre à chacun des détails explicatifs, « indispensables pour les ventes, mais superflus dans une col- « lection particulière.

« Le mode le plus simple et le plus clair m'a paru être le « classement par *carrières* ou *fonctions*. Je les ai partagées en « dix divisions, que j'ai ensuite subdivisées autant de fois qu'il le « fallait pour simplifier les recherches. L'ordre alphabétique est « suivi dans chacune de ces subdivisions, mais il n'a pu l'être que « pour la première lettre du nom seulement, en raison des ad- « ditions successives faites à la collection.

« L'ordre chronologique et la hiérarchie de grades et fonctions « m'ayant offert de la confusion pour les fonctionnaires de « l'ordre civil et les hommes d'épée, j'ai adopté leur classifica- « tion par titre de noblesse avec une subdivision pour ceux qui « ne sont pas titrés [1]. Les guerriers illustres des siècles anté- « rieurs, sans titres nobiliaires, sont placés parmi les chevaliers. « J'ai procédé de même à l'égard des seigneurs anglais qui n'ont

---

1. Ceci nous semble quelque peu puéril. Mais où est le système qui n'a pas sa marotte? Celle-là est innocente et rappellera seulement le *dada* d'un collection- neur à blason.

« que le titre de lord, sans autre qualification également pour
« les titres de *right honourable* et *honourable*.

« J'ai suivi le même plan à l'égard des femmes célèbres (nom
« de familles souveraines) qui n'appartiennent ni à la littérature
« ni aux beaux arts[1].

« On tient souvent à avoir plusieurs autographes de personnes
« qui ont occupé d'importantes fonctions publiques, en même
« temps qu'elles se distinguaient dans les lettres ou dans les
« sciences. Ma classification donne une place spéciale à chacun
« de leurs autographes.

« Les divisions des savants et des littérateurs ont chacune sept
« subdivisions, les arts du dessin quatre, la musique deux, le
« théâtre quatre. Toute incertitude est donc évitée. Ainsi, par
« exemple, on trouvera dans ce *Catalogue* des lettres de Voltaire
« aux auteurs *polygraphes*, aux *poëtes*, aux *historiens*, aux *roman-*
« *ciers*. M. de Lamartine sera produit comme *polygraphe*, *histo-*
« *rien*, *voyageur* et comme fonctionnaire public [2].

« L'armée offre des exemples de soldats arrivés aux grades les
« plus élevés. Ainsi, les autographes du maréchal Ney seront
« placés, l'un, comme prince de la Moskowa, l'autre, parmi les
« officiers de la République, non titrés.

« Un seul autographe d'un homme qui a suivi plusieurs car-
« rières, est placé dans celle où son mérite a été le plus grand
« et dont le public conserve le mieux le souvenir. Ainsi, *G. Cu-*
« *vier*, *Lacépède*, *La Place*, *Arago*, etc., seront mis parmi les
« *savants* et non avec les fonctionnaires de l'État. Quoique *Laclos*
« ait été général d'artillerie, les *Liaisons dangereuses* le placent
« parmi les *romanciers*. Louvet sera oublié comme conventionnel,
« qu'on se rappellera l'auteur de *Faublas*. On se soucie peu que
« lord Chesterfield ait été vice-roi d'Irlande et ambassadeur, et
« on lit avec plaisir les quatre volumes de *Lettres à son fils*.

« Quant aux ecclésiastiques, quoique *Bossuet*, *Fénelon*, etc.,

1. Où le baron de Trémont voit avec raison une noblesse.

2. Ceci est un abus de classification. Pourquoi partager ainsi, écarteler le corps
des poëtes? *Disjecti membra poetæ*. Pour nous, nous aurions laissé Voltaire et
Lamartine tout d'une pièce.

« soient des écrivains illustres, j'ai opté pour les mettre dans
« l'Église, à laquelle ils appartiennent avant tout.

« Les abbés du XVIIIe siècle qui n'avaient que les *bénéfices* de
« leur état sans en exercer les fonctions, tels que *Prévost, Millot,*
« *Voisenon, Delille*, sont classés parmi les littérateurs.

DIVISIONS DU CATALOGUE.

Première Division.

Cinq subdivisions.

Souverains et leurs familles.

1° Rois, Reines et Régentes de France.
2° Familles des Rois de France.
3° Napoléon et sa Famille.
4° Souverains Étrangers.
5° Familles de Souveraines Étrangères.

Deuxième Division.

Cinq subdivisions.

1° Papes.
2° Cardinaux.
3° Archevêques.
4° Évêques.
5° Clergé inférieur (Curés, Ordres religieux, Abbés, etc.).

Troisième Division.

Sept subdivisions.

Fonctionnaires de l'Ordre civil.

1° Ducs.
2° Princes.
3° Marquis.
4° Comtes.
5° Vicomtes.
6° Barons.

7° Chevaliers (anciennes dénominations et lords sans autres titres).

QUATRIÈME DIVISION.

Huit subdivisions.

Armée de terre et de mer.

1° Ducs.
2° Princes.
3° Marquis.
4° Comtes.
5° Vicomtes.
6° Barons.
7° Chevaliers (anciennes dénominations et lords sans autres titres).
8° Généraux et officiers sans titres nobiliaires.

CINQUIÈME DIVISION.

Sept subdivisions.

Savants.

1° Jurisconsultes, Publicistes, Légistes (Écrivains), Orateurs du barreau.
2° Antiquaires, Archéologues, Orientalistes et Hellénistes, Philologues et Grammairiens, Savants commentateurs, Géographes, Numismates, Érudition classique.
3° Mathématiciens, Géomètres et Astronomes.
4° Physiciens, Chimistes, Aéronautes.
5° Naturalistes, Géologistes, Zoologistes, Botanistes, Minéralogistes, Voyageurs dans un but scientifique, Colonisateurs.
6° Économistes, Agronomes, Statisticiens et Mathématiciens.
7° Médecins, Chirurgiens et Anatomistes.

SIXIÈME DIVISION.

Sept subdivisions.

Littérateurs.

1° Auteurs polygraphes (ou ayant écrit sur des matières diverses).

2° Poëtes, Auteurs dramatiques, Fabulistes, Chansonniers.

3° Historiens, Mémoires et Biographies.

4° Moralistes, Écrivains sur des matières religieuses (Laïques), Philosophes, Philanthropes, Idéologues, Métaphysiciens, Matières gouvernementales, Politiques, Administration publique, Commerce et Industrie, Traités et Négociations, Diplomatie, Éducation.

5° Romanciers, Romans, Contes moraux et fantastiques, Voyages imaginaires.

6° Littérature générale, Mélanges, Critiques et Professorat littéraire, Commentateurs, Annotateurs et Glossateurs, Littérature périodique, Revues, etc., Voyageurs, Touristes, Épistolaires.

7° Littérature spéciale, Ouvrages sur l'éducation, l'Enseignement et l'Instruction publique, sur la Marine, la Navigation, l'Art militaire, les Beaux-Arts (Art du Dessin et Musique), l'Art dramatique (action et débit théâtral), la Gymnastique (Danse, Escrime, Équitation, etc.).

Septième Division.

Sept subdivisions.

Beaux-Arts.

§ I. Art du Dessin.

1° Architectes et Ingénieurs.

2° Peintres, Dessinateurs et Lithographes.

3° Sculpteurs, Statuaires, Ciseleurs sur métaux.

4° Graveurs, Burin, Aqua-tinta, Médailles, Pierres fines.

§ II. Musique.

1° Compositeurs de Musique vocale et dramatique.

2° Habiles Instrumentistes et Compositeurs.

3° Habiles Chanteurs et Cantatrices non au théâtre.

Huitième Division.

Quatre subdivisions.

Théâtre.

Auteurs Dramatiques.

1° Comédie et Tragédie française et étrangère.
2° Opéra français et étranger.
3° Vaudeville, Mélodrames, Petits Théâtres.
4° Danse, Pantomime, Gymnastique, Prestidigitation.

Neuvième Division.

Cinq subdivisions.

Célébrités diverses (Hommes),

Non comprises dans les précédentes divisions.

1° Grands Industriels, Mécaniciens, Industries, Typographes.
2° Financiers, Banquiers, Traitants.
3° Criminels et Condamnés.
4° Célébrités diverses, Pièces et Documents historiques.
5° Autographes comiques (Originaux et Copies).

Dixième Division.

Sept subdivisions.

Célébrités Féminines

N'appartenant pas à la Littérature ou aux Arts.

(Sauf quelques exceptions d'Autographes doubles).

1° Duchesses.
2° Princesses.
3° Marquises.
4° Comtesses.
5° Vicomtesses.
6° Baronnes.
7° Femmes non titrées.

« Le Catalogue est divisé en cinq colonnes. La première con-
« tient : 1° Le nom du personnage et sa qualité ; 2° La trans-
« cription ou la traduction indiquée de sa lettre quand il y en a
« une ; 3° Le signe + indiquant qu'à la pièce est jointe une No-
« tice ou des éclaircissements sur les personnages ; 4° Les lettres
« *L. S.* ou *A. S.* signifient que la lettre ou la pièce n'est que
« *signée ;* 5° Celles *P. S.* et *Cf* qu'à la signature est joint le *com-*
« *plément* ou *suscription ;* 6° Toutes les fois que ces lettres *P. S.*
« n'y sont pas, la lettre ou pièce est entièrement autographe ;
« 7° Lorsqu'il y a plus d'une lettre ou pièce, le nombre est indi-
« qué ; 8° Il en est de même des portraits marqués *P.* et des
« petites estampes ou sujets gravés, ainsi que des dessins pour les
« peintres.

« La 2ᵉ colonne indique la date de la pièce.

« La 3ᵉ celle de la naissance du personnage.

« La 4ᵉ celle de sa mort.

« La 5ᵉ est pour me rappeler l'origine de la pièce. Ce n'est qu'un
    souvenir personnel.

« Chacun de ces autographes est, pour sa conservation, collé à
« onglet dans une chemise ou enveloppe sur le dos de laquelle est
« inscrit : le *siècle* auquel il appartient ; la *division* dans laquelle il
« est classé ; l'année de la *naissance* et de la *mort* (s'il n'existe plus)
« du personnage. Plus une indication succincte des principaux
« actes de sa vie et de ses ouvrages, s'il est littérateur ou savant.

« On y a joint les notices d'un format convenable qu'on a pu se
« procurer de l'*Iconographie instructive,* du *Plutarque Français,*
« et pour les modernes, de la *Galerie de la presse* et de la *Galerie*
« *théâtrale.* Plus des articles détachés, soit critiques soit nécrolo-
« giques de divers journaux.

« Les portraits ajoutant beaucoup à l'intérêt, ceux qu'on a pu
« trouver ne dépassant pas le format des chemises ont été annexés,
« quelquefois même il y en a plusieurs. Ceux tirés de la *Galerie*
« *de Versailles* ont été préférés comme plus authentiques.

« On a parfois ajouté des sujets gravés, représentant un épisode

« de la vie du personnage. C'est pour les grands personnages
« historiques une addition à l'intérêt de leurs portraits.

« Cette collection est riche en peintres. C'est accroître nota-
« blement le prix attaché à leurs lettres que d'y joindre un
« dessin ou croquis original, ce qui est surtout facile pour les
« peintres contemporains. »

CHAPITRE DOUZIÈME

UN BON EXEMPLE

Idée d'une Collection d'Autographes. — La Collection d'Autographes du baron de Trémont. — Un plaisir pendant dix ans pour trois mille francs. — Une bonne affaire et une bonne action. — Voyage à travers cinq mille autographes.

I.

Après le précepte, l'exemple. Nous voulons donner, d'après ses propres notes, pour ceux qui n'ont pas les divers catalogues des ventes qui portent son nom ou se soucient peu de les feuilleter, un aperçu de la collection que le baron de Trémont, ancien conseiller d'État, ancien préfet, ancien auditeur de cette forte et souple race qui compte tant d'hommes d'esprit, demeurés spirituels sinon inflexibles sous tous les règnes, MM. de Trémont, d'Estourmel, Rœderer, etc., avait pu créer, non sans frais, mais non sans plaisir, et même non sans profit, d'après les principes dont il nous a lui-même exposé le symbole.

Le lecteur y verra ce que c'est qu'une Collection d'Autographes bien composée et bien disposée, et quel genre de jouissances on y peut goûter.

Il apprendra aussi, et c'est par cette moralité prosaïque, par cette pratique conclusion que nous voulons finir, qu'une Collection d'Autographes peut être à la fois une agréable et instructive récréation, une bonne affaire et une bonne action, lorsque, comme le baron de Trémont, on en consacre le produit à des fondations philanthropiques.

Il résulte de ses comptes, minutieusement et admirablement tenus, « qu'il ne jetait pas son argent par les fenêtres et ne fai-
« sait aucune dépense, surtout celles d'autographes, qu'il regar-
« dait comme un placement pour ses si intéressants légataires,
« qu'après avoir calculé le prix qu'on pourrait en tirer après sa
« mort. Les résultats ont complétement justifié ses prévisions.
« Les quarante ventes ont produit, y compris les 5 p. 100 payés par
« les acquéreurs en sus du prix principal, 46,192 fr. 95 cent., et
« ses achats, qu'on a pu constater rigoureusement (il tenait
« compte même d'un portrait de dix centimes), s'étaient
« élevés à 33,738 fr. 75 cent. Ainsi donc, la vente a produit
» 12,454 fr. 20 cent. de plus que le prix d'acquisition.

« Mais pour arriver à ce résultat, il a fallu nécessairement su-
« bir des frais considérables, tous indispensables et prévus par
« le bienfaisant collecteur. En première ligne se trouvent ceux
« d'impression des catalogues (tirés à 800 exemplaires) et d'af-
« franchissement par toute l'Europe : ils ont dépassé 5,500 fr.
« Plus les honoraires des commissaires-priseurs, ceux de rédac-
« tion des catalogues et expertise, de déclaration de vente, d'en-
« registrement, d'annonces judiciaires et d'insertions extraordi-
« naires dans les journaux ; d'affiches, d'affichage et de procès-
« verbal ; d'appositions d'affiches, de salle de vente, etc. Or, en
« déduisant de cette somme les 12,454 fr. 20 cent. que la vente
« a produits en plus des prix d'acquisition, M. de Trémont se
« trouve avoir dépensé 3,009 fr. 20 cent. pour ses menus plaisirs
« pendant *dix années*, et cela en ne tenant pas compte des
« 30,729 fr. 05 cent. qui rentrent net dans la caisse de ses muni-
« ficences gratuites ; non plus que de ce que lui ont procuré de
« douces jouissances, d'utiles délassements, pendant les dix der-
« nières années de sa vie, ces soins de tous les jours, de tous les
« instants pour la formation d'une si belle et si intéressante
« collection [1] »

Ab uno disce omnes.

1. A Laverdet. Préface du Catalogue d'une belle collection de lettres auto-graphes (31 janvier 1854 et jours suivants). — 1854. P. XIII.

EXCURSION

DANS LA COLLECTION D'AUTOGRAPHES DE M. DE TRÉMONT

Cette collection, l'une des principales de Paris, se composait d'environ 6,000 pièces. Elle embrasse toutes les carrières. Son classement évite la lenteur des recherches et permet de trouver à l'instant même l'autographe que l'on veut voir. Sur la *chemise* de chacun d'eux est une notice de 10 à 15 lignes, suffisante pour indiquer les faits et dates remarquables de la vie du personnage. Elle contient en outre un ou plusieurs portraits et des notices ou relations imprimées propres à donner plus de détails sur les actes ou les ouvrages de l'individu.

Nous nous bornerons à dire que cette collection contient toutes les célébrités que le temps, les ventes et les recherches particulières ont permis de se procurer, et qu'il y entre beaucoup de pièces rares et d'une parfaite conservation. Citons seulement la très-rare signature de Shakespeare tirée de la belle collection du révérend Cotton, aumônier de Newgate à Londres.

Notre but, dans l'examen que nous allons faire, est tout autre que la valeur de la collection de M. de Trémont. Nous laissons aussi de côté la satisfaction de posséder ce qu'on a seul : celle d'avoir pu y consacrer un capital plus ou moins considérable, ce qui n'est que le plaisir de l'amour propre. Nous passerons même sur la valeur *intellectuelle* des documents historiques dus à de grandes célébrités. Notre désir est de montrer l'un des principaux motifs d'intérêt et l'une des plus importantes ressources qu'offrent les collections à l'amateur éclairé. Nous le trouvons dans ce que nous considérons comme la partie *philosophique* de certains autographes. Ils fournissent abondamment à ce que l'intelligence méditative recherche le plus, c'est-à-dire l'occasion de réfléchir, de sonder le caractère humain, d'en tirer des inductions et de se livrer à ces nombreux et intéressants rapprochements que les moralistes anglais nomment *association of ideas*.

Et le plus souvent ce ne sont pas les pièces les plus rares qui ouvrent cette source féconde. En général elles appartiennent presque exclusivement soit à une époque ou à un fait historique, soit à un sujet scientifique, littéraire ou artistique. Mais c'est ordinairement dans un écrit en apparence de peu d'importance, dans quelques lignes de communication intime que se décèle ou se trahit le véritable caractère de l'écrivain et qu'il trace lui-même son portrait beaucoup plus ressemblant que ses biographes n'ont pu le peindre.

Ces investigations joignent à leur partie sérieuse et morale une autre qui va au cœur et attendrit lorsque le malheur frappe un être intéressant. Enfin, il y a aussi des lettres fort piquantes par la singularité, l'originalité ou les écarts qu'elles contiennent.

Il n'y a pas de collection un peu complète qui n'offre ces moyens d'observation.

Remarquons encore que l'amateur zélé apporte à l'examen de la sienne un reflet *d'imagination*, un *idéal* qui devient une véritable jouissance. Par exemple, l'autographe d'un saint est pour lui bien plus qu'une relique ; un fragment d'os de saint Vincent de Paul ou de saint François de Sales ne présente qu'un peu de carbonate de chaux, tandis qu'une lettre est à la fois le corps, par la main qui écrit, et la pensée par ce qu'elle exprime. Ajoutons qu'en s'isolant un moment du temps ou l'on vit et en s'identifiant à l'époque du personnage, on se croit son contemporain et il semble qu'il vienne de tracer l'écrit qu'on a sous les yeux. C'est un rêve intéressant dont la vue paraît garantir la réalité.

Quelques citations puisées dans la collection de M. de Trémont me serviront à appuyer ces observations, qui me paraissent devoir être approuvées par tous les esprits réfléchis. Il n'a pas paru nécessaire de les ranger dans un ordre méthodique.

Une lettre de Mme de Maintenon à son ami le maréchal de Noailles lui donne les nouvelles de la cour et des événements politiques, puis elle ajoute : « Je vous écris de ma maison de « ville (à Versailles) que j'ai changée, de cabaret qu'elle était, en « basse-cour où j'ay une vache, une truye, six cochons, un « agneau, trois poules avec leurs poulets, quatre canetons dans « un baquet..... *Voilà mes plaisirs présens !... »*

Quel frappant commentaire d'une ambition satisfaite et d'une
fortune inespérée, qui ne peuvent garantir de la plus triste des
maladies, *l'ennui !*

Le cardinal Dubois tenait un journal exact de tout ce qui lui
était personnel. On y trouve à la date du 28 juillet 1720 : « On a
« lû aujourd'hui (chez le Régent) une lettre du roi de Prusse à
« Salentin, dans laquelle il lui marque que je suis un ministre
« sans expérience, négligent, qui reçoit de l'argent de l'Angle-
« terre et d'autres puissances, et entre les mains de qui les inté-
« rêts de la France ne peuvent que mal aller. »

Qui peut mieux caractériser le cynisme de Dubois que de lui
voir consigner dans son propre *journal* de telles vérités ? C'est
avoir toute honte bue *avec soi-même.*

Lorsque Fénelon fut chargé de l'éducation du duc de Bourgogne, l'enfant était d'une malpropreté dont on n'avait pu le
corriger. Le grand homme ne dédaigna pas de s'y vouer, quoique
tout autre instituteur en eût laissé la tâche à des sous-ordres. Il
lui décrit dans un conte l'horreur que les habitants d'une certaine île ont pour la saleté, et il termine ainsi : « Quelques petits
« enfants mangeaient à la dérobée les ordures de leur nez, et
« quand on découvrait une si horrible saleté, *on les tenoit pen-*
« *dant huit jours la tête en bas sur une chaise percée.* »

Les deux volumes du cardinal de Bausset ne contiennent rien
qui fasse mieux apprécier le sentiment du devoir, chez l'auteur
de *Télémaque,* que ce conte sur *une chaise percée.*

Le prince, devenu homme, conserva son instituteur pour
guide ; il le pria de lui faire la minute de la lettre par laquelle
il remerciait le pape des dispenses envoyées pour son mariage
avec sa cousine.

Au lieu de parler d'une belle et longue lettre de Bayard à
Louis XII, nous préférons donner l'extrait suivant de celle écrite
à son *bon amy,* le baron d'Alègre, gouverneur du duché de
Milan : « Je vous envoye trois archers qui ont été prins prison-
« niers par le capitaine Laforest, dans une taverne où ils joyoient

. « et gaudissoient avec des filles de joye, et s'étoient délibérés de
« passer aux ennemis. » Etc.

On aime ce langage naïf du chevalier sans reproche, qui n'a
jamais encouru celui de *gaudir* avec des filles de joye.

Un général de la République écrit à son camarade Kléber, le
18 vendémiaire an iv, la veille d'une bataille : « Nous sommes
« décidés à faire charger tout le monde, *jusqu'à nos marmitons.* »

Ce simple soldat en 1781, et caporal huit ans après, a porté
vingt-six ans la couronne de Suède et, ce qui est plus surpre-
nant, l'a transmise paisiblement à son fils.

Un modeste lieutenant prie le ministre de la Guerre de témoigner sa reconnaissance au « Directoire, de l'*honneur* qu'il a
« bien voulu lui faire de le nommer capitaine (en l'an v). » — En
1804 , il était grand connétable de l'Empire, et en 1806 roi de
Hollande. Le plus beau trait de son règne est d'avoir abdiqué
lorsqu'il vit l'impossibilité de faire le bien selon son cœur.

L'immense fortune créée par le génie commercial de Jacques
Cœur excite la cupidité des courtisans qui veulent se partager ses
dépouilles. Sur leurs fausses et odieuses accusations, il leur est
livré, emprisonné par eux et forcé de lutter pour sa vie contre
les coups qu'ils lui portent.

Renonçant à l'assommer, ils conviennent de l'empoisonner :
« Duquel (écrit-il à son neveu, son fils adoptif), m'a esté baillé
« secrètement advis..... lequel breuvage ay faint boire, ay l'ay pu
« jeter, et depuis me suis faint malade..... Pour ce que dedans
« six jours en debvois mourir et ne est plus possible que dure
« ceste faintise plus de cinq jours après quoy..... Et pour Dieu,
« cher fils, hastez-vous me venyr en ayde, où ne me trouveray
« vivant. » Etc.

Cette lettre put heureusement parvenir à sa destination et le
malheureux échappa à ses bourreaux; mais quelles durent être
ses angoisses pendant ces cinq jours !.....

Tache ineffaçable au caractère pusillanime de Charles VII, in-

grat envers Jeanne d'Arc, ingrat envers Jacques Cœur, qui contri-
bua puissamment à conserver sa couronne en lui prêtant géné-
reusement 200,000 écus d'or. Voilà un moyen expéditif de payer
sa dette.

Reposons-nous avec un autographe de la reine Pomaré. Elle
sait écrire, Pritchard a soigné son éducation ; elle aime le luxe
de l'Europe et surtout le vin de Champagne ; mais, pour autant,
elle paraît ne pas négliger les détails du ménage, semblable en
cela aux reines des temps héroïques. Elle écrit donc à l'un de
ses fermiers, en langue taïtienne : « Loubère, salut à toi !
« Pourras-tu me donner deux sacs de froment pour la nourriture
« de mes chevaux? C'est tout ce que j'ai à te dire. Salut à toi. »

Pomaré. V. Lrü (reine).

Nouvelle Andromaque, à laquelle Pritchard a tenu lieu
d'Hector.

Un grand ministre, un des bienfaiteurs de la France, l'auteur
des *Économies royales*, donne l'exemple par sa propre économie.
Le compte autographe de deux ans et demi des recettes et dépenses de Sully (six derniers mois de 1606 et des années 1607
et 1608) est si exactement détaillé qu'on y voit : « Achapt de
« chandeliers à l'écurie, et pour un cachet 5 liv., Fagots 12 liv.,
« Rousin 4 liv. 10 s. Dépense de table en passant le marché avec
« le sieur Boucart, 6 liv. » Etc.

Combien n'est-il pas regrettable que d'illustres savants troublent leur vie en se mêlant aux affaires politiques ! Ils changent
presque toujours leur supériorité contre la médiocrité. — Le célèbre géologiste et minéralogiste Dolomieu, revenant de l'expé-
dition d'Égypte, est jeté par une tempête dans le golfe de Tarente. Le gouvernement Napolitain le plonge iniquement dans
un cachot à Messine. Il y trouve sa consolation en revenant à la
science. Un fragment de sa *philosophie minéralogique* est écrit
avec un os et le noir de fumée de sa lampe sur un morceau de

grossier papier gris. Son frère conservait précieusement ce souvenir, qui est certifié par lui.

C'est le cœur saignant que nous osons à peine tracer ce qu'on
va lire ; mais il faut surmonter l'horreur et le dégoût pour faire
connaître jusqu'où allait le délire révolutionnaire de l'époque
dite de *la Terreur.* On verra quels étaient l'éducation et le langage
des *sans-culottes*, qui couvraient la France de comités, de clubs,
et qui travaillaient à la régénérer au nom de la liberté, de l'éga-
lité, de la fraternité *ou la mort.*

Le citoyen La Pierre, du comité révolutionnaire d'Argentan,
vient à Paris principalement pour assister au supplice de la reine
Marie-Antoinette. Une lettre de quatre pages in-folio rend
compte à son comité des mesures qui assurent le triomphe de la
liberté ; puis il arrive à la partie de son rapport qui doit intéresser le plus les vrais sans-culottes, l'exécution de la reine :
« La garce a fait une aussi belle fin que le cochon à Godille, le
« charcuitier de chez nous ; elle a été a Le chafau avec une fer-
« meté in Croyables tout le lon De la rue De St Hónoré ; en fin
« elle a traversé presque tout paris en Regardant le monde avec
« mépris et Dédain ; mais partout ou elle a passé Les vrais sans-
« culottes ne Desesais Decrier vive la république et a bas la tira-
« nique ; La coquine a eue la fermeté jusqu'a Le Chafau sans
« Broncher, mais quand elle a vue la médecines a lepreuves de-
« vant cest yeux, elle a tombé sans forces mais cest égal on lui a
« donné des vallais de chambres et des garçons perruquiers pour
« lui faire sa toilette et quoiquel n'ut pas de barbes on lui a pas
« moins faitte ; et quoique les fames nen aye pas cela nenpeche
« pas quon les rase toujours. » Etc.

Ne croit-on pas sortir d'un horrible cauchemar ? Et à quelles
réflexions ne donne-t-il pas lieu ?

Passons à ce qu'on pourrait appeler le *Jeu des transformations.*
A notre première révolution, un jeune séminariste quitte la sou-
tane et devient garde magasin de vivres ; puis, il est nommé

commissaire des guerres. C'était un bel avancement. La scène
change, il est ambassadeur, archevêque et enfin cardinal Fesch.

Un charmant enfant apprend à écrire ; ses parents, surveillant
ses progrès, voient chaque jour son devoir, sur lequel le maître
doit mettre son avis. Celui du jour porte : « *Presque aussi mau-*
« *vais que l'autre.* » Cette simple annotation montre que cette famille était dans un état paisible et que rien n'annonçait encore
sa cruelle destinée ; bientôt après, la tour du Temple est sa
prison. On sait comment elle en sortit, et leur fils, le plus malheureux enfant de France, y trouve une mort barbare.

Trois autres enfants : un frère, sa sœur et leur cousin, jouissent
de tous les plaisirs de leur âge ; la plus brillante perspective
s'ouvre devant eux. Henri écrit à son cousin pour l'inviter à
goûter ; Louise ajoute : « C'est pour célébrer la fête de mon
« frère ; venez, vous nous ferez bien plaisir. » — Quelques années
s'écoulent ; le frère et la sœur sont frappés d'exil. Ils ne sont
plus les enfants de France. Ferdinand prend la place de son
cousin et devient prince royal, et peu après, l'espoir d'une couronne est détruit par une mort accidentelle.....

J.-J. Rousseau. Comme exemple de son humeur atrabilaire,
il commence ainsi une lettre de trois pages à son ami M. de Le-
nieps : « Vous me forcez, mon bon ami, de vous répéter que je
« n'aime point les lettres affranchies, et qu'il vaut mieux ne point
« écrire à ses amis que de leur écrire pour les désobliger. »

O moraliste, médecin des âmes, guéris-toi toi-même, et tu ne
blesseras pas tes amis, ni ne mettras pas tes enfants à l'hôpital.

Voltaire, l'homme qui avait le plus d'esprit de France, possédait au suprême degré celui du courtisan qui ne néglige aucun
détail. Dans une longue lettre à son confident d'Argental, il
s'agit d'envoyer à Mme de Pompadour un exemplaire de l'*Orphelin
de la Chine*, qui est à l'impression : « Nous enverrons cette
« copie bien musquée, avec de la jolie non-pareille, et j'aurai
« l'honneur de lui écrire. » Etc.

Nous allons montrer son caractère sous un jour fort pâle. —Il s'est brouillé avec le Grand Frédéric «fatigué qu'il est de blanchir «son linge sale» (corriger ses vers). Il écrit de Berlin à son ami le chevalier de La Touche, ministre de France en Prusse, qu'il a renvoyé au roi sa clé de chambellan et qu'il va quitter ce royaume. Il part en effet : Frédéric se fâche et le fait arbitrairement mettre en prison à Francfort, ainsi que Mme Denis, qui l'accompagnait. Voltaire est saisi de frayeur ; il passe du ton le plus assuré au langage le plus humble et mande au même M. De La Touche : « Ma nièce est à son sixième accès de fièvre ; je suis en-«core plus mal qu'elle. Nous implorons tous deux la *bonté et la* «*miséricorde du roi.* » La lettre est aussi signée par Mme Denis.

Avant de se faire le complaisant et le commensal d'un roi, fût-il même le héros de Rosbach, ne devrait-on pas s'assurer si l'on peut soutenir un tel rôle et renoncer à son indépendance ?

Tous les gens sensibles à la musique admirent les délicieuses *mélodies* de Schubert. Quoique habitant Vienne, ville toute musicale, ce célèbre et fécond compositeur y passa sa vie à lutter contre la misère. La demande d'être maître de l'école de musique de la petite ville de Laybach lui fut même refusée ; nous avons sa pétition sous les yeux. Accablé, il finit par s'étourdir au cabaret sur sa mauvaise fortune, dont la mort le délivre enfin (1828). L'ingrate population de Vienne sent subitement sa perte, et se porte au nombre de cent mille à ses obsèques !

L'admiration, la justice rendue et la rénumération du talent ne doivent-elles donc si souvent ne se manifester que sur un tombeau ?

Gabrielle d'Estrées demande à Henri IV une faveur pour l'abbé de Dernan. Elle lui écrit : « Mon cœur, je n'ay si souvent l'occa-« sion de me faire passionné (favorable) l'église que me puissies « refuser cant il arrive et ne me debves oter l'espérance quy me « sera rendu se que de bien leur auray fait, se qui nest trop a « *pauvre pécheresse.* Pour coy mon cœur ne me voudres faire « faillir tel espoir et tel bien quy me sera rendu. Vous le sauray « bien rendre vous aymant comme ie fays. »

Touchante prière d'une âme à la fois pieuse, tendre et pécheresse. Mais quelle étrange coïncidence il y a entre les meilleurs rois et leurs maîtresses les plus dignes d'indulgence ! On assassine les bons princes de préférence aux mauvais; Gabrielle, douce, affable, bienfaisante, meurt empoisonnée ; plusieurs auteurs affirment que celle dont les courageuses et patriotiques exhortations sauvèrent la France, Agnès Sorel, subit le même sort. Et la duchesse d'Etampes, qui trahit pendant vingt-deux ans François Ier et la France, et l'altière et ambitieuse Montespan, moururent paisiblement dans leurs lits !.....

CHAPITRE TREIZIÈME

BIBLIOTHÈQUE DE L'AMATEUR D'AUTOGRAPHES

(1788-1864)

Bibliographie analytique de tous les ouvrages NON CITÉS PAR PEIGNOT ET FONTAINE, publiés en français, en allemand, en anglais, en italien, en hollandais, en latin, qui traitent de la science des autographes ou contiennent des Fac-simile d'autographes. — Notices. — Extraits. — Curiosités — Le *British-Museum.* — La *Galerie autographique des Archives.* — Conclusion. — Les Journaux d'Autographes. — L'Album de la Corporation des Quincailliers à Londres. — Les Recueils *per le Nozze faustissime,* à Venise.

I

Cette bibliographie spéciale, ou plutôt cet *Essai* de bibliographie, nous a paru avoir son utilité. Elle servira aux curieux émérites pour compléter le rayon favori de leur bibliothèque. Elle contiendra pour l'amateur novice, l'apprenti curieux avide de s'instruire et de compléter la pratique par la théorie, l'exemple par le précepte, une source abondante de renseignements, une liste qui n'a pas encore été faite d'ouvrages à consulter.

Ce travail a déjà trouvé place dans les ouvrages spéciaux de Peignot et de M. Fontaine, ce qui suffirait à prouver son utilité. Mais il y est incomplet. D'ailleurs, depuis 1835, la bibliographie spéciale de l'amateur d'autographes s'est enrichie de nombreux numéros. Nos lecteurs pourront en juger, puisque notre liste, destinée à servir de complément à celles de nos devanciers, ne comprendra que les ouvrages qu'ils ont oubliés ou qu'ils n'ont pu connaître. Nous ne ferons double emploi avec eux que pour les ouvrages indispensables, et, comme on dit, de *première main*, à commencer par les leurs.

Cette *Bibliographie* se divisera en deux parties :

1° Partie *dogmatique* ou *critique*, comprenant les ouvrages *ex professo*, traitant du goût et de la science des autographes;

2° Partie *analytique*, comprenant la nomenclature raisonnée de tous les recueils ou de tous les ouvrages non mentionnés par Peignot et Fontaine, et contenant des autographes reproduits en *fac-simile*.

Le but de cette seconde partie est de fournir aux amateurs les moyens d'information et de contrôle indispensables à la comparaison et à la vérification des écritures. C'est l'arsenal de préservation contre les pièces apocryphes ou falsifiées.

Nous avons surtout soigné le chapitre contenant l'indication des recueils et des ouvrages publiés à l'étranger et plus difficiles à connaître ou à consulter.

Première Partie

DOGMATIQUE OU CRITIQUE.

I

OUVRAGES FRANÇAIS

(Par ordre chronologique.)

1°.

Recherches historiques et bibliographiques sur les autographes et sur l'autographie, avec notes, citations et tables, par Gabriel Peignot. — Dijon, imprimerie de Frontin, 1836, in-8°, 90 p.

La préface-dédicace à M. Bernard Joliet est un fac-simile de l'écriture de Peignot.

Nous croyons savoir que notre savant confrère, M. Rathery, qui consacre au goût des autographes les loisirs de tant de graves et féconds travaux, prépare depuis longtemps une nouvelle édition, revue, corrigée et considérablement augmentée, de l'ouvrage de Peignot. Nous ne pouvons que l'engager à persévérer dans ce projet, qui comblera les vœux de tous les curieux et leur permettra de placer dans leur bibliothèque, à la place d'honneur, un livre qui méritera surtout cette estime par la part qu'y aura prise son nouvel éditeur ou plutôt son second auteur. Complétement indépendant de tout plan systématique, notre livre, sorte d'essai rapide et capricieux, obligé à se tenir aux superficies agréables et amusantes du sujet, et où, suivant le précepte antique, nous avons surtout songé à enduire de miel, pour les lèvres du débutant, le vase de la science, a un but et des intentions trop modestes pour ne pas laisser à peu près intact le champ où, pour des lecteurs plus aguerris et plus expérimentés, et ayant déjà leurs premiers grades d'initiation, notre savant confrère fera une moisson plus solide que la nôtre, et cueillera des épis féconds là où nous n'avons glané que quelques fleurs légères. Notre livre est spécialement destiné aux apprentis amateurs, aux gens du monde, à ceux qui jouent avec la manie des autographes et ne sont encore qu'à moitié possédés par le dieu. Nous l'offrons à ceux qui en sont encore, comme on dit, à leur première barbe de curieux. Le livre de M. Rathery sera le manuel quintessencié, le recueil d'expérience, le traité définitif, le guide autorisé et, en quelque sorte, magistral de la curiosité. Nous n'avons fait que précéder et qu'annoncer, comme un page espiègle et quelque peu frivole, l'ouvrage sénatorial, *librum togatum*.

2°.

Manuel de l'Amateur d'autographes, par P. Jul. Fontaine, etc. — Paris, Paul Morta, éditeur, rue et île Saint-Louis, n° 98, 1836, in-8°, 362 p.

Excellent livre, plus pratique et plus complet que le précédent.

Quoique fort dépassé par les progrès accomplis depuis 1835, il survit, par toute une partie de renseignements et d'extraits précieux, à l'action du temps, et il est indispensable à tout curieux justement préoccupé de connaître le passé de la science, ses premiers efforts, ses premières conquêtes, l'histoire des collections, le nom des annotateurs qui méritent le nom d'ancêtres, etc.

Le goût des autographes doit beaucoup à M. Fontaine, expert amateur, auteur des premiers essais de société et de journal spéciaux.

Il annonce une nouvelle édition de son *Manuel*, et nous ne pouvons qu'applaudir à ce projet. Nous serions heureux de le voir compléter ce triumvirat où nous ambitionnons une place modeste, et où, à côté et au-dessous de M. Peignot, représenté par M. Rathery et de M. Fontaine, nous représenterions plus spécialement nous-même *la jeune France* autographique, celle qui se préoccupe plus de la nouveauté, de l'avenir, tandis que nos deux collègues y personnifieraient la tradition, la règle, le passé, le présent, l'histoire et la critique.

M. Fontaine avait préludé à son ouvrage par une sorte de ballon d'essai intitulé :

Des collections d'autographes et de l'utilité qu'on en peut retirer, 1834, 28 p., tiré à 100 ex.

Son journal intitulé : *Bulletin de l'Autographophile* (un mot un peu sesquipedal), a eu cinq numéros, 1836-1838.

3º.

La 17ᵉ livraison, 2ᵉ année (avril 1834) du *Musée des Familles*, contient une allocution au public par M. Henry Berthoud, alors directeur de ce journal, devenu une des meilleures affaires littéraires de ce temps-ci, et qui, dès 1834, obtenait des dividendes trimestriels de 18 0/0 et rapportait par conséquent annuellement (s'il faut en croire l'avis provocateur du numéro que nous citons, et qui invite à passer à la caisse pour toucher, mais aussi pour payer), 72 0/0. Le boniment du trop fécond romancier auquel la littérature autographe apocryphe doit la découverte d'une lettre de Marion de Lorme, dans laquelle, en 1641, cette belle dame déclare avoir vu à la grille d'un cabanon de Bicêtre Salomon de Caus mort en 1626, est suivi de sa signature *fac-simile*, et à laquelle une longue série d'adhésions, dont la signature est également en *fac-simile*, fait le pompeux et décevant cortége des aurores de journaux levants.

Cette liste est curieuse à étudier par le nombre de noms alors célèbres, aujourd'hui inconnus, qui y ont étalé leur paraphe brillant d'une gloire de vingt-quatre heures.

4°.

Des autographes. Magasin pittoresque, 1836, p. 210 à 215. Ce court article est accompagné de nombreux fac-simile de signatures célèbres.

5°.

Des autographes. Extrait du *Moniteur universel* des 15 avril et 2 mai 1843. Brochure de 27 p., par M. Alexandre Corby, amateur et connaisseur des plus distingués.

6°.

Des ventes d'autographes. Feuilleton du *Journal des Débats* du 30 juillet 1843, signé H. de F. (*Flers*), essai d'un amateur dont tout le monde connaît la compétence et l'obligeance.

7°.

Examen critique d'un catalogue d'autographes. Extrait du *Moniteur universel* du 26 février 1847. Brochure de 16 p., par M. Alexandre Corby.

8°.

Du goût des autographes et des manuscrits historiques. Chez les anciens. Chez les Chinois.

Feuilleton du *Journal des Débats* des 7 décembre 1847 et 25 février 1849. On y trouve l'érudition, la verve et le goût de l'auteur des *Causeries d'un curieux* qui prélude ainsi en se jouant à sa grande symphonie historique et critique.

9°.

Encyclopédie des gens du monde [1] (Treuttel et Würtz). Article

---

1. Dans l'*Encyclopédie moderne* (Didot), l'article *Autographes* a été inspiré et retouché par M. Féuillet de Conches.

Autographes de cet original et malin amateur, un des types les plus curieux de la curiosité, qui s'appela Villenave, et dont le meilleur ouvrage n'est pas Madame Mélanie Waldor.

10°.

Les Autographes, p. 363 à 368 des *Curiosités bibliographiques*, Paulin, édit. 1845. Voir aussi *Curiosités littéraires*, p. 386.

11°.

Dictionnaire des pièces autographes volées aux Bibliothèques publiques de la France, précédé d'observations sur le commerce des autographes, par Lud. Lalanne et Henri Bordier. Paris, Panckoucke, 1855, in-8°, 315 p.

Ce livre est indispensable à l'amateur d'autographes. Il précise et circonscrit le terrain dangereux, le terrain réservé des adjudications; il est bon de connaitre ses adversaires. Un péril prévu est à moitié évité, et c'est un service, rendu tout d'abord aux curieux trop confiants ou trop impatients, que de leur montrer, prêt à s'asseoir à leur banquet troublé, le fantôme railleur de la revendication. Plein de recherches laborieuses, animé par un sentiment peut-être un peu âpre de probité et de patriotique dévouement à l'honneur de ces bibliothèques si souvent violé, ce livre gagnerait à être dépouillé des inductions indirectes et des insinuations téméraires qu'explique, sans les justifier, l'époque de luttes et de procès où il fut composé. Tel qu'il est, sous sa forme savante et pacifique, cet ouvrage, avant d'être un livre, fut un factum, une sorte de *mémoire* à consulter, de registre comminatoire des pertes faites par les bibliothèques et les archives, livrées à des déprédations systématiques, à des spoliations occultes. On ne peut demander une entière impartialité ni une grande modération à un engin de la guerre entreprise par la Bibliothèque, fort tardivement, il en faut convenir, contre les collections privées. Le *Dictionnaire des pièces volées*, inspiré par les terreurs de responsabilité et les remords d'une trop longue et fatale incurie, qui ont mis les armes à la main de l'administration de la Bibliothèque, réveillée en sursaut par l'affaire Libri, a été écrit avec une rapidité un peu fiévreuse et sous l'empire de préventions quelque peu passionnées. Un zèle impatient de mesurer l'étendue de tant de secrets et irréparables désastres, l'indignation inexorable qui s'empare, à la vue d'un registre précieux mutilé, du cœur de tout vrai lettré, l'impossibilité absolue de vérifier, dans des collections inviolables, et par cela même suspectes, la nécessité de justifier une procédure criminelle où figurait un membre de l'Institut, défendu encore plus énergiquement qu'il n'était attaqué, par des sympathies et des amitiés demeurées fidèles à son exil, enfin l'excès d'ardeur et l'excès d'activité qui, dans tous les grands corps une fois mis en mouvement, succèdent aux longues et insoucieuses quiétudes, et cherchent à en réparer le tort et à en effacer la honte; tous ces sentiments qui troublent l'œil le plus exercé et font trembler la main la plus sûre, ont dû avoir leur inévitable part, leur irrésistible influence dans cet ouvrage honnête, courageux, mais manquant de la modération et de la réserve des travaux recueillis et (moralement parlant) désintéressés. Fait à la Bibliothèque même, avec son concours et pour ainsi dire sous sa direction, ce travail bibliographique, dont le titre de pamphlet trahit les hostilités et les solidarités secrètes, ne sera plus qu'un excellent livre quand il aura épuré, au creuset de révision, l'alliage mêlé à son or loyal, quand il aura dépouillé de sa lie amère un vin généreux, quand enfin il aura amené ce pavillon provocant qui rappelle trop la guerre et le scandale. Qu'on désarme ce livre, belliqueuse Minerve sortie, disait-on alors, du cerveau olympien de M. Naudet, qu'on en ôte tout ce qui peut alarmer, froisser, diviser, et qu'on n'y laisse que la constatation opportune et salutaire des pertes subies par nos grandes collections publiques, et l'utile inventaire de ce que la propriété de l'État a dû d'affronts à la négligence de gardiens sinécuristes; qu'on y laisse cette érudition jeune, alerte et pour ainsi dire patriotique; qu'on y laisse d'excellents renseignements, d'utiles conseils, d'éloquents regrets, de justes reproches. Mais, qu'on en efface toute cette partie de combat qui ne mérite pas de survivre aux circonstances, qu'on cesse de prolonger ainsi un procès vidé, et de faire payer à ces curieux eux-mêmes, qui ont poussé le premier cri d'alarme et ont éveillé la garde endormie, par des allusions imprudentes et des épigrammes rebouchées, les frais d'une quiétude à jamais troublée et d'une perpétuelle alerte. En pareille et si délicate matière, la conjecture est une faute et l'hypothèse une sorte de délit. Le devoir du critique, dont l'erreur peut ressembler à une calomnie, est de ne rien affirmer sans *preuve* et de n'avancer, comme dit Dante, qu'un pied après l'autre. Cédant à des sentiments honorables, mais dont l'excès a ses inconvénients, MM. Ludovic Lalanne et Bordier, connus depuis par des services et des succès littéraires qui appellent un éloge sans restriction, ont mêlé à un travail méritoire et durable une part contingente et passionnée, dont la suppression volontaire serait un bien, un hommage rendu à la conciliation, et grouperait autour de leur livre, qui a été un appel de salut, tous ces érudits et tous ces curieux qu'éloigne et que rebute l'offensive inutile mêlée à une défensive nécessaire. C'est là le vœu que nous avons entendu exprimer trop souvent et en trop d'endroits pour que nous ne regardions pas comme un devoir de le consigner ici.

12°.

Note sur quelques manuscrits, par M. Julien Travers. Extrait du *Bulletin monumental*, publié à Caen par M. de Caumont. Caen, Hardel, imprimeur-libraire, 1855. — Indication de quelques manuscrits inédits curieux.

13°.

Nous ne répéterons pas ici tout ce que nous avons dit de l'*Amateur d'autographes*. Nous nous bornerons à déclarer que la collection complète de cet utile journal nous semble destinée à former, non le manuel portatif, mais l'encyclopédie usuelle, sans cesse consultée, toujours avec fruit, du curieux d'autographes. Le manuel des autographes avec les prix, la chronologie raisonnée des ventes, la nomenclature des *autographes* du British-Museum, la biographie des amateurs célèbres, la bibliographie des catalogues de livres, l'histoire de tous les faits concernant l'organisation des bibliothèques et des archives, la chronique des ventes en France et à l'étranger, la discussion de quelques points délicats de critique autographique, enfin la publication de nombreuses pièces inédites d'un grand intérêt historique et littéraire, font de l'*Amateur d'autographes* un recueil unique, à la fois très-utile et très-agréable, que nous ne saurions assez recommander à nos lecteurs. Leur enregistrement sur les listes d'abonnement sera une véritable immatriculation, et leur quittance vaudra un brevet.

L'Amateur d'Autographes

PARAIT LES 1ᵉʳ ET 16 DE CHAQUE MOIS.

Le prix est de 12 fr. par an pour les départements et Paris. Etranger, le port en sus. — Rédacteur en chef, M. Gabriel Charavay, rue des Grands-Augustins, 26.

14°.

Mais l'ouvrage par l'indication duquel il faut finir, pour laisser le lecteur sur la bonne bouche, comme on dit, c'est celui où le curieux par excellence, M. Feuillet de Conches, a accumulé les trésors de son érudition et de sa verve. Ce livre unique, dont l'Allemagne n'a pas de type, et dont les *Singularités littéraires* de Disraéli, si elles ne leur étaient antérieures, ne sembleraient que le pâle et vague reflet, ne pouvait être écrit qu'en France, ce pays du privilégié prosélytisme qui envoie, disait J. de Maistre, jusqu'au bout du monde, ses philosophes et ses marchandes de modes, et qui, en dépit de bien des décadences, a gardé, il faut en convenir, l'art de rendre la science aimable, la curiosité féconde, et d'introduire partout, jusqu'aux matières les plus rebelles, le sourire malicieux et l'éloquente liberté de la conversaion. Ce n'est, en effet, qu'un recueil de causeries que ce livre, qui cache tant d'art sous tant de naturel, et tant d'érudition sous tant d'enjouement. Mais ce sont des causeries à l'ancienne mode, dignes par l'à-propos, la décence, la grâce, la noble familiarité et la variété piquante des meilleurs salons du siècle des salons. C'est ainsi, sans doute, que l'on causait autrefois chez Mᵐᵉ Geoffrin ou Mᵐᵉ du Deffand, à ce bon temps où l'on n'était plus précieux comme chez Mᵐᵉ de Lambert, et pas encore cynique comme chez Mᵐᵉ d'Epinay. Analyser ces *Causeries d'un curieux*, qui sont déjà à leur quatrième volume, et qui n'en auront jamais assez au gré du public lettré, est une tentative aussi impossible que de vouloir saisir le grain de sel qui brille sur la queue d'un moineau, ou découvrir une épingle dans un tas de foin, ou de faire passer un câble par le trou d'une aiguille. Un feu d'artifice ne s'analyse pas, il se regarde. Or, c'est un feu d'artifice de curiosité que cet ouvrage, où il y a de tout, fusées étincelantes dans le ciel obscur de l'érudition, malicieux pétards éclatant sous la basque des Académies, chandelles éblouissantes, ironiques feux de Bengale, bombes éloquentes, et même capricieux paradoxes tournant comme des soleils.

Ici se termine la nomenclature des ouvrages français *nécessaires*[1]. Nous n'y avons pas admis bien des ouvrages de luxe intellectuel, *eruditus luxus*. Nous n'avons pas cité non plus ces livres à l'usage du curieux savant, lequel n'a pas besoin d'un guide, les *Archives de France*, par H. Bordier, indispensable cicérone des Archives, l'*Essai sur la Bibliothèque du roi*, de Le Prince, revu et augmenté par L. Paris, le *Palais Mazarin*, de M. de la Borde, les *Histoires* des bibliothèques Mazarine, de la Faculté de Médecine, etc., par M. Francklin, les *Notices* sur les manuscrits français de la Bibliothèque impériale, par P. Paris, les ouvrages spéciaux de paléographie et de sigillographie, de MM. Chassang, Gautier et de leurs devanciers, Natalis de Wailly, Champollion-Figeac, Silvestre, etc.

Notre liste est faite pour le simple dilettante, et non pour le mandarin de l'érudition, à bouton jaune ou bleu.

---

1. Citons encore la *Revue de la Normandie*, 31 juillet 1864, contenant un excellent et curieux article de M. de la Sicotière : *A propos d'Autographes, Marie-Antoinette*, Mme *Roland, Ch. Corday*.

II

———

II

OUVRAGES ÉTRANGERS

1.

Nous ne connaissons pas de livre spécial sur les autographes, de traité dogmatique ou critique en langue anglaise, italienne, espagnole ou hollandaise. Mais il existe un ouvrage allemand intitulé :

Handbuch für Autographensammler. Bearbeitet von Dr Joh. Günther und Otto Aug. Schultz. Mit Holzschnitten und einer colorirten Tabelle. Verlag von Otto August. Schultz, Leipzig, 1856, in-8 de 289 p. [1], c'est-à-dire... *Manuel des Amateurs d'Autographes,* etc.

On peut y joindre un *Mémoire* sur le procès intenté à l'auteur de fausses lettres autographes de Schiller, Iena, 1856, sous ce titre :

Beilageheft II der Blaetter für Rechtspflege in Thüringen, und der Process wegen betrüglicher Anfertigung Schillerscher Handschrifften, gegen den Architekten und Geometer Georg Heinrich Karl Jacob Victor von Gerstenberg in Weimar; dargestellt von Dr Jur. A. Vollert. — Iena, Druck und Verlag von Friedrich Frommann, 1856, 44 p. in-8.

Cet opuscule nous prouve que la fraude en matière d'autographes est de tous les temps et de tous les pays, et que le respect qui devrait veiller autour des grands hommes n'en défend pas leurs ombres.

Citons encore, parmi les travaux allemands, anglais ou italiens :

—————

1. Il serait fort à désirer que ce Manuel, qui ne contient pas grand'chose de nouveau pour la France, mais qui, pour l'Allemagne, est une source précieuse de renseignements, fût traduit et publié en français.

Album Dresdner. Dresd. 1047, gr. in-8. Art. de C. K. Falken-stein, les *Recueils d'autographes*, p. 74-82.

Hoelbe (F. W-). *Geschichte der Stammbücher*.. Camburg, a. d. s., 1798, in-8.

Klemm (G.). *Zur Geschichte d. Sammlungen f. Wissenschaft u. Kunst in Deutschland. Zerbst*, 1837, gr. in-8, p. 291-293.

Meyers *Conversations-Lexicon*. Hildburgh, 1843, gr. in-8, 4 Bd., 2 Abth., p. 939-943.

Radowitz (J. V.). *Gesammelte Shriften*. Berl., 1852, in-8, 1 Bd., p. 407-440.

Sous ce titre : *Les Recueils d'autographes*.

Edinburgh. *Litterary Journal*, 1829. *Edinb.*, n° 28, p. 389.

Citons surtout les *Curiosités de la littérature* de Disraéli, édi-tion donnée par son fils, le célèbre orateur et pamphlétaire an-glais (1849). On y trouve, p. 433, quelques détails sur les auto-graphes, et un fac-simile d'un autographe de Pope et d'Addison.

Neu-Mayr. *Intorno di agli Autografi Ragionamento*, etc:*Venezia*, 1846, in-8.

III

Deuxième Partie

ANALYTIQUE

I

OUVRAGES FRANÇAIS NON MENTIONNÉS PAR PEIGNOT ET FONTAINE

Contenant des Fac-Simile de Personnages célèbres.

1°.

Mémoires de la Révolution franç ise, par le marquis de Bouillé. *Londres*, chez Cadell et Davies, 1797, 2 v. in-8.

Le tome I., p. 122, contient le fac-simile d'une lettre du 7 juillet 1790, seulement signée de La Tour du Pin, ministre de la guerre.

2°.

Lettres historiques, politiques, philosophiques et particulières de Henri Saint-John, lord vicomte Bolingbrocke, depuis 1710 jusqu'en 1736. Paris, Dentu, 1808, 3 v. in-8.

On trouve au tome I le fac-simile intitulé : *Chirographie* d'une lettre autographe signée de Bolingbrocke à l'abbé Alary, du 25 juin 1723.

3°.

Au tome I de l'édition anglaise des *Lettres de la marquise du Deffant à Horace Walpole*, Londres, 1810, 4 v. in-12, on trouve un fac-simile d'un billet de la marquise aveugle à Horace Walpole.

3° bis.

*Campagnes du corps sous les ordres de S. A. S. M*gr *le prince de Condé*, 3 v. in-8, avec cart. et fac-simile par le marquis d'Ecquevilly, 1818.

4°.

Mémoire de M. le baron de Goguelat, lieutenant général, sur les événements relatifs au voyage de Louis XVI et de la famille royale à Varennes, etc. Paris, Beaudouin frères. 1823.

Cet ouvrage contient quatre planches de fac-simile de lettres de Marie-Antoinette à M. de Jarzayes [1].

5°.

Mémoires historiques et Anecdotes sur les reines et régentes de France, par Dreux du Radier, avec la continuation jusqu'à nos jours, par un professeur de l'Académie de Paris, 6 vol. in-8, Renouard, 1827.

On trouve, à la fin du tome I, des fac-simile de lettres du *duc d'Orléans, régent*, de la *reine Marie Leczinska*, du *cardinal de Fleury*, de la *marquise de Pompadour*, de *M*me *de Maintenon*, du

---

1. Dans la collection Baudouin, les *Mémoires du baron de Besenval* contiennent également un *fac-simile* d'une lettre de lui à Berthier.

Grand Condé, de *Ninon de Lenclos*, de *Colbert*, de la *reine Marie-Antoinette*, de la *princesse de Lamballe*, de *MM. de Maurepas*, de *Calonne* et de *Malesherbes*.

Ces autographes sont empruntés à la collection de M. de Montmerqué.

6°.

Mémoires tirés des archives de la police de Paris, depuis Louis XVI jusqu'à nos jours, par J. Peuchet, archiviste de la police. Paris, A. Levavasseur et Cie, 1838, 6 v. in-8.

Le tome III contient un fac-simile de l'écriture de Peuchet, et au bas de cette pièce les éditeurs annoncent des fac-simile de plusieurs pièces authentiques renfermées dans ces *Mémoires*, telles que des lettres du *marquis de Sade*, de *Mirabeau*, de *Sophie Monnier*, de *M. Lenoir*, lieutenant de police, etc., que nous n'avons pas vues dans notre exemplaire.

On peut encore citer, parmi les ouvrages modernes, mais non contemporains, contenant des autographes fac-simile : les *Lettres de Napoléon à Joséphine* (Didot), les *Lettres inédites de Henri II, Diane de Poitiers, Marie-Stuart*, etc., par J. B. Gail, etc.

7°.

VAUQUELIN (Nicolas), sieur des Yvetcaux. *OEuvres poétiques réunies pour la première fois, annotées et publiées par Prosper Blanchemin* (avec une *Notice* sur la vie du poëte). Imprimé à Evreux. Paris, Aug. Aubry, 1854, pet. in-8 de XIV et 154 p., avec un portrait de Nicolas Vauquelin, ses armes et un fac-simile de sa signature.

Cinq-Mars, par Alfred de Vigny. L'édition in-8 (Michel Lévy) contient le fac-simile d'un autographe de Cinq-Mars et d'un autographe du cardinal de Richelieu. La même librairie vient de publier les *Amours de Mirabeau et de la marquise de Monnier*, par B. Gastineau, avec portrait, pièces inédites et autographes.

Parmi les ouvrages français contenant de nombreux autographes, et dont la nomenclature minutieuse[1] nous entraînerait trop loin, il faut citer encore :

1. La liste exacte et complète des ouvrages publiés depuis 1800 et contenant des fac-simile d'autographes serait un curieux et excellent travail que nous si-

La grande publication de M. Ch. Vatel sur *Charlotte Corday*, dont la première partie, comprenant l'histoire judiciaire ou le dossier du procès, contient des fac-simile de pièces ou de lettres, ainsi que le beau volume sur *Charlotte Corday*, récemment publié par M. Chéron de Villiers.

Le Voyage au Parnasse, de Cervantès, traduit pour la première fois par M. Guardia (Gay, 1864), qui contient le fac-simile d'un superbe autographe de Cervantès, libéralement communiqué par M. Feuillet de Conches.

La plupart des ouvrages composés des *Documents historiques* publiés sous les auspices du ministère de l'instruction publique contiennent des fac-simile précieux. Nous citerons notamment la *Captivité de François Ier*, par Champollion-Figeac, et les *Lettres missives d'Henri IV*.

Enfin, un éditeur qui justifie par le goût et l'initiative une réputation de premier ordre, M. Henri Plon, doit être signalé comme l'introducteur et l'inaugurateur, dans les habitudes de la haute librairie parisienne, de cet ornement si intelligent et si utile du fac-simile. Peu de livres sortent de ces presses renommées sans cet accompagnement qui les signale à l'attention des lettrés, et achève la valeur exceptionnelle donnée à ces beaux volumes, typographiquement parlant, par la beauté du papier et le type choisi des caractères.

Il faudrait citer, pour ainsi dire, le catalogue de cet éminent représentant de la noble industrie *livresque : le Louis XVII*, de M. de Beauchesne ; les *Causeries d'un curieux*, où l'on ne peut faire un pas sans faire lever des compagnies d'autographes, déployant leurs ailes blanches et noires ; les *Relations des ambassadeurs vénitiens*, d'Armand Baschet ; le *Procès du collier*, de M. Campardon ; la superbe collection expiatoire, *Louis XVI, Marie-Antoinette* et Mme *Elisabeth*, notre *Princesse de Lamballe*, etc.

Il serait digne des confrères les plus distingués de M. Plon d'imiter son exemple. Pas un livre d'histoire ou de haute litté-

gnalons à un bibliophile de loisir, mais dont la minutieuse abondance déborderait de beaucoup les limites actuelles de notre cadre. Il nous aura suffi d'en indiquer le plan, la place et l'utilité.

rature ne devrait être offert au public sans ce passe-port du fac-simile, hommage rendu à la plus noble des curiosités. Et, sans cette reproduction fac-simile des autographes de nos grands hommes et de leur portrait, complément annoncé de la *grande collection des Classiques* qui doit perpétuer le nom de M. Hachette, nous n'hésitons pas à dire que ce monument national serait incomplet et faillirait à des ambitions et à des promesses que la mort a consacrées.

8°.

Isographie des hommes célèbres, ou collection de fac-simile des lettres autographes et de signatures, publiée par MM. L. Bérard, H. de Château-Giron, Duchesne aîné et Trémisot. Paris, 1828-1830, 3 v. in-4.

C'est là un livre respectable, le premier monument de la science autographique, la première collection de types. On ne saurait assez louer la courageuse et généreuse initiative à laquelle nous devons, dès 1828, un recueil de cette importance. Mais, cette part faite à l'éloge et ce salut donné à ce vénérable ancêtre, nous ne saurions nous empêcher de dire que l'*Isographie* est loin de satisfaire aujourd'hui tous les besoins qu'elle provoque, toutes les curiosités qu'elle excite. Il serait digne de MM. Charavay, assistés d'un groupe d'amateurs, de faire par souscription une nouvelle édition, mise au courant de la science, de ce recueil aujourd'hui suranné, de vérifier ses attributions, souvent fort téméraires, de compléter sa liste fort incomplète.

Nous ne croyons pas pouvoir nous dispenser de reproduire cette liste, qui est encore celle du recueil où l'amateur débutant trouvera le plus de renseignements et de secours.

LISTE DES NOMS COMPRIS DANS L'*ISOGRAPHIE*

Adams (John).
Adanson.
Addison.
Agnès Sorel.
Aguesseau (H. d').
Aiguillon (duc d').

Alexandre VI (pape).
Albéroni.
Alembert (d').
Alexandre Ier (empereur de Russie).
Alfieri.

Amboise (cardinal d').
Amyot (J.).
Amerbach.
Ancillon.
Andréossy.
Angoulême.
Anne Amélie (duchesse de Saxe-
   Weymar).
Anne Stuart (reine d'Angleterre).
Anne d'Autriche.
Anne de Bretagne.
Anquetil-Duperron.
Antin (le duc d').
Anville (d').
Argental (comte d').
Arioste (l').
Arnaud (Baculard d').
Arnault (A.).
Arnold (baron).
Arnould (Sophie).
Arnoult (Antoine-Vincent).
Arnauld (d'Andilly).
Arnauld (Marie-Angélique).
Arthur de Bretagne.
Alembert (d').
Augereau.
Avaray (d').
Bacon (le chancelier).
Bailly (S.).
Baluze (E.).
Balzac (Jean-Louis de).
Bancks, président de la S. R. de
   Londres.
Barbaroux.
Barnave.
Barry (Mme du).
Bart (J.).
Barthélemy (abbé).
Bassompierre.
Bayard.
Bayle (P.).
Beaufort (duc de).
Beauharnais (E.).

Beauharnais (Hortense).
Beaumarchais.
Beaumelle (de la).
Beauzée.
Beccaria.
Beethoven.
Bellart.
Belzunce (évêque).
Belloy (de).
Bembo (cardinal).
Bentivoglio (cardinal).
Bellay (du) cardinal.
Bellegarde (R. de).
Bergmann.
Bernini (le chevalier).
Bernis (cardinal de).
Bernouilly (J.).
Bernouilly (D.).
Berry (duc de).
Berthier (maréchal).
Berthollet (comte).
Bérulle (cardinal de).
Berwick (maréchal de).
Beysser.
Bèze (Théodore de).
Bichat.
Billaud Varennes.
Biron (baron de).
Biron (Ch. de Gontaut).
Biron (L. de).
Birague (chancelier de).
Bocage (Mme du).
Boccherini.
Bodoni.
Boerhaave.
Boïeldieu.
Boileau-Despréaux.
Bolingbroke.
Bonchamp (le général).
Bonnet (C.).
Bonnivet (amiral).
Borda.
Borromée (Saint-Charles).

Bossuet (J.-B.)
Bouchardon (sculpteur).
Boucher (peintre).
Bouflers (le chevalier de).
Bougainville.
Bouhier (Jean).
Bouhours (le P.)
Bourbon (le cardinal de).
Bourbon (Louis-Henri-Joseph de).
Bourbon (le connétable de).
Bourbon (la duchesse de).
Bourdaloue.
Bourgelat (Claude).
Bourgogne (le duc de).
Brahé (Tycho).
Brantôme.
Brinvilliers (la marquise de).
Brissot.
Brune (maréchal).
Brunswick (duc de).
Buffon.
Bucer (Martin).
Buckingham.
Bullinger (Henri).
Burgoyne.
Burke
Busching.
Bussy-Rabutin.
Byron (lord).
Cabanis (médecin).
Cagliostro.
Calmet (don).
Calprenède (de la).
Calvin.
Cambacérès.
Campan (Mme).
Campden.
Campistron.
Cange (Du).
Canning (G.)
Canova.
Caraccioli (marquis de).
Carlin (comédien).
Carnot (ministre).

Caroline de Brunswick.
Carrier.
Casaubon (Isaac).
Casimir V (roi de Pologne).
Cassini (D.).
Casti (l'abbé).
Catherine II (impératrice).
Catherine (de Bourbon).
Catherine (de Parthenay).
Catinat (maréchal).
Caumont.
Caylus (comte de).
Cazotte.
Césarotti (l'abbé).
Chabot (conventionnel).
Chabot (amiral).
Chalotais (La).
Chamfort.
Chamillard.
Champagne (Ph. de).
Championnet
Chantal.
Chapelain.
Chardin (voyageur).
Charette.
Charlemagne.
Charles V (roi de France).
Charles VI (roi de France).
Charles VII (roi de France).
Charles VIII (roi de France).
Charles IX (roi de France).
Charles-Quint.
Charles Ier (roi d'Angleterre).
Charles XII (roi de Suède).
Charles-le-Mauvais (roi de varre).
Charles-le-Téméraire.
Charles IV (duc de Lorraine).
Charles (duc d'Orléans).
Châtelet (Mme du).
Chateauroux.
Chaudet (sculpteur).
Chaulieu (abbé de).
Chaumette.

Gobel.
Glareanus.
Gluck.
Goldoni.
Gonsalvi (le cardinal).
Gorsas.
Gossec.
Gouvion Saint-Cyr.
Grégoire XIII.
Greuze.
Grœvius.
Graffigny (Mᵐᵉ de).
Granvelle (cardinal).
Gresset.
Grétry.
Grey (Jane).
Grignan (comtesse de).
Grimm.
Gros.
Grotius (Hugo).
Guadet (Conventionnel).
Guérin.
Guise II (cardinal de).
Guise (F. de).
Guise (H. de), le Balafré.
Guichenon.
Guillaume III (de Nassau).
Gustave-Adolphe, roi de Suède.
Gustave III, roi de Suède.
Guyon.
Guyton (de Morveau).
Haller (A. de).
Hamilton.
Hanriot.
Harlay (Ch. de).
Haugwitz.
Haüy (abbé).
Heinsius (D.).
Helvétius.
Hénault (le président).
Henri II, roi de France.
Henri III, roi de France.
Henri IV, roi de France.
Henri VIII, roi d'Angleterre.

Henri de Prusse (le prince).
Henriette de France, reine d'Angleterre
Henriette d'Angleterre, duchesse d'Orléans.
Hérault de Séchelles.
Herder.
Heyne (érudit).
Hobbes.
Hoche (le général).
Holbach (le baron d').
Houdetot (comtesse d').
Huet (Pierre-Daniel).
Hume (David).
Huss (Jean).
Huyghens (Ch).
Ignace de Loyola.
Jacques Iᵉʳ, roi d'Angleterre.
Jacques II, roi d'Angleterre.
Jacques III, roi d'Écosse.
Jansénius.
Jeanne d'Albret.
Jeannin (le président).
Jefferson.
Jenner.
Joseph (le père).
Joseph II.
Joséphine (impératrice).
Joubert.
Jussieu (Bernard de).
Kant (Emmanuel).
Kellermann.
Kemble (Joseph-Philippe).
Kepler.
Kléber (le général).
Klopstock.
Kosciusko.
Kotzebue.
Lacépède.
La Fontaine.
Lagrange.
La Harpe.
La Lande.
Lally (comte de).

Lamballe (princesse de).
Lameth (Alex. de).
Lantier.
Laréveillère-Lépeaux.
Lascaris.
Lavater.
Lavoisier.
Law.
Lebeau.
Le Bon (Joseph).
Le Brun (Ch.), peintre.
Lebrun (Ponce-Denis-Écouchard).
Lecourbe.
Lecouvreur (Adrienne).
Lefèvre, maréchal.
Legouvé.
Leibnitz.
Leicester (Rob. Lud., comte de).
Le Kans.
Le Mière.
Lenclos (Ninon de).
Le Noir, lieutenant de police.
Le Nostre.
Lerme (duc de).
Lesdiguières (connétable).
Lessing.
Lesueur (E.), peintre.
Le Tellier (le Père).
Leti (Gregorio).
L'Hospital (chancelier de).
Ligne (prince Ch. de).
Linné.
Lipse (Juste).
Lhorente.
Longueville (duchesse de).
Lorraine (cardinal de).
Louis XI, roi de France.
Louis XII, roi de France
Louis XIII, roi de France.
Louis XIV, roi de France.
Louis XV, roi de France.
Louis XVI, roi de France.
Louis XVIII, roi de France.
Louis, dit le Grand, dauphin.

Louise de Savoie, duchesse d'Angoulême.
Louvet de Couvray.
Luce de Lancival.
Luther.
Luxembourg (le maréchal de).
Luynes (Charles-d'Albert duc de).
Mabillon (Dom.).
Mably (l'abbé de).
Maffei (le marquis Scipion).
Magenne (le duc de).
Mailly (comtesse de).
Maine (duc du).
Maine (duchesse du).
Maintenon (Mme de).
Malesherbes.
Malherbe.
Malebranche (le P.).
Mancini (Marie).
Mansart, architecte.
Manuel (Louis-Pierre).
Marat.
Marceau.
Marguerite, reine de Navarre.
Marguerite de Valois.
Marguerite d'Autriche.
Marie (Leczinska).
Marie-Joséphine-Louise de Savoie.
Marie-Adélaïde de France.
Marie-Stuart.
Marie-Antoinette.
Marie-Thérèse.
Marie Ire, dite la Catholique.
Marie II, reine d'Angleterre.
Marillac (Louis de).
Mariotte, mathématicien.
Marivaux.
Marlborough (le duc de).
Marmontel.
Mascaron.
Masséna (le maréchal).
Massillon.
Matthioli (comte).
Maupeou (le chancelier).

Maupertuis.
Maury (le cardinal).
Maximilien Ier, empereur.
Maximilien, roi de Bavière.
Mazarin, cardinal.
Médicis (Catherine de).
Médicis (Laurent de).
Médicis (Marie de).
Méhul.
Mélanchton.
Ménage (Gilles).
Mercier (Séb.).
Merlin (de Douai).
Métastase.
Mézeray.
Michel VIII, empereur grec.
Michel-Ange.
Mignard.
Mignot (Marie) Mme Denis.
Millevoye.
Millot (l'abbé).
Mirabeau (le marquis de).
Mirabeau (le comte de).
Mirandole (Pic de la).
Moellendorf (comte de).
Molé (comédien).
Molé (Édouard).
Molé (Mathieu).
Molière.
Monge.
Monnoye (Bernard de la).
Monsigny.
Moncey (maréchal).
Montausier (Mlle).
Montbason (duchesse de).
Montebello (maréchal).
Montecuculli.
Montespan (duchesse de).
Montesquieu.
Montesson (comtesse de).
Montfaucon.
Montgolfier.
Montluc (Blaise).
Montmorency (Henri II de).
Montmorency (connétable).
Montpensier (Mlle de).
Montrésor (comte de).
Montucla.
Monvel.
Moore (Thomas).
Moratin, poëte comique.
Moreau, général.
Mornay-Duplessis.
Mortier (duc de Trévise).
Motte (Houdart de la).
Motte (comtesse de la).
Muller (Jean de).
Murat.
Muratori.
Muret (Marc-Antoine).
Nanteuil, graveur.
Napoléon Bonaparte.
Nassau (Maurice de).
Naudé (Gabriel).
Necker.
Neldam (Jean).
Nelson.
Ney (maréchal).
Nicole.
Nivernois (le duc de).
Noailles (cardinal de).
Noailles (maréchal de).
Nollet (l'abbé).
Nostradamus.
Noue (F. de la).
Noue (Odet de la).
Olympe (Mancini).
Olivet (l'abbé d').
Olivier (François).
Oporin (Jean-Herbest dit).
Orange (Guillaume, prince d').
Orléans (Gaston, duc d').
Orléans (Louis-Philippe-Joseph).
Orléans (Louis duc d'), fils de France.
Orléans (duc d'), fils du régent.
Orléans (Philippe d'), régent.
Osiander (André).

Ossat (le cardinal d').
Oxenstierna, chancelier de Suède.
Payne (Thomas).
Paisiello, musicien.
Palissot.
Pallas (naturaliste).
Panard.
Paoli (Pascal).
Paré (Ambroise).
Palladio.
Parmentier.
Parny.
Pascal (Blaise).
Pasquier (Etienne).
Paul Ier, empereur de Russie.
Paule (saint Vincent de).
Peiresc.
Pellican (Conrad-Kurschner).
Pellisson-Fontanier.
Penthièvre (duc de).
Pérignon (maréchal).
Pérouse (La).
Perrault (Charles).
Perrault, architecte.
Perronnet, ingénieur.
Pétion.
Philidor, musicien.
Philippe II, roi d'Espagne.
Philippe V,   id.
Philippe III.
Pibrac (chancelier).
Picard.
Piccini.
Pichegru, général.
Pictet, de Genève.
Pierre Ier.
Pigalle (Pierre), sculpteur.
Pilon (Germain), id.
Piron.
Pitt (Will).
Pluche (l'abbé).
Poinsinet de Sivry.
Polignac (le cardinal de).
Pompadour (la marquise de).

Pope.
Pomponne (le marquis de).
Portalis.
Pothier, légiste.
Poton de Xaintrailles.
Poussin (Nicolas).
Poyel (le chancelier).
Préville, comédien.
Prévost (l'abbé).
Puffendorf (le baron de).
Puget, sculpteur.
Quirini (le cardinal).
Rabaut Saint-Etienne.
Rabelais (François).
Racine (Jean).
Racine (Louis).
Rancé (l'abbé de).
Rambouillet (marquis de).
Rantzau (maréchal).
Raphaël d'Urbin.
Rapin (le P.
Raynal (l'abbé).
Réaumur.
Regnard.
Regnault de Saint-Jean-d'Angély.
René (le roi).
Retif de la Bretonne.
Retz (le cardinal).
Reuchlin (Jean).
Ricci (Scipion).
Richardson.
Richelieu (le cardinal de).
Richelieu (le maréchal).
Richelieu (le duc de).
Riquet.
Robertson.
Robespierre l'aîné.
Rochambeau (maréchal).
Rochefoucauld (François, duc de la).
Rochefoucauld-Liancourt (la).
Rochejacquelein (Henri de la).
Rohan (Henri, duc de).
Rohan (cardinal de).

Roland de la Platrière.
Roland (Mme).
Rollin.
Ronsard.
Roquelaure.
Roucher.
Rouget de l'Isle
Rousseau (J.-B,).
Rousseau (J. J.).
Roze (le chevalier).
Rozier (l'abbé).
Rubens, peintre.
Rulhières.
Rumford (le comte de).
Ruyter (l'amiral).
Sacchini, musicien.
Sade (le comte de).
Sanblançay.
Saint-Evremont.
Saint-Foix (Poullain de).
Saint-Lambert.
Saint-Pierre (Bernardin de).
Saint-Simon (le duc de).
Saint-André (Jacques), dit le bon.
Sales (saint François de).
Santeuil.
Sartines (lieutenant de police).
Saumaise (de).
Saussure (de).
Saxe (le maréchal de).
Saxe-Cobourg (prince de).
Scaliger.
Schomberg (Fleuri de).
Schomberg (Arm.-Fred. de).
Scarron (Paul).
Schiller.
Schurman (Mlle de).
Scudéry (Mlle de).
Sedaine.
Ségur.
Serres (H. de).
Sévigné (le marquis de).
Sévigné (Mme de).
Shéridan.

Sicard.
Simiane (le marquis de).
Sixte-Quint (pape).
Soufflot, architecte.
Spallanzini (l'abbé).
Spazman, voyageur.
Staël-Ho'stein (Mme de).
Stanislas, roi de Pologne.
Stanislas Poniatowsky.
Stella, peintre.
Sterne.
Stewart (Dugald).
Strozzi.
Stuart (Charles-Edouard).
Stuart (Henri), cardinal d'York.
Suchet (le maréchal).
Suffren (le bailli de).
Sully.
Talbot.
Talma.
Tallien.
Tanneguy du Châtel.
Tasse (le).
Tékéli (Emeric).
Tencin (Mme de).
Terray (l'abbé).
Thérèse (sainte).
Thomas.
Thou (Franc.-Aug. de).
Thouret.
Tiraboschi.
Tott (le baron de).
Tournefort.
Tourville.
Toussaint-Louverture.
Tressan (comte de).
Tromp (général).
Tronchet.
Tronchin.
Turenne.
Turgot.
Urfé (d').
Ursins (princesse des).
Valazé.

Valette (La), cardinal.	Voiture.
Vallière (Mme de la).	Volney.
Vandermonde.	Voltaire.
Varin, graveur.	Vondel.
Vauban.	Vordes (le marquis).
Vaucanson.	Vossius.
Vauquelin.	Voyer d'Argenson.
Vauvenargues.	Wallenstein.
Vendôme.	Warens (Mme de).
Ventenat, botaniste.	Washington.
Vergniaud.	West (Benj.)
Vernet (Joseph).	Wieland.
Vertot (l'abbé de).	Wimpfen.
Vien, peintre.	Winckelmann.
Villars (le maréchal de).	Witt (Corn. de).
Villiers de l'Isle-Adam.	Witt (Jean de).
Viotti.	Wolsey (Th.), cardinal.
Visconti.	York (Richard, duc d').
Voisenon (l'abbé de).	Zwingle.

Il suffit de jeter les yeux sur cette liste pour comprendre de combien de faux *fac-simile* elle doit fourmiller, et pour en apercevoir et en regretter les lacunes. Quelques-unes ont été comblées par le journal l'*Amateur d'autographes*, qui a donné dans son n° 25 (1er janvier 1863) et dans son n° 49 (1er janvier 1864), deux feuilles de fac-simile comprenant 59 noms et signatures absents de l'*Isographie*. Il serait à désirer que ce travail se continuât et fût publié sous forme de supplément à l'*Isographie*.

Voici les 59 noms dont le seing a été enregistré par le d'Hozier des signatures.

LISTE DES FAC-SIMILE DONNÉS PAR L'*AMATEUR D'AUTOGRAPHES*

QUI NE SE TROUVENT PAS DANS L'*ISOGRAPHIE*.

1. Arétin (Pierre), 1492-1557.
2. La Rochejacquelin (Henri), 1773-1794.
3. Machiavel (Nicolas), 1469-1527.
4. Politien (Ange), 1454-1494.
5. Buonaparte (Charles de), père de Napoléon.
6. *Mengs* (Raphael), 1728-1779.
7. Malatesta (Sigismond-Pondolphe Ier, seigneur de Rimini, de 1429 à 1432.

8. Trissin (J. Gerges dit le), 1478-1550.

　Malagrida (Gabriel), jésuite, missionnaire au Brésil, né en 1689, brûlé comme hérétique à Lisbonne, 1761.

10. Valvasone (Erasme de), auteur du poëme de *la Chasse*, 1523-1593.

11. *Médicis* (Côme de), le *Père de la patrie*, 1389-1463.

12. Savonarole (Jérôme), 1452-1498.

13. Sixte IV, pape, 1414-1484.

14. *Alciat* (André), né en 1492-1550.

15. Coconas (Annibal, comte de), seigneur piémontais, capitaine des gardes de Ch. IX, décapité comme complice de La Mole, 1574.

16. Germaine de Foix, nièce de Louis XII, reine d'Espagne, seconde femme de Ferdinand-le-Catholique.

17. Philelphe (Fr.), n. en 1398, m. 1481.

18. Vico (J. B.). L'auteur de *la Science Nouvelle*, 1668-1744.

19. Sarpi (Fra Paolo), 1552-1623.

20. Tassoni (Alexandre), 1565-1635.

21. *L'Homond* (Ch. From.), 1727-1794.

22. Maillard (Stanislas), qui présida le tribunal d'assassins de l'Abbaye pendant les massacres de septembre.

23. Gilbert (N. Jh. Laurent), le poëte satirique.

24. La Bruyère (Jean de), auteur des *Caractères*.

25. Costar (Pierre), 1603-1660.

26. Chalais (Henri de Talleyrand comte de), décapité sous Louis XIII, 1599-1626.

27. Jarnac (Guy Chabot, seigneur de), qui tua en duel La Chataigneraye et dont le coup est passé en proverbe.

28. Polydore-Virgile, célèbre écrivain italien, 1470-1558.

29. Montgommery (Gabriel), qui tua Henri II dans un tournois.

30. La Charce (Philis.), l'héroïne du Dauphiné, 1645-1703.

31. La Palisse (Jacques II de Chabannes sieur de la), maréchal de France, tué à la bataille de Pavie, 1525.

32. Guerchin (Jean-François Barbieri dit Le), célèbre peintre, 1590-1666.

33. Molière (Jean-Bapt. Poquelin).

34. Saint-Amant (Marc-Antoine-Gérard sieur de), poëte, 1594-1660.

35. Strozzi (Pierre), général des galères de France, mort en 1550.

36. *Sarrazin* (J.-F.), poëte, 1603-1654.

37. Bramante (architecte), maître de Raphaël, 1444-1514.

38. Callot (Jacques), 1593-1635.

39. Albane (L'), peintre, 1578-1660.

40. Cortone (Pierre de), peintre, 1609, 1669.

41. Bologne (Jean de), sculpteur, 1524-1608.

42. Caradosse (Ambroise Foppa dit le), graveur.

43. Benserade (Isaac de), poëte. (La signature de Benserade dans la feuille des *Académiciens*, publiée par le journal *le Voleur*, est celle de son père.)

44. Conrart (Valentin), de l'Académie française, 1603-1675. Ce n'est point la signature de Conrart, mais celle d'un de ses homonymes, qui a été donnée par erreur dans l'*Isographie*.

45. Segrais (Jean-Regnault de), poëte de l'Apocalypse, 1624-1701.

46. Berquin (Arnaud), l'auteur de l'*Ami des Enfants*, 1749-1791.

47. Tristan-l'Hermite (Louis), prévôt de Louis XI.

48. *Borgia* (Lucrèce).

49. Bayard (le chevalier). L'*Isographie* n'a donné qu'une simple signature.

50. Crillon (Louis de *Balbe* de), 1541-1615.

51. *François Dauphin*, fils aîné de François Ier, mort empoisonné en 1536.

52. Coictier (Jacques de), médecin de Louis XI.

53. Vanloo (Carle), peintre, 1705-1765.

54. Lote (Laurent), peintre, mort en 1569.

55. Tryboulet, le fou de François Ier.

56. Polus (le cardinal Reginald), archevêque de Canterbury, 1500-1558.

57. Lasco (Jean de), réformateur polonais du XVIe siècle.

58. Liguori (S. Alphonse de), 1696-1787.

59. Cimarosa (1754-1801).

9°.

GALERIE FRANÇAISE, *ou collection de portraits des hommes et des emmes célèbres qui ont illustré la France dans les* XVIe, XVIIe *et* XVIIIe *siècles, par une société d'hommes de lettres et d'artistes.* Paris, Lefort (imp. de F. Didot), 1821-1823, 3 vol. gr. in-4, papier vélin.

Les portraits sont de MM. Chrétien, Gautherot, Rulmann, Weber, etc., etc.; les notices de MM. Andrieux, Auger, Campenon, Denon, Fourier, Lemontey, Niel, de Ségur, Villemain et autres écrivains connus. Le premier vol. est composé de 10 cahiers de 4 pl. et de 5 numéros d'introduction; le second vol. a 12 cahiers, et le troisième 16 cahiers, formant ensemble 662 pages. Quoique daté de 1823, ce dernier vol. n'a été complété qu'en 1830. Chaque cahier de 4 pl., avec des notices et des fac-simile, a coûté 6 fr. 50 c.

10°.

ICONOGRAPHIE DES CONTEMPORAINS, *depuis* 1789 *jusqu'en* 1820. Paris, Delpech, 1823-1832, 2 v. gr. in-folio.

Composée de 200 portraits de personnages célèbres, avec un

fac-simile de leur écriture, le tout publié en 10 livrais. au prix de 12 fr. chacune. C'est une collection remarquable par l'authenticité des portraits et par la belle exécution des lithographies. On peut y réunir : *Célébrités contemporaines, ou portraits des personnages illustres de nos jours*, suite publiée chez le même éditeur en 23 livrais. de 4 portraits chacune avec des fac-simile.

11°.

ICONOGRAPHIE FRANÇAISE, *ou portraits des personnages les plus illustres qui ont paru en France depuis François Ier (et quelques années avant) jusqu'à la fin du règne de Louis XVI*. Paris, veuve Delpech. 1828 et années suivantes, gr. in-fol.

Publiée de la même manière que l'*Iconographie des Contemporains*, et également recommandable sous le double rapport du choix des originaux et de l'exécution. Il y a 200 portraits en 50 livraisons. On a donné, pour l'*Iconographie française*, un titre imprimé sous la date de 1840, et une *table alphabétique* des personnages.

Les portraits compris dans ces deux belles collections ont été réduits en petite proportion format in-8.

TABLE DE L'*ICONOGRAPHIE DES CONTEMPORAINS* :

Aiguillon (Armand-Vignerod-Duplessis Richelieu, duc de).
Alexandre Ier (Paulowitsch, empereur de Russie).
Angoulême (Louis-Antoine-d'Artois, duc d').
Angoulême (Marie-Thérèse-Charlotte de France, duchesse d').
Augereau (Pierre-François, duc de Castiglione).
Bacciochi (Marie-Anne-Elisa Bonaparte, Mme de).
Bailly (Jean-Sylvain).
Barbaroux (Charles-Jean-Marie).
Barbé (de Marbois, François).
Barnave (Pierre-Joseph-Marie).
Barras (Paul-Jean-François-Nicolas, comte de).

Barrère (de Vieuxsac, Bertrand).
Barthélemy (Jean-Jacques).
Beauharnais (Eugène, prince Eugène).
Beauharnais (Eugénie de, *Voy.* Hortense).
Bernadotte (Jean-Baptiste-Jules, roi de Suède, sous le nom de Charles-Jean).
Bernardin de Saint-Pierre (Jacques-Henry).
Berry (Charles-Ferdinand d'Artois, duc de).
Berry (Caroline - Ferdinande - Louise, duchesse de).
Berthier (Alexandre, prince de Neufchâtel et de Wagram).
Berthollet (Claude-Louis).

Bessières (Jean-Baptiste, duc d'Istrie).

Beurnonville (Pierre-Riel, comte de).

Biron (Armand-Louis de Gontaut, duc de).

Boissy d'Anglas (François-Antoine).

Bonaparte (Charles), père.

Bonaparte (Letitia Ramollini, Mme, mère).

Bonaparte (Joseph).

Bonaparte (*Voy*. Napoléon).

Bonaparte (Lucien).

Bonaparte (Louis).

Bonaparte (Jérôme).

Bonaparte (Mme, *Voy*. Joséphine).

Bonaparte (Elisa, *Voy*. Bacciochi).

Bonaparte (Caroline, *Voy*. Murat).

Bonaparte (Pauline, *Voy*. Borghèse).

Bonchamp (Arthur, comte de).

Bonnier d'Alco (Ange-Elisabeth-Louis).

Bordeaux (Henri-Charles-Ferdinand-Dieudonné, duc de).

Borghèse (Marie-Pauline Bonaparte, princesse).

Bouillé (François-Claude-Amour, marquis de).

Bourbon (prince de Condé, Louis-Joseph de).

Bourbon (Louis-Henri-Joseph de Bourbon, duc de).

Bourbon-Condé (duc d'Enghien, Louis-Antoine-Henri de).

Brissot (Jacques-Pierre).

Brune (Guillaume-Marie-Anne).

Cadoudal (Georges).

Calonne (Charles-Alexandre de).

Cambacérès (Jean-Jacques-Régis de).

Cambronne (Pierre-Jacques-Etienne).

Campan (Henriette Genet).

Carnot (Lazare-Nicolas, marquis de).

Carrier (Jean-Baptiste).

Cathelineau (Jacques).

Caulaincourt (Armand-Anquetin-Louis, duc de Vicence).

Cazalès (Jacques-Antoine-Marie de).

Chalier (Marie-Joseph).

Championnet (Jean-Etienne).

Chaptal (Jean-Antoine).

Charette (de la Contrie, François-Athanase).

Charles X (roi de France).

Chateaubriand (François-Auguste, vicomte de).

Chaumette (Pierre-Gaspard).

Chauveau-Lagarde.

Chénier (Marie-Joseph de).

Condorcet (Marie-Jean-Antoine-Nicolas Contat, marquis de).

Corday d'Armont (Marie-Anne-Charlotte).

Corvisart (Jean-Nicolas).

Custine (Adam-Philippe, comte de).

Cuvier (Georges).

Danton (Georges-Jacques).

David (Jacques-Louis).

Davoust (Louis-Nicolas, prince d'Eckmülh).

Decazes (Elie).

Delille (Jacques).

Denon (Dominique-Vivant).

Desaix de Voinoux (Louis-Charles-Antoine).

Desgenettes (René-Nicolas Dufriche).

Desmoulins (Camille).

Drouot (Antoine, comte).

Dubois (Antoine).

Ducis (Jean-François).

Dumouriez (Charles-François).

Duport (Adrien).

Duroc (Michel, duc de Frioul).

Elisabeth, sœur de Louis XVI.

Fabre d'Eglantine (Pierre-Joseph-Mazaine).

Fesch (Joseph).

Firmont (Henri-Essex-Edgeworth).

Fouché (Joseph, duc d'Otrante).

Fouquier-Tinville (Antoine-François).

Fourcroy (Antoine-François).

Foy (Maximilien-Sébastien).

François Ier (Joseph-Charles-Jean, empereur d'Autriche).

François (de Neufchâteau Nicolas).

Frédéric-Guillaume III (roi de Prusse).

Genlis (Mme de).

Georges IV (Frédéric-Auguste, roi d'Angleterre).

Girardin (Cécile-Stanislas-Xavier, comte de).

Gohier (Louis-Jérôme).

Gouvion Saint-Cyr (Louis-Jean-Baptiste).

Grégoire (Henri).

Hautpoul-Salette (Jean-Joseph d').

Hérault (de Séchelles, Marie-Jean).

Hoche (Lazare).

Hortense (la reine).

Joséphine (l'impératrice).

Jourdan (Jean-Baptiste).

Junot (Andoche, duc d'Abrantès).

Kellermann (duc de Valmy).

Kléber (Jean-Baptiste).

Lacépède (Bernard-Germain-Etienne, comte de).

La Fayette (Gilbert Motier, marquis de).

Lagrange (Joseph-Louis).

Lally Tollendal (Trophime-Gérard, marquis de).

Lamballe (princesse de).

Lameth (Charles-Malo-François de).

Lameth (Alexandre-Théodore-Victor de).

Lanjuinais (Jean-Denis).

Lannes (Jean, duc de Montebello).

La Pérouse (Jean-François Galaup de).

La Reveillère-Lepeaux (Louis-Marie).

Lariboissière.

Lavalette (Emilie-Louise de Beauharnais, comtesse de).

Lebon (Joseph).

Lebrun (Charles-François, duc de Plaisance).

Lefebvre (maréchal, duc de Dantzick).

Legendre (Louis).

Lepelletier (de Saint-Fargeau, Louis-Michel).

Loménie de Brienne (Etienne-Charles de).

Louis XVI (roi de France).

Louis-Charles (dauphin, Louis XVII).

Louis XVIII (roi de France).

Louverture (Toussaint).

Lückner (Nicolas).

Macdonald (Etienne-Jacques-Joseph, duc de Tarente).

Malesherbes (Chrétien-Guillaume de Lamoignon de).

Malet (Charles-François).

Malouet (Pierre-Victor).

Marat (Jean-Paul).

Marceau (général).

Maret (Hugues-Bernard, duc de Bassano).

Marie-Antoinette (reine de France).

Marie-Thérèse (Charlotte, duchesse d'Angoulême).

Marie (Joséphine-Louise de Savoie, comtesse de Provence).

Marie-Louise (impératrice des Français).

Marmont (maréchal, duc de Raguse).

Mars (Mlle).

Masséna (André, prince d'Essling).

Maury (Jean-Siffrein).

Mennais (abbé de La).

Merlin (de Douai).

Merlin (de Thionville).

Mirabeau (l'orateur, comte de).

Molitor (comte).

Moncey (maréchal, duc de Conegliano).

Monge (Gaspard).

Montesson (marquise de).

Moreau (Jean-Victor).

Mortier (maréchal, duc de Trévise).

Monnier (Jean-Joseph).

Murat (Joachim).

Murat (Caroline).

Napoléon Ier.

Necker (Jacques).

Ney (maréchal, prince de la Moskowa).

Orléans (Louis-Philippe-Joseph, duc d').

Orléans (Louis-Philippe, duc d').

Oudinot (maréchal, duc de Reggio).

Pache (Jean-Nicolas).

Paoli (Pasquale).

Pasquier (Etienne-Denis, duc).

Pastoret (Claude-Emmanuel-Joseph-Pierre de)

Pétion (Jérôme).

Peyronnet (Pierre-Denis de).

Pichegru (Charles).

Pie VII (pape).

Polignac (Armand-Jules-Marie-Héraclius de).

Poniatowski (Joseph, prince).

Rabaut Saint-Etienne (Jean-Paul).

Regnault de Saint-Jean-d'Angély (Michel-Louis-Etienne).

Reichstadt (François-Joseph-Charles Napoléon, duc de).

Rewbell (Jean).

Richelieu (Armand-Emmanuel-Sophie-Septimanie Duplessis, duc de).

Robespierre (Maximilien de).

Rochefoucauld-Liancourt (François-Alexandre-Frédéric, duc de La).

Rochejacquelein (Henri de).

Roland (de la Platrière, J. M.).

Roland (Marie-Jeanne Philipon, femme).

Roy (Antoine).

Saint-Just (Antoine-Louis-Léon de).

Santerre (général de la garde nationale de Paris).

Savary (maréchal, duc de Rovigo).

Siéyès (abbé).

Sombreuil (Mlle de).

Soult (Jean-de-Dieu, maréchal, duc de Dalmatie).

Staël-Holstein (Mme de).

Talleyrand (Charles-Maurice de Périgord, comte de Bénévent).

Tallien (Jean-Lambert).

Talma (François-Joseph).

Valence (Cyrus-Marie-Alexandre, comte de).

Vergniaud (Pierre-Victorin).

Victor (maréchal, duc de Bellune).

Villèle (ministre, Joseph de).

12°.

ALBUM COSMOPOLITE, ou choix des collections de M. Alexandre Vattemare, composé de sujets historiques et religieux, paysages, marines, intérieurs, costumes et scènes de mœurs, fleurs, médailles et portraits, manuscrits, vitraux, etc., tous originaux, dessinés par les principaux artistes de l'Europe, accompagnés de textes et fac-simile d'autographes de souverains, princes, ministres, savants, poëtes, artistes, etc. Paris, Challamel, 1837-1840, in-folio oblong et in-4.

Ouvrage publié en 20 livrais. de 5 pl. avec texte. Il se vendait 150 fr., et sur papier de Chine, 240 fr.

Vraie Histoire, par Léo Drouyn et Saint-Edme. 184... Ouvrage inachevé, publié en livraisons dont sept seulement ont paru.

13°.

C'est le moment de nommer, avec les éloges que méritent la variété piquante et la qualité de plus en plus choisie de ses reproductions, un journal dont la lecture est une des plus amusantes et des plus instructives récréations qui se puissent imaginer. Dirigé par un homme dont l'initiative inventive et originale ne sera déniée par personne, rédigé par un écrivain de la bonne race des curieux, érudit sans pédantisme, honnête sans affectation, et spirituel sans malignité, ce recueil, dont les éléments sont puisés dans les recueils antérieurs, les archives publiques, les collections privées qui lui ont été ouvertes avec un empressement qui est tout un éloge, a rallié tout un public de plus en plus nombreux et dévoué autour des choses de la curiosité. Fait avec la verve et la résolution françaises, ce journal console, par son succès et par les qualités qui le méritent, notre amour-propre humilié de la pénurie de notre Bibliothèque autographique. Les étrangers n'ont rien qui soit comparable à ce chef-d'œuvre d'improvisation, et nous ne leur conseillons pas de l'imiter. *Traduttore traditore.* Que MM. les Allemands et MM. les Anglais, qui savent mieux que nous faire un *Mémoire* ou un *speech*, ne se piquent pas de nous apprendre à faire un journal, et qu'ils se résignent à nous admirer en se servant de nous, comme les highlanders massifs qui s'extasiaient devant la dextérité de nos zouaves qui avaient fait leur café avant qu'ils eussent songé au leur, et qui, à Inkermann, ont su vaincre avant qu'ils ne fussent bien éveillés.

L'Autographe en est au 1er numéro (25) de la 2e année. Sa série complète formera un recueil de 2000 à 3000 fac-simile, et deviendra le vrai musée de la curiosité autographique. — 12 fr. par an, 2 numéros par mois; rue Rossini, 3.

IV

Deuxième Partie

ANALYTIQUE.

I

OUVRAGES ÉTRANGERS[1]

Contenant des *Fac-simile.*

1°.

Iconographie des contemporains étrangers, par Motte.

2°.

THANE (J.), *British Autography.* A collection of fac-simile of the Handwritings of royal and illustrious Personages, With their authentic portraits. Lond., 1788, 3 vol. in-4.

3°.

AUTOGRAPHS of royal, noble, learned and remarkable personages conspicuous in english history, from the reign of Richard the Second to that of Charles the Second, whith some illustrious foreigners; contraining many passages from important letters. Engraved under the direction of Charles John Smith. Accompanied by concise biographical memoirs, and interesting extracts from the original documents; BY JOHN GOUGH NICHOLS. London, printed by and for J. B. Nichols and son, 25 Parliament street, 1829. 1 vol. gr. in-4, non paginé, avec table des noms.

Cet ouvrage, un des classiques anglais de la science autographique, a pour épigraphe ces lignes de Shakspeare :

> « MALVOLIO. By my life, this is my lady's hand;
> these be her very C's, her U's, and her T's and
> thus makes she her great P's. It is, in contempt
> of question, her hand. »   TWELFTH WIGHT.

Une *Préface* de quatorze pages contient des renseignements et des détails spéciaux très-intéressants, même après les publica-

1. Aucun de ces ouvrages n'est mentionné par Peignot et Fontaine.

tions qui ont aujourd'hui complétement débrouillé ce chaos des origines de la curiosité autographique.

Si le succès encourage notre tentative, nous donnerons à nos lecteurs, non plus une analyse des ouvrages étrangers, mais une traduction des plus importants passages. Pour le moment, et pour faire apprécier l'utilité du recueil de Nichols, nous nous bornerons à donner la table des personnages dont on y trouve la signature ou des extraits autographes.

Abbott (Robert, évêque de Salisbury).

Alasco (John).

Albany (John Steward, duc d').

Albemarle (Georges Monck, duc d').

Allen (Thomas).

Andrewes (Lancelot, évêque de Winchester).

Angus (Archibald Douglas, 6ᵉ comte d').

Anne Boleyn (femme d'Henri VIII).

Anne de Cléves —   —

Anne de Danemarck (femme de Jacques Iᵉʳ).

Apsley (sir Allen).

Argyll (Archibald Campbell, 5ᵉ comte d').

Argyll (Archibald Campbell, marquis).

Arlington (Henry Bennet, comte d').

Arran (Yorry Hamilton, 2ᵉ comte d').

Arran (James Hamilton, 3ᵉ comte d').

Arundel (Henry Fitz-Allan, 16ᵉ comte d').

Arundel (Catherine, comtesse d').

Arundel (Thomas Fitz-Allan, 16ᵉ comte d').

Arundel (Thomas Howard, comte d').

Ascham (Roger).

Astley (Jacques 1ᵉʳ lord).

Atholl (John Murray, 4ᵉ comte d').

Aubigny (Catherine, lady).

Audley (Thomas, lord).

Aylmer (John, évêque de Londres).

Bobington (Gervais, évêque d'Exeter).

Bacon (sir Nicolas).

Bacon (Antony).

Bacon (sir Francis).

Bancroft (Richard, archevêque de Canterbury).

Barkham (John).

Barlow (William, évêque de Lincoln).

Barnes (Richard, évêque de Durham).

Bath (John Bourchier, 2ᵉcomte de).

Bath (William Bourchier, 3ᵉ comte de).

Beatoun (James, archevêque de S.-Andrews).

Beauchamp (Edward Seymour, lord).

Beaufort (Henry, cardinal).

Beaumont (John, 1ᵉʳ vicomte de).

Bedford (John Plantagenet, duc de).

Bedford (John Russell, 1ᵉʳ comte de).

Bedford (Francis Russell, 2ᵉ comte de).

Bedford (Edward Russell, 3ᵉ comte de).

Churchyard (Thomas).
Clarence (Georges Plantagenet, duc de).
Clarendon (Edward Hyde, comte de).
Clarke (John, évêque de Bath).
Claude (femme de François Ier).
Clench (sir John).
Clifford (sir Thomas).
Clinton (Edward, lord, 1er comte de Linc).
Clusius (Carolus).
Cobham (William Brooke, 4e lord).
Cobham (Georges Brooke, 6e lord).
Coke (sir Edward).
Conway (Edward, 1er vicomte).
Conway (and Kilnlta Edward, vicomte).
Corbet (Miles).
Cottington (Francis, 1er lord).
Cotton (sir Robert).
Coventry (Thomas, 1er lord).
Cooper (Thomas, évêque de Winchester).
Cox (Richard, évêque d'Elly).
Cranborne (Robert Cecil, vicomte).
Crane (sir Francis).
Craumer (Thomas, archevêque de Canterbury).
Crawford-Lindsay (John, comte de).
Croft (sir James).
Cromwell (Thomas, comte d'Essex).
Cromwell (Olivier).
Cromwell (Richard).
Cromwell (Henry).
Cumberland (Henry Clifford, 1er comte).
Cumberland (Georges Clifford, 3e comte).
Dacre (Thomas, lord).
Danby (Henry Dawers, comte).
Danyel (Samuel).
Darnley (Henry, mari de Marie Stuart).

Davison (William).
Davison (Francis).
Dce (Dr John).
Denbigh (William Fielding, 1er comte).
Denbigh (Susan, comtesse de).
Denny (sir Antony).
Derby (Edward Stanley, 3e comte de).
Derby (Henry Stanley, 4e comte).
Derby (Dorothée, comtesse de).
Dethick (sir William).
Devonshire (Thomas Courtney, 6e comte de).
D'Ewes (sir Symonde).
Digby (sir Keneln).
Donne (John).
Dorchester (Dudley Carleton, vicomte).
Dorset (Thomas Grey, 2e marquis de).
Dorset (Henry Grey, 3e marquis de).
Dorset (Cecily, marquise de).
Dorset (Marguerite, marquise de).
Dorset (Thomas Sackville, 1er comte de).
Dorset (Richard Sackville, 3e comte de).
Dorset (Edward Sackville, 4e comte de).
Drake (sir Francis).
Dudley (lord Guilford).
Dudley (lady Jane).
Dudley (Amy, lady).
Edward (prince, 1456).
Edward (the fourth, roi d'Angleterre).
Edward (the fifth,   id.
Edward (the sixth,   id.
Egerton (sir Thomas).
Elisabeth (d'York, femme de Henri VIII).
Elisabeth (reine d'Angleterre).
Elisabeth (reine de Bohême).

Elisabeth (princesse, fille de Charles Ier).

Elleomene (Thomas Egerton, lord).

Elyot (sir Thomas).

Erasmus (Desiderius).

Essex (Henry Bourchier, 1er comte
d').

Essex (Henry Bourchier, 2^e comte
d').

Essex (Thomas Cromwell, comte d').

Essex (Walter Devereux, 1er comte
d').

Essex (Robert Devereux, 2^e comte
d').

Essex (Robert Devereux, 3^e comte
d').

Exeter (John Holland, 1er duc de).

Exeter (See Huntingdon).

Exeter (Henry Courtenay, marquis
de).

Exeter (Thomas Cecil, 1er comte d').

Fairfax (Ferdinand, lord).

Fairfax (sir Thomas).

Falkland (Henry Carey, 1er vicomte).

Falkland (Lucius Carey, 2e vicomte).

Faucanberg (William Nevill, lord).

Fénelon (marquis de La Mothe).

Ferdinand (the first, empereur
d'Allemagne).

Fisher (John, évêque de Rochester).

Fleetwood (William).

Fleetwood (lieuten.-gén. Charles).

Fortescue (sir John).

Fox (Richard, évêque de Winchester).

Fox (Edward, évêque de Hereford).

Francis (the first, roi de France).

Francis (the second, id.

Francis (de Valois, duc d'Anjou).

Frederik (électeur palatin de Bohême).

Frobiser (sir Martin).

Gage (sir John).

Gage (sir John K. G.).

Gardiner (Stephen, évêque de Winchester).

Gascoigne (Georges).

Glaucester (Humphrey Plantagenet,
duc de).

Glaucester (Richard Plantagenet,
duc de).

Godwin (Francis, évêque de Llan-
daff).

Gondomar II (comte de).

Goodrich (Thomas, évêque d'Ely).

Goring (Georges, lord).

Grandison (Olivier St-John, 1er vicomte).

Grenville (sir Richard).

Gresham (sir Thomas).

Greville (sir Fulke).

Grey (lady Jane).

Grey (of Wark William, 1er lord).

Grindal (Edmond, archevêque de
Canterbury).

Gruter (James).

Guldeford ou *Guilford* (sir Henry).

Gustave (Adolphe, roi de Suède).

Haddon (Walter).

Hamilton (James, 2e marquis de).

Haryngton (John, 1er lord).

Haryngton (John, 2e lord).

Hastings (William, 1er lord).

Hatton (sir Christophe).

Hatton (lady Elisabeth).

Hawkins (sir John).

Hayward (sir John).

Heath (Nicolas, archevêque d'York).

Heinsius (Daniel).

Heneage (sir Thomas).

Henry (the fourth, roi d'Angleterre).

Henry (the fifth, roi d'Angleterre).

Henry (the sixth, id.

Henry (the seventh, roi d'Angleterre).

Henry (the eigth, roi, d'Angleterre).

Henry (prince de Galles).

Henry (the second, roi de France).

Henry (the third,   —

Henry (the fourth,   —

Henriette (Marie, femme de Charles Ier).

Herbert (sir William).

Herbert (sir John).

Herbert (of Cherbury Edward, lord).

Herrick (Robert).

Hertford (Edward Seymour, comte d').

Hetelrige (sir Arthur).

Hoby (sir Philip).

Holland (Henry Rich, 1er comte).

Holland (Philemon).

Holst (Ulric, duc de).

Hoston (John, évêque de Norwich).

Horne (Robert, évêque de Winchester).

Howard (d'Effingham William, 1er lord).

Howell (James).

Hunsdon (Henry Carey, 1er lord),

Huntingdon (John Holland, comte).

Huntingdon (Henry Hastings, 3e comte).

Huntley (Georges Gordon, 4e comte).

Hutton (Mathieu, archev. d'York).

Hyde (Anne).

Ireton (Henry).

Jacques (the first, roi d'Angleterre).

Jacques (the fourth, roi d'Ecosse).

James (the fifth, roi d'Ecosse).

James (the sixth,   id.

James (William, évêque de Durham).

Jeanne (de Navarre, mère de Henri IV).

Jeanne (Seymour, femme de Henri VIII).

Jermyn (Henry, comte de Saint-Albans).

Jonson (Ben).

Jonstone (John).

Junius (Francis).

Juxon (William, évêque de Londres).

Catherine (d'Aragon, femme de Henri VIII).

Catherine (Barr, femme de Henri VIII).

Kellawe (Robert, évêque de Durham).

Kildare (Gerald Fitz-Gerald).

Kingston (sir William).

Knollys (sir William).

Knollys (William, lord).

Lake (sir Thomas).

Lambarde (William).

Lambert (major général John).

Langdale (Marmaducke, 1er lord).

Latimer (John Nevill, lord).

Latimer (Hugh, évêque de Worcester).

Laud (William, archevêque de Canterbury).

Lauderdale (John Maidland, duc de).

Lee (Roland, évêque de Lichfield et Coventry).

Lee (Edward, archevêque d'York).

Leicester (Robert Dudley, comte de).

Leicester (Robert Sidney, comte de).

Leland (John).

Lennox (Mathieu, 4e comte de).

Lennox (Elisabeth, comtesse).

Lennox (Marguerite, comtesse).

Lennox (See Richmond).

Lenthall (William).

Leslie (John, évêque de Ross).

Leslie (général David).

Leven (Alexandre Leslie, 1er comte de).

Lilly (William).

Lincoln (Edward Clinton, 1er comte de).

Lincoln (Henry Clinton, 2e comte de).

Lisle (Arthur Plantagenet, vicomte).

Loftus (Adam, archevêque de Dublin).

Longland (John, évêque de Lincoln).

Loudaun (John Campbell, 1er comte de).

Lowell (sir Thomas).

Louis (the eleventh, roi de France).

Louis (the thwelfth, roi de France).

Lunsford (colonel Thomas).

Luther (Martin).

Maitland (sir William).

Manchester (Edward, 2e comte).

Mar (John Erskine, 6e comte de).

March (Edward Plantagenet, comte de).

Marguerite (Tudor, femme de Jacques IV, roi d'Ecosse).

Marlborough (Jacques Ley, comte de).

Marney (Henry).

Marston (John).

Marie (de Guise, reine d'Ecosse).

Marie (Tudor, femme de Louis XII, roi de France).

Marie (the first, reine d'Angleterre).

Marie (reine d'Ecosse).

Marie (de Médicis, reine de France).

Marie (infante d'Espagne).

Massinger (Philippe).

Matthews (Thomas, archevêque d'York).

Mathias (empereur d'Allemagne).

Maurice (de Nassau, prince d'Orange).

Maximilien (the first, empereur d'Allemagne).

Maximilien II (empereur d'Allemagne).

Melanchthon (Philippe).

Mercator (Gérard).

Merula (Paul).

Middlesex (Lionel Cranfield, 1er comte de).

Mildmay (sir Walter).

Milles (Thomas).

Montagu (sir Edward).

Montrose (James Graham, 1er marquis).

More (sir Thomas).

Morley (Henry Parker, 10e lord).

Morley (Edward Parker, 11e lord).

Morley (and Mounteagle, Henry Parker, lord).

Morton (James Douglas, 4e comte de).

Mountain (Georges, évêque de Londres).

Mowbray (and Maltravers, Henry Frederick, lord).

Murray (James Stewart, comte de).

Naunton (sir Robert).

Neele (Richard, évêque de Durham).

Nevill (Georges, évêque d'Exeter).

Nevill (Robert, évêque de Durham).

Newark (David Leslie, 1er lord).

Newcastle (William Cavendish, duc de).

Norfolk (John Mowbray, 3e duc de).

Norfolk (John Howard, 1er duc de).

Norfolk (Thomas Howard, 2e duc de).

Norfolk (Thomas Howard, 3e duc de).

Rivers (Richard Widvile, comte de).
Rochford (Georges Boleyn, vicomte).
Rochford (lady Anne, Anne Boleyn).
Rochford (Jane, vicomtesse).
Rochester (Robert Car, vicomte).
Rubens (Pierre Paul).
Rudolphe II (empereur d'Allemagne).
Rupert (prince).
Russell (John, évêque de Lincoln).
Ruthall (Thomas, évêque de Durham).
Ruthven (Patrick, 3e lord).
Ruthven (William, 4e lord).
Rutland (Edward Plantagenet, comte de).
Rutland (Thomas Manners, 1er comte de).
Rutland (Francis Manners, 6e comte de).
Rutland (Eleonor, comtesse de).
Ryche (John).
Sadler (sir Ralph).
See (Verulam).
Saint-John (William Poulett, lord).
Saint-John (Olivier).
Salisbury (Richard Nevill, comte de).
Salisbury (Marguerite Plantagenet, comtesse de).
Salisbury (Robert Cecil, 1er comte de).
Salisbury (Willam Cecil, 2e comte de).
Sandys (William, 1er lord).
Sandys (Edwin, archev. d'York).
Savile (sir Henry).
Savile (Henry).
Savile (sir Thomas).
Say (sir John).
Say (and Sele William Frennes, vicomte).

Scales (Thomas, lord).
Srope (of Bolton John. 7e lord.)
Selden (John).
Seymour (of Sudley Thomas, lord).
Seymour (lady Arabella).
Shaftesbury (Ant. Astley Cooper, comte de).
Shakspeare (William).
Shrewsbury (John Talbot, 2e comte de).
Shrewsbury (Francis Talbot, 5e comte de).
Shrewsbury (Georges Talbot, 6e comte de).
Shrewsbury (Gilbert Talbot, 7e comte de).
Shrewsburg (Elisabeth, comtesse de).
Sydney (Algernon).
Sydney (sir Philip).
Sydney (See Sydney).
Skippion (major-général Philip).
Skirlaw (Walter, évêque de Durham).
Smith (Miles, évêque de Gloucester).
Smith (sir Thomas).
Somerset (Charles, 1er comte de Worcester).
Somerset (Edward Seymour, duc de).
Somerset (Robert Car, comte de).
Southampton (William Fitz-William, comte de).
Southampton (Mabell, comtesse de),
Southampton (Thomas Wriothesley, comte de).
Southampton (Henry Wriothesley, 2e comte de).
Southampton (Henry Wriothesley, 3e comte de).
Southampton (Thomas Wriothesley, 4e comte de).
Southwell (sir Richard).

Southwell (Robert).
Speed (John).
Spelman (sir Henry).
Stafford (sir Edward).
Stanley (Thomas, 1er lord).
Stowe (John).
Stradling (sir John).
Strafford (Thomas Wentworth, vicomte).
Stuart (lady Arabella).
Suffolk (William de la Pole, 1er duc de).
Suffolk (John de la Pole, 2e duc de).
Suffolk (Charles Brandon, duc de).
Suffolk (Catherine, duchesse de).
Suffolk (Henry Grey, duc de).
Suffolk (Thomas Howard, 1er comte de).
Sully (Maximilien de Bethune, duc de).
Surrey (Henri Howard, comte de).
Sussex (Robert Ratclyffe, 1er comte de).
Sussex (Thomas Ratclyffe, 3e comte de).
Sussex (Henry Ratclyffe, 4e comte de).
Sydney (sir Henry K. G.).
Sydney (lady Mary).
Sydney (sir Robert).
Sydney (See Sydney).
Silvester (Josuah).
Thurloe (John).
Totnes (Georges Carew, comte de).
Trumbull (William).
Tuke (sir Brian).
Tunstall (Cuthbert, évêque de Durham).
Typtot ou *Tiptoft* (John, lord).
Usher (Jacques, archevêque d'Armagh).
Vandyck (sir Anthony).
Vere (sir Horace).
Vergil (Polydore).

Verstegan (Richard).
Verulam (François Bacon, vicomte).
Vincent (Augustine).
Walsingham (sir Francis).
Ware (sir James).
Warham (William, archevêque de Canterbury).
Warwick (Richard Nevill, comte de).
Warwick (Ambroise Dudley, comte de).
Warwick (Robert Rich, 2e comte de).
Warwick (Anne, comtesse de).
Wenlock (John, lord).
Wentworth (sir Nicolas).
Wentworth (Thomas, 1er lord).
Westmoreland (Ralph Nevill, 4e comte de).
Westmoreland (Charles Nevill, 6e comte de).
Weston (sir Richard).
Weston (sir Richard, 1er comte de Portland).
Witelocke (Bulstrade).
Witgift (John, archevêque de Canterbury).
Whytney (Geffrey).
Wiat (sir Thomas).
Wiltshire (James Butler, comte de).
Wiltshire (Thomas Boleyn, comte de).
Williams (John, archev. d'York).
Winchelsea (Heneage Finch, 2e comte de).
Winchester (William Paulett, 1er marquis de).
Windebank (sir Francis).
Windebank (sir Thomas).
Windsor (Edward, 3e lord).
Wingfield (sir Anthony K. G.).
Wingfield (sir Richard K. G.).
Wolsey (Thomas, cardinal).

Worchester (John Typtot, comte de).

Worchester (Charles Somerset, 1er comte de).

Worchester (Henry Somerset, 2e comte de).

Worchester (William Somerset, 3e comte de).

Worchester (Edward Somerset, 4r comte de).

Wotton (Nicolas).

Wotton (sir Henry).

Wotton (Edward, 1er lord).

Wriothesley (sir Thomas).

Wuley (Thomas).

York (Richard Plantagenet, duc d').

York (Anne, duchesse de).

Nous avons cru devoir donner la liste des seings compris au recueil de Nichols, parce que pour les célébrités anglaises, c'est un répertoire unique et sûr, et que l'ouvrage est d'une excellente méthode et d'une lecture très-substantielle et instructive. Les autographes y sont accompagnés de notices sur le personnage signataire et sur l'objet de sa lettre. Une liste des portraits les plus importants augmente la valeur de ces notices.

Le recueil de Nichols ne comprend que trois signatures de Shakespeare. Pas une lettre autographe qui ait survécu à ce grand homme dont la gloire est immortelle. C'est toujours le même contraste qui fait la moralité et la leçon spéciales de la curiosité.

Quelques lettres sont en français dans le recueil de Nichols, et nous les donnons ici parce qu'elles nous paraissent intéressantes.

C'est d'abord un extrait d'une lettre de Marie Stuart, qui peint bien son aventureuse et tragique destinée :

« Je vous supplie le plus tost que vous pourres m'envoyer quérir, « car je suis en piteux estat, non pour royne, mais pour gentillfame ; « car je n'ay chose du monde que ma personne comme je me suis « sauvée.

De Virkinton, ce xvii de meg. « MARIE. R. »

Voici une curieuse lettre d'Élisabeth Stuart, reine de Bohême, fille de Jacques Ier (1596-1662). Elle peut être considérée comme un parfait modèle de cette *préciosité* qui, ridicule en France, l'était bien d'avantage à l'étranger, où de lourds Anglais et de lymphatiques Germains rivalisaient de grâces ursines et de fruste afféterie.

Voici, à titre de specimen curieux de cette maladie du pathos

qui a fait de si grotesques victimes, la lettre d'Élisabeth, qui est
d'ailleurs écrite en français :

« Monseigneur, si vostre visite m'a apporté ung singulier contente-
« ment, la départie m'en a esté d'autant plus ennuyeuse, n'ayant eu le
« loisir de recongnoistre les singulieres perfections que maintenant
« premeditant en mon esprit apperçois issir d'une source, de laquelle
« on pourroit tirer plusieurs ruisseaux et ainsi, esprise et envieuse de
« pouvoir suivre cette piste, souhaitterois avoir ce bonheur, pouvoir
« estre arrousée des rayons desquelz Votre Altesse sont continuelle-
« ment environnez, ce sera donc quand j'auray ceste faveur de pou-
« voir avec plus de temps jouir de ceste félicité, et lors me préparerez
« à satisfaire aux defaux de ceste heureuse réception, pour compli-
« ment de laquelle je compteroy de remerciments, en me consacrant
« en toute intégrité et prie Dieu me rendre méritoirement digne de ce
« pouvoir dire de Votre Altesse,
                « Très humble sœur et servante,
                                                        « ELISABETH. »
(Au prince Henry).

Voici une lettre à la reine Élisabeth, de cette Catherine de Médicis que de Thou appelle *fœmina rasti animi et superbi luxus*.

Elle est fort doucereuse et témoigne des dispositions les plus
flatteuses et les plus caressantes pour Élisabeth, qui, avec son
implacable bon sens, ne se prenait pas du tout au piége de ces
câlineries, et répondait, elle aussi, en monnaie de cour, quand
des observations timidement téméraires d'Henri III ne la faisaient pas sortir de son sang-froid et rabrouer vertement ce roi
efféminé qu'elle méprisait autant que plus tard elle estima
Henri IV :

« Madame ma bonne sœur, le Roy mon fils na volcu faillir yneonti-
« nent qui la plu adieu de lui donner le moien de pasifier son Royaume
« de vous envoyer le sieur de Bomont chevalier de son hordre, pour
« vous ennavertir; et par mesme moyen, vous remersier de bons au-
« fices que avez fayst et de la démostration que durant les trubles aves
« fayste (en le trovent, come tous princes devest très mauves) de la
« amitié que nous portes; de quoy y vous ensant tele aubligation que
« pouves fayre ayslat de lui et de cel qui est en sa puisance, et de sa
« perfecte amitié ver vous come du meilleur et plus seur frère et amys
« que ayes et aures jeames. Chause, Madame ma bonne sœur qui me
« rend si contente de voyr sete amitié entre nous dous si bien confir-
« mée come ie l'aye tous iour désiraye que je voy la rasine si bien

« prinse et en si bonne tere de tous les deux coutés pour voyr le Roy
« mon dist fils si enclin à contineuer et augmenter cete bonne yntelli-
« gence entre vous deux, que c'et la chause de cet monde que me
« peult aultent fayre vraie contente, et tent qui plera adieu que je de-
« meure en set monde, je continuerci en la mesme volonté et aufises
« auprès du Roy mon fils, pour avoyr tous iour cet contentement que
« est tient, que je pric a n're signeur mele voloyr continener ausi lon-
« guement come ie le desire.

« V're bonne seur et cousine,

« CATERINE. »

En voici une d'Henri IV, mais noble, gracieuse, galante, d'un
style vif et imagé, et respirant cette loyauté chevaleresque qui
est comme le parfum particulier de la correspondance du Béarnais :

« Madame, jescrys présantemant au Sr de Beauvoir, mon ambassadeur
« de vous donner compte des resons que j'ay de fere le voyage que je
« fays an Champaygne, quy sont telles que les yeus an ceroyent byen
« mylleurs juges que ne peuvent estre les oreylles. Vous pouvant byen
« assurer que je ne m'y fusse pas resolu sy je n'eusse veu un grand
« peryl emynant faute de le fere. J'an prevoy beaucoup d'autres et
« byen grands quy me tallonnent, contre les quels je ne puys plus
« oposer de mylleures armes que l'assurance que j'ay de v're parfayte
« amytyé et que la mauvayse volonte de mes annemys pour extresme
« qu'elle ce face reconn'aytre ne sauroyt qu'elle ne soyt inféryeure et
« en quantyté et an puyssance à la v're bonne; les efects de laquelle
« me sont plus nécesseres que jamays. Vous aves tous jours sy volou-
« tyers accepté toutes les occasyons quy ce sont ofertes de m'oblyger
« que cella fet que je m'oblyge aussy plus volontyers a vous qu'a nul
« autre; et vous devant desya tout ce que jay d'avancement an mes
« afères. Je veuy s'yl est possyble, devoyr à vous seulle la perfectyon de
« mon establysmant. Je vous supplye donc Madame, ne vous lasses
« poynt de me byen fere, a fyn que ce vaysseau que vous avez préservé
« de tant de tourmantes et d'orages, ne face le naufrage dans le port.
« Je vous bese byen humblement les meyns.

« V're byen humble frère et afectyonné servyteur,

Le IXe juyllet, à *Fère* (1589).   « HENRY. »

Voici enfin une lettre de Marie de Médicis à Charles Ier, à
l'occasion du mariage de sa fille Henriette avec ce prince infortuné :

« Monsieur mon très cher frère et beau filz outre la lettre que vous

« présentera mon nepfeu le duc de Chevreuse de ma part, celle-cy que
« vous recevrés par les mains de mon cousin le duc de Buckingham
« sera pour vous tesmoigner combien je me sens obligée des assuran-
« ces particulieres que vous luy aves commandé me donner de v're af-
« fection. Je vous en remercie autant qu'il m'est possible, et vous prie
« de croire que personne du monde n'en fera jamais plus d'estat que je
« feray. Le Roy Monsieu mon filz et moy vous donnons un gage si cher
« de la n're, que je ne doute point que vous ne la seriez tous jours très
« certaine. J'estime ma fille heureuse, puis qu'elle sera le lien et le ci-
« ment pour l'union de ces deux couronnes, et je l'estime doublement
« heureuze, nonseulement pour ce qu'elle espouse un grand Roy, mais
« une personne faite comme la v're. Je vous la recommande comme la
« créature du monde de qui m'est aussy chère, et prie Dieu qu'il vous
« bénisse touts deux. J'eusse esté infiniement contente de vous pouvoir
« dire moy-mesme sur ce sujact quelques particularites, mon indispo-
« sition m'en empeschant à mon très grand regret à ce défaut je les ay
« confiées à mon cousin le duc de Buckingham, sur qui me remettant
« je n'alongeray cette l're que pour vous tesmoigner qu'il est icy très
« dignement conduict, et qu'il y a laissé une très grande satisfaction
« de luy. Je finiray donc en vous assurant que je seray toute ma vie,
« Monsieur mon très cher frère et beau filz

« V're très affnée seur et belle mère

A *Amiens*, le xvii juin 1625.   « MARIE. »

— A collection of one hundred Characteristic and Interesting,
Autograph Letters, written by royal and distinguisted Persons
of great Britain, from the XV to the XVIII century copied an
perfect fac-simile from the originals, by Joseph Netherclift and
son. LONDON printed and published at Netherclift and son's lithographic office 23, King William street, West Strand 1849. — *Dé-
dié au prince Albert.*

Ce beau recueil contient cent lettres autographes importantes
et curieuses, publiées non plus seulement comme dans celui de
Nichols, par courts extraits qui le plus souvent ne comprennent
pas la signature, mais dans leur intégrité.

En voici la liste intéressante, avec les observations que nous
suggère leur lecture :

1. Le roi Richard III, au chancelier d'Angleterre (John Russel,
évêque de Lincoln). Lincoln, le 12 octobre 1843.

2. Marguerite de Lancastre à son fils le roi Henri VII.

3. Le roi Henri VIII au cardiual Wolsey.

4. Le roi Jacques V, d'Écosse, au roi Henri VIII.

5. Marie Tudor reine de France, femme de Louis XII, au cardinal Wolsey.

6. Marguerite Tudor, reine d'Écosse, à Wolsey (1517).

7. Anne de Boleyn à Cranmer (?).

8. La reine Catherine Parr au roi Henri VIII.

9. Prince Édouard (Édouard VI) à Catherine Parr.

10. La reine Marie (fille de Henri VIII et de Catherine d'Aragon) à l'amiral lord High.

11. La princesse, plus tard reine Élisabeth, au duc de Somerset (*relative à une proposition de mariage*).

12. Édouard VI fils d'Henri VIII et de Jane Seymour.

13. Marie Stuart, reine d'Écosse, à la reine Élisabeth.

« Ma Dame ma bonne sœur, jay guarde si longue silence non pour
« paresse ou faulte de desir de vous ramentevoir moy et mes affayres
« ou de vous fayre ouverture qui vous fust si agréable que je puisse
« par ce moyen recouvrir quelque part en vottre bonne grace, mays
« par creinte de vous importuner ne voiant aucune de mes lettres
« avvoir cest heur de meriter responce de vous comme souvent je lay
« ecrit à Monssieur de la Mothe ambassadeur du Roy Monsieur mon
« bon frère, le priant de fayre tant pour moy que de m'advertir de
« que je pourreys eviter ou amander en mes dittes lettres, pour les
« vous fayre trouver dignes au moings de quelque favorable responce ;
« mays il ne m'a donnay augune lumière en cela sinon toutes les foys
« qu'il m'a écrit, il me promet beaucoup de vottre bon naturel vers
« moy me conseillant d'en fayre preuve de reschief et vous sollissiter
« par mes lettres avvoir mémoyre de moy ; ce qui est cause que je me
« suis enhardye de vous fayre la présante par laquelle je vous suppli-
« ray de me donner responce à mes resquestes précedantes et à celles
« que Monssieur de la Mothe vous a faytes de ma part, ou bien me
« fayre entendre comme je doubray gouverner pour obtenir plus ai-
« mable traitement de vous, atendant que dieu vous inspire à mettre
« fin à mes longs enuits ou que je puisse avvoir subject de vous donner
« occasion de m'estimer vostre obligé et affectionnée amye aussi bien
« comme je vous suis prosche parente. Et pour ne vous ennuier de
« trop prolixe discours je nentreprendray pour ceste foys de particula-
« riser davvantasge l'affection que j'ay de vous complaire, vous priant

« Madame qu'a ce coup je ne me puisse doulloir que Monssieu de la
« Mothe m'ayt fait entreprendre en vain de recommancer mon accous-
« tumée façon de vous eccrire, mays que j'aye plus tost occasion par
« vostre gracieuse et désirée responce de le remercier de son bon ad-
« vis et concevvoir quelque espérance que vous escrivvent plus ample-
« ment une autrefoys je ne trouveray plus vostre oreille sourde à mes
« offres et resquestes de quoy apres vous avvoir besé les mayns je feray
« humble supplication a dieu qu'il vous doint, ma dame, en sante tres
« heurheuse et longue vie.

> « Vottre très affectionnée bonne sœur et cousine,

De Chefild, ce XVI de janvier. « MARIE R. »

14. La reine Élisabeth au roi d'Écosse Jacques VI.

15. Le roi Jacques VI à la reine Élisabeth.

16. Le roi Jacques Ier au duc de Buckingham (cette lettre ne
laisse aucun doute sur les liaisons contre nature qui existaient
entre le roi et son correspondant).

17. Le prince Henry à son père le roi Jacques Ier.

18. Élisabeth, reine de Bohême, à son père le roi Jacques Ier :

« Sire, dit cette princesse spirituelle et aventureuse, qui paraît avoir
« eu pour la langue française une prédilection de bon goût, je ne veux
« importuner Votre Majesté d'une trop longue lettre. Le Baron de Dona
« ne faudra d'informer V. M. du malheur qui nous est arrivé et nous
« a contraint de quitter Prague et venir en ce lieu icy, ou Dieu sait
« combien nous y demeurerouts je supplie donc très humblement
« V. M, d'avoir soing du Roy et de moy en nous envoyant du secours ;
« autrement nous serons du tout ruinés; il n'y a que V. M. après Dieu
« de qui nous attendons ayde ; je la remercie très humblement de la
« favorable déclaration qu'il lui a pleu faire pour la conservation du
« Palatinat. Je la supplie très humblement de faire le même pour
« nous icy, et nous envoyer un bon secours pour nous défendre contre
« nos ennemis autrement je ne say se que nous deviendrons. Je la
« supplie donc encore d'avoir pitie de nous et de n'abandonner le Roy
« à cest heur qu'il en a si grand besoing. Pour moy je suis résolue de
« ne le quitter car s'il périt, je periray aussi, mais quoy qu'il m'ar-
« rive, je ne seray jamais, jamais autre que Sire, de Votre Majesté, La
« très humble et très obéissante fille et servante.

De Bresla, ce 23/13 de novembre. « ELISABETH. »

Née en 1596, morte à Londres, le 13 février 1662, Élisabeth

était fille de Jacques Ier, roi d'Angleterre, et d'Anne de Danemark. En 1613 elle épousa Frédéric Ier, électeur palatin. Lors de la déchéance de Ferdinand II, prononcée par les États de Bohême, en 1619, Frédéric, appelé à le remplacer, n'accepta le pouvoir qu'à regret et forcé, en quelque sorte, à cette acceptation par sa femme qui « aimait mieux, disait-elle, ne manger que du pain à « la table d'un roi, que de vivre dans les délices à celle d'un « électeur. » Mal soutenu par ses alliés naturels, abandonné par Jacques Ier, Frédéric perdit avec la bataille de Prague (8 novembre 1620) le royaume de Bohême et ses États héréditaires. Élisabeth, cause en partie de ses malheurs, les adoucit par le fidèle dévouement avec lequel elle accompagna l'odyssée de son mari, qui mourut détrône et exilé.

19. Le roi Charles Ier à son fils le prince Charles.

20. Le roi Charles Ier au prince Maurice, septembre 1645. (Importante lettre.)

21. Le roi Charles II à Clarendon. (Curieuse lettre.)

22. Le roi Charles II à Clarendon.

23. Jacques, duc d'Yorck, plus tard Jacques II, au prince Rupert, 1673.

24. Le roi Guillaume III à..... (1694),

A Kinsington, ce 25 décembre/4 janvier 1694/95.

« Quoy qu'asseurément je ne sois guère en humeur d'escrire, il y a « de la satisfaction à pouvoir ouvrir son cœur à un ami; il y a quattre « jours que la Reine est tombée malade, à ce que l'on croïoit d'un « grand rume mais le lendemain qui fut dimanche, l'on vit sorti des « rougeurs sur le visage et sur les bras et toutes les marques imagina- « bles de la petitte vérole, ce qui a continué hier et les médecins et « tout le monde persuadé qu'elle les avoit mais à ce matin on a jugé « que c'étoit la rougeole avec un hérisipèle et quoiquelle en est très « plaine et fort incommodée, elle se trouve aussi bien pour le temps « qu'on le pouvoit souhaiter et la fièvre estant très modérée, vous « pouves croire en quel estat cela me mest laiment autant que je le « fais; vous savez ce que c'est d'avoir une bonne femme; si j'étois as- « sez malheureux de perdre la mienne, il faudroit se retire du monde, « et quoique nous n'avons pas de couvent, en nostre religion, l'on « trouve tous jours des endroits pour se retirer et prier le bon Dieu

« pour le reste de ces jours. J'ay bien receu vos lettres du 19 et 26 de
« décembre, mais je ne suis pas en estat d'y pouvoir répondre présen-
« tement.   « G. »

25. La reine Anne à lord Oxford.

26. Georges Louis, électeur de Hanovre, plus tard Georges Ier,
à..... (*En français.*)

27. Georges-Auguste, plus tard Georges II, à lord Halifax,
1709.

Hannover, ce 28 mars 1709.

« Mylord, vous avez voullu ajouter de nouvelles obligations à celles
« que notre Maison vous a déja en proposant des choses qui lui sont si
« avantageuses. Je vous rends bien des grâces de me l'avoir voulu man-
« der par la votre du 15 de ce mois Je suis ravy de la clause que l'on
« a ajouté de la démolition de Dunkerke la trouvant aussy convenante
« et favorable à l'Angleterre que dommageable à la France. J'espère
« que vous ne vous tromperey pas par les suites de cette campagne
« que j'espère qui rendront les propositions de l'Angleterre plus fa-
« ciles qu'on ne l'auroit crû. Au reste, je voue prie Mylord d'estre per-
« suadé de la reconnaissance que j'ai de l'amitié que vous me temoi-
« gnes toujours en particulier, et qu'il n'y a personne qui souhaite
« davantage que moy de trouver les occasions de vous marquer l'es-
« time que je fais de votre personne, et combien je suis, Mylord,

« Votre très affectionné amy,

« GEORGES-AUGUSTE. »

Ainsi, c'est dans la langue de la France qu'on se félicite de
ses malheurs. Ce contraste ne rend-il pas l'hommage plus
éclatant ?

28. Le roi Georges III au marquis de Salisbury.

29. Thomas Morus au roi Henri VIII. (Longue et belle lettre.)

30. Charles Brandon, duc de Suffolk, au roi Henri VIII.

31. Jonh Russell, 1er comte de Bedford, à Wolsey.

32. Th. Oward, comte de Surrey (plus tard 3e duc de Norfolk),
à Wolsey.

33. Le cardinal Wolsey à Gardiner évêque de Winchester.

34. Cranmer à Th. Cromwell.

35. Thomas Cromwell, plus tard comte d'Essex, à sir T. Wyatt.

36. Francis Hastings, comte d'Huntingdon, à lord Cromwell.

37. Hugh Latimer, abbé de Worcester, à .....

38. Henry Howard, comte de Surrey, à lord Cobham.

39. J. Dudley, comte de Warwick (plus tard duc de Northumberland), à lord Paget.

40. William, 1er lord Paget, à .....

41. Le cardinal Pole à la reine Marie.

42. Henri Stuart, lord Darnley, mari de Marie Stuart.

Il est impossible de ne pas remarquer et admirer l'écriture élégante, élancée, souple, fine, régulière, vraiment calligraphique de ce malheureux époux d'une reine qui usait vite ses maris et ses amants. C'est le chef-d'œuvre du recueil, et tous les éditeurs qui ont reproduit des fac-simile des autographes de Darnley, se sont extasiés sur ces harmonieux et admirables caractères. Cet homme-là écrivait trop bien pour ne pas mourir jeune.

43. John Knox à Cécil (plus tard lord Burghley).

44. Sir William Cecil, plus tard lord Burghley, à la reine Élisabeth.

45. Edward, lord Clinton, au comte de Sussex.

46. Jacques comte de Murray, régent d'Écosse, au comte de Bedford.

47. Edward Seymour (époux de Catherine fille de Jane Grey), comte d'Ucrford, aux lords du Conseil privé.

48. Réflexions écrites par Th. Howard, 4e duc de Norfolk, à la Tour de Londres.

49. Robert Dudley, comte de Leicester, à Wolsingham (1572).

50. Henry, comte de Huntingdon, à lord Burghley, 1573.

51. Sir William Maisfond à lord Burghley.

52. Moth Parker, archevêque de Canterbury, à Burghley.

53. Philippe Hovard, comte d'Arundel, à lord Burghley.

54. Walter Devereux, comte d'Essex, au lord Trésorier.

55. Sir Chrest-Hatton à Burghley.

56. Lord Burghley au comte de Leicester.

57. Sir Philip. Sidney à M. Davison.

58. Robert Devereux, comte d'Essex, à .....

59. Lord Mountjoy à la reine Élisabeth.

60. R. Sackville, comte de Dorset, à sir Julius Cæsar, 1606.

61. Henry Wriothesley, 3e comte de Southampton, à .....

62. Lady Arabella Stuart (Seymour) au Conseil privé. (Admirable écriture.)

63. Sir Kenelin Degby à sir R. Cotton.

64. Sir Edward Cecil, plus tard vicomte Wimbledon, à .....

65. Le marquis, puis duc de Buckingham, au roi Jacques Ier, 1623.

66. Dudley Carleton, vicomte Dorchester, à sir R. Cotton.

67. Jonh Hanspden à sir John Eliott, 1631.

68. Le comte de Strafford à lord Conway, 1640.

69. Le prince Rupert au marquis de Newcastle.

70. Le général Fairfax à Lenthall, 1645.

71. Olivier Cromwell à sir Th. Fairfax.

72. Olivier Cromwell au colonel Hacker.

73. R. Bradshawe à O. Cromwell, 1650.

74. Richard Cromwell à son frère Henry Cromwell, lord. lieutenant d'Irlande, 1658.

75. Lord Clarendon à sir R. Atkins, 1666.

76. William Howard, vicomte Stafford, à la comtesse d'Arundel.

77. Lord Arlington au duc d'York, 1673.

78. Georges Villiers, 2e duc de Buckingham, à lord Rochester, 1677.

79. John Leslie, duc de Rothes, à .....

80. Lord Macclesfield à sir Robert Atkins, 1684.

81. Jacques Butler, 1er duc d'Ormond, à ....., 1684.

82. Le duc de Monmouth à la reine douairière, 1685.

83. Lord Halifax au lord Chief Baron, 1689.

84. Lord (Keeper) Somers à ....., 1693.

85. Le comte de Sunderland au duc de Newcastle, 1708.

86. Jacques Stuart (le prétendant) au duc de Vendôme, 1710.
(Belle et régulière écriture.)

De Saint-Germain, le 29 décembre 1710.

« Mon cousin, jay receü ce matin votre lettre du 12 ou vous me ren-
« de bien justice de croire que les nouvelles d'Espagne me feroient
« plaisir car ils m'en ont fait un très sensible, par rapport aux deux
« Roys dont les intérests me sont autant à cœur que les miens pro-
« pres; et outre cela en particulier, par rapport à la gloire que vous
« avez euë de remettre si subittement ces affaires d'Espagne, qu'on
« croyoit presque perduës avant vostre arrivée. Je suis ravie que
« vous estes content du comte Mahony, et d'apprendre que les autres
« Irlandois ont bien fait leur devoir: quoique jaye la consolation de
« voir qu'ils le font bien partout, je suis cependant persuadé que la
« confiance qu'ils ont en vous, et de se voir sous vostre conduitte, n'y
« aura pas peu contribué dans ces dernieres occasions ; je suis très sen-
« sible des bontés que vous avez pour eux et ose repondre qu'ils ne
« s'en rendront jamais indignes. La Reine me charge de vous faire
« milles compliments et de vous assurer que la part que vous avez euë
« dans les derniers événements luy a fait un sensible plaisir. M. de
« Zuniga nous a rendue conte à l'une et à l'autre de tout ce qui s'y est
« passée et il me semble qu'on peut raisonnablement esperer de voir
« bientôt le Roy d'Espagne en paisible possession de ses royaumes ; au
« moins je le souhaitte de tout mon cœur, et que vous ayez l'avantage
« d'achever vous mesme ce que vous aves mis en si bon train. Si je
« n'avois pas esté un peu incommodé ces jours passés, je vous aurois
« escrit plus tost, car quoi qu'il y a long temps que je ne vous ay veu,
« je ne m'intéresse pas moins dans tout ce qui vous regarde, ny ne
« pourra jamais oublier l'amitié que vous m'aves toujours temoigné ;
« soyez, je vous prie, bien persuadé de la mienne, et que je seray
« toujours

« Votre affectionné cousin,

« JACQUES R. »

« Puisque vous m'avez escrit en cérémonie, je vous ai respondü de

« même, mais je vous prie de retrancher cela une autre fois, car je
« seres ravy d'avoir quelquefois de vos nouvelles, et suis trop per-
« suadé de vos sentiments à mon égard pour que les compliments
« soient nécessaires. »

87. John Churchill, 1ᵉʳ duc de Marlboroug, à ....., 1711.

88. Gilbert Burnet, évêque de Salisbury, à ....., 1714.

89. Lord Rochester à sa femme, 1724.

90. William, duc de Cumberland, au général Mordaunt, 1749.

91. Le duc de Newcastle à M. Sharpe.

92. Sir William Blackstone à ....., 1756.

93. Lord Hardwicke à ....., 1763.

94. Lord Mansfield à M. Fitzroy, 1773.

95. Lord North à ....., 1774.

96. Lord Thurlou à sir Wilmot, 1778.

97. Sir Ralph Abercromby à ....., 1788.

98. Sir William Jones à sir E. Wilmot, 1789.

99. Horace Walpole à Mʳˢ Mingdon. (Paris, 1ᵉʳ sept. 1771
et Strawberry-Hill, 11 juin 1780.)

100. Edmond Burke à sir Wilmot, 1795.

L'Angleterre n'a pas de journal d'autographes. Elle n'a pu encore que contrefaire assez servilement, sans pouvoir atteindre à
sa variété et à son succès, notre journal spécial, d'une allure si
française : *L'Autographe*, digne frère du *Figaro*. Une publication
par livraisons, qui existe encore, répond, à divers intervalles, et
sous la forme purement historique aux besoins d'une curiosité
plus grave que la nôtre, c'est l'ouvrage intitulé :

— THE AUTOGRAPH SOUVENIR a *collection of Autograph letters*. Interesting documents, etc., selected from the British Museum and
from other sources public et private executed in fac-simile by
Frederick George Netherclift lithographic artist. Le commentaire est de M. Richard Sims, du British Museum. *Publié à petit
nombre* published by F. G., nether clift, lithographer, engraved
et general printer. 17, Mill street, conduit street, etc.

Signatures *lithographed*, of the members of the british association for the adrancement of science wo met at Cambridge june 1833. (M. 61 taf fac-simil.) Cambr. 1833. 4.

Sotheby. *S. L.* Un published documents, marginal notes and memoranda in the autograph of Philip Melanchton and of Martin Luther. (M. Melanchtons lithogr., portr. u. 38 taf. lith. fac-simil.) Londres, 1840, fol.

Fac-similes of historical and litterary curiosities, accompanied by etchings of interesting localytyes. Engraved and lithogr. by and under the direction of Ch. J. Smith Nr I-VI (a 12 lith. u. text.) Lond., 1836, gr. 4.

Netherclift F. Autograph. Miscellany : a collection of autograph letters interesting documents, etc., executed in fac-simile lithography. I. Ger. Lond., 1855, impr. 4.

Parmi les catalogues de ventes d'autographes, il en est deux, analysant deux collections justement célèbres, qui contiennent de nombreux fac-simile et qui, moins bien faits que les notes sous plus d'un rapport, leur sont très-supérieurs par le luxe de l'impression, la noblesse du format, la beauté du papier et surtout ces précieux fac-simile qui sont autant de résurrections, et dont aucun catalogue qui se respecte ne devrait négliger l'ornement sauveur de l'oubli. Les fac-simile sont les fleurs aromatiques qui embaument le squelette des catalogues et les préservent de la dissolution.

Catalogue *of Highly interesting and valuable Autograph letters and historical manuscripts, being the well known collection of Monsr A. Donnadieu. — Londres, Puttick et Simpson, 191, Piccadelly, 1851.*

La collection Donnadieu était une des plus belles connues, moins par le nombre que par la qualité des pièces. Nous signalerons en passant, d'un salut quelquefois prolongé, les lettres dont il nous paraît utile de conserver pour l'histoire la trace précieuse, et nous compterons les beaux fac-simile de ce recueil qui, après avoir été un catalogue de vente, devient un digne habitant de la Bibliothèque.

Albret (Jeanne). Belle lettre à Charles IX, 17 avril 1572.

« Monseigneur, ayant connu par les assurances et promesses qu'il
« vous plaist nous faire de voulloir une bonne et sur paix, et l'union de
« vos bons et fidelles subjects et très humbles serviteurs, en ce mesme
« desir jen ay rendu grasses à ce bon Dieu qui a regardé tant Vre Ma-
« jesté que nous en pilié, pour mettre fin à un tel et misérable cours
« de ruines qu'il n'avoit plus guères de chemin à faire pour en estre
« au bout en qu'ayant esté depesché par mon fils, mon nepveu et les
« seigneurs de nre armée et nous qui sommes isy, les sieurs de Beau-
« vais, de Theligny et La Chapetière? En instruitte de ceste negossia-
« tion.... Je crains merveilleusement, veu les menées qui se font au
« contraire et par qui vous le savez bien que ses broullons nous ont
« tant trompez pour faire une paix fourrée comme ont esté les aultres
« et par ce point nous ruine ny fasse tomber la premiere ruine sur
« vous et sur vostre estat.... Monseigneur, ne trouves, s'il vous plaist,
« mauvays ma crainte qui n'elle nullement fondée comme ceux qui
« veullent tourner le vray sens de mes actions vous pourrayst déguiser
« sur quelques mefiances que jay de vre vertu, magnanimité et foy. »

Anne d'Autriche. Lettre au duc de Saxe-Weymar. Saint-Germain en Laye, 6 octobre 1638.

« Mon couzin, je ne doubte poinct que la nouvelle de la naissance
« de mon filz et Daufin (Louis XIV) ne vous ayt donné la joie que l'on
« recoit de cet heureux succès et que l'on a passionnément désiré. »

Antomarchi. (Notes autographes.)

Un jour l'Empereur lui dit : « Prenez, Dottoracio, ce télescope
« qui m'a bien servi dans mes campagnes ; au point du jour et à
« chaque coup d'alarmes, vous irez à la découverte et me rendrez
« compte de ce que vous aurez vu et remarqué. » — Quelques
jours après, le docteur ayant voulu rendre le télescope, Napoléon
lui dit, en le prenant par les oreilles : « Comment, coquin de
« docteur, vous ne le voulez pas ? »

Batarnay (Jeanne-Gabrielle), femme de Du Bouchage, au
comte Du Bouchage. *Nançay*, 5 septembre 1572.

« Mon frère mande à Madame de Nançay que tous les huguenots
« vont à la messe, fors le Roy de Navarre et le prince de Conday et
« qu'elle fasse bien fermer les portes de siens, je pance que vous feray

« bien d'en faire de mesme, il écrit aussi que aussitot que l'amiral fut
« blessay, qui manda que l'on sonat ses enfants à Genève se que l'on a
« fait, i sens de M. Lendilot de quoy set grand dommage. Marcé nous a
« dit que le Roy a mande au duc d'Albe qui face pandre tous seubx
« qui tienet. »

Bellièvre (Pomponne de). Lettre de 3 pag. in-fol., à M. de
Villeroy. *Londres*, 13 décembre 1686.

« D'après les avis qu'on me donne, il n'y a aulcune espérance de
« saulver la royne d'Ecosse..... Voyant ce que je veoys je vouldroys
« avoir perdu de mon sang et n'avoir pas esté chargé de ce voyage.
« J'en sortirai au mieulx que je pourroy. Nous avons avis que le roi
« d'Ecosse envoye icy des principaulx de sa cour pour dire à la royne
« d'Angleterre que si elle passe oultre à fère mourir sa mère, qu'il
« renonce aux alliances qu'il a avec la dicte dame ; nous tenons cest
« avis pour bien certain. Ce nonobstant depuis qu'on l'a sceu, au lieu
« de me donner audience comme l'on m'avait promis, j'entends que
« toutes aultres choses laissées, ils ont vaqué en ceste cour à se
« résouldre à fère mourir la royne d'Ecosse, et ne doubte que ce sera
« ce que me dira demain le grand trésorier. »

Bernouilli (Jean). Lettre à M. Maison. Bâle, 5 janvier 1723.

« Ce ne me fut pas moins qu'un coup de foudre que la nouvelle
« inespérée de la mort de mon cher M. Varignon ; le premier trans-
« port de ma consternation fut si grand que je perdis quasi touts mes
« sens ; sitôt que je me recueillis, une profonde tristesse, accom-
« pagnée d'un torrent de larmes, saisit mon cœur. Hélas ! j'ai donc
« perdu le meilleur de mes amis, avec qui j'avais entretenu un com-
« merce de lettre depuis plus de trente ans sans interruption, sans
« altération, sans démêlé et sans trouble ; c'était un ami sans pareil,
« un ami qui me chérissait tendrement, ami fidelle, s'il en fut jamais,
« fidelle, officieux, charitable et bienfaisant. »

Bossuet. Lettre dans laquelle on remarque ce mot, à propos
de son duel avec Fénelon : « L'Église est en grand péril et il est
« bien nécessaire pour la vérité que je demeure ferme. »

Boutard, secrétaire du cardinal de Richelieu. Paris, 2 février, 1636.

« Monseigneur le cardinal revient aujourd'hui de Ruel pour passer
« ces jours de récréations à Paris, où le roi arriva hier, qui doibt dan-
« ser son balet le premier dimanche de caresme, à ce que l'on croist.

« Dimanche dernier, Son Eminence donna la comédie à la Royne, à
« Monsieur et à Mademoiselle ; les plus belles dames de Paris y furent
« conviées ; à chascune desquelles on présenta un coffin plein de
« confitures avec une bouteille de limonade et un hanap de porcelaine
« qu'elles emportèrent. Monseigneur le cardinal me fist l'honneur de
« m'inscrire lui-même sur le roolle, tellement que j'ay esté spectateur
« de toutte ceste magnificence qui doibt demain estre réitérée en la
« personne du Roy. »

Cabri (marquise de), sœur de Mirabeau. Lettre signée de ses
initiales à Mme de Monnier. 31 janvier 1776.

« Il est bien consolant pour moi, Madame, d'apprendre par vous une
« nouvelle qui, quoique bien triste et bien inquiétante, se trouve
« adoucie par l'intérêt que vous daignez prendre à mon frère. Je vous
« recommande de bien examiner si sa retraite est aussi sure que vous
« le croyez. Je sais par expérience qu'un vif attachement n'est pas tou-
« jours un guide bien prudent. Mon frère sera recherché et mon père
« a beaucoup d'amis puissants en Suisse. Je l'estime fort heureux
« d'avoir pu vous intéresser et trouver en vous une digne et aimable
« amie qui par ses soins a su le sauver de ses persécuteurs et de lui-
« même. »

Caroline de Brunswick Wolfenbüttel, femme de Georges IV.
(1768-1821.)

Trois curieux billets à Lucien Bonaparte, de cette reine et de
cette épouse excentrique.

Deux lettres de Chapelain à Conrart. Intéressantes.

Charles II, roi d'Angleterre, à sa sœur la duchesse d'Orléans.
(25 mai 1660.)

« J'arrivay hier à Dower où j'ay trouvé *Monk* avec grande quantité
« de noblesse qui m'ont penssé accablé d'amitié et de joye pour mon
« retour. J'ay la teste si furieusement étourdy par l'acclamation du
« peuple et la quantité d'affaires que je ne scay si j'écris de sens ou
« non. »

Christine, reine de Suède. Copie du temps, d'une lettre à
M. Chanut, ambassadeur à La Haye.

« Je vous ay rendu compte autrefois des raisons qui m'ont obligée de
« persévérer dans le dessin de mon abdication ; vous scavez que cette
« fantaisie m'a duré longtemps, et que ce n'est qu'après y avoir réflé-

« chi huit ans que je me suis résolue à l'exécution. Il y en a pour le
« moins cinq que je vous ai communiqué cette résolution..... J'ai réglé
« toutes mes actions sur ce but, et je les ai conduites à cette fin, à
« cette heure que je suis prête d'achever mon rôle pour me retirer
« derrière le théâtre. Des hommes le blâmeront sans doute. Mais
« je ne prendrai jamais la peine de faire mon Apologie, et dans
« le grand loisir que je me prépare, je ne serai jamais assez
« oisive pour me souvenir d'eux. Je l'employerai à examiner ma
« vie passée et à corriger mes erreurs, sans m'en étonner ou m'en
« repentir, ne devant rien craindre ni des hommes ni de Dieu. Je veux
« me familiariser avec ces penssés et me fortifier l'âme à regarder du
« port le tourment de ceux qui sont agités dans la vie par les orages
« qu'on essuie, faute d'avoir appliqué l'esprit à ces vérités. Mon état
« est digne d'envie, et toute la terre serait jalouse de mon bonheur s'il
« lui était entièrement connu. »

Clairon (Mlle), au duc d'Aiguillon, *Anspach*, 18 février 1774.

« Voilà pourtant ma prophétie accomplie. M. le duc d'Aiguillon est
« ministre de la guerre. J'en suis bien aise pour le bien de mon pays :
« pour luy, pour mes amis, et pour l'honneur de ma judiciaire. Un
« sentiment secret me fait espérer que tout lui réussira, car c'est une
« bonne tête..... et il ne fera pas couler mal à propos le sang des
« hommes et les larmes de sa patrie. Quoiqu'il m'ait permis de rap-
« peler M. de Fitz-Gérald à son souvenir, je me garderai bien de lui rien
« demander pour ce bon jacobite..... Il faut un cérémonial terrible
« pour écrire a un ministre, et je ne connus jamais d'autre stile que
« celui de l'amour et de l'amitié, et pour faire le moins de bévues
« qu'il me sera possible, je vais d'abord faire un brouillon.

Conrart (Valentin). Paris, 23 mai 1655.

« Je vous fait souvenir de la promesse que vous m'avez faite d'obli-
« ger M. Hensius, le fils, à nous donner quelque éloquente plainte sur
« la mort de notre éloquent M. de Balzac. Vous avez pu voir l'*Alaric* de
« M. de Scudéry qui parut au jour l'année passée, et vous pourrez
« voir bientôt la divine *Pucelle* de M. Chapelain, attendue et désirée
« depuis si longtemps, et dont il s'est enfin résolu de publier la moitié
« pour contenter l'impatience de ses amis et de tous les doctes. Pour
« M. de Corneille, il s'est jeté dans les compositions pieuses et a laissé
« le soin du théâtre à un de ses frères. Vous ne devez point vous
« étonner s'il n'est point soigneux de vous écrire, puisqu'il n'écrit pas
« seulement à ses amis d'icy. »

Delavigne (Casimir) à l'ambassadeur de France à Rome. Boulogne, 26 mai 1826.

« La protection sans réserve accordée à tous les Français, et cette
« tolérance éclairée par toutes les opinions, est une grâce à laquelle
« personne ne peut être insensible dans une ville qui est le rendez-
« vous des curieux de tous les partis comme le refuge de tous les
« infortunés. »

D'Éon de Beaumont (Charles-Geneviève-Louise-Auguste-André-
Timothée-Chevalier). Londres, 14 août 1802.

« Les jambes et l'argent me manquent. Des Anglais respectables qui
« connaissent ma position se proposent de faire une souscription par-
« ticulière et publique pour mettre l'ancien ministre plénipotentiaire
« de France en état de retourner dans sa patrie. Je n'ai jamais couru
« après la fumée des honneurs, après la boue des richesses et l'ordure
« des plaisirs. » *Signé : Charlotte-Geneviève-Louise-Auguste d'Eon de
Beaumont*, citoyenne de la Nouvelle République française, citoyenne
de l'Ancienne République des lettres et cosmopolites de l'univers.

Desmoulins (Camille).

« Sur quelle accusation avez-vous lancé un décret de prise de corps
« contre moi, et quel est mon crime dans ces jours de contre-révolu-
« tion ? Est-ce d'avoir pris le premier la cocarde nationale, le 12 juillet
« 1789 ? d'avoir appelé le premier les citoyens à la sainte insurrection,
« à laquelle, juges peu reconnaissants, vous devez et vos places et ce
« glaive, qui ne vous a pas été confié par le peuple pour égorger ses
« plus zélés défenseurs ? »

Ducis. Versailles, 25 août 1813.

« Je lai, je lai mon saule, le saule de mon nom, le saule Ducis. Quatre
« hommes sont venus lundi dernier 23, vers une heure et demie, s'em-
« parer de moi, et memmener à dîner avec eux dans le parc chez le
« restaurateur Berckervill ; ces quatre hommes c'étaient *Picard, Auger,*
« *Droz*, et leur chef *Andrieux* : nous avons fait un dîner charmant.
« Bon vin, bonne chère, bonne humeur, et puis, au dessert, voilà Droz
« qui lit une *épitre* à Campenon et d'une manière admirable : me
« voilà ravi ; mon épitre se rajeunit, s'embellit et me semble gagner
« cent pour cent. Mais voici bien autre chose ! Andrieux tire de son
« portefeuille une pièce de vers, la donne à lire à Droz, et qu'entends-
« je ? C'est le saule Ducis. Voyez, voyez la conspiration, comme Plom-
« biers s'entendait avec Paris ! »

Ducis à M. Arnault, membre de l'Institut. *Versailles*, 17 ni-
vôse an XII (1804).

« Je sais, mon cher confrère, que ma compagnie m'a fait l'honneur

« de me nommer son président, honneur dont je la remercie, et auquel
« je suis très-sensible, je serai certainement à Paris mercredi prochain,
« et je ne manquerai pas d'occuper à notre séance le fauteuil de ma
« présidence. Néanmoins, je crains d'être en évidence, comme la sen-
« sitive redoute le toucher. »

Elisabeth de France (Madame), sœur de Louis XVI. (*La princesse angélique à la princesse de Lamballe.*) 4 octobre 1791.

« On dit ici qu'il va y avoir un Congrès à Aix-la-Chapelle, que l'Em-
« pereur a eu réponse des autres cours qui adhèrent à la déclaration
« de Pelnitz, et qu'en conséquence ils vont assembler leurs ministres
« ou ambassadeurs. Dieu veuille que cela soit ! au moins, nous aurions
« l'espoir de voir nos maux finir. Voilà où doivent tendre tous nos
« vœux. Je t'avoue que cette position m'occupe plus que je ne voudrais.
« Je suis poursuivie dans mes prières des conseils que je voudrais don-
« ner et je suis bien mécontente de moi. Je voudrais être calme. »

Épinay (Mme d'). 5 juillet 1756.

« Il ne faut qu'être sensible ¦pour se figurer l'état de madame la
« comtesse de Marsan. Tout le monde sçavoit son attachement pour
« M. le Cardinal, et il me semble qu'il n'y ait que moi qui conçoive
« l'état de sa douleur. Les grandes âmes ne perdent jamais de vue le
« plaisir de faire le bien et des heureux, seul plaisir en vérité pour
« lequel il faut vivre, et à cause duquel il n'est jamais permis de
« désirer la mort. »

Fieschi (Joseph). Lettre de deux pages et demie in-4 au Président de la Chambre des pairs.

« .....Car M. d'Argout est large, mais il est peut-être tourneur de
« son éttal, car il m'a bien tourné et roulé toutt à la foix. Agréez, mon-
« sieur le président, la plus aute estime que je vous conserve et que
« je vous conserverai toutt ma vie, fait à la conciergerie le 27 janv.
« 1836. » *Signé : le régisside Fieschi.*

Frédéric II, roi de Suède, à « mon cher cousin. » *Magdebourg,*
12 septembre 1742.

« Je ne puis entrer dans un détail de raisons qui m'ont obligé de
« faire la paix avant mes alliés, sans exposer des faits qui vous seraient
« peu agréables. Je crois que ce qui nous reste de mieux à faire à tous
« deux, c'est de garder un parfait silence sur le passé et de parler de
« l'avenir. Ni les offres avantageuses de la reine de Hongrie, ni les
« nouvelles propositions des Anglais n'ont pu m'arracher la moindre

« démarche contraire à la neutralité que j'ai embrassée. Je ne change
« rai point de conduite. »

Henri duc de Bordeaux, *Saint-Cloud* 6 septembre, à Godfroy
de Damas.

« Mon cher Godefroy, l'autre jour Edmond s'était déguisé en ambas-
« sadeur : moi, j'étais le grand Lama. Maxence et Amédée portaient
« les cadeaux ; il y avait une buanderie et un théâtre ; quelque tems
« auparavant, nous avons été au clos Fontaine, où il y avait un fort
« joli spectacle. Nous avons goûté, nous avons été à Versailles au com-
« mencement du mois, nous y avons déjeuné, nous avons vus les jets
« d'eaux ; nous avons diné ; nous avons été mercredi à Rambouillet,
« nous nous sommes embarqués ; nous avous été dans une île ; nous
« avons joué à la bague ; après nous nous sommes balancés dans un
« bateau suspendu. Edmond avait mal au cou, Amélie avait mal au
« doigt, Maxence avait mal au cœur, et moi j'avais mal au ventre. Nous
« avons fait les postillons ; puis nous avons été chasser au filet, et
« nous avons pris quinze lièvres ; le lendemain nous nous sommes
« en allé. »

La Noue au vicomte de Turenne.

« .....Le duc de Parme doit arriver, et l'effort sera grand. Le siége de
« Chartres *nous a beaucoup amusés*. J'espère que nous l'emporterons. »

La Peyrouse à Mme Necker. Paris, 19 mai 1785.

« Vous scavez peut-être Madame que je pars pour faire le tour du
« monde ; mes sentiments de regret pour M. Necker et pour vous m'y
« suivront ; ils sont inaltérables comme vos vertus et vos talents sont
« sublimes. Pardons, mesdames, cet enthousiasme à un marin, qui,
« bientôt sera séparé des lieux que vous habitez par la moitié du
« globe..... Si la moitié de ma vie pouvait ajouter à la vôtre et à celle
« de M. Necker, je la croirais mieux employée qu'à parcourir peut-
« être stérilement l'univers. »

Leibnitz. Hanovre, 18 janvier 1701.

« Il serait à propos de faire travailler sous main à préparer les
« esprits, soit en particulier ou par quelques pamphlets propres à ce
« dessein qui paraîtroient venir d'autres gens que de nous, ou si, pour
« cet effet, on tâchoit d'acquérir quelques personnes capables de faire
« impression sur les esprits surtout dans la maison des communes, ou
« quelques plumes anglaises qui pourroient insérer ce qu'il seroit à
« propos de faire goûter au public..... Le roi de France s'est fait aimer
« des Espagnols à force de les battre, comme l'on dit que les Mosco-
« vites se font aimer de leurs femmes. »

Louis XVI à Georges III roi d'Angleterre. Paris, 18 avril 1792.

« Je vous remercie de ce qu'à l'époque du concert que quelque puis-
« sances ont formé contre la France, vous ne vous êtes point lié avec
« elles, car des rapports nouveaux d'intérêts doivent s'établir entre
« nos deux pays. Je n'ai qu'à me louer de l'ambassadeur que vous
« avez envoyé auprès de moi. Je mets la plus grande importance au
« succès de l'alliance à laquelle je désire vous voir concourir avec le
« même zèle que moi, je la regarde comme nécessaire à la stabilité de
« la constitution respective de nos deux États, et au maintien de la
« tranquillité intérieure, et j'ajouterai que, réunis, nous devons com-
« mander la paix à l'Europe. »

Louise de Savoie (mère de François Ier) à l'empereur Charles-
Quint, après la bataille de Pavie.

« Monsieur mon bon fils, après avoir entendu par ce gentilhomme
« la fortune advenue au Roy mon seigneur et filz j'ay loüé et loüe
« Dieu de ce qu'il est tombé ès mains de prince de ce monde où je
« l'ayme le myeux, espérons que votre grandeur ne vous fera point
« oublier sa prochaineté de sang et lignage d'entre vous et luy..... Je
« vous suplye, monseigneur, commander qu'il soit traité comme
« honesteté de vous et de luy le requiert et permettre s'il vous plest,
« que souvent je puisse avoir nouvelles de sa santé. »

Maistre (Xavier) à M. de Marcellus. *Naples*, 9 juillet 1834.

« Nous sommes à Castellamare où nous ne faisons rien. Nous y vivons
« comme des colimaçons qui n'osent montrer leurs cornes de peur de
« l'air ou du soleil. »

Malherbe à M. de Bouillon.

« J'ay eu les informations qui chargent Piles d'avoir donné un coup
« à votre cousin, au travers du corps, devant qu'il eut la main à l'épée.
« Il est venu depuis trois ou quatre jours une femme qui dit merveilles
« des regrets de la mort de mon pauvre fils, et a dit ce mot « que tout
« le pleure, jusques aux pierres. »

Malherbe. Lettre d'amour (sans doute à la vicomtesse d'Ochy).

« Je me jette à vos pieds, ma mie, pour vous crier merci d'une
« témérité que je vais commetre, la plus imprudente et la plus outre-
« cuidée que se puisse immaginer. Vous vous esmerveillerés sans
« doute de quelle nature peut estre ce crime que devant que l'avoir
« fait, j'en demande l'absolution. C'est, ma mie, que je vous veux offrir
« de passer le reste de mes jours en votre service..... L'indiscrétion la

« pourroient précipiter. Je n'ignore pas, ma mie, combien l'ofrende
« est indigne de l'autel ; mais telle qu'elle est, je la vous aporte avec
« ung esprit sy purgé de toutes les afections précédentes et sy hors de
« soupson d'en ressevoir jamais d'autres à l'avenir. Je le fais,. ma
« Reine, je le fais, ma chère déesse, je le jure, par le désir que j'ay
« d'acquérir vos bonnes grasses. Vous pourrez penser sy c'est ung ser-
« ment que je me propose de violer ! Croïes-le, ma chère déesse, et
« trouves bon qu'en toute humilité, je baise vos belles et blanches
« mains. »

Marie-Louise, reine d'Espagne, à Manuel Godoï, prince de la
Paix. 26 février 1808.

« Cher Manuel, âme de ma vie. »

Marie (la princesse), fille de Louis Philippe, au prince de
Joinville. 11 mars 1831.

« ..... Messieurs les décorés de juillet se trouvaient hier au grand
« banquet *Aux Vendanges de Bourgogne* ; le diner et le vin échauffèrent
« les têtes, et ces messieurs sortirent de table en dansant et chantant
« la carmagnole ; proférant des cris séditieux, ils ameutèrent bientôt
« quelques centaines de *casquettes à éponge*, etc., et se mirent à se
« promener dans les rues en continuant leurs cris et leurs chants, et
« ne manquèrent de se porter à la place Vendôme : Voici, mon cher
« gros, les détails que j'ai recueillis à déjeuner. Hier, à huit heures
« du soir, quelques hommes sont montés sur des traiteaux sur la place
« Vendôme et y ont fait des péroraisons républicaines. Il s'est amassé
« un monde énorme, on a fait des sommations ; ils ont tenu bon et ont
« jetté force fleurs à la colonne ; on a fait jouer les pompes à incendie
« et fait des charges de cavalerie, et le pauvre Jacqueminot a été
« arraché de son cheval par la *mob*...

Marmontel. Deux intéressantes lettres à Voltaire (8 octobre
1767) et à Mme Necker.

Médicis (Catherine de) à Jeanne d'Albret, reine de Navarre
1572.

« ..... Je rescu vre lettre et ouyece que m'a dist vre cegrytaire pré-
« sent porteur, vous voyres par ce que vous escript le roy mon fils, et
« qu'il a donné charge au porteur vous dyre sur la foy de nos sujes
« (sujets) je vous prye, ma sœur, que fasciés connaystre au Roy, mon
« dict fils, que ne voules vous montrer si ferme contre sa volonté et
« que satisferes à ce qu'yl vous prie qui est plus que raisonable. Je
« panse que toutes chauses y vont encore plus selon la volonté de vous

« deux, si le venes trouver, qui est chause que, pour mon contente-
« ment particulier, je désire bien fort et qui m'en fayst vous en parler
« souvent. Je vous prie de vouloir croyre ce porteur de ce qu'yl vous
« dyra touchant la flotte qui est allée contre celle des Indes, à ce que
« l'ambassadeur d'Espagne nous a dist..... etc. »

Médicis (Marie) à la duchesse de Florence. 31 janvier 1623.

« Le Roy, monsieur mon fils, aiant recognu que les biens qui étaient
« soubs le nom de la marquise d'Ancre à Florence m'appartenoient
« n'a pas voulu permettre qu'ils fussent compris en la confiscation
« de ses biens de laquele il les a particulièrement excepté, ainsy que
« vous veres par la déclaration et par les lettres particulières du Roy,
« mon dict sieu et filz. »

Mirabeau. Dossier précieux, signalé à l'attention de son futur
historien, le sagace et ingénieux M. de Loménie.

La première lettre du dossier est une lettre à sa mère.

« Je ne sais, ma chère et tendre maman, si je finirai ma carrière
« sans avoir pu ni vous consoler ni vous servir, et si les gémissements
« que m'a arraché votre infortune renfermés jusqu'ici dans ma prison
« où je suis enseveli, vous parviendront jamais. Mais croyez, ô la
« meilleure des mères! que votre malheureux fils vous aime avec
« toute la tendresse que vous méritez... On a osé dire, ô Maman! que
« vous aviez été la complice de la fuite de Mad. Monnier, de cette
« femme dont j'ai causé la perte, et qui n'a senti que la mienne. Si je
« suis destiné à périr, ce qui est au moins possible, j'expirerai avec la
« douleur affreuse de craindre la misère pour la fille de Sophie, cet
« enfant précieux qui porte votre sang dans ses veines, le malheureux
« fruit de notre amour..... Je vous livre mes intérêts les plus chers et
« je vivrai ou mourrai en bénissant la main qui daignera soutenir l'en-
« fant que me donna celle que mon cœur a choisie...... »

Les quatre autres lettres sont relatives à son évasion du château de Tours et à ses démêlés avec M. de Saint-Mauris, son
gardien et son rival. La première lettre est adressée à ce noble
geôlier, qui y est fort mal mené et accusé de choses peu délicates. La deuxième à son père : il s'y disculpe à ses yeux de sa
conduite envers le gouverneur, « qui a essayé de déshonorer
« une femme honnête par ses propos, ne le pouvant pas par
« ses actions. »

La troisième est adressée à M. de Monnier, pour s'y justifier

« des calomnies que M. de Saint-Mauris accrédite contre lui. »

La quatrième à M. Dupuis, auxiliaire et complice de ses audacieux desseins.

« Homme vraiment honnête et généreux, recevez les tendres remer-
« ciements de celui que votre procédé a pénétré d'une reconnaissance
« qui durera autant que son cœur battra. Permettez que je vous cache
« encore ma retraite. Un exprès peut me trahir ou me perdre. »

Guillaume, prince d'Orange, plus tard Guillaume III. La Haye,
11 novembre 1678.

« J'ay grande impatience d'apprendre ce qui se sera passé au Parle-
« ment a dans les affaires qui y estoient en délibération; nous avons
« icy aussi l'assemblée d'Hollande qui nous donnera de la besogne. Je
« crains vos désordres audedans si ce n'est que Dieu fasse la grâce d'é-
« luminer celluy que je crains fort qui partira dans tout cecy; je ne
« scay si ceux qui sont tant attachés à luy pourroient parler en cette
« rencontre, je crois que vous m'entendez. »

Philippe V, roi d'Espagne (30 mai 1707), au duc de Vendôme.

« Je suis très persuadé que notre victoire d'Almansa vous aura fait
« un grand plaisir et je ne doute point que vous n'en ayez aussi beau-
« coup en apprenant que les Royaumes de Valence et d'Aragon sont
« déjà soumis à mon obéissance. De si grands avantages au commence-
« ment d'une campagne nous doivent faire espérer que cette année ne
« ressemblera point à la précédente; mais je compte bien plus encore
« sur votre valeur et sur la confiance que les trouppes ont en vous
« que sur ces heureuses dispositions. Dès que je pourrai faire quelque
« chose pour l'abbé Alberoni, vous verrez que je n'oublie pas les gens
« que vous me recommandez. »

Perrault (Claude). Paris, 2 juillet 1684.

« Hier, M. Despréaux vint prendre séance à l'Académie, où l'assem-
« blée se trouva fort belle et très-nombreuse. M. le maréchal de Vi-
« vonne y étoit. La harangue de M. Despréaux me sembla fort bien
« faite, et il la prononça fort bien..... M. de La Fontaine ferma toutes
« ces lectures par une nouvelle fable de sa façon qui reçut aussi beau-
« coup d'applaudissements. On doit imprimer incessamment toutes ces
« choses et joindre à cette séance celle de M. de La Fontaine. »

Pétion de Villeneuve. Lettre au citoyen Mallarmé, 7 juin 1793.

« Citoyen Président la République est dans le deuil; la représenta-
« tion nationale a été violée; son intégrité n'existe plus. La force des

« armes a arraché un décret dont la liberté aura longtemps à gémir.
« Il est temps de lever cette lettre de cachet qui tient vos collègues en
« captivité; il est temps, pour votre honneur et celui de la nation de
« les entendre. Si vous gémissez vous-même dans cet état d'oppression
« qui ne vous permette pas d'être juste sans danger, déclarez-le hau-
« tement, les vains palliatifs ne peuvent plus en imposer; ils ne nous
« ont que trop nuis jusqu'a ce jour, et ils finiront par vous perdre si
« l'on continue à en faire usage. Citoyen Président, je demande qu'a-
« vant tout, la Représentation Nationale soit rétablie dans son inté-
« grité; que l'acte arbitraire qui m'a éloigné, ainsi que plusieurs de
« mes collègues de mes fonctions, soit anéanti; et lorsque les choses
« auront été remises dans l'état où elles étaient avant ce jour, ou
« l'assemblée prisonnière dans le lieu de ses séances, environnée de
« bayonnettes, menacée et violentée, a cédé à la force, en lançant des
« décrets d'arrestation, etc.... »

Piron. 8 mars 1754.

« Fréron avec l'abbé Desportes recommencent à publier leurs feuil-
« les, ce qui leur vaut à peu près 900 livres par mois. Fréron m'a fait
« les réponses du monde les plus convenables à mon propos, mais quel
« fonds faire sur les paroles de ces flibustiers?... Je me fie encore plus
« à ma malice qu'a leur bonté; quoi qu'il en soit, je les attends et le
« premier qui bronche (vous n'aurez qu'à dire) je le tue. Mon fusil est
« toujours bandé et ne ratte jamais; oseriez-vous en dire autant de ce
« que vous savez? J'en appelle aux dames de Caen.... Depuis deux mois
« le pauvre diable de Roy passe pour avoir eu une attaque d'apoplexie
« qui le retient paralitique d'une moitié de son corps; tout le monde
« veut à cette heure que son indisposition lui soit venue d'une grêle de
« coups de bâton pour prix d'une épigramme sur l'élection de M. le
« comte de Clermont à l'Académie; qu'il se fasse sage en comparant
« mon sort au sien. Aimé, fêté, élu tout d'une voix par le public et par
« l'Académie; pensioné des maitres, régalé de pâtes d'Amiens et de
« Caen par les seigneurs qui les représentent en Picardie et en Norman-
« die, et honoré comme le premier Parlement du royaume et..... »

Huit belles lettres du Poussin (799 à 806).

Rohan (Henri duc de). Lettre au cardinal de Richelieu. Castres,
19 mai 1624.

« J'ay appris que le Roy vous a appelé à la conduite de ses affaires;
« je vous fais la présente pour vous tesmoigner le contentement que
« j'en ay tant à cause de votre particulier, qu'ainsi pour l'espérance
« que jay que S. M. et son estat en recevront de grandes utilités. Vous y
« entrez en un temps ou les affaires requièrent de la prudence et de la

« générosité, affin de scavoir bien choisir; toute la chrétienté est en at-
« tente des résolutions qui se prendront en France, car d'icelles dépen-
« dent sa servitude ou liberté. Dieu Veuille par sa grâce assister le Roy
« et bénir ses actions. »

Rousseau (J.-J.). Lettre de 3 pag. in-4, adressée à Madame ma
« très-chère Maman. » Grenoble, 25 avril 1740. (*Inédite.*)

« M. de Mably ne me donnera que 350 livres de fixes. Les 50 livres
« restantes seront par forme d'étrennes; je pars demain matin pour
« Lyon en meme temps que M. l'Abbé pour Chambéry. On n'a point
« ouvert ma male. Voila pour les affaires mais ou trouverai-je, ma
« chère Maman, des discours assez touchants et assez persuasifs pour
« vous engager à dissiper mes allarmes par de plus grands soins sur
« votre santé. Tachez de la rétablir, afin de donner à votre fils un mo-
« tif de zèle et d'encouragement plus efficaces que toutes les vues du
« monde........ Il me semble qu'il y a mille ans que j'ai quitté les Char-
« mettes! Je vous recommande infiniment le soin de la bibliothèque et
« suis avec la plus tendre reconnaissance, ma chère Maman, votre
« très humble serviteur et fils. »

Rousseau (J.-J.) à M. Sarrazin. *Montmorency*, 29 novembre
1756.

« Quand j'ose élever ma faible voix sur les dangers du théatre, je ne
« fais que répéter les maximes de nos pasteurs, dont nous devrions
« mieux profitter. Quand je montre le désordre qu'un pareil établisse-
« ment causeroit dans notre constitution. Je ne fais que repeter ce que
« tous les Genevois sages et raisonnables ont pensé et dit avec moi.
« Tout ce que jai de bon, je le tiens de mon pays, je serais bien in-
« grat de ne pas le lui rendre, quand le besoin paroit l'exiger. »

Rousseau (J.-J.) à M. De Luc. *Montmorency*, 9 février 1759.

« Je suis négligent, parce que je l'ai toujours été, l'habitude a for-
« tifié la nature. Je vous écris rarement, mais je vous aime toujours,
« voilà tout ce que je puis vous repeter jusqu'a la fin de ma vie. Puis-
« que vous voyez Madame d'Epinay, faites-moi l'amitié de lui dire que
« si elle voulait bien me faire rendre mon opéra des *Muses Galantes*,
« dont elle est dépositaire, elle ferait une chose juste. »

Rousseau (J.-J.). Motier, 5 avril 1763.

« La nouvelle édition que je médite est une interprète également
« importante pour ma subsistance et pour ma réputation; tous mes
« écrits doivent y entrer sans exception. Lorsque vous pourrez avoir

« quelques épreuves du *Frontispice* de la *Nouvelle-Héloïse*, vous m'obli-
« gerez de me l'envoyer; et quand vous aurez le loisir de m'écrire,
« vous me ferez plaisir de me marquer si l'on voit à Paris ma lettre à
« M. l'Archevêque et ce qu'on en dit. La fantaisie d'écrire cette lettre
« me vint de ce que vous me marquâtes que le Mandement passait
« pour être bien fait. »

Rousseau (J.-J.) à la comtesse de Boufflers. Wootton, 5 avril
1766.

« Les petits événements de mon voyage ne méritent pas, Madame,
« de vous occuper. Durant la traversée de Calais à Douvres, qui se fit
« de nuit et dura 12 heures, je fus moins malade que M. Hume, mais
« je fus mouillé et gelé, et j'ai plus tot senti la mer que je ne l'ai
« vue...... Vous voules, Madame, que je vous parle de la Nation an-
« glaise, il faudrait commencer par la connoître, et ce n'est pas l'af-
« faire d'un jour. Je ne connois les Anglais que par l'hospitalité qu'ils
« ont exercé envers moi...... Un saint homme de moine appelé Cachot,
« vient de faire un gros livre, pour prouver qu'il n'y a rien à moi dans
« les miens et que je n'ai rien dit que d'après les autres. »

Saxe (maréchal de) au comte de Bellegarde. Paris, 5 décembre
1749.

« ...... Jay pris à Chambor dans les taillis depuis le mois d'octobre
« de l'an passé, audelà de 300 sangliers, et jay donné commission que
« l'on m'en tue encore cet hiver, car il y en a trop. Madame de la Po-
« pliniaire a un cancer au sein qui est ouvert; elle se porte d'ailleurs
« fort bien; mais elle en périra. Les médecins ont trouvé un nouveau
« moien dépurer le mercure, de manière qu'il ne cosse (*cause*) aquun
« acsident, et ils en font entrer de 9 à 19 onces dans le corps sans la
« moindre salivation, et san quil cosse oqun effet sensible que selluy
« de faire disparoitre tous les scintomes du vilain malein monde. »

Thou (de). Belle série de lettres du grand historien et bibliophile (898 à 908). Avis à la *Société des Bibliophiles* qui prépare
une édition de lettres de son illustre patron.

Guillaume III. Le roi *uxorius*, dont nous avons publié une
lettre sur la maladie de sa chère femme, est devenu veuf. Il écrit
toujours de Kensington, le 31/21 janvier 1695, au même ami
consolateur : « Si en la désolation où je suis de ma perte irrépa-
« rable, je pourrois sentir auqu'une consolation, ce scroit asseu-
« rement en la manière que vous y prenes part, mais je n'en

« puis avoir auqu'un que du ciel en espérance de la vie à venir,
« et pour le monde il ne m'est plus de rien. »

Nous avons donné à l'analyse du *Catalogue Donnadieu*, un des
monuments de la curiosité autographique par le choix précieux
des lettres, toutes historiques ou d'État, et le nombre des fac-
simile, un temps et une peine que, nous l'espérons, nos lecteurs
ne regretterons pas.

Fac-simile du Catalogue Donnadieu : L'Aretin. Venise, 12 novembre 1539. — *Borgia* (César) aux gonfaloniers et justiciers de
Florence. Forli, 6 avril 1501. — *Robert Catebye*, chef de la conspiration des poudres. — *Charles Ier*, *roi d'Angleterre*. Lettre
signée *duc d'York*. — Avis original, adressé au lord maire de
Londres, de la proclamation d'Olivier Cromwell, comme lord
protecteur d'Angleterre, d'Écosse et d'Irlande, signé du major
général *John Disbrowe*, lord *P. Lisle*, col. *E. Mountagu*, col.
Phi. Jones, *Ric. Mayor*, sir *Ch. Wolseley*, sir *An. Ashley Cooper*,
major-général *J. Lambert*, sir *Gil. Pickering*, *Wal Strikland*, col.
J. Rous, col. *W. Sydenham*, *He. Lawrence*, *Élisabeth*, reine
d'Agleterre (16 décembre 1571) à Philippe II. — Comte d'Essex,
6 septembre 1600, à la reine Élisabeth. — *Lettre du conseil privé
de Jeanne Grey*, avec un grand nombre d'importantes signatures.
— *Locke* (John). Lettre à M. Antony Collins, 12 août 1704. —
Marie (Daugter) sœur de Charles Ier, mariée à Guillaume II, prince
d'Orange. *La Haye*, 2 avril 1651. — *Newton* à lord Tousend,
25 août 1724. — Charte du règne de Philippe Auguste. — Sir
Walter Raleigh. — Dessin de Raphaël. — Autographe de Rem-
brandt. — *Lettre de Rubens*. — Edmond de la Pole, duc de
Suffolk.

CATALOGUE *of the manuscript library of the late* DAWSON-TURNER,
Esq. M.A. F.R.S. F.S.A. F.L.S. etc. Formerly of Yarmouth, etc.
Puttuk et Simpson, 1859, gr. in-8. de XIX-308 p. Cette collection est plus variée et plus nombreuse que la collection Donnadieu. Mais il y a entre elles la différence du diamant à la tur-
quoise, de la qualité à la quantité. Ce qui rend surtout le catalogue Dawson-Turner digne de notre attention, c'est qu'il contient de nombreux fac-simile.

A Catalogue of the antiquities and works of Art exhibited At Ironmongers' Hall, London. In the Month of may 1861. Compiled by a committe of the conncil of the London and Midlesex archæological society with numerous illustrations. London, 1863. Première partie, 121 p. gr. in-4.

Splendide publication qui fait le plus grand honneur à la riche et puissante corporation des quincailliers et à l'initiative de son conseil. Nous n'avons à nous occuper de son exposition et du superbe volume qui en consacre et en reproduit les merveilles, que sous le rapport des autographes, qui y tenaient une large et digne place. A ce point de vue spécial, voici l'analyse de ce recueil, fait pour le plaisir de l'esprit et des yeux, orné d'admirables gravures, et de précieux *fac-simile*, accompagnés d'excellentes notices, dont suit la liste :

P. 64. Lettre touchante de Marie Stuart à l'archevêque de Glascow.

P. 66. Lettre d'Élisabeth reine d'Angleterre, en italien, au grand duc de Toscane, Ferdinand de Médicis, 9 septembre 1594. Lettre de recommandation en faveur d'un gentilhomme de la maison de Guichardini, à propos duquel il faut lire une certaine phrase de William Oldys, biographe de Walker Raleigh.

P. 68. Lettre de W. Raleigh à sir Walter Cope Knigth.

P. 69. Belle lettre de Sully au cardinal de Richelieu, utile pour l'histoire assez obscure des dernières années de la vie du grand ministre et des épreuves qui tourmentèrent sa vieillesse et sa retraite. Nous la reproduisons et la poussons à la lumière, du fond de cette pénombre d'une publicité étrangère et spéciale.

« *Monsieur*, vous avez tousjours parlé si dignement de moy, et rendu
« tant de témoignages de vouloir favoriser en mes affaires que je ne
« puis sans ingratitude estre jamais autre que votre très obligé servi-
« teur : et comme estant tel je vous prie à porter vostre auctorité
« absolue pour faire terminer équitablement l'affaire des aides de
« Normandie, m'asseurant que si vous voiez qu'elle façon y veullent
« procéder ceux auxquels vous l'avez recommandée, vous jugeriez
« qu'il n'y a rien de si inique au monde. Me voulant, disent-ils con-
« server mon bien, mais à condition qu'un autre en jouira durant ma
« vie, et moy seulement après que je seray mort, qui est une subtilité
« de quoy à mon adviz, nul n'aura jamais ouï parler ; laquelle je vous

« suplie ne permettre pas, mais faire absolument exécuter ce que
« vous avez promis et dont je vous alley remercier, tenant la chose
« pour parfaicte, d'auttant que j'en avais obtenu toutes les expéditions.
« Excusez si je vous importune de ceste affaire d'autant que m'estant
« obligé à cent mille francs pour le roy, soubs prétexte d'icelle, j'en
« suis continuellement poursuivy et touts mes biens saisis pour cela,
« et me faudra par nécessité aller jetter aux pieds du roy et de la reine
« sa mère, afin de leur demander justice et qu'il leur plaise de
« m'exempter d'une telle perte. Que s'il vous plaisait de me délivrer
« de s'este peine comme vous le pouvez d'un seul mot absolu, vous
« redoubleriez mes obligations en vostre endroit et me donneriez
« subjet de rechercher curieusement touttes les occasions ou je vous
« pourrais rendre très humble service et de prier incessamment le
« créateur, *Monsieur*, qu'il vous augmente en toutte grandeur; faculté
« et santé.

   « *De Sully, ce 16 may 1627. C'est*

       » Votre très-humble et très-fidelle serviteur,

        » SULLY. »

A Monsieur

  Monsieur le cardinal de Richelieu.

P. 71. Formule finale de lettre et signature de l'amiral Blake.

P. 72. Belle lettre de Cromwell à son fils Richard. 2 avril
1650.

P. 73. Signature d'Élisabeth Stuart, reine de Bohême, au bas
d'une lettre d'elle.

P. 74. Signature de Colbert au bas d'une lettre de lui au cardinal Mazarin, du 6 novembre 1655.

P. 75. Lettre de Charles II, roi d'Angleterre, à son cousin le
cardinal de Mazarin. 8 octobre 1660.

P. 76. Signature de Catherine de Bragance, femme de
Charles II.

P. 77. Formule finale de lettre et signature de John Somers.

P. 78. Grande et belle lettre du duc de Marlborough. 2 septembre 1703.

P. 79. Signature de William Shakespeare.

P. 80. Deux signatures de Cromwell, au bas de deux lettres
de lui.

P. 81. Signature de Georges Williers, duc de Buckingham.

P. 82. Signature de Christophe Wren.

P. 82. Signature de Nelson.

P. 83. Signature de l'amiral Collingwood, commandant en second sous Nelson, à Trafalgar.

P. 86. Signature du testament de Nelson.

P. 87. Lettre de Wellington, du 3 juillet 1832.

Citons encore, parmi les ouvrages anglais où l'on trouve des fac-simile, *les Letters of David Hume and Extracts from letters Referring to him edited By Thomas Murray LL. D. Edimburgh*, published by Adam and Charles Black 1841. (Fac-simile d'un autog. de Dav. Hum.)

Il est un autre ouvrage anglais par lequel nous voulons finir cette énumération, parce qu'il montre de quelle utilité peuvent être les autographes dans la poursuite, par exemple, du véritable nom d'un auteur anonyme. Il s'agit ici de l'auteur anonyme le plus célèbre de la Grande-Bretagne, de *Junius*, son immortel pamphlétaire. Ce sont encore des vérifications et des comparaisons avec l'écriture de Junius, telle que la donne l'édition de ses *lettres* publiées avec fac-simile, en 1813, par Georges Woodfall, fils de l'imprimeur éditeur du *Public-Advertiser;* qui eut la bonne fortune de ces communications mystérieuses qui ont fait attribuer à sir Philipp Francis la paternité de ce célèbre factum. Et depuis, tout nouveau candidat introduit dans le débat a dû lutter, au moyen d'inductions le plus souvent tirées aussi des fac-simile, contre l'hypothèse, voisine de la certitude, qui désigne sir Philip Francis, se fondant sur les *lettres* fac-simile, par Woodfall, et sur celles qu'à révélées naguère (1838) la publication, *la correspondance* de lord Chatam.

Voilà donc un grand débat qui passionne encore la critique en Angleterre, dans lequel le rôle de l'autographe s'est élevé à la hauteur de témoin décisif, à l'honneur de la curiosité.

RECUEILS HOLLANDAIS

Bogaerts *F. Recueil d'autographes fac-simile, lettres, extraits de manuscrits, signatures, etc. Avec 51 planch. lith. Anvers,*

1846, in-4. — Près de 500 fac-simile d'autographes de tous les pays.

Fac-simile von Handschriften berühmter Männer aus d. Sammlung d. Frh. G. J. Beeldsnyger v. Voshol. u. s. W. M. geschilt Erläuterungen (holland. u. deutsch) herausg. V. A. J. R. Natan (W^r) 2 1/2 Text. u 2 1/2 B. lith. Facs.) Utrecht, 1837, gr. in-4.

Fac-simile van onuitgegevene brieven en andere belangrijke stukken van beroemde mannen uit gegeven door J. P. Houtmon 1—6 Afflevering (M. 36 lith. Facs. u-z. Theil Reinschriften. Utrecht, gr. in-4.

RECUEILS ALLEMANDS

Ghillany F. G. Index rarissimorum aliquot libror. manus-criptor. sæculoq. XV, typis descriptor quos habet bibliotheca public. Noribergensis addit. quibusd. autographor. exemplis et picturis. Norib. 1846, Bog. in-4.
Contient des fac-simile d'autographes de *A. Dürer, H. Sachs, Perckheimer, Spengler, U. V. Hutten* (unrichtig) u-s. W.

Album von Autographen zur 200 jahr. Gedæchtnissfeier des Westphal. Friedens-Schlusses am 24 octob. 1848. 2. Abthl. M. 47. lith. Taf. Fac-sim. u. 24 Portr. in Holzschn. Leipzig, 1849, in-fol.

Album autographique. 1 livr. (4 lith. Bl.). Leipzig, 1855, qu. gr. in-fol.

Album zur Erinnerung an die zweite Germanisten-Versammlung zu Lübeck im Sept. 1847. M. 113 lith. Fac-sim. Lübeck, 1848, gr. in-8.

Album deutscher Schritsteller z. 4. Sæcularfeier d. Buchdruckerkunst. Herausg. v. K. Haltaus. M. 1 Bildn. u. viel. Facsimil. in Holzschn. Leipzig, 1840, gr. in-8.

Baldanus. C. Autographa beruhmter Tonkunstler. Berl., 1856, gr. in-fol.

Bericht (amtl.) üb. d. Versammlung deutscher Naturforscher u. Aerzte zu, Berlin im Septem... 1828. Erstattet v. A. V. *Humboldt.* u. H. *Lichtenstein.* M. 5 lith. Bog. Fac-sim. Berlin, 1829, gr. in-4.

Bericht ders. zu Heidelberg im sept. 1829. Erstattet v. F. Tiedemann. u. L. Gmelin. M. 11 lith. Bl. Fac-sim. Heidelb. 1830, gr. in-4.

Bericht ders. zu Hamburg im sept. 1330. Erstattet. V. J. H. Bartels. u. J. C. G. Fricke. M. 3 lith. Bog. Fac-simil. Hambourg, 1831, gr. in-4.

Bericht ders. zu Wien im sept. 1832. Erstattet v. Frh. v. Jacquin, u. 77 Littrow. M. 19 lith. Bl. Fac-sim. Wien, 1833, gr. in-4.

Bericht ders. zu Breslau im sept. 1833. Erstattet. v. J. Wendt u. A. W. Otto. M. 2 1/2 Bog. Fac-sim. Breslau, 1837, gr. in-4.

Bericht ders. zu Iena im sept. 1836. Erstattet v. D. G. Kieser u. J. C. Zenker. M. 5 Taf. lith. Fac-sim. Weimar, 1837, gr. in-4.

Bericht ders. zu Prag. im sept. 1837. Erstattet v. Grafenek, Sternberg u. J. V. Kromholtz. M. 13 lith. Taf. Fac-sim. Prag., 1838, gr. in-4.

Dorow. W. Fac-simile von Handschriften berühmter Mænner u. Frauen aus d. Sammlung. d. Herausgebers. M. histor. Eslæuterungen begleitet. N^r 1 — 4 (mehr nicht erschienen). M. 61 lith. Bl. Berl. 1836-38, gr. in-4.

Glückwunsch an d. Herrn Chr. Wilh. Hufeland. D^r. d. Med. v. S. W. Am Tage seiner Jubelfeier (24 juli. 1833). Berlin, 1833. gedr. in d. Druck. d. K. Akad. Fol.

40 signatures Fac-simile des médecins célèbres de toute l'Europe.

Henze Adlf. Die Handscriften der deutschen Dichter u. Dichterinnen mit 305 Fac-simile (in eingedr. Holzschn.). Kurzen Biographien. u. Schrift-Charakteristiken. Leipszig, 1855, gr. 16.

Lempertz. H. Bilder-Hefte zur Geschichte d. Buchhandels u. der mit demselben verwandten Künste u. Gewerbe. Jahrg. 1853-56. Theil in Farben. gedr. lith. Taf. Coln. gr. in-fol.

Parlaments-Album. Autographische Denkblætter der Mitglieder des ersten deutschen Reichtages 4 Hfte (189 lith. Taf.). Frankf. a. M. 1849. Imprim. 4.

Sammlung histor. berühmter Autographen. od. Fac-simile von Handschriften berühmter Personen alter u. neuer Zeit. Stuttgard, 1846-4.

Voici la table de ce recueil important :

STAMMBUCH. *Deutsches autographisches Album der Gegenwart.,
Herausg. v. Frz. Schlodsmann. 120 lith. Bl. Bremen, 1852-1854,
qu. gr.* in-8.

Il existe un splendide volume, petit in-folio, dont voici le
titre : *Album de fac-simile des princes, capitaines et hommes
d'État, depuis l'an 1500 jusqu'en 1576, dessinés sur les originaux
et expliqués par Ch. Oberleitner, employé au ministère des Finances de S. M. l'empereur d'Autriche. Vienne,* 1862.

C'est une *Isographie* des personnages illustres de la première
moitié du XVIe siècle, qui ont pris part, de près ou de loin,
pour ou contre, aux luttes de la Réforme, aux révoltes des

paysans, aux guerres d'Italie, de France et des Pays-Bas, et aux sanglantes campagnes contre les Turcs. Il y a dix-neuf planches, contenant chacune environ vingt fac-simile de signatures précédées souvent de quelques mots. Ces planches sont précédées d'un texte explicatif, *en français*, ou table des noms avec de courtes indications biographiques. Cinq planches sont consacrées aux empereurs et impératrices d'Allemagne, aux rois et aux reines et aux princes souverains des différents états de l'Europe : une aux grands capitaines, une aux princes de l'Église, à des princes non régnants et à des célébrités diverses; trois aux princes souverains de l'Allemagne ; trois aux hommes d'État de tous les pays; six aux hommes de guerre et une aux réformateurs. Parmi ces derniers nous avons relevé les noms suivants, qui manquent dans notre *Isographie française : Hutten* (Ulrich de), *Spalatin* (Georges), *Cruciger* (Gaspard), *Blaurer* (Thomas), *Amsdorf* (Nicolas d'), *Bibliander* (Théod.), *Bugenhagen* (Jean), *Eck* (Jean), adversaire acharné de Luther, *Bruch* (Georges), *Mordeisen* (Ulrich), ami de Luther; *Viret* (Pierre), *Crynæus* (Simon), ami d'Erasme ; *Miltiz* (Ch. de), adversaire de la réformation ; *Karslstad* (André), *Eber* (Paul), *Brents* (Jean), *Agricola* (Jean), *Jonas* (Juste), ami intime de Luther; *Camerarius* (Joachim), ami de Melanchthon ; *Martyr Vermilius* (Pierre).

D'après cette liste de noms, fournis par une seule planche, on peut juger du nombre de fac-simile nouveaux contenus dans le bel *Album* de M. Ch. Oberleitner. Il nous annonce lui-même que les originaux se trouvent, soit dans la collection d'autographes de M. Ch. de la Tour, amateur très-distingué de Vienne, soit dans les archives impériales.

Le journal L'*Amateur d'Autographes*, dans ses numéros 20, 21, 24 et 26 (16 octobre 1862, 12 novembre-16 décembre 1862, 16 janvier 1863) a donné la liste des autographes du Musée britannique.

Le Bristish-Muscum, sorte de Panthéon de la curiosité, réunit tdes objets précieux de tous les genres, de tous les temps et de ous les pays. Chaque spécialité a son *Guide* ou son *Livret*. Celui des Autographes, des Manuscrits et des Chartes a paru en avril

1862. Il renferme les indications les plus intéressantes. Ce *Guide*, publié par ordre des administrateurs, est rédigé, avec clarté et méthode, par un homme qui possède admirablement son sujet. Il est signé : *F. Madden.* Les autographes décrits sont exposés dans des vitrines à l'abri desquelles on peut commodément les examiner. On peut juger par ces échantillons des richesses dont regorge le Museum, immense dépôt vers lequel d'incessantes libéralités testamentaires ont fait converger, comme les rivières au fleuve, la fleur des collections privées. Sous le rapport de ces patriotiques munificences on ne peut nier que l'Angleterre n'ait de beaux exemples à nous offrir et de belles leçons à nous donner. Les fonds le plus souvent cités dans ce *Guide* sont les suivants : *Cottonian Collection,* donnée à la nation par sir John Cotton, en 1700. — *Sloane Coll.,* formée par sir Hans Sloane, acquise par le Parlement en 1753. — *Harleian Collection,* formée par Robert Harley, comte d'Oxford, et achetée par le gouvernement en 1753. — *Lansdowne Collect.,* fonds acheté en 1807 aux exécuteurs testamentaires de William, marquis de Lansdowne. — *Egerton Collect.,* léguée en 1829 par le comte de Bridgewater, avec un capital pour l'augmenter.

La Bibliothèque impériale (section des Manuscrits) ne possède aucune exhibition de ce genre, et l'absence de ce Musée autographique est une lacune à regretter. Pourquoi enfouir nos trésors au lieu de les montrer? Est-ce de l'avarice, de l'indifférence ou de l'ignorance?

L'initiative si féconde de M. le comte de La Borde, le très-actif directeur des Archives impériales, qui ne semble pas avoir regardé ce poste comme une sinécure, comme tant d'autres serviteurs du public qui ne travaillent que pour eux, a pris les mesures nécessaires pour installer dans les beaux salons des Archives de l'Empire, rue du Chaume, un musée paléographique, offrant, par ordre chronologique, une série d'autographes précieux, depuis les donations de Dagobert jusqu'au testament de Napoléon. Les travaux d'emménagement sont terminés. On s'occupe sans relâche à disposer les pièces dans les vitrines. Bientôt ce Musée sera ouvert au public. Nous sommes convaincu que les visiteurs n'y manqueront pas, car il intéresse autant les simples curieux que les érudits eux-mêmes.

Il serait à souhaiter que le nouveau et très-ingénieux conservateur du *Musée des Souverains*, au Louvre, joignît à chaque lot des royales reliques une lettre émanant du roi ou de la reine dont cette collection de piété historique offre les vêtements, les livres, les armes, les meubles, les joyaux. Ce serait un heureux complément qui ajouterait à l'harmonie et à l'effet du spectacle et même de la leçon.

Tout travail qui n'a pas son utilité directe, sa conclusion, sa moralité, tout travail du sexe neutre doit être banni d'un livre qui prétend à la familiarité, à l'intimité et même à la reconnaissance de l'amateur d'autographes. La conclusion de celui-ci est si évidente qu'on peut dire que, loin de la receler dans son flanc, il la porte sur son visage. Cette conclusion, c'est un aveu pénible d'infériorité, c'est le sentiment humiliant de la pauvreté française, en fait d'ouvrages spéciaux, de recueils, de fac-simile, quand on compare ses ressources en ce genre à la variété anglaise et à l'opulence allemande. Une fois que nous avons cité l'*Isographie* et les deux *Iconographies*, qui sont pleines de fautes et de lacunes, il faut se taire et s'asseoir sur ce modeste bagage non renouvelé depuis trente ans. Il est vrai que nous avons, de plus que l'Angleterre et l'Allemagne, deux excellents journaux d'autographes, l'un didactique et critique, l'autre de fac-simile. Mais le journal *L'Autographe*, obligé de suivre jusque dans ses caprices la curiosité souvent frivole de ses abonnés, ne peut se maintenir toujours dans les limites de gravité et de certitude qui font l'autorité d'un recueil. Il lui faut être varié à tout prix, se défendre religieusement de tout ce qui serait trop ancien, c'est-à-dire ennuyeux pour les belles lectrices qui ont fait sa vogue. Il ne peut guère remonter au delà du commencement du xviiie siècle, et c'est surtout aux petits mystères du nôtre qu'il puise ses amusantes révélations.

Nous connaissons les goûts sérieux, les tendances élevées, l'érudition solide de son rédacteur en chef, mais nous connaissons aussi son public, et un rédacteur en chef règne mais ne gouverne guère. C'est l'opinion qu'il est censé diriger qui le mène où elle veut; aimable fatalité, quand elle compense sa tyrannie par tant d'autres faveurs !

Il y aurait donc place pour des recueils non périodiques contenant, avec de bonnes notices, des fac-simile *et* des portraits
(union aujourd'hui réglementaire) des personnages oubliés dans
les isographies antérieures. Certes ce serait un beau recueil que
celui des oubliés, des dédaignés, des méconnus. Les premiers
recueils sont très-incomplets et très-peu sûrs, et la signature y
est parfois un déguisement plutôt qu'un signe de reconnaissance.
Nous avons vu que dans cette cohue de bal masqué, plus d'un a
conservé l'incognito. C'est le père de Benserade que nous avions
jusqu'ici salué le prenant pour son fils, et c'est à un innocent
homonyme de Conrart que nous avions adressé des compliments
que le vrai Conrart a esquivés.

Je voudrais surtout que la mode des recueils d'autographes ne
demeurât pas une mode exclusivement littéraire ; je voudrais
qu'elle devînt une mode, presque un devoir social ; je voudrais
que les grandes familles, qui s'enorgueillissent à bon droit de
l'antiquité du nom et du nombre des services, célébrassent un
peu plus souvent la fête de ces aïeux, fondateurs de leurs gloires,
qu'elles se contentent d'honorer par une place dans un salon ou
une galerie, et que, plus d'une fois, on a vus relégués au grenier.
Et quel meilleur moyen de raviver et de glorifier ce culte domestique que de faire graver, à ces pieux aniversaires, des lettres de
ceux qui ont combattu ou souffert pour leurs petits-enfants. Dans
les grandes familles, comme dans les Académies, je voudrais
qu'à certains jours commémoratifs on se réunît, entre parents et
amis, pour prononcer l'éloge d'un ancêtre illustre, l'offrir en
exemple aux petits-neveux, et que chaque convié emportât, en
souvenir et en tribut de cette solennité féconde, une épreuve
choisie du meilleur portrait et un fascicule où seraient gravés,
sous les armes de la famille, les lettres ou les titres qui forment
comme les signes de l'âme, comme les jalons de la vie du mort
immortel. Certes, je le crois, c'est là une idée qui ne tombera
point sur la terre stérile. Plus d'une grande maison pourrait en
prendre l'initiative et propager le goût de cette noble curiosité,
qui se confond avec la religion des aïeux. Les La Moignon, les
d'Aguesseau, les Colbert, les de Maistre, les Matignon, les La
Rochefoucauld, les Châteaubriand, les Montmorency, les Polignac,

les Talleyrand, les Ségur m'entendent-ils ? m'entendent-ils tous ceux que je ne nomme pas ?

Dans ces derniers temps, on a publié les correspondances inédites de La Mennais, de Maurice de Guérin et de sa sœur, de Béranger, de La Cordaire, de Mme Schwetchine. Pourquoi, à ces recueils de piété littéraire, de culte amical, n'a-t-on pas joint la relique indispensable, le *fac-simile*, qui met, pour ainsi dire, en communication avec la pensée de l'auteur, qui nous révèle sa physionomie littéraire et quelquefois sa physionomie morale ? Pourquoi du moins les initiateurs de ce culte de quelques illustres mémoires, parfois contestées, qui ont trouvé dans le public attendri un catéchumène beaucoup plus docile et plus fervent qu'il n'était permis de l'espérer, ne se sont-ils pas distribué, dans les limites d'une sorte d'intime publicité, quelques cahiers de fac-simile ? Quand on fait entrer dans le calendrier, non sans forcer un peu la béatification, et non sans la tenir autant de notre surprise que de notre admiration, des saintes nouvelles, c'est bien le moins qu'on se charge de tous les devoirs et de tous les frais du culte, et qu'on inaugure autrement qu'*in petto* ou par l'hommage banal du livre, les poëtes dits nationaux et les mystiques étrangères, les Anacréon Français et les nouvelles Sainte-Chantal.

Il ne devrait pas y avoir une réunion académique destinée à entendre l'éloge d'un illustre confrère, il ne devrait pas y avoir une inauguration de statue sans cet accompagnement obligé d'un choix de fac-simile du défunt, le louant ainsi lui-même mieux que tous les discours, surtout les discours académiques, dont les restrictions mentales font ressembler la flatterie à la serénade de Don Juan, touchante et ironique à la fois !

Pourquoi, par exemple, un Grouchy venant de mourir, ayant toujours protesté, et même judiciairement, contre la responsabilité que M Thiers a infligée à son père, dans la bataille de Waterloo, ne prend-on pas le public pour juge, l'opinion pour tribunal et ne publie-t-on pas, sous la forme irrécusable du fac-simile, les pièces justificatives de cette protestation ?

Pourquoi, enfin, ne suit-on pas le double exemple que l'Italie et l'An gleterre nous donnent, et dans des circonstances si diverses que ce contraste seul suffit à caractériser les deux pays?

A Venise, par exemple, et dans toute l'Italie du Nord, on a associé le culte du passé et la noble curiosité qui est la religion des ancêtres, à la cérémonie la plus joyeuse et la plus charmante du catholicisme et de la vie, à la cérémonie du mariage. Le Venitien, qui n'a d'autre consolation dans le présent que les espérances que donnent de glorieux souvenirs, a aboli la coutume des sonnets monotones et des épithalames mercenaires. Il a, dans ce jour qui fonde la famille, réservé la place d'honneur à l'image de la patrie, cette grande famille, et il a associé noblement son deuil national à la joie domestique. Il n'y a pas un mariage de patriciat ou de haute bourgeoisie à Venise, où l'on ne salue les deux époux par ce souvenir de bon augure, par cette historique galanterie de la publication d'un document tiré des archives publiques ou privées, imprimé avec le plus grand luxe, et révélant un fait nouveau souvent honorable pour les deux familles unies par le nœud conjugal. Non, il ne mourra pas, ce pays intelligent et courageux où l'on conserve la piété des ancêtres et où le flambeau nuptial est le flambeau de l'histoire. Non, il ne mourra pas, ce peuple lettré qui, au lieu de manger en sottes ripailles ou en poudre bruyante l'argent consacré aux fêtes du mariage, les célèbre dignement, gravement, par la protestation discrète de sa fidélité au passé et à l'avenir. C'est là une coutume filiale d'heureux augure pour la conjugale constance. O épousée et vous époux! cette fécondité qui donne un livre de plus à l'histoire est le gage de la fécondité qui vous fera revivre dans un enfant qui verra peut-être, lui, cette délivrance que vous ne verrez pas.

On trouvera dans l'*Introduction* de notre ami Armand Baschet à son livre si plein de faits originaux, et qui a inauguré en histoire un genre nouveau qu'on pourrait appeler *diplomatique* des *Princes de l'Europe au* XVIe *siècle* [1], de curieux détails sur ces *libretti*, présents de noces, qui avec la dédicace de rigueur aux deux époux et la formule : *Per le nozze faustissime*, ont fait revivre tant de documents précieux, tant de relations inédites de

----

1. Pages 60 et suivantes.

ces ambassadeurs fameux dont Armand Baschet s'est fait si heureusement l'introducteur dans l'histoire.

A Londres, ville plus prosaïque, plus positive, plus pratique que Venise, ce n'est plus Vénus et Junon qui enfantent de beaux recueils de fac-simile ; c'est Mercure et Plutus qui, saisis d'un enthousiasme passager pour les beaux arts, leur dédient solennellement de pompeux et opulents témoignages votifs. Une fois par an, les riches et puissantes corporations de métiers de Londres, celle des *Quincaillers*, par exemple, font des expositions de curiosité organisées avec cette libéralité que donne l'orgueil de corps quand il est servi par la fortune, et publient des recueils dont quelques-uns, en dépit de leur origine populaire et du luxe parfois de mauvais goût qui préside à ces chefs-d'œuvre édités par des parvenus, sont de véritables monuments typographiques. La corporation des *Quincaillers* a aussi publié un recueil de facsimile et de gravures que nous avons analysé et qui peut servir de modèle à toutes les œuvres de ce genre, dont nous voudrions, et nous finirons par ce vœu inutile, voir le goût se répandre en France et y être propagé par le légitime orgueil des grandes familles, y ennoblir l'éclat souvent vulgaire des fêtes nuptiales, et y consacrer les assemblées solennelles et les fêtes patriotiques.

CHAPITRE QUATORZIÈME

AUTOGRAPHIANA

Tiré des Manuscrits inédits du baron de Trémont.

I

Le baron de Trémont, un des curieux célèbres des derniers temps, avait employé ses loisirs à recueillir sur son goût favori des notes qui, ajoutées aux souvenirs de sa spirituelle expérience, forment une petite gerbe d'où il nous a paru que pouvait tomber encore plus d'un grain de blé. Nous déposons eette gerbe à l'issue de notre recueil, et nous espérons qu'aucun de nos lecteurs ne passera devant elle sans feuilleter avec une curiosité pieuse ces quelques pages d'un amateur émérite. Nous avons eu soin d'en émonder tout ce qui pourrait faire double emploi avec des détails déjà donnés par nous, de sorte que c'est un supplément de dissertation, un complément d'enquête sur les autographes que nos lecteurs trouveront ici.

L'extension du goût des autographes est certainement une preuve du progrès des lumières. En effet, il n'est point de recherche plus éclairée puisqu'elle a pour but et pour résultat de rendre sensible aux yeux, à la mémoire et à l'imagination, les grands événements de l'histoire et l'état progressif des sciences, des arts, du commerce et de l'industrie. Un autographe est à la fois une émanation de l'esprit par la pensée, et du corps par la main qui en trace l'expression ; il agit sur l'imagination en faisant revivre à nos yeux son auteur.

Les collections rendent un service important en sauvant de la destruction, de leur perte et de l'oubli des pièces et des documents précieux pour constater, éclaircir ou rappeler les faits historiques et ceux qui se lient à toutes les connaissances humaines. Les lettres intimes nous initient aux sentiments personnels de leurs auteurs ; ce sont des portraits de leurs caractères.

La diffusion de ce goût a créé une nouvelle branche de commerce par l'établissement de ventes publiques et par celui de marchands d'autographes. La première vente publique eut lieu à Paris en 1820; elle ne se composait que de quarante et une pièces. Elles se sont continuées d'année en année en augmentant de nombre et d'importance.

Antérieurement les collecteurs n'avaient de ressource que les dons de leurs amis ayant des autographes qu'ils ne tenaient pas à conserver, puis, de chercher des occasions d'échange ou d'achat avec des amateurs disposés à se défaire de pièces doubles ; enfin la chance d'acheter de gré à gré, par suite de décès, des collections que les héritiers ne voulaient pas garder.

Il fallait donc un temps considérable pour former une collection un peu complète. Aujourd'hui les ventes publiques donnent le moyen d'atteindre plus promptement le but. Plus les collections se sont multipliées et plus les décès, les revers de fortune, et aussi l'inconstance de certains amateurs, plus fantasques qu'érudits, ont alimenté les ventes. La formation d'un recueil d'autographes se réduit à peu près maintenant à une question d'argent. L'on ne peut se dissimuler qu'il en faut beaucoup pour qu'un recueil mérite d'être cité. La plus belle collection particulière de Paris, et probablement de l'Europe, est estimée à environ 200,000 francs ; une autre l'est de 50 à 60,000 francs ; enfin l'on atteint difficilement le troisième ou quatrième rang avec

20 ou 30,00 francs. C'est donc un capital à y employer. Il en est
au reste de même pour les collections d'histoire naturelle, de
physique. de médailles, d'antiquités, et bien plus encore pour
celles de tableaux et de sculptures du premier mérite.

A l'aide de l'obligeance de ses amis, on peut se procurer bon
nombre d'autographes de personnages vivants ; mais ceux des
temps antérieurs, et ce sont les plus importants, ne se trouvent
que par acquisition. Cela a déterminé les amateurs dont les
moyens sont limités à se borner à une *spécialité*. Les uns choi-
sissent les magistrats, les législateurs ou les hommes d'État ;
d'autres, les hommes d'épée, les savants, les littérateurs, les artistes, etc. La difficulté de ces spécialités est de les compléter ;
les lacunes qu'elles éprouvent sont souvent, au reste, le plus
grand attrait des collecteurs, en raison des recherches incessantes qu'elles exigent ; mais il faut alors avoir plus de temps à
dépenser que d'argent. Il est superflu de dire que les collections
les plus intéressantes sont celles qui embrassent toutes les
carrières.

Pour en former une, on doit d'abord établir la liste des principaux autographes qu'on désire y faire entrer. Si l'on est pressé
de jouir, il faudra les prendre soit chez les marchands, soit dans
les ventes, sans être trop difficile sur leur condition ou sur leur
prix ; encore s'écoule-t-il souvent des années avant que l'on
puisse rencontrer les pièces que l'on souhaite le plus avoir.
C'est, du reste, le sort de toutes les collections. L'on se mettra
ensuite bien au courant des prix. Lorsque les marchands ont
fait de bons marchés, ou sont pressés d'argent, on pourra,
quoique rarement, acquérir d'eux au-dessous du taux des vente :
publiques, lorsqu'elles offrent une vive concurrence, les prix,
dans ces ventes, étant déterminés par le plus ou moins de chaleur des enchères. S'il y a peu d'amateurs et peu de commissions,
les marchands achètent pour leur propre compte. Dans le cas
contraire, ils n'abandonnent guère les enchères qu'après avoir
porté les pièces à leur valeur approximative, afin de ne pas dé-
précier leur fond personnel. C'est l'usage général des marchands
dans toutes les ventes publiques. Si donc l'on en connaît un qui
mérite toute confiance, le mieux me paraît être de lui donner

commission. Son droit est de 5 p. 100 au-dessus de 100 francs, et de 10 p. 100 au-dessous. Il a soin d'abandonner l'enchère si les pièces dépassent leur valeur réelle. Avec un marchand aussi honnête que M. Charon, je lui ai constamment donné commission, quoique assistant moi-même aux ventes, et j'ai eu la preuve qu'il y avait pour moi avantage. Il en sera de même avec son successeur [1].

Les possesseurs des plus belles collections de Paris, qui n'ont que quelques pièces rares à y ajouter, font, à moins d'empêchement, leurs acquisitions eux-mêmes. Leur but est moins d'économiser les 5 p. 100 que de surenchérir personnellement pour s'assurer de l'autographe qui leur convient et qu'ils ne veulent pas laisser échapper ; il arrive parfois que s'ils éprouvent une vive concurrence, ils se récrient sur l'exagération du prix et quittent la salle ; mais quelqu'un qui a reçu en secret leurs instructions continue l'enchère pour leur compte.

Voilà l'une des causes des prix exagérés où sont portés certains autographes dans les ventes publiques. Il en est une autre : Les amateurs de la province et de l'étranger, soit qu'ils soient moins au fait que ceux de Paris, soit qu'ils se défient des personnes faisant le commerce des autographes, donnent le plus souvent leurs commissions aux libraires avec lesquels ils sont en relations. Ces libraires ont en général une très-vague connaissance des autographes et de leur valeur réelle. Lorsque les correspondants n'ont pas fixé de prix, ce qui est effectivement difficile, de loin, sur le simple vu d'un catalogue, les libraires aiment beaucoup mieux payer trop cher que de sortir de la vente les mains vides. Et d'ailleurs, plus l'adjudication est élevée, plus le droit de commission les indemnise de la perte de leur temps. Quelquefois aussi, des étrangers riches donnent commission *à tout prix*, et de là des surenchères excessives.

On comprend que les lettres ou documents qui ne sont que *signés*, n'ont pas la valeur de ceux entièrement autographes. Lorsque la souscription ou *complément*, ou encore un *post-scriptum*, sont de la main du signataire, le prix augmente. Il

---

1. Et avec M. Charavay aîné, que nous recommandons à tous nos lecteurs.

s'accroît aussi lorsque les lettres *familières* de personnages marquants sont signées, ce qui est souvent omis, comme on sait, dans les correspondances intimes. Le simple paraphe a aussi sa valeur. Les pièces des époques reculées n'offrent, le plus souvent, que le seing.

Comme exemple de l'augmentation de prix que peu de mots donnent à une pièce rare, je me bornerai à dire que la première lettre d'Agnès Sorel, mise en vente, ne portait pour signature (le corps de la lettre n'étant pas autographe) que le nom *Agnès*; elle fut adjugée à 77 fr. A une autre vente, une lettre de la même (non autographe), ayant la souscription : *Votre bonne amie*, atteignit 111 fr. Ainsi les trois mots : *Votre bonne amie*, furent payés 34 fr. Une quittance signée par la même fut payée 53 fr. seulement, en raison de la différence que l'on établit entre une lettre et une quittance.

Le prix vénal augmente ou diminue nécessairement en raison de l'importance des pièces, laquelle se base sur leur intérêt, leur développement et leur état de conservation ; de là, la grande différence que l'on remarque dans les tables de prix, entre les prix des autographes d'une même personne. Ainsi, l'on verra varier les adjudications de Louis Carrache, de 22 à 150 fr.; Charles-Quint, de 34 à 100 fr.; Descartes, de 59 à 105 fr.; Henriette d'Angleterre, de 15 à 76 fr.; l'Impératrice Joséphine, de 10 à 111 fr.; Jean Lafontaine, de 76 à 550 fr.; Boileau, de 87 à 310 fr.; Louis XIV, de 15 à 257 fr.; Louis XVI, de 21 à 211 fr.; J. Racine, de 106 à 286 fr.; Newton, de 201 à 710 fr.; Luther, de 261 à 551 fr.; Diane de Poitiers, de 80 à 353 fr. Nous ne porterons pas plus loin ces citations.

L'autographe d'une célébrité qui traite d'un fait historique remarquable ; un billet qui contient des détails de vie privée touchants ou piquants, fussent-ils signés ou non, seront beaucoup plus payés que si le sujet en est insignifiant. Un amateur possède une lettre du comte d'Artois écrite d'un style fort érotique à Mlle Contat; si cette lettre était mise en vente, elle atteindrait le décuple du prix d'un acte de contrition du libertin devenu le vieux Charles X. On a une lettre de Mlle Clairon pour 20 à 30 fr.; une de ses lettres d'amour au baron de Bezenval a été portée à

70 fr. 50. Une belle pièce d'Henri IV coûte de 50 à 80 fr., tandis qu'un petit billet amoureux à Gabrielle d'Estrées a atteint 135 fr.

Les autographes subissent encore les variations de toutes les branches de commerce, selon que certains d'entre eux sont plus ou moins recherchés et qu'ils deviennent plus ou moins rares. Les circonstances défavorables, les crises politiques et les ventes trop multipliées, à des époques rapprochées, tendent aussi à les faire baisser. Cela montre combien, excepté pour les pièces de peu de valeur, il est nécessaire de juger par ses propres yeux ou par ceux d'une personne méritant un entière confiance.

Cette confiance méritée est indispensable pour ne pas aller jusqu'à l'extravagance dans une commission illimitée. La famille de La Ferronays avait donné l'ordre de lui avoir une lettre de l'empereur Alexandre, fort honorable pour le comte, ancien ambassadeur de France en Russie. La lettre ne valait que 60 fr. pour tout autre que pour la famille ; il se trouva à la vente un amateur entêté qui ne lâcha prise qu'à 352 fr. Il eût mérité que la pièce lui fût restée.

Si on fixe un prix à son commissionnaire, on est exposé à manquer quelquefois, pour un franc de différence, un autographe dont l'adjudication n'est pas trop forte.

La confection des catalogues de ventes publiques, à Paris, a fait successivement des progrès ; dans le principe ils n'étaient que *nominatifs*, de sorte que les amateurs de la province et de l'étranger ne pouvaient connaître quel degré d'intérêt avaient les pièces. Maintenant on donne une courte analyse des principales, ce qui sert à diriger les commissions et à estimer approximativement la dépense à faire. Ces catalogues sont les premiers des frais de vente qu'il est utile de connaître. Ils s'élèvent seuls à 18 p. 100, à moins que le vendeur ne les rédige lui-même, ce qui, je crois, n'a eu lieu que par les marchands d'autographes.

Une collection de quelque importance fournit à un catalogue de six cents à six cent-cinquante articles. On vend cent et quelques articles par vacation qui dure environ deux heures et demie.

Voici le détail : 1° Location de la salle, crieur des enchères et secrétaire du commissaire-priseur, 25 fr. par vacation. 2° Au commissaire-priseur, 6 p. 100 de la vente. 3° A la personne versée dans la connaissance des autographes, laquelle a rédigé et fait circuler le catalogue, assiste le commissaire-priseur, annonce les pièces et préside aux enchères, 5 p. 100. 4° Frais de catalogue pour une vente fixée à six vacations, frais d'affiches et de distribution, 850 fr. 5° Menus frais, en tout, 20 à 25 fr.

Ces frais sont considérables et causent une grande perte à ceux qui sont obligés de vendre. Le moyen d'adoucir cette perte pour l'amateur qui forme une collection qu'il peut prévoir ne pouvoir conserver, c'est de la composer en majeure partie de pièces anciennes (à partir du xviiie siècle, en rétrogradant) et de grandes célébrités. Dans ce cas, on peut croire que les frais seront couverts. si les pièces anciennes ont été achetées à des prix raisonnables. La valeur de ces pièces s'est constamment accrue, et c'est principalement sur elles que portent les commissions des étrangers et des bibliothèques publiques de leurs capitales.

A l'exception d'un petit nombre d'*illustrations*. il y a peu de chaleur sur les enchères des autographes de contemporains. Ainsi, une vente qui en serait entièrement composée, quelque intéressante qu'elle fût, serait désavantageuse. Sous ce rapport, en consultant les catalogues, on verra que les pièces de quelque intérêt pour la vente y sont portées *seules* tandis que les autres sont réunies par *lots*, en général de six pièces, et cela non-seulement pour les contemporains, mais encore pour des hommes d'État, ministres, maréchaux de France, etc., des deux derniers siècles, lorsque les pièces ne sont que signées, ou même autographes, si elles sont insignifiantes.

Il est arrivé que quelques rédacteurs de catalogues, pour les abréger, ont compris dans des lots des pièces qui, annoncées isolément, eussent été vendues avantageusement. Ainsi, tandis qu'un billet de M. Enfantin (père suprême des Saints-Simoniens) et une lettre de Nina Lassave, maîtresse de Fieschi, ont été adjugés chacun à 10 fr., de semblables lettres insérées dans des lots n'ont atteint que 1 fr. et 1 fr. 50 cent.

Ces lots, ordinairement vendus bon marché, sont le plus souvent achetés par des marchands, qui les revendent ensuite en détail, beaucoup plus cher, à des amateurs qui veulent *s'assortir*.

A la dépense près, ces amateurs ont raison, car les personnages qui sont, ou qui approchent des temps contemporains, si nous les avons connus, si leur vie touche à la nôtre, si les événements auxquels ils ont pris part se sont passés sous nos yeux, sont ceux qui occupent le plus directement notre esprit et nos souvenirs. Ainsi l'amateur qui voudra se compléter *en détail* de notabilités contemporaines de tous les genres devra se résigner à considérer ce qu'il a payé de trop comme la représentation de sa propre jouissance.

Une collection d'amateur zélé ne le satisfait entièrement que lorsqu'elle est aussi complète que possible; il en est dont le nombre s'élève de 6,000 jusqu'à 25,000 pièces et peut-être plus.

Cette richesse serait un désavantage dans le cas où une vente deviendrait nécessaire et aurait lieu consécutivement. Une bibliothèque, quelque nombreuse qu'elle soit, trouve à s'écouler, parce que le nombre des amateurs de livres et des libraires est comme mille à un, comparativement à celui des amateurs et des marchands d'autographes. J'ai dit que les catalogues ne dépassaient pas 600 pièces et que l'on ne vend, à peu près, que cent articles par vacation. On a de plus remarqué qu'après la quatrième vacation, une certaine lassitude se manifeste, et qu'à l'exception des pièces commissionnées, la curiosité et le désir d'achat se ralentissent pour le reste. Pour qu'une vente fût *bonne*, il ne faudrait pas qu'elle dépassât 400 ou 500 articles. Il résulte de ceci qu'une collection de plusieurs milliers d'autographes, mise en vente publique, son possesseur n'ayant pas trouvé à la vendre en bloc à sa valeur, devrait n'avoir lieu qu'à des intervalles bien séparés, à moins que la position du vendeur ou de ses héritiers ne le permette pas. Il faudrait encore que les plus belles pièces fussent judicieusement réparties dans les différents catalogues, afin que les ventes offrissent un égal intérêt.

Un mot encore sur les autographes des contemporains. Pendant le temps où un personnage excite à un haut degré l'attention publique, ses autographes sont très-recherchés et portés à des prix qui ne se soutiennent pas lorsque la curiosité a changé d'objet. De ce nombre sont certains grands criminels. Deux exemples suffiront : pendant le procès de Fieschi, ses autographes ont été payés jusqu'à 40 fr., aujourd'hui (1847) on les a pour 5 à 10 fr. J'ai eu pour 25 fr. une lettre de six pages de Mme Lafarge à son oncle, la plus curieuse qu'elle ait écrite de sa prison de Montpellier. Pendant son procès, cette lettre eût valu 60 fr.

On n'est guère collecteur dans les diverses branches de l'histoire naturelle sans y être versé ; que ferait-on du plus bel herbier si on n'est pas botaniste, ou encore du plus précieux médaillier si l'on n'est numismate ? Il n'en est pas de même des autographes et des tableaux ; on veut en avoir par amour-propre, tout en ne s'y connaissant pas, et l'on se fait attraper. Aux collecteurs de lettres qui n'ont pas assez d'instruction pour apprécier l'intérêt que donneraient à leurs collections des manuscrits de personnages dont ils n'ont entendu parler que d'une manière confuse ; qui ignorent enfin l'influence qu'ils ont eue sur les événements, les sciences, la littérature et les arts de leur époque, nous conseillerons de borner leurs choix à ces célébrités tellement *universelles* que tout le monde les connait, au moins de nom ; de cette manière, ils courront moins de risques d'être dupés dans leurs acquisitions.

La valeur des pièces rares est soumise aux chances du hasard qui peut les multiplier, car ces pièces baisseraient dans la proportion du nombre mis en circulation. L'amateur ne peut donc pas, outre les frais de vente, compter sur la rentrée intégrale de son capital, s'il voulait vendre. Il faut, comme dans toute autre espèce de collection, que le plaisir de satisfaire un goût vif et éclairé le fasse passer par dessus le risque qu'il court.

Les Anglais, plus riches que nous, portent le prix des autographes de leurs grandes célébrités nationales à un taux plus élevé que nous. Les manuscrits de Shaskespeare ont disparu comme ceux de notre Molière. Il ne reste de chacun d'eux que quatre signatures [1]. L'une de celles de l'illustre poëte anglais a

---

1. M. Chambry possède une pièce considérée comme portant deux lignes autographes de Molière.

été payée *cent guinées*, en 1840, par le Musée britannique. La 2e, qui faisait partie de la collection du révérend Cotton, aumônier de Newgate, est entrée dans celle du baron de Trémont par marché particulier. La 3e, fort endommagée par la moisissure, a été adjugée à un libraire de Londres, en 1846, à 21 liv. sterl. (547 fr.). La 4e est sur un registre.

L'une des quatre quittances signées par Molière, que possède la Bibliothèque du roi, revint à 500 fr. à M. Lalande, par échange avec M. Campenon. La Bibliothèque poursuivit devant les tribunaux le recouvrement de cette pièce. Elle perdit son procès en 1844, parce que la pièce comprise dans de vieux papiers, vendus publiquement, n'était ni cataloguée ni marquée. Ayant appelé du jugement, elle gagna sa cause à la cour d'appel en 1846. Une autre quittance de Molière, plus belle que la précédente et ne provenant pas de la bibliothèque, fut adjugée, en vente publique, au baron de Trémont, en 1847, à 258 fr.

La plus belle collection de Paris contient une lettre d'Améric Vespuce, payée, dit-on, 1,000 fr. Nous parlerons plus loin d'une lettre de Rabelais.

La seule lettre de Michel-Ange, passée en vente publique à Paris, a été payée 700 fr. par commission pour l'Italie. Une autre est entrée dans la collection Trémont, par marché particulier, moyennant 300 fr.

M. Woodburn avait acquis à un haut prix la seule lettre connue du célèbre peintre Le Poussin. Plus tard un Anglais, qui en avait trouvé dix-huit dans son héritage, se décida à les vendre. Deux de ces lettres ont été payées à Paris 150 fr. chacune, dont une par M. de Trémont.

Lorsqu'on suit les ventes et que l'on compare les catalogues, on y trouve assez fréquemment des pièces qui y ont été antérieurement portées. Cela vient de ventes par suite de décès ou de celles d'amateurs qui se défont de leurs collections, aussi de ce que les plus curieux et les plus riches amateurs saisissent l'occasion qui se présente d'avoir des pièces supérieures à celles qu'ils possèdent. Alors, après leur nouvelle acquisition, ils remettent en vente les pièces qu'ils ont ainsi remplacées.

Les renseignements que nous donnons seraient incomplets si

nous n'y faisions entrer ceux, fort importants, qui concernent les *faux autographes*.

Il faut d'abord savoir que les secrétaires de quelques grands personnages ont imité leurs écritures à s'y méprendre. De ce nombre étaient le président Rose, secrétaire particulier de Louis XIV, et Mlle d'Aumale, secrétaire de Mme de Maintenon. Beaucoup de personnes peu exercées à ces comparaisons y ont été trompées.

On connaît peu de contrefaçons datant des siècles antérieurs au nôtre. Alors les collecteurs n'existaient qu'en petit nombre ; les recherches, les demandes étaient peu multipliées et les autographes n'étaient pas devenus une branche de commerce et de ventes publiques. Lorsque des savants célèbres, des littérateurs distingués, tels que Huet, Balzac, etc., écrivaient des lettres, ils apportaient un grand soin à leur rédaction, parce que le public éclairé était avide de les lire, et qu'aussitôt des copies en circulaient. Il existe encore de ces copies qui passent quelquefois dans les ventes, lorsque les vendeurs ne connaissent pas bien les écritures originales. Il n'y a point là de supercherie, ces copies n'étant point des imitations ou *fac-simile*. Elles sont promptement reconnues et on les retire de la vente.

On ne contrefait pas les autographes des contemporains ; ils donneraient, à peu d'exceptions près, plus de peine qu'ils n'ont de valeur vénale ; d'ailleurs, comme ils sont les plus nombreux, les moyens de comparaison sont trop faciles à trouver. En général, les imitations ne s'attachent pas aux pièces valant moins de 40 à 50 fr. Une bonne contrefaçon est, comme la fausse monnaie, très-difficile à faire.

On ne s'est aperçu à Paris qu'il y avait de faux autographes qu'à la vente de Mme Bony de Castellane, en 1832. M. G. de Pixérécourt y acquit, moyennant 380 fr., un ordre de bataille de Napoléon, adressé au maréchal Oudinot la veille d'Austerlitz. L'acquéreur se rendit chez le maréchal pour le prier de vouloir bien reconnaître cette pièce. « Elle est fausse, répondit-il, car « en voici l'original. L'imitation, qui est parfaite, a été faite par « un de mes secrétaires et sans mauvaise intention. Il me montra « plusieurs autres pièces importantes qu'il avait aussi imitées

« dans mon cabinet, croyant que je le complimenterais sur sa
« dextérité : loin de là, je blâmai fortement son dangereux
« talent, et je crus même devoir le congédier. »

Une lettre de Montaigne, adjugée 850 fr. à la même vente, au
même M. de Pixérécourt, fut reconnue être une habile contrefaçon de celle qui est à la Bibliothèque.

A la vente de la collection Monmerqué, en 1837, une lettre du
Tasse, adjugée 460 fr. à M. Aimé Martin, fut publiquement dé-
clarée fausse par M. Charon, et reconnue pour telle malgré la
plus exacte imitation.

Une lettre crue originale de Léon X fut achetée à la vente
Techener, en 1846, et vendue comme n'étant qu'une copie du
temps.

Les lettres d'André Chénier sont rares et chères. M. Moore en
avait une, mais non signée. Il la vendit. Elle fut mise plus tard
en vente chez Silvestre (1838 ou 39) ; on y avait ajouté une signature pour en augmenter la valeur. M. Charon, qui l'avait eue
entre les mains, fit la déclaration de cette addition.

En 1835, M. le marquis de Biencourt paya 80 fr. une lettre
d'Henri IV, d'une seule page ; elle était collée sur un carton.
Pour l'en détacher, il la remit à M. Charon, qui, dans l'opé-
ration, découvrit que c'était un calque fait sur papier végétal
et collé sur une feuille de papier du temps. Le fac-simile était
parfait.

A la vente Meriin (vers 1838), une lettre de Marie Stuart,
adjugée à 300 fr., a été reconnue fausse.

Au reste, les contrefacteurs de profession ont dû cesser leur
coupable industrie, en raison de la multiplicité des moyens de
vérification qui a donné de l'expérience aux collecteurs. On doit
aussi à M. Charon d'avoir fait porter à huit jours le délai ac-
cordé pour la vérification des pièces ; il n'était auparavant que
de vingt-quatre heures.

La publication de l'*Isographie*, celle des fac-simile de Delpech,
bien que ces recueils soient incomplets, sont des guides utiles.
Les comparaisons faites à la Bibliothèque du roi et dans les
belles collections d'amateurs le sont encore davantage. Les
paléographes de l'École des chartes, que l'on peut consulter,

sont, sans aucun doute, les juges les plus sûrs. Enfin, on peut encore avoir recours à l'expérience d'un marchand d'autographes bien famé.

Notre article sur les pièces contrefaites doit nécessairement relater, au moins sommairement, la grande perturbation apportée dans le commerce des autographes, en 1846, par une accusation de faux contre plusieurs pièces rares mises à cette époque en circulation. Cette allégation eut un tel retentissement que les collecteurs étrangers en furent effrayés au point de croire qu'il y avait à Paris une société d'habiles faussaires, ce qui leur fit décommander sur-le-champ leurs commissions ; heureusement cet orage s'éclaircit promptement, mais il est essentiel d'en connaître la cause, elle servira de leçon pour l'avenir.

De toutes les passions humaines, *posséder* est la plus active et la plus étendue, car elle embrasse, avec ses nombreux intermédiaires, depuis l'avarice jusqu'à l'amour. Elle comprend le communisme chez celui qui n'a rien, et le désir d'arriver à une possession absolue chez celui qui a beaucoup et même trop. Les collecteurs ne sont pas tous exempts de cette soif d'acquérir. On a connu des amateurs de tableaux qui, voyant passer en d'autres mains l'œuvre d'un grand maître qu'ils désiraient faire entrer dans leurs collections, dépréciaient cette œuvre et maintenaient que ce n'était qu'une copie. Comment n'y aurait-il pas de semblables exemples pour les autographes ? Viennent-ils d'une basse envie ? Non, l'on cherche une satisfaction égoïste qui se repait de cette idée : « Je suis le seul qui possède cela ! » Soyons indulgents, nous avons tous nos faibles.

Nous prions d'excuser cette digression et nous passons aux faits.

Une des plus belles collections connues contenait une lettre de Rabelais, la seule existant alors. Elle avait coûté, dit-on, environ 1,000 fr. La pièce avait été confrontée avec deux manuscrits de la Bibliothèque du roi, lesquels passaient pour être réellement de la main du curé de Meudon. L'identité se trouva parfaite.

Quelques années après, dans le but de la fondation d'un grand cabinet généalogique, le possesseur se rendit acquéreur des volumineux dossiers des grandes familles de France recueillis par d'Hozier, Courtois, Moulinet, Nicolle d'Abbeville, Huscan, Denquin, etc., etc. Lorsque ces collections furent dépouillées et classées, elles se trouvèrent contenir, outre les actes et titres nobiliaires, des lettres de personnages célèbres que les familles avaient conservées. Ce soin de conserver la tradition des relations de familles avec les hommes et les femmes illustres a existé de tout temps. C'est ainsi que les autographes des XVIᵉ et XVIIᵉ siècles, qui entrent aujourd'hui dans toutes les collections de quelque importance, ont d'abord paru en très-petit nombre, puis se sont successivement multipliés, surtout par la saisie du mobilier des émigrés et par le pillage des archives, des couvents et de beaucoup de dépôts publics.

Trois lettres de Rabelais furent produites ; sur elles s'éleva tout d'abord le cri de faux. On alla vérifier à la Bibliothèque du roi et l'écriture se trouva différente de celle des manuscrits. C'était un triomphe, mais il ne dura pas longtemps. L'on se rappela que Rabelais avait été reçu docteur à la faculté de médecine de Montpellier, et qu'il devait avoir rempli de sa main les formalités de réception sur le registre matricule. Les trois lettres y furent donc envoyées et le bibliothécaire certifia qu'après un scrupuleux examen, le corps de l'écriture ainsi que la signature étaient entièrement conformes à l'inscription au registre. La question fut ainsi résolue, et il fallut conclure que les deux manuscrits de la Bibliothèque du roi étaient l'œuvre de copistes, ou, ce qui arrive quelquefois, que l'écriture de Rabelais avait subi un grand changement. Cette dernière conjecture fut la consolation du possesseur de la lettre *unique*.

L'argumentation de faux qui avait été répandue par la voie des journaux ne fut point poursuivie judiciairement. Le propriétaire des masses de documents cités plus haut se borna à inviter les personnes soupçonneuses à venir vérifier ses actes d'aquisition ; il offrit de plus de soumettre aux épreuves de la chimie les pièces qu'il plairait de choisir dans son cabinet. La lumière s'était faite et nul ne se présenta. L'amour-propre intéressé ne rétracta pas publiquement l'accusation, mais son auteur convint verbalement qu'il avait écrit *sans avoir vu les pièces* [1].

Tout ce bruit n'eut aucune influence sur les amateurs de Paris qui savaient à quoi s'en tenir. L'une des trois lettres fut adjugée, en vente publique, à M. Chambry, à 421 fr. M. le comte d'Hunolstein paya la seconde 500 fr. et M. de Trémont eut la 3e pour 450 fr.

L'authenticité des autres pièces fut constatée et certifiée par M. Teulet, savant paléographe, archiviste attaché aux Archives du royaume, de l'école des Chartes, etc.

En effet, comment aurait-il pu se trouver assez d'habiles faussaires pour mettre à la fois en circulation un tel nombre de contrefaçons ? Les faussaires imitent ou calquent une pièce sur son original, comme on l'a vu par nos citations précédentes, mais ils ne savent pas créer le sujet d'une lettre, s'identifier au style et à la position de la personne qui est censée l'avoir écrite. A supposer que ces contrefacteurs eussent existé, n'auraient-ils pas commencé par produire des autographes qui manquent entièrement dans nos collections, tels que ceux de Duguesclin, Lahire, Isabeau de Bavière, les anciens ducs de Bourgogne et d'Orléans, Montaigne, Pascal, La Bruyère, Pierre Corneille, etc., etc ?

Nous nous déterminerons à rapporter ici un second exemple des vicissitudes auxquelles peuvent être en but les autographes les plus importants. Les collecteurs devront y trouver de l'intérêt et l'occasion d'éclairer leur expérience.

La pièce la plus rare, sortie du cabinet généalogique dont nous avons parlé, était une lettre autographe du célèbre Talbot, la seule qui eût paru. Elle fut envoyée à Londres dans l'espoir d'une vente très-avantageuse ; mais la nouvelle des *pièces fausses* y avait déjà produit son effet. Comme il n'existe dans les collections anglaises que des signatures de ce grand capitaine, on répondit poliment que l'on manquait de moyens de vérification.

---

1. Nous croyons nécessaire de rappeler que, sur ce fait comme sur quelques autres, nous n'avons aucun parti pris, et laissons au baron de Trémont, dont nous reproduisons le manuscrit sans commentaires, la responsabilité de ses assertions d'ailleurs assez inoffensives. (M. DE L.)

A Paris, ceux qui avaient argué de faux contre les Rabelais étaient allés plus loin. Ils avaient dit que l'absence de tout autographe de Talbot prouvait qu'il ne savait que signer son nom; qu'enfin, eût-il su écrire, la lettre, ne traitant que d'approvisionnements militaires, ne pouvait être de sa main, et surtout étant écrite en français. Voilà un chef d'accusation bien établi, et pourtant la lumière se fit.

La pièce étant restée à son propriétaire, un amateur qui en appréciait l'importance offrit d'abord de la prendre comme *signature* et fut refusé, mais on la confia à son examen sans hésitation. Il la transmit à M. Teulet, en le priant de lui donner par écrit son opinion motivée. Ce consciencieux professeur en fit une étude approfondie. Il compara d'abord la signature avec celle qui se trouve à la Bibliothèque du roi et trouva la conformité parfaite. Il constata ensuite que c'était bien la même main qui avait tracé le corps de la lettre et la signature, et en conclut que la pièce était toute autographe.

Quant à ce qu'elle est écrite en français, M. Teulet trouva absurde de supposer que Talbot ne sut pas cette langue, lui qui a vécu quatre-vingts ans, dont il a passé la majeure partie en France. Que, de plus, les pièces émanées des autorités anglaises pendant leur occupation de la Normandie et de la Guienne, au xv⁰ siècle, existent par milliers aux Archives du royaume et qu'elles sont toutes écrites en français.

Reste l'incrédulité que Talbot ait pu écrire lui-même au sujet d'approvisionnements militaires. M. Teulet détruit aussi pertinemment cette objection : Ce général en chef attachait une haute importance à cette partie si essentielle du service, parce que le pays était fort mal disposé pour les Anglais et qu'il était urgent d'arrêter les brigandages qui paralysaient l'approvisionnement de son armée et soulevaient le peuple contre elle.

Ce rapport parut tellement concluant que la pièce fut immédiatement achetée [1].

---

1. En fait d'acquisition, il n'y a pas de guide plus sûr que l'intérêt des marchands. Celui qui a le plus d'expérience et de connaissance pratique des autographes est M. Charon. Les lettres trouvées dans les dossiers cités plus haut lui furent d'abord remises comme au plus capable de les apprécier et d'en fixer la

Pour rendre nos indications aussi complètes que possible, nous ferons remarquer que telle est la puissance du talent, que certains autographes atteignent un prix élevé, non par le mérite personnel de leurs auteurs, mais uniquement par leurs liaisons avec de grandes célébrités. C'est ainsi qu'une lettre de Mme de Warens a été payée en vente publique 84 fr. 70 cent. Sans les *Confessions de J.-J. Rousseau*, elle ne serait pas même entrée dans un catalogue. L'indigne et vulgaire femme de cet illustre écrivain, Thérèse Le Vasseur, demanda un secours à la Convention nationale. Sa pétition, écrite avec le style et l'orthographe de son manque absolu d'éducation, a été adjugée à 50 fr. Mme de Sévigné réfléchit son lustre sur sa fille et sa petite-fille, toutes deux assez insignifiantes. Les lettres de Mme de Grignan ont été payées depuis 23 jusqu'à 63 fr., et celles de Mme de Simiane, de 12 à 40 fr., etc., etc.

On ne trouve guère que des lettres officielles des généraux célèbres de la République et de l'Empire. Leur vie était si active qu'ils ne pouvaient correspondre qu'avec leurs femmes, et ces lettres ne sont point passées dans le commerce. Pour satisfaire aux demandes nombreuses d'autographes de ces illustrations militaires et de celles de l'ordre civil, les marchands cherchèrent à s'aboucher avec des employés subalternes des ministères ; ils en trouvèrent de peu scrupuleux qui, à prix d'argent, enlevèrent d'anciennes lettres de leurs cartons où ils ne croyaient pas que l'on dût jamais fouiller. C'est ainsi que les collections de

valeur. Il les garda tout le temps nécessaire à un attentif examen et, convaincu de leur authenticité, il n'hésita pas à en acheter à son propre compte pour 4,500 fr. (C'est pour 5,500 fr. que M. Charon a acheté à M. Le Tellier.)

Lui, dont l'habileté avait signalé les pièces fausses nommées plus haut, directeur des principales ventes et d'une réputation sans tache, il n'aurait voulu ni la perdre, en s'associant à des faussaires, ni payer 4,500 fr. des autographes contrefaits.

Nous avons eu entre les mains la note des offres de M. Charon, remise au vendeur lorsque celui-ci se plaignait fortement qu'on la lui eût fait attendre si longtemps. Nous en rapportant toujours à l'intérêt personnel, n'est-il pas évident que si les pièces avaient été fausses le vendeur ne les eût pas remises tout d'abord entre les mains du plus habile connaisseur, ou que, loin de tenter de s'associer avec lui, il aurait trouvé sûreté et avantage à faire lui-même le bénéfice que M. Charon devait trouver dans la vente en détail ?

ces célébrités se sont formées. Mais ces larcins finirent par se découvrir et des ordres sévères y mirent un terme. Ces auto: graphes étant maintenant classés, on ne peut s'en procurer que par les collections mises en vente. De là leur renchérissement, qui s'accroîtra à mesure que le temps éloignera l'époque où ils ont brillé. La valeur de leurs autographes est proportionnée à celle de leurs faits d'armes et bien supérieure à celle des médiocrités que la faveur des cours avait fait maréchaux de France.

Il est à observer que ce sont les amateurs formant des collections *spéciales* qui contribuent le plus à l'augmentation du prix des autographes, parce que, lorsqu'ils en trouvent qui entrent dans leur *spécialité*, ils enchérissent souvent, pour se compléter, au delà du prix jusque-là établi. Et ces prix se maintiennent ensuite parce qu'on en tient note et qu'on les cite aux ventes postérieures.

C'est un grand avantage que d'être jeune lorsqu'on commence une collection d'autographes; on a le temps d'attendre les bonnes occasions et l'on peut différer ses achats. Plus tard on est pressé de jouir, car les années sont limitées, et si l'on tient à avoir certaines pièces qui ne se présentent souvent qu'à de longs intervalles, il ne faut pas les laisser échapper. Un de nos principaux collecteurs se rendit adjudicataire d'une lettre autographe du général vendéen Charette, fort rare [1], en disant : « Il « y a vingt-cinq ans que je l'attends !... »

On a joint à l'*Isographie des hommes illustres* une table alphabétique qui énonce le prix des principaux autographes adjugés en vente publique, de 1822 à 1843, en 38 pages grand in-4; malheureusement cette table n'a pas toute l'utilité désirable, parce qu'il s'y est glissé beaucoup d'erreurs dans les chiffres. Elle s'arrête de plus à l'année 1843, et depuis ont eu lieu nombre de ventes importantes qui mirent au jour des célébrités qui n'avaient pas encore paru en 184'. C'est donc un travail à faire ; nous l'avons entrepris : outre les ventes où nous avons personnellement assisté, nous nous sommes procuré les catalogues de celles antérieures, soigneusement annotés.

---

1. Par erreur, la pièce que l'*Isographie* donne de Charette n'est pas de sa main. (*Note de M. de Trémont.*)

Pour éviter de donner une énorme longueur à notre table, nous n'avons pas rapporté pour chaque personnage la totalité des adjudications, mais un nombre suffisant pour faire connaître la diversité des prix d'après la qualité des pièces et la chaleur des enchères. Nous n'avons pas trouvé nécessaire d'indiquer à la suite de chaque prix l'année et le nom de la vente ; c'eût été plus que décupler, sans utilité réelle, le volume de la table. Dans le même but d'abréviation, toutes les fois que le chiffre n'est suivi d'aucun signe, cela signifie que la pièce est *autographe signé*. Si elle n'est que *signée*, le chiffre est suivi de *L. S.* (lettre signée), ou *P. S.* (pièce signée), ou encore *B. S.* (billet signé). Si la souscription (ou compliment) est autographe, nous mettrons *L. S. C^t.* (Lettre signée et compliment.)

Notre table suit l'ordre alphabétique régulier jusqu'à l'année 1847, et les chiffres commencent de la plus faible adjudication à la plus élevée. Pour nous tenir *à jour*, nous avons laissé à chaque lettre alphabétique un espace vide suffisant pour les ventes subséquentes, afin d'ajouter les nouveaux noms qui n'avaient pas encore passé en vente. Ainsi, pour ces additions, l'ordre régulier sera interrompu ainsi que dans les adjudications postérieures à 1847, à l'égard des anciens noms inscrits ; mais, si notre table devait être imprimée, il serait facile de reclasser les additions jusqu'au jour de l'impression.

Nous faisons précéder notre table de la liste, par année, des ventes publiques qui ont eu lieu à Paris, à partir de la première en 1820 [1].

---

1. Nous ne donnons pas cette *Table* qui, datant de 1847, a perdu son utilité.

CHAPITRE QUINZIÈME

– CONCLUSION –

I

Nous avons, en commençant, légèrement glissé sur la question de l'utilité du goût des autographes et des services qu'il peut rendre à l'histoire [1]. Nous voulions mettre le lecteur à même d'apprécier et de conclure par lui-même. Pour aider à cette appréciation et à cette conclusion, nous nous bornerons à lui

1. On peut lire, p. 3 et suiv. du travail de Peignot, tout un plaidoyer sur l'utilité des autographes et de leur étude au point de vue de la connaissance morale, de la pénétration psychologique d'un personnage, qui presque toujours, par les caractères essentiels de son écriture, se livre, sans le savoir, à d'inexorables observations. C'est là une idée de Lavater, édition de 1820, 4 vol. in-8, p. 73 du tom. III. Voy. aussi Peignot, p. 67-77 et 122-138 ; au point de vue de l'attribution à leur véritable auteur de manuscrits anonymes, de l'orthographe des noms propres ; enfin de leurs fécondes ressources pour l'histoire, la généalogie, la philologie. — Nous ne recommencerons pas davantage le plaidoyer de Fontaine, p. 51 et suiv. La cause est aujourd'hui entendue. Il suffit de renvoyer les incrédules à la *Bibliographie de la France*. Ce sont là les *Victoires et Conquêtes* de la science autographique.

signaler les quelques monuments historiques récents dont on peut dire que, sans les collections d'autographes, ils n'auraient peut-être pas pu exister.

Citons, entre autres, cette ingénieuse et vivante résurrection de tout le xviie siècle, héroïque, savant et galant. M. Cousin lui-même a reconnu, en termes plus éloquents que ne pourraient l'être les nôtres, la dette qu'il a contractée envers les amateurs d'autographes, et glorifié l'hospitalité féconde des collections célèbres de Paris. Après lui, MM. Prosper Faugère et Havet, M. Sainte-Beuve, qui se sont occupés de Pascal, de Port-Royal et du jansénisme, ont fait les mêmes aveux et exprimé les mêmes remerciements. Sans les cabinets d'autographes, MM. de Beauchesne, de Goncourt, de Viel-Castel, Campardon, de Lescure, n'auraient pu publier leurs travaux sur Marie-Antoinette, Louis XVII ou sur la princesse de Lamballe.

Les Archives ont fourni à MM. Campardon et Vatel. historiens du *Tribunal Révolutionnaire* et de *Charlotte Corday*, le fond principal de leurs révélations. Mais ils n'en ont pas moins dû beaucoup aux collections d'autographes. Chose étrange, plus l'ouvrage est considérable et important, par le sujet et le nom, plus l'auteur a besoin de la libéralité des collections privées. Je le demande aux éditeurs éminents de la *Correspondance complète d'Henri IV*, de *Napoléon Ier*, de *Colbert*, de *Lavoisier*. Aucun d'eux ne me démentira quand je dirai que l'amas de documents spontanément offerts, avec une patriotique émulation, par l'élite des collecteurs d'autographes, atteint presque la hauteur de la gerbe moissonnée aux grands dépôts publics. Il est tel ouvrage curieux, qui ne peut se faire que lentement, goutte à goutte, pièce à pièce, par les laborieuses conquêtes de ce que M. Feuillet de Conches appelle spirituellement *la mendicité autographique*. J'entends parler de futures histoires de *Diane de Poitiers*, de *Ninon de L'Enclos*, d'*Anacharsis Clootz*, de *Robespierre*, qui, par la voie du journal spécial *L'Amateur d'Autographes*, supplient la libéralité des collectionneurs de hâter leur éclosion et leur délivrance. Depuis dix ans, grâce aux autographes et aux cabinets de curiosités, nous avons eu un *Pascal* rectifié, amélioré, presque renouvelé, un *Voltaire* et un *Rousseau* augmentés et rajeunis.

Mme *de Maintenon, Boileau, Racine, Piron, Collé*, *M*^{me} *Roland*, ont dû aux travaux féconds et aux heureuses découvertes de MM. Th. Lavallée, Laverdet, Bonhomme, etc., une sorte de renouveau de leur mémoire fanée. Les lettres de *Béranger*, de *Buffon*, de *Lamennais*, de *Lacordaire*, la *Correspondance* du *roi Jérôme*, du *prince Eugène*, du *roi Joseph*, et récemment le magnifique recueil de lettres inédites de *Louis XVI, Marie-Antoinette, Madame Élisabeth*, de *M. Feuillet de Conches*, qu'a précédé, comme une première fusée du feu d'artifice, le recueil d'*Hunolstein*, ont éclairé dans ses intimités les plus mystérieuses l'histoire littéraire ou politique de notre temps..... Toute une édition nouvelle des *Classiques de la langue*, entreprise par la courageuse initiative de la maison Hachette, nous a rendu ou nous rendra un *Malherbe*, un *Corneille*, une *Sévigné*, un *La Fontaine*, un *Molière* époussetés, lavés, rafraîchis, débarrassés des retouches et des repeints, et, pour la première fois, les chefs-d'œuvre qui font l'orgueil national apparaîtront à notre admiration et à notre piété, dans la grâce, la force, la clarté rayonnante de leur première nouveauté. L'histoire de la Révolution se renouvelle aussi subitement par l'apparition de nouveaux témoins. C'est d'une collection d'autographes que sort la consciencieuse et honnête *Histoire de la Terreur*, de M. Mortimer-Ternaux. C'est une collection d'autographes, qui nous donnera un jour le véritable récit des amours de Voltaire, comme elle vient de nous donner l'histoire des relations de Jean-Jacques avec Mme de Warens, bijou autographique sans prix, enchâssé par M. Arsène Houssaye, dans un récit pour la première fois digne du sujet.

Nous n'en finirions pas si nous voulions énumérer tous les beaux ouvrages qui sont comme les trophées de cette nouvelle école d'historiens moralistes, qui demandent la vérité sur les hommes ou sur les événements, non plus aux mémoires contemporains seulement, trop exclusivement préconisés peut-être par Augustin Thierry et ses disciples, mais aux lettres autographes, témoignages de témoins qui ne croient pas témoigner.

Nous terminerons cette liste d'honneur par la nomenclature des quelques ouvrages spéciaux qui nous ont guidé dans notre étude, et qui sont les livres de première main qui doivent avoir

la place d'honneur dans la bibliothèque de l'amateur d'autographes; citons : l'*Iconographie* de Delpech, la *Galerie française*,
l'*Isographie*, de MM. Duchesne, de Chateaugiron, etc.; la *Revue
Rétrospective*, publiée par M. Taschereau, véritable arsenal de
révélations instructives et de fructueuses indiscrétions ; le *Manuel de l'Amateur d'Autographes*, de Fontaine, dont il nous est
promis une nouvelle édition; le livre sur les *Autographes*, de
G. Peignot, dont M. Rathery prépare une réimpression augmentée
de moitié et mise au courant des progrès de la science moderne;
les *Causeries d'un Curieux*, de M. Feuillet de Conches; les
journaux *L'Amateur d'Autographes* et *L'Autographe*, monuments
de la curiosité, et reconnaissons qu'une manie qui a produit de
tels ouvrages et rendu de tels services à l'histoire et à la biographie, n'est ni puérile, ni stérile.

Je m'empresse de le dire d'ailleurs, cette mode qui a ses inconvénients, ce goût qui a ses dangers, ne sont pas encore
tombés jusqu'à la diffamation, jusqu'à la dépravation, grâce à la
protection légale qui veille autour des secrets de familles, et
grâce à la réserve et à la loyauté de l'élite des collectionneurs
qui ont élevé une fantaisie à la hauteur d'un art et qui ont
hérité non-seulement comme érudition, mais encore comme
courtoisie, de la tradition des amateurs si polis, si aimables, si
hospitaliers des deux derniers siècles.

Maintenue dans les limites nécessaires, la passion des autographes, qui est bientôt devenue leur étude, a ajouté bon
nombre de précieux renseignements à la masse des faits dont se
compose l'histoire. Je sais telle lettre qui éclaire, comme une
lampe, une grande figure jusqu'ici mystérieuse. J'en sais telle
autre, où une gloire usurpée proteste en quelque sorte contre
elle-même; je connais enfin telle mémoire abhorrée dont une
lettre a pu attester le repentir, et qu'une trace de larmes, à
l'angle d'une page jaunie, a réhabilitée.

APPENDICE

—

Voici le triple but de cette *Galerie de Portraits autographiques*, ou *Choix de pièces inédites*. Il entre dans le fait de cet *Appendice*, de la coquetterie, de la perfidie et de l'égoïsme.

Nous avons cédé au désir bien naturel, à l'orgueil presque légitime et d'ailleurs fort innocent, de montrer dans son apparat, dans ses atours, dans la jouissance de tous ses avantages, cette science de la curiosité que nous avons longtemps étudiée sur le cadavre. Nous avons dit au cadavre : lève-toi! et le modèle ressuscité nous donne, dans son mouvement, son imprévu, sa vie, la preuve palpable, la démonstration vivante de la leçon. C'est l'expérience de la vie après l'étude de la mort. Et nous arrivons tout naturellement à la perfidie. Candaule volontaire, nous avons voulu montrer au public la Lydia dont nous voulions le rendre amoureux; nous avons essayé de montrer au public ce qu'on trouve dans une collection d'autographes, de quelles ressources elle peut être pour l'étude, de quel attrait pour l'imagination, de quel intérêt pour le cœur.

Enfin, nous avons songé que les livres vieillissent vite[1], que le public aime les nouveaux visages, et par le témoignage éloquent et l'attrait immortel de quelques belles pièces inédites, nous avons voulu nous garantir des vicissitudes de la vogue, des infi-

---

1. C'est à leurs précieux et curieux Extraits que les livres de MM. Peignot et Fontaine doivent de surnager et de survivre.

délités de la mode, des injures du temps. Nous avons placé notre nom sur le socle de statues imperméables. Nous avons enveloppé notre livre dans les lettres inédites comme dans des bandelettes parfumées, afin qu'il participe à leur durée, et que dans la nécropole des bibliothèques, ces quelques fleurs qui embaumeront le cadavre le gardent de la dissolution jusqu'au jour où il n'y aura plus de curiosité ni de curieux.

I

LETTRE D'ARÉNA [1]

A Paris, le 30 mars 1792.

Les nouvelles que je reçois de la Corse sont assez rassurantes.

Les habitants des places maritimes, les amis de la Constitution et de la France allarmés par les propos de M. Paoli, qui cherchait à insinuer au peuple de détruire les bastions de toutes les citadelles du côté de la terre, prennent des mesures pour l'empêcher de réussir dans l'exécution de son dessein.

M. Paoli se voyant déchu de ses espérances et différant peut-être de suivre ce plan dans un moment plus favorable, en politique adroit et après l'affaire de l'Isle-Rousse, il vient d'envoyer M. Leonetti, son neveu, à la législature, qui avait été nommé député au mois de septem- dernier. Il est arrivé à Toulon le 24 de ce mois.

C'est une espèce de gage que nous aurons ici, et qui empêchera l'oncle de se livrer à ses idées d'ambition.

Je crois cependant qu'il convient de le surveiller sans craindre qu'il puisse parvenir à égarer la très-grande partie des Corses qui tiennent à la France.

M. Paoli se donne là-bas les airs d'un roy ; on me mande qu'il tient

1. Aréna, conspirateur permanent et jaloux, ennemi de Paoli avant de l'être de Bonaparte. De la race de ces envieux indomptables, qui vont jusqu'au crime, et qui menacent encore en mourant. (*Commun. par M. de Girardot.*)

auprès de lui une compagnie des gardes nationales soldées, commandée
par le sieur Luccione Pasqualini.

Je puis vous fournir la preuve de ce fait par un acte légal qui m'a
été adressé de Corse, mais si vous pouviez en douter je vous prie d'en
écrire aux commandants militaires qui sont employés dans ce département, ils vous confirmeront cette vérité qui scandalise tous les bons
Français.

Or comme rien n'est plus inconstitutionnel qu'un Président de département se fasse entourer par une garde, escorter partout et jusqu'à
la promenade, et comme rien ne peut influer davantage à faire tomber son crédit auprès du Peuple dont il cherche à abuser, vous sentez
la nécessité de profiter de mon avis pour demander en Corse des renseignements sur cet objet, et pour donner ensuitte les ordres que vous
devez pour le maintien de la Constitution et de la dignité Royalle.

Je ne communique pas sur cet article avec les autres députés de
Corse, car ils craignent la vengeance de M. Paoli, ou ils lui sont dé-
voués au point de oublier leurs devoirs et leur Patrie; quoique ils
connaissent comme moi combien sa conduite doit inspirer de la dé-
fiance.

Dans touts les faits que j'aurai l'honneur de vous communiquer à
mesure que je les apprendrai, j'ose vous assurer d'avance qu'ils ne
seront point hazardés et que ie vous en offrirai toujours la preuve.

Signé : Aréna, député de Corse
à l'Assemblée nationale.

II

LETTRE DE LA CALPRENÈDE[1]

Vatismenil, 12 septembre 1661.

Comme je scay la part que vous aurés prise au malheur de monsieur
le surintendant, je veus bien, mademoiselle, vous tesmoigner la douleur que j'en ay et à laquelle je suis trop obligé par le souvenir des

1. Cette lettre, qui fait honneur à La Calprenède, et montre plus justement que
ses romans et ses tragédies « qu'il n'y avait rien de lâche dans la famille de La
Calprenède, » suivant sa réponse superbe à un censeur méticuleux, ajoute son
nom à ce cortége de courageuses admirations et de fidèles dévouements, qui ont
préservé Fouquet de l'infamie et jeté sur ses fautes, trop réelles, et ses

obligations que je lui ay et à M. Pelisson aussy, qui, à ce que j'ay appris est enveloppé dans sa disgrâce. Je voudrois au prix de mon sang estre en estat de leur tesmoigner ma recoignaissance, et parce qu'on m'a mandé qu'on envoye madame la surintendante à Limoges et que j'ay en ce pays-là des parens et des amis assés considérables, je vous supplie de me mander si vous croyés qu'il y ayt lieu de les employer pour son service, et qu'elle en puisse recevoir deux dans sa mauvaise fortune, afin que je leur escrive pour les obliger à luy rendre toutes les assistances qui leur seront possible. Faites moy s'il vous plaist la grâce de m'en escrire un mot le plus tôt que vous le pourrés et de l'envoyer à la poste de Normandie, avec l'adresse au Tellier, et croyés s'il vous plaist que ny dans ceste affaire ny dans aucune autre il ne vous arrivera jamais rien où je ne m'intéresse comme un homme qui vous honore et vous honorera toute sa vie de tout son cœur.

La Calprenède.

III

CHAMILLARD A LOUIS XIV [1]

Mémoire sur l'estat des finances par rapport à la dépense à faire en 1705 sur le pied de 1704.

Le Roy auroit grand sujet de se plaindre de moi si je n'aves preveu depuis longtemps ce que Sa Majesté verra trop à descouvert aujourdhuy. J'ai pris soin den advertir Sa Majesté et de lui faire connoistre l'impossibilité dans laquelle se trouveroit celui qui est chargé de ses finances de soutenir une dépense qui avoit si peu de proportion avec la recepte, que Sa Majesté verroit arriver un bouleversement général si elle ne le prevenoit par une paix telle qu'elle peut estre. C'est une

malheurs trop mérités, une sorte de poésie. Qui pourrait refuser les circonstances atténuantes à un homme qui emporte dans sa disgrâce les regrets de courtisans comme Pellisson, La Fontaine, Mlle de Scudéry, Mme de Sévigné? La lettre de La Calprenède est adressée à Mlle de Scudéry, et nous est communiquée par M. Boutron.

1. Cet Extrait curieux d'un long *Mémoire* de Chamillart à Louis XIV, qui témoigne des sollicitudes d'un ministre honnête homme aux prises avec l'éternel problème de l'équilibre de la dépense et de la recette, et de concilier ses devoirs de ministre et de courtisan, nous est communiqué par M. Boutron. — C'est Louis XVI qui portera la poîne de ce déficit creusé par l'imprévoyance de Louis XIV et l'insouciance de Louis XV. *Sic vos non vobis.*

foible consolation pour moi de n'avoir rien à me reprocher et d'avoir porté le crédit et le savoir faire beaucoup au delà de mes espérances, car je ne suis qu'un particulier et dans toute lestendüe de ce travail on y voit un estat chancelant, la gloire d'un grand Roy à la veille d'estre compromise et un juste sujet d'affliction pour le meilleur maistre qui ait jamais esté. Tout cela vient de ce que Sa Majesté na pas esté instruite a fonds du véritable estat de ses finances, ou que ceux qui en ont esté chargés, ne lui en ont pas fait sentir les conséquences.

. . . .

. . . .

Votre Majesté verra bien par ce destail quil ne lui est pas possible de trouver des fonds pour soustenir la guerre, quil ni a aucunes resources dans les provinces, que touts moïens extraordinaires ont esté outrés, que tout est poussé à l'extrémité et quil ni a quune paix qui puisse prevenir les inconvéniens dans lesquels on peut tomber de jours a autres, sans que celui qui est chargé de ses finances puisse répondre de rien.

J'ose assurer Votre Majesté quelle a dépensé depuis que je suis chargé de ses finances plus de quatre cent millions que je lui ai fournis par des moïens extraordinaires au delà de ses revenus.

CHAMILLARD.

ait ce 23 novembre 1704.

IV

LA MÈRE D'ANDRÉ CHÉNIER A LOUVET [1]

A Paris, le 26 frimaire, l'an V de la Républiqu
(16 décembre 1796).

Je viens de lire avec indignation dans un journal les atroces calomnies vomies contre mon plus jeune fils, Marie Joseph Chenier, par l'infame André Dumont, reste impur de ces brigands qui, sous le règne de la Terreur, ont couvert la France de larmes et de sang.

Dans ces tems affreux, quand deux de mes enfants gémissaient au fond des cachots, l'un par les ordres de Robespierre, l'autre par ceux

1. Cette lettre, que nous donnons d'après l'original, à nous gracieusement communiqué par M. le baron de Girardot, a été insérée dans la *Sentinelle* du 20 décembre 1796. Mais qui lit la *Sentinelle* de 1796? On peut donc la considérer comme *inédite.* Elle nous a semblé valoir la réimpression, comme décidant

d'André Dumont, Marie Joseph Chenier, seule consolation de sa famille, ouvertement proscrit lui-même par Robespierre et ses complices, n'a cessé de faire des démarches pour ses frères infortunés, auprès d'une foule de membres des deux comités homicides. Elles n'étaient que trop infructueuses ainsi que celles de son père.

Le vertueux André Chénier périt assassiné le 7 thermidor. Sauveur, son frère, eut péri de même sans le grand événement qui arriva deux jours après. Marie Joseph, hautement menacé, les aurait suivis; ses parents et ses amis savent qu'il s'était muni d'un poison violent pour ne pas tomber aux mains des tyrans sanguinaires, dont il ne parlait à toutes les époques qu'avec une profonde horreur. Un de ceux qu'il méprisait le plus, André Dumont, ose l'accuser aujourd'hui d'avoir abandonné sa mère!

Ah! bien loin de l'avoir abandonnée, il lui donne chaque jour des nouvelles marques de sa tendresse filiale. C'est lui qui me tient lieu de son père, et je lui donne publiquement ce témoignage authentique, afin de soulager mon cœur maternel, et de confondre ses calomniateurs.

C. L. veuve CHÉNIER.

V

LETTRES DE DAVID (LE PEINTRE) [1]

Aimez-vous les autographes de David? Pour moi, j'aime encore mieux ses tableaux. Et vous aussi, sans doute, quand vous aurez lu ces deux lettres si différentes qu'un malin hasard a réunies au même dossier.

La première lettre est écrite à *la citoyenne* Peyre, femme du

avec l'irrécusable autorité de la protestation maternelle, ce problème longtemps agité par des gens qui avaient à la calomnie un intérêt d'amour-propre ou de parti (comme Mme de Genlis et Michaud), de la part de M. Joseph Chénier à la mort de son père; ou du moins de son impuissance à le sauver, accusée de connivence criminelle et jalouse. — Quand la mère des deux Gracques de la Révolution a parlé, qui oserait aujourd'hui demander sans injustice à Caïn compte du sang de son frère Abel répandu malgré lui, et que vengea le coup d'État libérateur de thermidor dont Marie-Joseph Chénier fut un des plus ardents et intrépides auteurs?

1. Communiqué par M. Boutron.

fameux architecte, par son *concitoyen* David, *le 27ᵉ jour du pre-mier mois de la République française.* Cette malheureuse dame le priait de s'intéresser au sort de son mari, arrêté par ordre du Comité de salut public.

« Citoyenne, dit le farouche député, c'est au Comité révolutionnaire
« qui a fait mettre votre mari en état d'arrestation, à venir au Comité
« de sûreté générale de la Convention demander sa relaxation.
« *P. S.* Je profite de l'occasion pour vous prévenir qu'en général
« ceux qui ont tenus (*sic*) à des Académies sont fort mauvais patriotes,
« et que si notre Révolution éprouve des retards, c'est à eux prin-
« cipalement *à qui* il faut en attribuer la cause. »

Que dites-vous de ce *P. S.?* Pour moi, je pardonne volontiers au Romain David ses fautes de français. Mais il me semble qu'il y a là aussi des fautes de cœur et de goût pour lesquelles je suis moins indulgent; la preuve, c'est que je dirai qu'à côté de cette lettre en *méchant* et *mauvais* français, il y en a une autre qui prouve que dans tout démagogue il y a l'étoffe d'un courtisan. Le tout est de savoir s'en servir. La seconde lettre, en date du 15 décembre 1809, est adressée au comte Daru, dont on sollicite une commande importante.

« Je redoublerai de zèle, lui dit-on, pour créer un ouvrage digne du
« souverain immortel qui en est l'objet et du ministre éclairé qui aura
« mis ses soins à m'en faciliter les moyens. »

Cette lettre est signée David, *membre de l'Institut, premier peintre de l'empereur.*

VI

NOTE DE LUCILE DESMOULINS [1]

Ce que je ferais si j'étais à sa place.

Si le destin m'avait placée sur le trône, si j'étais reine enfin, et qu'ayant fait le malheur de mes sujets, une mort certaine qui serait la

1. Cette page, étrange monument de l'exaltation chimérique dont la Révolution avait enivré la tête et le cœur de certaines femmes, non hostiles directement à

juste punition de mes crimes me fut préparée, je n'attendrais pas le moment où une populace effrénée viendrait m'arracher de mon palais pour me traîner indignement au pied de l'échafaud, je préviendrais ses coups dis-je, et voudrais en mourant en imposer à l'univers entier.

Je ferais préparer une vaste enceinte dans une place publique, j'y ferais dresser un bûcher et des barrières l'entoureraient, et trois jours avant ma mort je ferais savoir au peuple mes intentions. Au fond de l'enceinte et vis-à-vis le bûcher je ferais dresser un autel.

Pendant ces trois jours j'irais au pied de cet autel prier le grand maître de l'univers, le troisième jour pour expirer, je voudrais que toute ma famille en deuil m'accompagna au bûcher, cette cérémonie se ferait à minuit à la lueur des flambeaux.

VII

J. B. GAIL L'HELLÉNISTE A ANAXAGORAS CHAUMETTE [1]

Rien qu'à cette suscription on devine quelque chose de grotesque. Et cette épître est en effet une des choses les plus curieuses qu'on puisse lire. Elle porte en tête cette invitation fort inutile : « *Lis-moi jusqu'au bout.* » Mais voici ce factum étrange qui a pour but de protester contre l'accusation la plus bouffonne qui ait jamais affligé un républicain :

« Citoyen,

« Tu m'as dit, dans notre dernière entrevue, que ce n'était pas sur « mon compte que tu avais mis l'insulte faite à la section par un ci-« toyen, qui osa, je répète ton expression, lui montrer son cul.

« Quelques personnes ayant encore du doute sur ce fait, je te prie « de mettre au bas du billet ces deux mots :

« Je l'accuse *ou* ne l'accuse pas du fait ci-dessus énoncé.

« Je vais faire imprimer en papier vélin les discours que j'ai pro-« noncés au collége de France, même avant le 10 août.

Marie-Antoinette, mais rêvant des sacrifices à la Romaine, nous est communiquée par M. le baron de Girardot.

1. Communiquée par M. Boutron.

« En les lisant, tu ne te repentiras pas d'être revenu sur mon compte,
« et tu seras à l'avenir plus circonspect. Je t'en promets un exemplaire.

« Ton concitoyen,

« GAIL. »

Au bout le *Certificat* de Chaumette :

« J'ai accusé Bernard, accusateur public dans le temps, du fait ci-
« dessus énoncé, et non pas le citoyen Gail, *qui a pu se tromper*, mais
« n'a jamais commis, à ma connaissance, *de pareilles horreurs.*

« Signé : CHAUMETTE. »

Ce document établit deux choses très-précieuses pour l'histoire, à savoir que le citoyen Gail ne s'est pas trompé au point
de montrer à la section ce qu'on ne montre à personne. Mais
ce qu'il établit de plus curieux à coup sûr, outre la politesse
du citoyen Gail, c'est la pudeur du citoyen Chaumette, qui se
voile la face à la pensée de *pareilles horreurs.* Où diable la
pudeur va-t-elle se nicher?

VIII

ARTICLE DE MADAME DE GENLIS SUR ELLE-MÊME

*Discours sur l'éducation publique du peuple, par Madame de Brulart, ci-
devant Madame de Sillery.* — *Paris, chez Onfroy, libraire, rue Saint-
Victor; Née de la Rochelle, libraire, rue des Hurepoix, n° 13. 1791.*

Ce nouvel ouvrage de Madame de Brulart mérite qu'on s'y arrête.
C'est ce que je me propose de faire dans un autre numéro. Il est nécessaire de multiplier les moyens de faire connaître les vues neuves
de ce discours. Je me borne aujourd'hui à une observation qu'un événement que j'ai déjà annoncé me fait faire. Au moment où Madame
de Brulart est forcée de renoncer à une éducation particulière qui a
mérité tous les éloges des bons citoyens, elle peut trouver une consolation à s'occuper de l'éducation d'un peuple qui lui rendra la justice
de la placer au rang des écrivains les plus utiles. Mais tous les bons
patriotes apprendront avec regret que Madame de Brulart, par la re-

traite à laquelle on l'a forcée, ne pourra pas terminer dans ses autres élèves une éducation qui, dans M. de Chartres, a obtenu tous les suffrages de la nation.

Ceci est une copie d'un autographe de madame de Genlis sur un ouvrage de madame de Genlis. Cet article est envoyé à Camille Desmoulins pour les *Révolutions de France et de Brabant*. — Camille a écrit en tête : *Petit romain à la fin*.

IX

HENRIOT

Voici un ordre d'Henriot, général de la garde nationale. Cet ordre a cela de tristement caractéristique qu'il est donné pour la seconde fois et qu'il en fait l'aveu. La date explique ce refus d'obéissance des officiers citoyens. C'est le 9 thermidor que le général Henriot enjoint ce qui suit :

« Tous les officiers de poste arrêteront les proclamateurs, *tels quils soient* (sic) et les amèneront à la Maison commune. C'est pour la deuxième fois que je recommande à mes frères d'armes cet ordre.

« Le général HENRIOT. »

Le lendemain *dix thermidor*, Henriot était arrêté et guillotiné par des gens qui ne voulaient pas l'être.

X

LETTRE DE LA REINE HORTENSE A M. LADVOCAT, LIBRAIRE [1]

Arenemberg, 21 novembre 1832.

C'eût été avec plaisir, monsieur, que je me serais adressée à vous pour la publication des lettres de l'Empereur à ma mère[2]; mais je

1. Communiqué par M. Honoré Bonhomme.
2. Publiées chez Didot.

crains que mon fils, qui n'est pas près de moi en ce moment, n'ait déjà pris quelque engagement à ce sujet, ce qui m'empêche de pouvoir en traiter avec vous. Quant à mes romances, dont je ne compose que la musique, je ne trouve aucune d'elles digne de figurer dans un ouvrage aussi important que votre livre des *Cent-et-Un*, surtout à côté des notabilités littéraires qui le remplissent. Destinant ces très-légères compositions musicales au soulagement de quelques malheureux, je m'étais adressée à madame d'Abrantès pour savoir le meilleur parti à en tirer. Je pense que ce que j'aurai de mieux à faire, ce sera de les envoyer directement aux personnes auxquelles je désire être utile, afin qu'elles-mêmes décident du produit qu'il est possible d'en tirer. C'est, je crois, la meilleure résolution à laquelle je puisse m'arrêter, ne voulant pas surtout que mon nom figure devant le public. S'il se présentait quelque autre occasion où votre concours pût m'être nécessaire, ce serait avec toute confiance que je traiterais avec vous.

Recevez l'assurance de ma considération distinguée.

HORTENSE.

XI

ÉPITRE INÉDITE DE LAGRANGE-CHANCEL

A Périgueux, ce 7 avril 1751.

Je me flatte, Monsieur, que vous voudres bien employer vos sollicitations en faveur de M. Giri, mon procureur, pour une cause aussi juste qu'elle est nouvelle parmi ceux de sa profession. Je crois ne pouvoir mieux vous en témoigner ma reconnaissance qu'en vous faisant part du petit ouvrage que i'ai cru devoir adjouter aux assurances du sincère et respectueux attachement avec lequel j'ai l'honneur d'être, Monsieur, votre très-humble et très-obéissant serviteur.

LAGRANGE-CHANCEL.

A Monsieur de Beler, abbé de la Chancelade sous la régle de Saint-Augustin.

ÉPITRE

Toi dont la foi, l'éloquence et le zèle
Des vrais abbés t'ont rendu le modèle,
Et dans ton cœur ennemi des abus
Ont d'Augustin rassemblé les vertus :

Daigne m'ouvrir ta sainte Thebaïde
Pour éprouver si mon cœur agitté
Y trouvera cette tranquillité
Que m'a longtemps dans sa vaine Phocide
Promis un Dieu qui n'a jamais été.

Tel que le cerf qui cherche une eau courante
Pour rafraîchir son haleine brûlante,
Poussé vers toi par les mêmes attraits
Je ne puis voir qu'avec des yeux d'envie
Le calme heureux et l'innocente vie
Du jeune essaim qui te suit de si près,
Et dont le miel de tes doctes paroles
Nourrit l'esprit et préserve le cœur
Du mauvais grain qu'en tant d'autres écoles
Sème aujourd'hui le père de l'erreur.

Jusques à quand, novateurs temeraires,
Pretendres-vous, plus sages que vos pères,
Vous dispenser de la loi du seigneur?
Dans son travail l'abeille circonspecte
S'abstient des sucs dont quelque herbe suspecte
De son nectar corromproit la douceur,
Et vous cherches tout ce qui vous convie
A persister dans vos egaremens,
Que d'insensés quittent le pain de vie
Pour se nourrir de mortels aliments.

Toi qui toujours aux disputes frivoles,
Aux esprits forts, à leurs recherches folles
De ton Hippone as fermé les chemins,
Fais qu'au sortir des retraites d'Ignace
J'aille écouter le Docteur de la Grâce
Et qu'acceptant tous preceptes divins
Qui vers le ciel dirigeront ma course,
J'aime à puiser dans cette double source
Des vérités qui vont aux mêmes fins.

XII

REQUÊTE INÉDITE DE LAGRANGE-CHANCEL

A Nos Seigneurs du Parlement,

Supplie humblement François-Joseph de Chancel, chevalier seigneur de Lagrange, disant que dans le malheureux procès qu'il vient d'essuyer pour tirer son fils du précipice et empêcher la ruine totale de sa maison, ayant remis le dossier, suivant l'usage, à Monsieur d'Albessard, Avocat général en ladite Cour, quelques jours après la dite remise, il envoya chercher le suppliant pour lui demander l'usage qu'il voulait faire de certain écrit informe et non signifié qui s'était trouvé parmi ses pièces. A quoi le suppliant ayant répondu que c'était une inadvertance du clerc de maître Parotti, son procureur, il l'aurait tout de suite mis dans sa poche si mon dit sieur l'Avocat général ne l'avait prié de le lui remettre comme une pièce inutile dont il ne pouvait faire aucun usage.

Monsieur Dussant, digne membre de votre illustre corps, fut témoin de ce que le suppliant a l'honneur de vous exposer conformément à la vérité. Sur cette confiance, le suppliant qui remit la pièce en question à mon dit sieur l'Avocat général, crut qu'il serait inutile, après la déclaration qu'il venait de faire devant un témoin si respectable, de lui produire les divers chiffons sur lesquels il avait tiré le déchiffrement de certains caractères inconnus, auxquels étant impossible de donner d'abord la forme précise, il avait été obligé de lui donner plus d'étendue pour en trouver le véritable sens et le réduire ensuite, comme l'on fait toujours en de pareilles opérations, aux seuls termes qui lui étaient propres. La religion de la Cour ayant été surprise par l'interprétation forcée que mon dit sieur l'Avocat général crut pouvoir donner à ce premier essai d'un déchiffrement qui n'était encore qu'ébauché, le suppliant ne songea plus qu'à se retirer dans sa maison en Périgord pour en pleurer la destruction pendant le reste de sa vie. Dans cet effet, ayant été retirer ses pièces des mains du secrétaire de mon dit sieur d'Albessard, il trouva que son mémoire signifié qui en était la principale, en avait été soustrait; de sorte que le suppliant n'ayant cessé de le demander et de le faire demander inutilement par son procureur, il a recours à votre autorité et justice, aux fins que :

Ce considéré, Nos Seigneurs, il vous plaise de vos grâces ordonner

que la pièce énoncée par le suppliant lui sera incessamment remise
par mon dit sieur l'Avocat général, et ferez bien.

LAGRANGE-CHANCEL. [1]

Monsieur de Combastouse, rapporteur.

XIII

JOSEPH LE BON A ROBESPIERRE L'AÎNÉ

Voici un autographe du citoyen Joseph Le Bon. C'est une
lettre de recommandation que le capitaine Hulin apportait de sa
part à Robespierre l'aîné.

Admirez dans quel style les sans-culottes se recommandaient
entre eux :

Joseph Le Bon à Robespierre l'aîné, salut.

Si le porteur de cette lettre est un j... f....., il ne faut plus croire à
personne. Il n'est point noble, il a pris la Bastille.... et il n'est cependant que capitaine. Comment se persuader la trahison d'un militaire
si peu avancé, malgré de si puissantes recommandations?

D'ailleurs, sa physionomie, son air, ses manières, tout annonce une
âme droite. Fais-moi connaître, mon cher ami, si je me suis trompé
sur son compte.

Mais, je le pense pour l'honneur de l'humanité, je ne suis point
dans l'erreur, et Hulin, suspendu de ses fonctions, y sera rétabli avec
gloire. Je t'embrasse, mon cher ami.

JOSEPH LE BON.

Si Joseph Le Bon eût vécu, il aurait trouvé son protégé *comte*
Hulin, sénateur commandant la division de Paris, etc..., et il ne
s'en fût ni étonné ni fâché ; car, régicide converti, républicain
rallié, il eût peut-être lui-même revêtu quelques-uns de ces habits brodés qu'on prodigua, par charité sans doute, aux anciens
sans-culottes.

1. On trouvera l'histoire des démêlés domestiques qui firent explosion en un
scandaleux procès où le père et le fils rebelle, qui prétendait se marier contre son
gré, combattirent en vers l'un contre l'autre, dans notre livre sur *Lagrange-
Chancel et les Philippiques.* (Poulet-Malassis, 1858.)

XIV

LETTRE DE LOUVET DU COUVRAY[1]

Ma femme,

Faublas vous remercie des complimens que vous lui faites, et de la *folie* qu'il vous cause : s'il vous a fait rire, *Marianne* l'a fait rire aussi.

J'étais sûr que ce que j'aimais le mieux de l'ouvrage vous ferait le plus de plaisir; que cette *Dédicace* détournée ne serait pas une énigme pour vous. Je vous rends mille grâces de la promptitude avec laquelle vous avez été recueillir l'exemplaire chéri.

Je sais, ma femme, combien de services vous avez rendus à elle et à lui depuis qu'elle est à Paris. *Lui* en est comme *elle* pénétré de reconnaissance ; *lui* et *elle* croient qu'on ne peut mettre dans sa conduite plus de noblesse, plus de générosité, plus de délicatesse, plus de véritable amitié. Nous nous en souviendrons éternellement.

Bientôt vous allez la revoir, bientôt je vais la perdre. Hélas ! ce qui fait ma peine cruelle, doit faire votre joie. Encore trois semaines !.... quel moment..... je n'y pense pas sans frémir..... Là ! du moins elle se trouvera près de sa maman, près de vous; au sein de sa famille et de l'amitié, elle trouvera mille adoucissement à sa peine. Mais moi, moi malheureux, qui me consolera ?

Mes larmes..... adieu, ma femme, je vous estime autant qu'*elle* ; vous êtes, après *elle*, celle que j'aime le mieux. Je suis, avec reconnaissance et respect, ma femme.

Votre très-humble et très-obéissant serviteur.

Louvet DE Couvray.

P. S. — Nous avons dîné dimanche dernier chez Mme Manroy, à qui nous avons dit bien du mal de vous.

---

1. Cette lettre de Louvet nous est communiquée par M. le baron de Girardot. Elle est adressée à Mlle Mestais, faubourg Saint-Pierre, à Nemours. Elle est de l'époque de la publication de *Faublas*. *Ma femme* est un terme d'amitié probablement, un souvenir qui fait rire maintenant, de quelque passion d'enfance qui, autrefois, fit pleurer. *Elle*, c'est la femme de Louvet, la future Lodoïska des *Mémoires. Lui*, c'est Louvet lui-même. (M. DE L)

XV

MARIE-THÉRÈSE DE FRANCE, DUCHESSE D'ANGOULÊME

(FILLE DE LOUIS XVI) A M. LE VICOMTE DE CHATEAUBRIAND [1].

Goritz, ce 10 avril 1842.

M. de Lévis étant à Paris, je le charge, Monsieur le vicomte, de vous remettre ces lignes. Je vous renouvelle ce qu'il vous avait déjà dit par mon ordre. J'admets les explications que vous m'avez adressées, d'autant plus que je n'oublie pas les services que vos talents ont rendus aux lettres, à la religion et à la monarchie, et les circonstances pénibles qui rendent votre fidélité plus méritoire.

Depuis bien des années, avec la grâce de Dieu, j'ai appris, à l'exemple de mes parents, à pardonner les malheurs de ma famille à ceux qui se sont fait nos constants ennemis. Il m'est bien plus facile de remettre à de fidèles serviteurs les torts reconnus et réparés. Faites tous mes compliments à Mme de Châteaubriand, et recevez l'assurance de tout mon intérêt.

MARIE-THÉRÈSE.

XVI

CURIEUSE PÉTITION DE MÉDA

Méda, sous-lieutenant auxiliaire au cinquieme Rég. de Chasseurs à cheval,

Aux Citoyens composant le Directoire de la République française.

Citoyens Directeurs,

Les pièces cy-jointes rappelleront à votre souvenir la grande époque du neuf thermidor, les services que j'ai rendus dans cette journée, et particulièrement les témoignages d'affection, de gratitude, dont les citoyens Barras et Merlin de Douai m'honorèrent alors.

1. Communiquée par M. Boutron.

. Le vœu de la Convention nationale, la bienveillance particulière de quelqu'un de ses membres, semblaient m'assurer une place plus honorable, et digne des services que j'avais rendus; mais les partisans du traître que j'avais frappé, restèrent encore quelque temps, après la chûte de leur chef, à la tête des comités de gouvernement; ils éludèrent le plus qu'ils purent le favorable décret de la nuit du neuf thermidor, et me donnèrent la place la plus inférieure de l'armée, place que Collot et Barrère me forcèrent d'accepter, et me firent quitter Paris sous trois jours, me menaçant de leur puissante colère, et écartant mes réclamations, en disant que l'on ne devait rien à un assassin!

Persuadez du danger de leur résister en leur opposant d'autres représentans, je rejoignis mon nouveau poste.

Espérant des temps plus heureux, depuis, j'ai réclamé; mais l'éloignement rendit mes réclamations infructueuses.

Permettez donc présentement, Citoyens Directeurs, que je réclame votre bienveillance et l'entière exécution du favorable décret de la nuit du neuf thermidor. Le ministre de la guerre a chez lui, les meilleurs certificats de mes généraux, de mes chefs, qui attestent mes moyens pour servir la République avec distinction, dans un poste supérieur.

Veuillez donc, Citoyens Directeurs, m'accorder la place de chef d'escadron, vacante depuis deux ans dans le régiment où je serts, et qui est à la disposition du Directoire, où charger quelqu'un de recevoir des renseignemens, et de vous préparer un rapport, sur des faits que je n'ose vous rappeler ici : qui amèneront votre conviction; et, vous feront connoître les dangers que j'ai courus dans la journée et après le neuf thermidor.

> C'est en espérant tout de votre justice que je suis avec le plus profond respect.
>
> *Signé :* MÉDA [1].

Paris, 14 germinal an VI de la République française.

Je certiffie (*sic*) que le citoyen Méda est un des braves gens qui dans la nuit du neuf thermidor se rangea sous les drapeaux de la Convention nationale. Le premier il entra les armes à la main dans la commune où les conspirateurs étaient réunis. Ce fut lui qui s'empara de

---

1. Pétition de ce Méda que M. Michelet s'obstine à appeler Merda, pour punir en lui l'assassin présumé de Robespierre. Ce Méda passa sa vie à exploiter servilement, dans l'intérêt de son avancement, cet acte d'énergie qui lui a été contesté par tous les historiens qui ont préféré un Robespierre désespérant de la patrie et de la liberté, et se tuant d'une main catonienne, au Robespierre beaucoup plus vrai, qui, éperdu, effaré, reçoit un coup qu'il n'a pas osé prévenir.

Robespierre. Par un décret solennel on lui promit de l'avancement.
Il n'a pas obtenu tout ce qu'il avait droit de réclamer. Il sollicite justice auprès du Directoire, je croirais faire injure à chacun de ses
membres, si j'employais pour Méda d'autre recommandation que celle
qui doit résulter des services qu'il rendit à cette mémorable époque.

TALLIEN,
Membre du C. des 500 [1].

XVII

LE COMITÉ DE SALUT PUBLIC AU GÉNÉRAL MENOU

Paris, le 11 fructidor, l'an III de la République
française une et indivisible.

LE COMITÉ DE SALUT PUBLIC

DE LA CONVENTION NATIONALE

Et les Représentants du Peuple chargés de la surveillance et de la
direction de la force armée de Paris et de l'armée de l'Intérieur,

Au général Menou, commandant en chef l'armée de l'intérieur.

Nous venons, Général, de prendre communication de votre lettre en
date de ce jour, par laquelle vous nous témoignés une juste sensibilité, sur ce qui s'est passé au camp, où à votre insçu la Constitution a
été présentée aux trouppes et acceptée par elles avec un enthousiasme, qui sous tous ses raports, caractérize le bon esprit du soldat,
sa ferme volonté de vivre sous un gouvernement libre et fort et qui
devient l'heureux présage que cette constitution, malgré les efforts
des ennemis du régime républicain, recevra l'assentiment de tous les
citoyens amis de l'ordre et de la paix.

Il était beau aux Représentans du Peuple, en mission près le camp,
de présenter à l'acceptation des bataillons et escadrons qui le com-
posent le pacte social qui doit affermir la République française au
même moment que l'acte constitutionnel leur est parvenu. Leur empressement à cet égard l'a emporté sur les considérations secondaires
qui auraient dû les porter à ne rien faire sans en avoir conféré et avec
vous et avec les Représentans près l'armée, dont le camp n'est qu'une

---

1. Communiqué par M. de Girardot.

fraction; mais vous pouvés être certain qu'il n'est entrée dans la pensée ni des Réprésentans près le camp, ni de personne de blesser en aucune manière la hiérarchie militaire ni votre délicatesse.

Nous vous prévenons que votre démission n'est point acceptée et que nous la regardons comme l'effet d'une sensibilité louable sans doute, mais qui ne doit point priver la patrie d'un général qui a droit à l'estime publique.

Nous vous invitons en conséquence à être l'organe des trouppes que vous commandés pour annoncer à la Convention nationale l'acceptation de l'acte qu'elles ont faites de la constitution républicaine.

Pour minutte.

> *Signé :* Le Tourneur, La Porte, Merlin, Gamon,
> J. J. B. Delmas. (*Deux noms illisibles.*)

XVIII

LETTRES DE MIRABEAU A SENAC DE MEILHAN [1]

1

Le comte de Mirabeau, revenu depuis quinze jours d'Allemagne, et qui a été malade depuis son retour, assure de ses sentiments respectueux M. de Meilhan, réclame de sa bonté le livre [2] qu'il avait bien voulu lui promettre avant son départ, et qui a été publié en son absence, et le supplie de lui fixer un jour et une heure où il puisse l'entretenir sans le déranger.

26 octobre 1787.

2

Hôtel de Malthe, rue Traversière.

Une absence de quelques jours à la campagne et le désir de lire votre ouvrage, Monsieur, avant d'avoir l'honneur de vous écrire, a retardé ma réponse à votre lettre obligeante ; recevez mon remerciment très-sincère pour votre attention et les choses aimables dont vous

---

1. Communiquées par M. le Comte Le Couteux de Canteleu.

2. *Les Considérations sur l'esprit et les mœurs* (1787). Voir notre *Etude sur Sénac de Meilhan,* en tête de notre édition de ses *OEuvres choisies.* (Poulet-Malassis, 1862.)

l'avez accompagnée. Il est impossible de jeter plus de grâces et de variétés dans des matières abstraites et plus épuisées qu'éclaircies, que vous ne l'avez fait par la suavité de votre style et l'heureux rapprochement de faits anciens et de faits nouveaux. Ce n'est que par cet heureux artifice et le talent rare de porter l'observation dans l'étude de l'histoire que l'on parviendra à instruire les gens du monde et à éclairer les érudits.

Ce dernier point me paraît très-important, Monsieur, en ce moment même. On aura beau se débattre. On ne sortira du défilé où l'on est qu'en assemblant la nation ; mais si elle va perdre en discussions de droit public les moments précieux où la *Constitution est à vendre,* si nous ne nous pressons pas de couvrir l'enchère sous quelque forme que nous y soyons appelés, nous perdrons l'époque la plus précieuse de l'histoire de la monarchie, et nous serons presque dignes de ne pas la retrouver.

Que faites-vous à Valenciennes, Monsieur, quand les frimats arrivent et que le cahos d'ici est en enfantement ? Venez donc nous voir, c'est, ou jamais, le moment d'avoir les yeux sur la boussolle, et parmi les hommes appelés par la voix publique à la manœuvrer, vous avez été trop hautement désigné, même très-récemment, pour que vous n'ayez rien à faire ici. Je serai bien empressé d'être des premiers à savoir votre retour, de causer avec vous de ce qu'on ne peut écrire, et de vous réitérer l'assurance des sentiments inviolables et respectueux avec lesquels j'ai l'honneur d'être, Monsieur, votre très-humble et très-obéissant serviteur.

Le comte DE MIRABEAU.

XIX

LETTRE DE MOMORO [1]

Saumur, 1er août 1793, 2e rép. fr. une et indivisible
et le 1er de la mort du tyran.

Je t'envoie vivement une dénonciation contre le lieutenant colonel de la légion Westermann, qui est allé chez les brigands pour leur livrer nos troupes. Je crois que cet homme, non-seulement ne doit plus rester en place, mais je pense même qu'avec cette pièce il y a

1. Imprimeur républicain exalté, commissaire en Vendée (de la Commune), mari de *la Déesse Raison.*

lieu à lui faire son procès. Il est tems de chasser tous les coquins de l'armée, à commencer par les généraux ci-devant nobles. Rossignol, qui est actuellement général en chef, purgera tous ces drôles-là

On nous dit ici que vous avez bien de la peine à Paris avec les aristocrates, qui depuis l'assassinat de notre ami Marat osent lever la tête ; mais patience, il faut qu'ils sautent à leur tour, tous ces ennemis de la République, la Constitution s'accepte partout. Nous allons vous envoyer des détails sur l'avantage qu'une partie des troupes de la République vient de remporter sur les rebelles du Poitou à Chantonnay, où on leur a tué 400 des leurs, fait 42 prisonniers, et pris des canons, munitions de guerre et de bouche, et brûlé celles qu'on n'a pu emporter.

Si nous avions les troupes de Mayence, et qui rentrent dans le sein de la République, je crois que nous aurions bientôt balayé la Vendée. Les habitans des campagnes s'empressent de faire leurs moissons, pour fondre sur ces brigands dont ils sont fatigués. Un coup de tocsin les réunira en masse ; ils l'attendent. Nous en avons écrit au Comité de salut public et à vous ; point de réponse encore. Il sera cependant bon de terminer ceci avant l'automne.

Je te salue.

Signé : MOMORO.
Commissaire national.

XX

NOTE CURIEUSE DE M. DE MONMERQUÉ [1]

SUR M. ET Mme DE FLAHAUT

Mardi, 2 février 1836.

Madame la marquise de Souza me racontoit que M. le comte de Flahaut, son premier mari, s'étoit gravement compromis vis-à-vis des révolutionnaires par sa belle conduite au 10 août. Le marquis de Viomesnil y avoit été blessé, et M. de Flahaut lui donna le bras à travers le jardin des Thuileries pour le conduire chez l'ambassadeur de Venise (rue Saint-Florentin, aujourd'hui l'hôtel Talleyrand). Il n'eut plus qu'à se cacher, et il écrivit à sa femme d'aller de très-bonne heure chez

---

1. Cette note qui était intercalée dans l'exemplaire des *Mémoires* de Bertrand de Motteville, de la bibliothèque de M. de Monmerqué, nous appartient aujourd'hui. (M DE L.)

Mehée de la Touche et de tâcher de lui obtenir un passeport. (Mehée de la Touche étoit secrétaire adjoint de la commune du 10 août. Voyez la *Biographie des vivants* de Michaud.) Quand Mad. de Flahaut se présenta, Mehée étoit en peignoir entre les mains de son coiffeur. Cet homme se retire et Mad. de F. annonce l'objet de sa visite; Mehée dit qu'il n'a pas envie d'être guillotiné, qu'aucune considération ne pourrait le déterminer à délivrer un passeport à M. de Flahaut. « Voilà « bien des passeports, dit-il en mettant la main sur un paquet de pa- « piers, mais vous n'en aurez pas; ma vie seroit compromise. » Peu d'instants après, il demande la permission de passer dans une autre pièce pour ôter son peignoir, et Mad. de F., se voyant seule, porte rapidement la main sur les passeports dont elle prend une poignée. « J'espère que vous m'en laisserez, » s'écrie Mehée, qui avait tout vu à travers une porte vitrée. « Mais, ajouta-t-il, cela ne peut pas vous ser- « vir, il n'y a pas de signature; en voilà un qui la porte, je vous le confie à la condition que vous me le remettrez demain. » Les passeports furent pendant la nuit revêtus de fausses signatures, et M. de Flahaut se rendit à Boulogne.

Ce fut un de ces passeports que Mad. de F. donna à M. Bertrand de Molleville qui s'embarqua à Boulogne, comme il le raconte; mais ce qu'il ne dit pas, c'est que, par ses imprudences, il causa la perte de M. de Flahaut. Un jour que ce dernier étoit avec le perruquier, on apporte une caisse venant d'Angleterre et envoyée par M. Bertrand. Ignorant ce qu'elle pouvait contenir, M. de Flahaut l'ouvre devant le coiffeur; elle étoit remplie de faux assignats de la fabrique des princes. M. de Flahaut fut aussitôt dénoncé, arrêté, et il périt révolutionnairement.

<hr>

XXI

ÉPITRE DE PIRON A VOLTAIRE, APRÈS SA PETITE VÉROLE [1]

Chacun s'étonne, ô trop heureux Voltaire !
Que de la mort la faulx vous ait raté.
Tout jeune corps, d'esprit rare habité,
Ne vieillit pas, du moins on n'en voit guère.

1. Une épître de Piron à Voltaire, *inédite*, de 1721, époque à laquelle les deux futurs rivaux se tâtaient encore, c'est une triple bonne fortune dont nous rapportons le mérite à M. Honoré Bonhomme à qui nous la devons. C'est lui qui a bien voulu détacher pour nous de son *chosier*, encore riche sur Piron, cette pièce et la suivante, imprimées sur la copie soigneuse qu'il a pris la peine d'en faire lui-même.   (M. DE L.)

Hélas! témoin le gentil *La Faluére* [1],
Qui jà n'est plus et n'a qu'à peine été.

Comme lui donc, quand on vous crut gîté,
Onc jugement ne fut point téméraire.
Aussi de tous étiez jà regretté,
Fors de l'envie et de votre bon frère
Qui, faute en vous d'odeur de sainteté,
Priait le ciel qu'il vous mît dans la bière,
Pour adoucir d'autant l'iniquité.
Le ciel n'a pas exaucé son antienne,
Et, Dieu merci, le voilà bien camus
Le Janséniste avec son orémus.
Vous pécherez encor, quoi qu'il advienne,
Et ferez bien : car, comptant là-dessus,
De désespoir mainte et mainte chrétienne
Se damnerait si vous ne péchiez plus.

Je disais donc qu'on étoit, non sans cause,
Émerveillé de votre guérison;
Quand vous saurez comment advint la chose,
Vous le serez avec plus de raison.
N'en faites pas honneur à la jeunesse;
Rien n'y servoit : je vous l'ai déjà dit.
Rendez plutôt grâce au Dieu du Permesse.
On le sait trop, ce Dieu-là vous chérit,
Mais d'aucun mal ce bon saint ne guérit.
Croire qu'amour vous ait tiré d'affaire
Pour le besoin qu'il eut qu'un bel esprit
Le célébrât et le mit en crédit,
Ce serait bien encore une chimère.

Quand amour veut jeter impunément
La poudre aux yeux, il en a bien une autre
A son usage et plein son fourniment,
Cent fois plus prompte à prendre que la nôtre.

Assurément, non plus, vous n'irez pas
Attribuer le beau de l'aventure
Aux médecins qui savent mieux, hélas !
Quand nous prenons le chemin de là-bas,
Graisser l'essieu qu'enrayer la voiture.

1. M. de Genonville, ami de Voltaire, qui venait de mourir tout jeune et pro-
mettait beaucoup. — *Note de la main de Piron.*

Profès à l'âge où nous sommes novices,
N'imputez rien, enfin, au commun vœu
Des amateurs dont êtes les délices :
Presque tous sont mal avec le bon Dieu.

Qui vous a donc conservé la lumière?
Qui?.. le dirai-je? A peine le croirez;
Moi seul, moi-même... Oui, j'ai fait de manière
Que sain et sauf encor vous respirez.
Comment cela? Vous saurez le mystère.
Mais avant tout, s'il vous plaît, entendrez
Quel homme suis et quel esprit m'anime.

Malgré Phœbus, j'habite au Mont sacré.
Vous concevez sans doute à quel degré :
Un peu plus près du pied que de la cime.
Parlons d'un style un peu moins figuré...
Je suis rimeur, et franc rimeur de balle,
Auprès de vous plus petit qu'un ciron.
Muses ne m'ont, de droit ni par cabale,
Comme Voltaire assis dans leur giron.
Tout le talent du folâtre Piron
Est d'entonner, au son de la cymbale,
Le verre en main, quelque joli flonflon
Qui, de la table, après passe à la Halle.
Ainsi je plonge et rampe au fond des eaux
Que d'indiquer vous avez pris la peine
A qui n'est pas Molière ou Despréaux,
Corneille ou vous, Racine ou la Fontaine.

Or, tout reptile est venimeux un peu.
Donc, attendant, beau sire, qu'un cheveu
Tenait le coup pendu sur votre tête,
De mon bourbier contre l'aigle du lieu
Je coassai cette supplique honnête :

« Que ses honneurs ne soient point impunis!
« Du haut du Mont qu'il dévale au Tartare
« Le médisant qui nous a tous honnis,
« Et dont le nom fait si grand tintamarre !
« Qu'ouvert lui soit le ténébreux enclos !
« Les huis du Pinde à ce coup seront clos ;
« Triompherons alors dans notre mare ;
« Lors faudra bien qu'à nous, faute de mieux,

« Descende ici Madame Melpomène ;
« A nos pandours, tant modernes que vieux,
« En proie alors sera son beau domaine ;
« Vengé sera notre bon capitaine
« Si méchamment par lui vilipendé ;
« Et ce qu'au ciel avons tant demandé
« De la satire outrageante et profane
« Verrons en paix l'arc enfin débandé
« Et notre *Inès* écraser *Marianne*[1]. »

Ainsi parlait dans mon cœur ulcéré
La maigre dame au teint livide et blême,
Aux deux yeux creux, au visage effaré,
Au cœur infect qui, bourreau de lui-même,
Nourrit l'aspic dont il est dévoré.
Vraiment, vraiment ! Voilà bien opéré !
Sot que je suis ! D'une telle prière
Devais-je pas attendre cet effet ?
Savais-je pas que je n'ai rien qu'à faire
Au ciel un vœu pour que, dès qu'il est fait,
Sans point de faute advienne le contraire ?
Tel est mon astre, et c'est de sa façon,
Quand je priai pour avoir la raison,
Que les destins m'envoyèrent la rime.
O ciel malin ! que ne t'ai-je imploré
Pour la santé de ce corps cacochyme ?
Je t'attrapais : il était enterré.

L'heureux garçon vit pourtant à bon compte,
Vit, grâce à moi, vit bien malgré mes dents.
Qu'au moins ceci ne dure pas longtemps !
Que tôt il meure ou vive dans la honte !
Que son esprit n'enchante plus les gens !
Qu'à cet effet on le rejette en fonte !
Qu'il soit hué, berné, sifflé !... Bon ! bon !
Ce beau courroux me rend un bel office :
Le ciel, de qui j'oubliais la malice,
Va m'exaucer encore à sa façon.

PIROX.

1721.

1. Tragédie de La Motte.

XXII

ÉPITRE DE PIRON A VOLTAIRE SUR SA HENRIADE [1]

C'est donc ainsi qu'abusez nos lunettes,
Seigneur Voltaire, et qu'à nos yeux vous êtes
De loin vaisseau, de près bâton flottant?
Donc pour le cygne on prenait le coq d'Inde,
Lorsqu'en dépit du peuple barbotant
Vous vous guindiez au pinacle du Pinde?
Par Apollon, vous me paîrez ce tour!
Traître enchanteur, dont les rimes sorcières
Ont, à mes yeux, volé des nuits entières
Que réclamaient le sommeil et l'amour.
Naguère encor, — las! j'en rougis! — naguères
De ma bougie et de l'aube du jour
Vos derniers chants ont joint les deux lumières.

M'éveiller, moi? Vous étiez bien hardi!
Au lit, la nuit, sans soin qui me tourmente!
Moi, dont le somme, au bruit d'un vers augmente,
Moi que D**, L** et les Quarante
Endormiraient debout en plein midi!
Quelle vapeur m'avait donc étourdi?
Où donc étaient mes yeux? Quelle imposture
Les fascina? De votre écrit pipé,
Quoi, j'ai pu faire attentive lecture
Deux fois, trois fois, sans être détrompé?
Sur l'Hélicon je me croyais grimpé;
De ses ruisseaux j'oyais le doux murmure;
Phœbus chantait : j'en aurais fait gageure,
Et je marchais sur la mousse et les fleurs.
De vos tableaux l'infaillible nature,
L'art séduisant, les Grâces, les Neuf Sœurs
Semblaient avoir achevé la peinture,
Formé les traits, apprêté les couleurs.
Ah! Satanas eut part à l'aventure :

1. Cette seconde *Epître* d'un flatteur du Danube, où l'éloge se cache sous les apparences de la satire, nous est encore communiquée par M. Honoré Bonhomme qui nous met à même d'en offrir *la primeur* à nos lecteurs.   (M. DE L.)

Car je ne suis des moindres connaisseurs;
Et c'étaient là toutes fausses douceurs
Qui remuaient mon âme léthargique.
Saisi, frappé, tantôt plein de frayeurs,
Tantôt ravi, quelquefois l'œil en pleurs,
J'étais la dupe en tout de l'art magique
Et des ardents[1] m'induisaient en erreurs.

Mais, maintenant, serviteur au grimoire!
Une clarté, fatale à votre gloire,
Éteint ces feux qui nous avaient séduits;
De vous, enfin, savons ce qu'il faut croire.

Hier je fus dans un de ces réduits
Où certaine eau, fumante, épaisse et noire
Sert d'hypocrène; endroit où des rimeurs
Siége le prince. Et là j'ouïs à l'aise
Comment jugea de vos vers les meilleurs
Ce souverain de la rime française.
Tel est-il bien, car on me dit tout bas
Que d'en douter c'était un sacrilége.
La tourbe en vain voulait suivre ses pas;
A tout venant ne se prodiguait pas
Le rare honneur d'être de son cortége :
Gens de son choix ont seuls ce privilége.
Ah! si voyiez combien ils en font cas!
Ses moindres faits sont autant de miracles.
S'émeut-il noise? Il juge l'altercas.
Sa voix prononce, et vous diriez Calchas
Dont les Grégeois recueillent les oracles.
Point dédaigneux, point fier malgré cela,
Louant toujours celui-ci, celui-là.
S'abaissant seul... Oh! rien n'est plus modeste,
Ni moins suspect. Au demeurant, il a
Les yeux d'amour; ne lui faut que le reste.

De *Mariame* on fesait le procès,
Il en plaignit le malheureux succès;
Dit que la pièce était des mieux écrites,
Fronda la brigue, en cassa les arrêts,
Disant très-bien que depuis ses excès
Le hasard seul préside aux réussites.

1. *Ardent*, feu-follet.

Même humblement cita l'heureuse *Inès*
Comme un exemple. O candeur magnanime !
Aussi Dieu sait comme il fut démenti !
De cet aveu chacun lui fit un crime,
Et s'écria que, dans notre art sublime,
Sa gloire était, non fille de parti,
Mais du bon goût enfant bien légitime.
Moi, cependant, j'étais au désespoir
D'entendre ainsi dire blanc, dire noir.
Pour votre nom j'eusse exposé ma vie,
Tant jusqu'alors votre fausse harmonie,
— N'ayant les yeux encore dessillés, —
Avait flatté mes sens mal conseillés.

Au torrent donc pensant mettre une digue,
Vous bien défendre et les confondre tous,
« Tenez ! leur dis-je, en leur jetant la *Ligue* [1],
« Ouvrez, Messieurs, lisez et taisez-vous ! »
Mais à la ronde on rit de l'incartade.
Ils avaient lu cet ouvrage avant moi,
Et le morceau leur avait paru fade :
Pas un ne dit ni comment ni pourquoi.
Donc, jusqu'au bout soutenant ma bravade,
J'en appelais à cet homme divin
Qu'on m'avait dit d'un jugement si sain
Que, sans savoir le grec ni le latin,
Il avait pu corriger l'*Iliade*.

Mais je n'en fus écouté qu'à moitié ;
Et de quel air ? De cet air de pitié
Dont on tolère un homme qui radote.
Puis, ne daignant de ses doctes raisons,
D'un malheureux combattre la marotte,
Il décida par ce seul mot : « Sortons ! »

A tant se tut ; et toute l'assistance
Se lève et sort, me laissant comme un sot,
Bien ébahi, lire dans ce grand mot
De tous vos vers la mortelle sentence. .

Prends mon hommage, ô roi des beaux esprits !
Ta Majesté saura bientôt mon prix !

1. Ainsi s'intitulait alors *la Henriade*. (*Note de Piron.*)

Car désormais, le plus fier de ta brigue,
Je veux aller au qui-vive pour toi.
Honneur à qui dira : « Vive le Roi ! »
Malheur à qui dira : « Vive la Ligue ! »

1723.

XXIII

MADAME DE RÉMUSAT

(CLAIRE-ÉLISABETH FAVIER DE VERGENNES 1780-1821)[1].

Lettre inédite à M.....

Ce 31 juillet 1809.

Je commençais à m'inquiéter de la mauvaise influence que l'air que
vous respirez avait sur l'amitié, et votre lettre arrive bien à propos
pour me rassurer sur la crainte d'être à peu près oubliée. Veuillez
donc bien que je vous remercie du plaisir qu'elle m'a fait, et que je
vous prie de me donner un peu plus souvent de vos nouvelles, si cela
ne gêne pas trop votre paresse et si vous croyez que je le mérite.

Vous me demandez des nouvelles et je n'en sais aucune. Il ne vient
rien de Vienne. Les lettres particulières sont plus rares depuis qu'on ne
se bat plus. Gr. M..... (*grand-maître*) a écrit à mon mari, et ne lui annonce rien enfin, comme de coutume, tout sera surprise. Nous attendons, mais nous espérons ; n'est-ce pas beaucoup ? — On fait ici courir
des bruits de toute espèce. On dit que l'Empereur ne viendra ici que
pour se rendre à Rome. On parle de la guerre contre la Russie, et tout
aussitôt, de la paix générale ; que sais-je encore ? Paris est odieux.
C'est un grand bonheur d'être à la campagne par ce temps-ci ; on n'a
que le positif des nouvelles. — Vous êtes heureux dans cette petite
retraite que vous dites si jolie.

Depuis que l'armistice nous laisse respirer, moi, ma grande affaire,
c'est la distribution des prix. Nous travaillons sans relâche au collége,
et nos enfants sont saisis du démon du rudiment. Hier, ce pauvre
Charles a été renfermé huit heures avec quarante élèves des autres

---

1. Nous nous bornons à cet état civil. Ceux qui voudront connaître l'état civil
littéraire et moral de la mère d'un de nos plus illustres académiciens, reliront
l'exquise *Étude* de M. Sainte-Beuve. (*Portraits de Femmes.* Didier, 1856,
pages 406-435.)

lycées, pour travailler à cette grande composition du concours. Ils étaient dix de sa classe. Sa version s'est trouvée la meilleure des dix; voilà une heureuse chance pour lui. Il a livré son travail à ses juges; ils prononceront le quatorze août. Hier en revenant de l'étude, il était si content d'avoir réussi, si animé, si joli, que dans mon intégrité je lui aurais donné le prix sur-le-champ.

J'ai passé la semaine dernière chez Madame d'Houdetot. Elle était seule avec Madame Chéron, que vous trouvez aimable et que j'aime beaucoup. J'étais là fort bien, je vous assure. Cette aimable vieille anime tout autour d'elle. Il y a tant de cœur dans ses souvenirs et dans sa conversation! Nous l'avons fait beaucoup conter. Elle était à son aise. Elle se fiait à nous, car elle était bien sûre que nous l'entendrions comme elle voulait être entendue, et n'est-ce pas là la base de toute confiance? Que vous avez raison d'aimer les vieilles femmes! Celle-ci nous parlait beaucoup de Rousseau. Elle a conservé quelques-unes de ses lettres que nous avons vues. Elle était fière d'avoir inspiré et résisté à tant d'amour. Elle se vantait du sentiment qui l'avait défendue; enfin, elle était vraie, naïve dans tous ses récits; elle n'a pas l'apparence d'un regret, et croit avoir rempli tous ses devoirs de femme, en dévouant sa vie à l'amour.

Nous lui avons lu Mademoiselle L'Espinasse. Elle l'a beaucoup connue et s'afflige tout à fait de ses lettres. C'est une forte épreuve qu'une lecture faite ainsi tout de suite après la première et tout haut. Je trouve toujours qu'il y a bien de l'esprit, mais deux volumes de Madame de Sévigné valent mieux, à mon avis, du moins. Elle me paraît s'élever toujours de tout ce qu'on publie, et passion pour passion d'ailleurs, il est bien plus simple d'adorer sa fille que M. de Guibert.

A Sannois, nous étions réellement, avec nos soixante-dix-neuf ans, dans une atmosphère d'amour. De Mademoiselle de l'Espinasse, nous avons passé à un roman de Madame Cottin. Mais pour celui-là, il a fallu le quitter. Cette peinture abandonnée de la passion n'est pas supportable, lue à haute et intelligible voix; il en résulte une impression de dégoût et presque de colère contre cette manie qu'ont adoptée nos romanciers modernes, de dévoiler ainsi grossièrement comme les nudités du cœur. Passez-moi cette expression; je suis réellement un peu irritée quand je pense que ce sont les femmes qui ont saisi ce système avec le plus d'empressement. A les entendre, pour bien aimer, il faudrait renoncer aux liens de la nature, aux délicatesses qui font le charme des femmes, aux remords qui, après tout, pourraient être encore un raffinement de coquetterie plus propre à nous attacher, je le parierais, que cet oubli de toutes les convenances. Eh! quel moment a-t-on choisi pour toutes les folies? Celui où la préoccupation personnelle laisse à peine le moyen d'écouter les plus simples expressions du cœur.

Ne pensez-vous pas qu'il y aurait quelque chose qui tiendrait à l'histoire dans un petit nombre de réflexions rédigées, je ne sais comment, sur les différentes manières dont on a entendu les romans depuis cent ans? D'abord, cet amour qui élève l'âme, lui impose de nobles sacrifices, comme dans la *Princesse de Clèves;* ensuite, cet échange à peu près réglé de galanteries et de finesses, qui ne fait qu'aiguiser l'esprit, sans arriver au cœur, et qui, loin de troubler la vie, ne dérange pas même la journée, comme dans Madame Riccoboni; et enfin, cet abandon désordonné qui se retrouve dans toutes nos héroïnes d'aujourd'hui. Amusez-vous à écrire quelque chose là-dessus, je sens ce qu'on pourrait dire, et je ne le sais pas. Vous le saurez, et cela sera bien.

Je pense qu'il faut que je vous croie aussi oisif que moi pour m'amuser à débiter tant de pauvretés. Mais ici nous n'avons exactement rien à faire, tout le monde est parti. Nous restons ma sœur, madame de Pastoret, Madame Chéron et moi. Nous nous voyons le soir; mais le matin, il fait un chaud mortel, dont vous ne vous doutez pas au milieu de vos étangs, et il n'y a pas moyen de ne pas se livrer à la chère paresse. A propos de paresse, Madame Chéron disait l'autre jour qu'il n'en fallait jamais corriger les femmes, parce qu'elle faisait la moitié de leur vertu. Je ne sais plus qui a soutenu, au contraire, que l'activité les défendait le mieux. Voilà un beau sujet de discussion. Quel est votre avis? Ferez-vous Charlotte paresseuse ou active?

Il ne manque aux *Lettres de Madame du Deffand* [1] que des lettres de Madame du Deffand. C'est une friponnerie de libraire. Mais il y en a de Madame de Staal fort jolies et quelques-unes de d'Alembert. Vraiment le voulez-vous?

Voilà mon beau papier bien plein. Je suis honteuse de ma petite écriture et de mon bavardage. Dans l'oisiveté où je suis, et pour une autre raison encore que vous devinerez, je ne finirais pas sitôt, sans le respect que je vous dois, et vous auriez peut-être un petit in-12 pareil à celui que le baron de Voght vient d'adresser à Madame d'Houdetot de Genève. Mais enfin il y a des bornes à tout — A tout! non, je me trompe[2].

1. Le Recueil en 2 v. publié en 1809.
2. Nous devons la communication de cette admirable lettre à l'obligeance de M. Feuillet de Conches.

XXIV

LETTRES D'AMOUR DU MARÉCHAL DUC DE RICHELIEU

1

Touts les moments me sont egaux, je vous adore presente, absente
et dans quelque situation que je puisse me trouver, mon cœur vous
est livré, de façon que le moindre sentiment pour toute autre ne peut
trouver aucune place, mon imagination ne sechauffe jamais, et sans
ce secours et celui d'aucune fiction, je crois que je suis persuadé de
tout le pouuoir que vous aués sur tout ce qui compose mon existence
et à quel point je suis desaproprié de moi meme pour nexister quen
vous. Ainsi je suis come aux limbes depuis notre separation, et je
ne sais quel nom doner au pouuoir qui mentraine dans des sejours
aussi tristes ; je tacheré au moins dans (d'en) abreger le tems, vous
pouués vous en fier à mon impatience. Jai recu vos douze louis qui
ont fait leur efet dont jauois grand besoin car jauois ete ruiné le
premier jour [1].

2

LETTRE DU MÊME DUC A Mme LA DUCHESSE D'AIGUILLON

Mes inquietudes et mon trouble ne peuuent sexprimer ; jesperais
vous voir un moment ches la princesse ou jalais, mais je la trouue
sortie et ne soupant point ches elle, je nai point cede aux raisons et
aux instances que lon ma faite ; jai taché de tourner ma reponce dune
facon honeste seulement, et nous verrons par cette replique, qui sera
certainement la dernière, sils rompront ou sils changeront ; mandes
moy ce que vous feres aujourdui et si votre cocher se porte bien, car
je ne crois pas quil faille que ces gens me voyent aler touts les jours
ches vous. Je deuois commencer mon lait aujourdui, mais je me suis
senti ma bare ce matin auec la bouche amere et ma teste trop (si)
renuersee de l'auenture dhier, que jai cru deuoir remetre a comen-
cer mon lait que tout cela fut un peu dissipe. Si vous pouues sortir

---

1. Cette lettre de Richelieu nous a paru curieuse. Il importe de savoir comment
le maréchal parla de bonne heure le langage de la passion, et dans quel style il
parvint à prendre d'assaut le cœur de toutes les femmes de son temps. Nous y
voyons aussi que ses sentiments n'étaient pas plus scrupuleux que son langage et
son orthographe, et qu'il ne dédaigna pas, le cas échéant, de recevoir douze louis
de sa maitresse et de l'en remercier.

dans votre carosse vous pouries venir de bonne heure a ma petite
maison, nous y mangerions un morceau, je reuiendrois me coucher
de bonne heure, vous pouries aler ches M° la duchesse ; et come il fait
nuit de bonne heure vous pouries y estre aussi sur les huit heures,
sinon nous pourions nous rencontrer quelquautre part, mandes moy
ce que vous penses de tout cela [1].

3

AUTRE LETTRE D'AMOUR DU MÊME DUC

+ Ce mardi.

Jespere que lheureux succes que lentreprise dauant hier a eue vous
encouragera a recommencer. Cest auec bien de la douleur que je vois
la lune, mais sil arriue quelque temps couuert ou quelquorage profi-
tonsen je vous conjure, et puisque nous auons trouué une facon de
nous voir qui me paroit comode et sure, ne poussons pas la prudence
ni la crainte au dela de ce quelle doit aler, et surtout plus de querelle
qui puisse retarder les plus heureux moments de ma vie, qui sont
ceux que je puis passer auec vous. Je voudrais pouuoir croire quil
vous le paroissent autant qua moy, mais il faudrait aimer aussi pas-
sionement que je vous aime et je crois que cela est bien rare si cela
nest impossible.

———————

XXV

LETTRES D'AMOUR DE MADAME DE LA POPELINIÈRE

AU MARÉCHAL DUC DE RICHELIEU.

1

21 janvier.

Mon cher amant, mon cher cœur, pourquoi m'escris tu si froide-
ment? moy qui ne respire que pour toi, qui t'adore? Mon cœur, je
suis injuste, je le sens bien, tu as trop d'affaires et qui ne te laissent

1. Dans cette lettre non moins instructive, non moins caractéristique, nous
voyons le voluptueux épicurien, à la suite de certaines aventures poussées trop
loin, obligé de se mettre au régime préventif et édulcorant du lait. Les lettres de
Richelieu et de Mme de la Popelinière, dont le contraste est si dramatique et l'enseignement si douloureux, nous viennent de la bibliothèque de Rouen. — *Fonds
Leber.*

pas la liberté de m'escrire, qui te tourmentent, j'en suis sure, mon cœur. Je n'ay pas trouvé dans ta lettre ces expressions et ces sentimens qui partent de l'âme, et qui font autant de plaisir à escrire qu'a lire. Je sens une emotion en t'escrivant, mon cher amant, qui me donne presque la fièvre, qui m'agitte de mesme. Je n'ay pu apprendre que le courrier n'estoit pas party sans m'abandonner à t'escrire encore ce petit mot cy pour reparer ma lettre froide et enragée que je t'ay escrite hier. Je sens plus le mal que je te fais que les plus vives douleurs. Je t'aime sans pouvoir te dire combien, mon cher amant; mon cœur, tu ne peux m'aimer assés pour sentir comme je t'aime; mon cher cœur, je me meurs de n'estre pas avec toy. Mes glandes ne vont pas bien, elles grossissent du double, et j'en ay de nouvelles. Je commence un peu à m'inquietter pour cela seulement, car le fond de ma santé est invulnerable; ce ne sera cependant rien à ce que j'espere. Surtout fies vous en à moy et ne vous inquiettés pas. Mon cher amant, ton absence me coustera la vie, je me désespere. Je n'ay jamais rien aimé que toy, mon cœur; je suis la plus malheureuse du monde. Hélas! mon cher cœur, m'aimes tu de mesme? de bonne foy, je ne le crois pas; vous ne sentés pas si vivement, je le sais, mais au moins aimes moy autant que tu le pourras. Le mãal (maréchal de Saxe) me dit hier quil estoit fort fasché des Suisses qui vont au service des Hollandois. On vous ostera peut estre des troupes en Provence. Peut estre que non que ces sera tout le contraire, perisse toute la nature et qu'on me rende mon amant. Mon cher amant, mon cœur, je t'aime à en devenir folle; juges combien ta lettre m'a faschée, elle n'est pas seulement tendre et je voudrais que les miennes fussent de feu. Adieu, mon amant, adieu mon cœur. Mon cher amant, mon cher cœur, je ne prendray de soin de ma vie qu'autant quelle te sera chere.

2

27e Janvier.

Je le scavais bien, mon cher cœur, je puis t'escrire encor, Quimond m'est venu voir hier, il porte toutes mes lettres, Guiard les a remises chés luy; ma fluxion se passe mais mon rhume est toujours le mesme, je n'ay pas assés dormi. Mon frère m'a fait veiller avec Me D. jusqu'à trois heures, il y avoit près de cinq mois et plus que cela ne m'estoit arrivé. Je viens de vous faire escrire par la poste pour vous donner avis du depart de Quimond; il vint hier me demander modestement tout bas si je n'avois point de lettres à luy donner, je luy dis foiblement que non, et il me dit qu'il reviendroit aujourd'hui; il est inutile de le mettre de confidence pour porter une lettre. Je crois qu'il en prendroit plus de soin, mais il ne jettera pas dans un fossé des lettres à votre adresse. J'ay envoyé chercher hier Me de B.; il y avoit un mois que je ne l'avois vû, et elle oublie facilement et à moins. Elle estoit d'assés bonne humeur, elle me fit beaucoup d'amitié, de caresses, me parla de mes affaires. Mais elle me dist une grande verité, c'est que vous este trop loin et qu'on ne pense plus à vous. Vos despeches cependant ne sont pas encore reponduës à vostre derniere expedition qui est un succès. Ah ! mon cœur, je vous assure bien que vous perdrés ce que vous y aurés mis. Et c'est une grande perte qu'un an d'absence. Sa maitresse, son bien, et revenir dans vostre pays comme un iroquois.

L'on parle encor de paix, mais on ne la fera pas assés tost ny sy tost. Mon dieu, mon cœur, que ce que je vous mande aura de barbe quand cela vous arrivera, et combien tout sera changé dans ce pays cy ou l'on est extreme et girouette infiniment, et surtout pour ce qui m'entoure et m'interesse, ou les révolutions se font en 24 heures. Finalement, vous este à mille lieues de moy et pour longtems. Tous les jours je m'en afflige davantage, le temps n'y fait rien et rien ne s'emousse ny ne s'efface de ma teste, j'en ay les preuves les plus aiguës à tout moment et pour tout proportionément.

Mon cœur, mon ami Quimond vient de me dire adieu ; il m'a parlé avec beaucoup d'attachement pour vous, de zele ; j'ay balancé à luy dire : eh bien ouy, je l'aime à la fureur, mais ce n'estoit pas la peine, il partoit ; il me semble que je perds quelque chose à son départ, mais il va vous trouver. Cet H. est furieux qu'il soit venu me voir ; dans le temps qu'il n'y estoit pas il m'a parlé avec du noir de sa visitte.

Adoucissés au moins vostre situation en pensant que je vous aime beaucoup, mon cher cœur, que je ne changeray point et que peut estre je seray hors de crainte, à vostre retour, sur mon mal pour faire ensuite ce que vous voudrés.

$$+ + +$$ [1]

5

7° février.

Mon cher cœur, vous m'aimés mieux que tout ce que vous avés aimé, cela est il vray ; je crains toujours que ce ne soit la bonté de vostre cœur qui vous dicte ces choses la pour me consoler et me faire prendre patience. Mon cœur, que tu pers de caresses, cela est irrepa-

---

1. Le lecteur intrigué se demande la signification de ses signes symboliques qui fourmillent dans les lettres si éloquentes, si passionnées, si pleines de cette flamme qui la dévora, de Mme de la Popelinière malade, mélancolique, à son volage et égoïste amant. Nous en avons trouvé l'explication dans les *Lettres d'Anne d'Autriche à Mazarin*, publiées par M. Ravenel (1836). Ces croix ne sont autre chose que des baisers, les signes de croix de l'amour. Ce sont des notes de tendresse, des marques de l'effusion du cœur.

rable. J'ay oublié de vous dire hier que l'on fait mon portrait; mais, mon cœur, je ne puis vous envoyer de copies. Le peintre est un nommé Marolle, qui pratique dans la maison toute la journée; de plus, je ne crois pas qu'il me ressemble; vous avés raison, ma phisionomie a trop de variantes; c'est pour mon frere. Si cependant il vous convient, quand vous l'aurés vû a vostre retour, il ne sera pas difficil que mon frere vous le donne; il sera bien aise de m'en faire le sacrifice; mais vous n'en aurés plus affaire en tenant le modele. Mon cœur, que je vous desire; je donnerais un bras pour vous avoir tout à l'heure, ouy je le donnerois, je vous le jure; je vous desire avec l'impatience la plus vive et elle s'augmente chaque jour à ne scavoir comment je feray pour attraper la nuit et la nuit le jour, puis la fin de la semaine, du mois. Ah! mon cœur, quel tourment, ma vie est affreuse. Vous ne pouvés l'imaginer, je ne l'aurois jamais pû croire; il n'y a aucune diversion pour moy. N'en parlons pas davantage, cela vous afflige sans me consoler, et rien ne vous ramenera plutost. Mon cœur, je me flatte quelquefois que si je vous mandois, venés, mon cœur, a quelque prix que ce fut vous viendriés. Mais il faudrait que je fusse bien malade pour vous proposer de tout quitter. Je vous exhorte au contraire à rester, mais, mon cœur, le moins que vous pourrés, je vous en prie. Le mãal me pressoit hier beaucoup de me faire faire un cautere; je ne repondois rien, il me dit à la fin : si vostre mal vient d'un coup n'en faittes rien, sil vient du sang cela vous est très necessaire. Pour me deffaire de luy je m'aprochay de son oreille et luy dis : M. je n'en feray rien. Cela le fit taire comme s'il fut muet. Je n'aimes pas qu'on me contrarie. Astruch a dit à Me D. qu'on pouvoit me guerir sans cela, que c'estoit un moyen de plus; enfin je n'en veux point. L'utilité n'est pas aussy prouvée que la répugnance.

Il s'est joué une comedie avant hier à Vers. (Versailles) et un ballet, ou M. de Langeron a dansé en enfant et s'est traisné sur le theatre. Le mãal a trouvé cela bien plat pour un lieutenant general, il en estoit au soulevement; pourquoi laisser degrader des gens dont on a besoin; je nentends rien à cela, et on devroit les en empescher quand ils en sont capables. Je voudrais que cette troupe se conduisit bien depuis que vous m'avés assuré qu'on ne m'y veut plus de mal. Mon cœur, j'ay imaginé de faire habiller mon portrait pour le rendre intéressant comme la czarine dans ses médailles. Un portrait pour mon frere est sans consequence, il le montrera a tout le monde et l'on me prendra pour la czarine, peu de gens l'ont vuë, et ceux qui la connoissent disputeront. Cette idée m'a divertie un moment, j'ay eü encor une raison; mon cœur, je trouve qu'on garde votre courier bien longtems avec la fretta [1] que vous m'en paroissés avoir. On ne finit rien, j'ay demandé

____

1. Mot italien, empressement, désir empressé.

une petite bagatelle pour mon frere, on a commencé par me l'accorder de bonne grace et poliment, puis j'ay pressé l'expedition et l'on m'a renvoyé aux calendes apres la retraitte d'un homme, de facon que je n'ay rien et les ay envoyés promener avec leur air de ministre. Ce n'est cependant pas M. Darg. (d'Argenson?) mais son neveu, ses gens etc. Je ne desire jamais foiblement jusqu'à un verre d'orgeat, mais je m'en passe quand j'y vois la moindre difficulté. Mon cœur, il n'y en auroit point pour moy si vous estiés icy et ma vie en est tissuë, je ne me rebutte pas si facilement, pour tout il y en a qui m'obstine et que je surmonteray ou j'y mourerai.   + + +

La bergere est divine ; vous souvient il, mon cœur, de mes frayeurs à la 1re proposition, j'ay esté un an sans oser y penser je croyois que ce seroit mon dernier jour, presentement j'y suis si bien accoutumée que j'en suis negligente, il me semble que cela a toujours esté et que tout le monde doit estre aussy content que moy.

XXVI

LETTRE DE BERNARDIN DE SAINT-PIERRE

Paris le 29 Mars 1779.

Mon Prince,

J'ai fait mes premières armes, dans cette campagne laborieuse, où vous étiés à la tête du brave régiment de la *Couronne*, et j'ai eu l'honneur de vous voir à Varbourg, lorsque vous soutintes, avec tant de constance, le feu meurtrier de plusieurs colonnes ennemies. Je ne m'attendais pas que la fortune me rapprocherait un jour de vous pour vous demander de la bienveillance en faveur d'un malheureux frère : il est accusé d'un crime d'État par le gouverneur de St-Domingue.

Vous n'êtes pas son juge, mon prince, et plut à Dieu que vous le fussiés ! un pareil soupçon ne pourrait pas exister longtems dans une âme aussi noble que la vôtre. Les connaissances que vous avez de la guerre et de ses moyens, vous feront juger par le simple exposé du fait, que mon frère n'est entré pour rien dans l'invasion que les Anglais ont faitte en Géorgie. J'ai tiré ses moyens de défense des chefs même de son accusation. Il vient d'arriver à la Bastille, où par votre crédit, je désirerais le voir pour le consoler, et recueillir ses autres défenses. 7 mois de prison, les traitements qu'il a éprouvés, et la gran-

deur du crime dont on l'accuse, sont capables de troubler son esprit.
C'est en prouvant son innocence, qu'il peut, par ses malheurs, mériter
votre protection.

J'ai cru, mon prince, que je pouvais la solliciter d'avance, en vous
rappellant que j'ai eu l'honneur de vous parler une fois à la cascade
de Cassel, que je vous ai vu méritter de la gloire, et que je vous en
vois recueillir aujourd'hui la juste récompense.

Je suis avec respect, Mon Prince, votre très-humble
et très-obéissant serviteur.

Signé : De St-Pierre [1].

Hôtel de Bourbon, rue de la Madeleine St-Honoré.

XXVII

Lettres de Cachet

TURGOT A SENAC DE MEILHAN

Le 2 novembre 1775.

Je vous renvoie, Monsieur, le Mémoire que vous avez bien voulu me
confier *sur les lettres de cachet*. J'applaudis aux principes d'humanité et
de justice que vous développez, et je regrette que votre confiance n'ait
pas été jusqu'à me permettre de le garder : j'aurais peut-être, dans
quelques moments de loisir, pu y jeter quelques notes.

Dans cette espèce de conflit entre la loi et l'autorité pour établir
des principes fixes, il faudrait peut-être distinguer entre les lois faites
et les lois à faire. Je crois que si les lois étaient telles qu'elles doivent
être, il y aurait bien peu de cas où le gouvernement eût besoin de re-
courir à des actes particuliers d'autorité. Mais je sais que dans l'état
actuel des lois, de la police, de la constitution, des tribunaux, ces actes
peuvent être souvent nécessaires, et il est bien difficile d'y éviter tous
les abus ; c'est le défaut d'une police locale bien constituée qui fait
que tout ce qui n'est pas du ressort de la loi exige l'intervention d'un

---

1. Cette lettre nous est communiquée par M. le baron de Girardot, sous le nom
de Bernardin de Saint-Pierre. Nous n'avons pas de détails sur le fâcheux incident
auquel elle fait allusion. Nous ne savons à qui elle est adressée. Elle nous a
semblé curieuse comme établissant que Bernardin n'était pas le seul de sa famille à avoir des idées romanesques et des goûts aventureux.

pouvoir trop éloigné pour n'être pas exposé à être trompé, quelque précaution qu'il prenne.

Je vous remercie de votre Mémoire sur les courtiers de Marseille; je pense, comme vous, qu'il faut rendre à cette branche de commerce une liberté entière.

Je suis très-parfaitement, Monsieur, votre très-humble et très-obéissant serviteur.

Turgot.

XXVIII

LETTRE DE M. DE VERGENNES A SENAC DE MEILHAN

J'ai l'honneur de joindre ici, Monsieur, les observations que vous avez bien voulu me confier touchant la dispensation des lettres de cachet. Je les ai lues avec le plus grand intérêt, et c'est avec plaisir que je puis dire qu'elles font honneur au sentiment qui vous les a dictées. Je n'entrerai pas, Monsieur, dans la discussion des différentes vues que vous présentez, toutes m'ont paru saines; mais il en est qui m'ont paru rigoureuses. Il est une foule de cas où le Roi, par un effet de sa bonté paternelle, se prête à corriger pour empêcher la justice de punir. Je sais qu'il serait plus régulier de laisser à la loi ce qui est de son ressort, mais le malheureux préjugé qui fait refluer sur toute une famille l'infamie d'un de ses membres, semble demander des exceptions, et c'est principalement pour parer à ces inconvénients qu'on est facile à accorder des lettres de cachet.

Je vous prie, Monsieur, de recevoir mes remerciements d'une communication aussi intéressante, et l'assurance de tous les sentiments avec lesquels j'ai l'honneur d'être très-parfaitement, Monsieur, votre très-humble et très-obéissant serviteur.

De Vergennes [1].

Versailles, le 20 juin 1781.

---

1. Ces deux lettres nous sont communiquées par M. le comte Le Couteulx de Canteleu.

XXIX

LETTRE DE LOUIS VEUILLOT A M. DE LESCURE [1]

Monsieur,

Je vous remercie de vos *Études* sur les hommes de la Révolution. Je les ai lues presque en entier, entraîné par l'effrayant intérêt de ces peintures. Je venais de passer quelques mois dans l'Evangile. Votre livre eût été pour moi, si j'en avais eu besoin, une dernière et suprême démonstration de la divinité de Jésus-Christ, sans qui il n'y a pas de civilisation. La civilisation française avait prise avec J.-C. Elle a immédiatement donné cela de son fonds propre. C'est ce que toute société, dans le même cas, donnera toujours, sous cette forme ou sous une autre. Fouquier-Tinville pourra se nommer Séjan et Robespierre Tibère, nulle autre différence; la pauvre bête humaine sera toujours insultée et mangée, le monstre toujours insatiable. Rien ne défendra l'espèce humaine, désarmée de Jésus-Christ. Vous ne l'avez pas assez cru, ou du moins pas assez fait croire, voilà ma critique. Malgré vos éloquentes indignations, un désastreux pourquoi? se dressera devant beaucoup de vos lecteurs. Pourquoi de tels gredins, si bas et la plupart si bêtes, parmi lesquels ne s'élève un peu que la

---

1 Nous nous sommes imposé la loi de ne pas publier de lettres à nous adressées. Si nous avons fait une exception en faveur de la lettre de M. Louis Veuillot, en réponse à l'envoi de notre *Panthéon révolutionnaire démoli*, c'est par des motifs tout désintéressés, et non pour nous tailler, dans la prose du célèbre écrivain catholique, un brevet de courage ou de talent. Les éloges de M. Louis Veuillot sont mêlés d'assez de critiques pour que notre franchise à cet égard ne soit pas suspecte. Nous avons cédé au désir, peut-être indiscret, de faire connaître à nos lecteurs un aspect nouveau de cette remarquable physionomie littéraire, et de montrer M. Louis Veuillot, dont nous admirons le talent avec d'autant plus de sincérité que nous ne partageons pas toutes ses idées (tant s'en faut) dans la phase actuelle d'une inspiration qui n'est pas revenue sans quelque ivresse de la vendange des textes bibliques et de leur poésie capiteuse. C'est sous cette double réserve de notre complet désintéressement, de l'indépendance de nos idées, indépendance assurée puisqu'elle a résisté à la séduction impérieuse de cette verve et de cette éloquence, que nous livrons au public spécial qui nous écoute, toujours avide de ce qui révèle un esprit ou un caractère supérieurs, même en leurs illusions, cette lettre privée, qui n'est d'ailleurs que la confidence familière d'un travail intérieur dont les récents écrits de M. Louis Veuillot sont le résultat et le témoignage publics. A ce titre, lui-même nous pardonnera volontiers la divulgation toujours exemplaire de sa *confession*. M. Louis Veuillot n'est pas de ceux qui reculent devant leur opinion.   (M. DE L.)

trogne impudente d'un Mirabeau, pourquoi de lâches benets comme Lafayette et Bailly, des pleutres comme Robespierre, des pecques comme Manon Phlipon, des rapins comme St-Just et toute cette vermine des Danton, des Camille, des Le Bon, des Marat, des Carrier, ont-ils eu pareil pouvoir sur la société humaine? Votre livre ne répond pas. Vous faites un parallèle injurieux et vulgaire, pardonnez-moi, entre l'Inquisition, qui était un tribunal, et le comité de salut public, qui était un assassin. Laissez donc cela aux Havinites. Si vous niez à la vérité sociale le droit de se défendre au profit de ceux qu'elle régit dans la justice et dans la paix, St-Just a le droit d'imposer son idéal, et Marat peut faire couler le sang pour s'entretenir de fleurs fraîches. St-Just, Marat, tous, ne sont que des erreurs incarnées, châtiment divin d'une société qui a méprisé la vérité en honorant l'erreur; le juste milieu que vous réclamez est le juste milieu de Louis XV, de Louis-Philippe et de Louis Blanc; vous rêvez à votre manière les vieillards de St-Just, et St-Just cherchait aussi son juste milieu; mais il n'y a pas d'autre milieu que le vrai, et la société le perd dès qu'elle cesse d'affirmer le vrai. Avec cette belle idée de trouver un centre en dehors du vrai, le monde, cinquante ans après Robespierre, a eu un Panthéon révolutionnaire où l'on réclame des chapelles pour Fouquier-Tinville et Lebon. Et vous intitulez votre livre le Panthéon révolutionnaire démoli! Il ne sera pas démoli. Un tremblement de terre l'engloutira et renouvellera le sol qui a pu porter un pareil monument. Voilà que M. Michelet, M. Louis Blanc appréhendent d'avoir été trop sévères aux saints de la Révolution. Les polissons de génie et les tigres d'humanité que l'on juge avec ces tendres remords, sont très-affermis sur leurs autels. Il ne manquera pas de polissons et de tigres tout simples, pour y traîner la foule hébétée! Le peuple qui se laisse proposer de tels dieux les adorera. Et ceux-là seulement ne fléchiront pas le genou qui tourneront franchement la tête vers le Golgotha, si haï des polissons et des tigres. Soyez de ces rebelles assurés, monsieur. Vous n'avez pas beaucoup à faire. Je ne peux mieux vous dire combien j'estime votre courage et votre talent.

J'ai l'honneur d'être votre très-humble serviteur.

Louis VEUILLOT.

Paris, 29 mai 1864.

XXX

LETTRES INÉDITES DE VOLTAIRE A SENAC DE MEILHAN [1]

1

Vous serez assurément, Monsieur, le très-bien venu, le très-bien reçu et le très-mal logé dans mon petit hermitage. Je ferai mon possible pour loger aussi l'officier qui veut avoir aussi la bonté de venir. Je serai charmé de voir le digne fils d'un homme que j'estime depuis si longtemps et de pouvoir vous marquer, Monsieur, tous les sentiments que vous m'avez inspirés. Je suis bien malade et bien faible, mais j'oublierai tous mes maux avec vous.

Votre très-humble et obéissant serviteur,

Le Suisse,   V.

Aux Délices, route de Lyon,
   à Genève 12 aoust.

A M. de Meilhan, au Parc-Royal, à Lyon.

2

Au château de Ferney par Genève, 24e August 1761.

Je me hâte, Monsieur, de vous remercier au nom de Mlle Corneille et au mien ; j'espère que nous commencerons incessamment l'édition projetée, dès que l'Académie m'aura envoyé les Notes qu'elle a entre les mains sur les principales pièces. Je ne propose que des doutes, et c'est à l'Académie à décider, afin que cet ouvrage puisse être un livre classique utile aux étrangers qui apprennent notre langue par principes et aux Français qui ne la savent que par l'usage. Les remarques sur l'art dramatique ne seront pas inutiles aux amateurs. Il me semble que je ne pouvais mieux finir ma carrière qu'en tâchant d'élever un monument à l'honneur des arts et de la nation. Je suis enchanté que vous vouliez bien y contribuer. Vous agissez comme bon citoyen et comme un homme qui m'honore de son amitié : ces deux motifs me sont bien sensibles.

La petite anecdote dont on vous a régalés sur Mlle Corneille est tout juste le contraire de ses sentiments et de sa conduite. Nous sommes,

---

1. Communiquées par M. le comte Le Couteulx de Canteleu.

Mme Denis et moi, également contents de cette en ant. Elle fait la consolation de notre vie.

Pour l'anecdote de frère Menou, j'ignore encore si elle est vraie ; je ne conçois pas trop comment on peut condamner aux galères dans un pays où il n'y a point de port de mer; c'est peut-être un miracle de saint Ignace. Adieu, Monsieur, je vous quitte pour le grand Corneille.

Nous aurons 8 ou 9 volumes in-4°. Ils ne coûteront que deux louis d'or. On ne peut avoir du sublime à meilleur marché. Permettez-moi de faire mille compliments à monsieur votre père et à monsieur votre frère.

Votre obéissant serviteur,   V.

A Monsieur Senac de Meilhan, chez M. de Senac,
   premier Médecin du Roy à Versailles.

3

A Lausanne, 12 janvier.

Mes yeux ne sont pas trop bons, Monsieur, mais ils ont grand plaisir à lire vos lettres. Vous jugez très-bien. Il y a des vers un peu durs dans l'ouvrage que vous avez la bonté de m'envoïer. Quand vous vous amusez à en faire, les vôtres ont plus de douceur, de facilité et de grâce. Mais je sens aussi l'horrible difficulté de faire une pièce telle que celle-cy, et cette difficulté me rend bien indulgent. D'ailleurs on ne doit sentir que les beautés d'un auteur qui commence. Le public même a besoin de l'encourager. Probablement l'auteur est sans fortune. C'est encore une raison pour disposer en sa faveur. On peut même dire de lui : *Spirat tragicum satis et feliciter audet.* Il m'a toujours paru qu'au théâtre le public était moins flatté de l'élégance continue d'une belle poésie qu'il n'était frappé de la beauté des situations. Enfin, je me fais un plaisir de chercher toutes les raisons qui peuvent justifier le succès d'un jeune homme qui a besoin d'encouragement.

Nous allons jouer des pièces de théâtre dans ma retraite de Lausanne où je passe les hivers, et nous sentons tous le prix de l'indulgence. Je me vanterai à Madame la marquise de Gentil, qui est une de nos actrices, que vous voulez bien me conserver un peu de souvenir; pour moi, je ne vous oublierai jamais. Je vous prie de vouloir bien présenter mes obéissances à Monsieur votre père et à Monsieur votre frère et d'être persuadé des sentiments qui vous attachent pour jamais

Le Suisse,   V.

Mme Denis vous fait ses compliments.

A Monsieur Senac de Meilhan, chez Monsieur Senac,
   premier Médecin du Roy, à Versailles.

22

4

Au château de Ferney païs de Gex, 24 février 1761.

Monsieur,

Recevez tous mes remercîments et ceux de toute la petite province de Gex de la bonté que vous avez eüe de soutenir notre bon droit contre un marais empesté qui nous désole et qui cause la mort à un de mes parents, lequel lutte en vain depuis cinq mois contre la carie de ses os. Je suis pénétré de vos bontés. Permettez-moi de renouveler les assurances de mon attachement à MM. vos fils.

Je serai toute ma vie, avec la plus sincère reconnaissance,

Monsieur,
Votre très-humble et très-obéissant serviteur,

VOLTAIRE.

Monsieur de Senac, conseiller d'État, 1er médecin du Roy, à Versailles.

5

Je sens bien vivement vos bontés, Monsieur, je vous supplie de ne me pas oublier auprès de M. votre père. Je suis bien flatté de son resouvenir et je serai reconnaissant toute ma vie de son digne et noble procédé. J'aurai à lui écrire dans quelques jours pour une affaire de son ministère et qui mérite son attention. Il y a presque sous les fenêtres de mon château, au pays de Gex, un marais qui infecte le pays. Le village où ce marais prend naissance est désert, il n'y reste plus qu'un habitant. Le reste est mort de la contagion, ou s'est réfugié ailleurs. Les bestiaux qui paissent auprès du marais meurent. La négligence amènera la peste. J'ai présenté des regrets au conseil, j'ai proposé de dessécher le marais à mes frais; on a envoyé un commissaire sur les lieux. Rien ne s'est pu faire. J'enverrai à M. votre père les certificats des magistrats de la province. Il s'agit du bien public. Il faudra bien qu'il s'en mêle et que la chose réussisse. Les faux dévots ne me trouveront-ils pas bien impie de vouloir changer le cours de la nature et de prévenir la peste ?

Le solitaire est tendrement attaché au pèlerin.

V.

30 novembre.

6

28 juillet 1776, à Ferney.

Je vous dois, Monsieur, bien des remerciements pour la bonté que vous avez eue de vous intéresser à ce jeune homme du régiment de Boulonnais, moitié soldat, moitié musicien, et je dois en même temps vous demander pardon de mon importunité. J'avais pris la liberté d'écrire à M. le comte de Saint-Germain et de solliciter ses bontés, lorsque je réclamais les vôtres. Il m'a répondu qu'il m'enverrait le congé du jeune homme, mais je crains qu'il n'ait été déclaré déserteur. Les plus petites affaires font souvent éprouver les difficultés les plus désagréables. Mais je n'éprouve avec vous, Monsieur, que le plaisir de vous avoir vu sensible à ma peine.

J'ai l'honneur d'être, avec une respectueuse reconnaissance,

Monsieur,

Votre très-humble et très-obéissant serviteur,

VOLTAIRE.

TABLE DES MATIÈRES

Paris. — Typ. PILLET fils aîné, 5, rue des Grands-Augustins.